Statistiques de l'OCDE sur les investisseurs institutionnels 2016

OCDE
DES POLITIQUES MEILLEURES
POUR UNE VIE MEILLEURE

Merci de citer cet ouvrage comme suit :
OCDE (2017), *Statistiques de l'OCDE sur les investisseurs institutionnels 2016*, Éditions OCDE.
http://dx.doi.org/10.1787/instinv-2016-fr

ISBN 978-92-64-27536-2 (imprimé)
ISBN 978-92-64-22592-3 (PDF)

Annuel : Statistiques de l'OCDE sur les investissements institutionnels
ISSN 2225-2088 (imprimé)
ISSN 2225-2096 (en ligne)

Les corrigenda des publications de l'OCDE sont disponibles sur : *www.oecd.org/editions/corrigenda*.

Table des matières

Lituanie

Fédération de Russie

Signes conventionnels et abréviations

Signes et abréviations

.. Non disponible

. Point décimal

0 Nul ou négligeable

Concepts et définitions

Métadonnées (données) :

http://stats.oecd.org/OECDStat_Metadata/ShowMetadata.ashx?Dataset=7IA_A_Q&lang=fr

Métadonnées (indicateurs) :

http://stats.oecd.org/OECDStat_Metadata/ShowMetadata.ashx?Dataset=7II_INDIC&lang=fr

Base de données en ligne

Statistiques de l'OCDE sur les investisseurs institutionnels (*http://dx.doi.org/10.1787/instinv-data-fr*).

Système de comptabilité nationale

Commission des Communautés européennes, Fonds monétaire international, Organisation de coopération et de développement économiques, Nations Unies, Banque mondiale, *Système de comptabilité nationale* 1993, Brussels/Luxembourg, New York, Paris, Washington, DC., 1993, *http://unstats.un.org/unsd/nationalaccount/docs/1993sna.pdf* (en anglais seulement).

Commission Européenne, Fonds monétaire international, Organisation de coopération et de développement économiques, Organisation des Nations Unies, Banque mondiale, *Système de comptabilité nationale 2008, http://unstats.un.org/unsd/nationalaccount/docs/SNA2008FR.pdf*

Méthodologie

Les données annuelles se réfèrent au 4e trimestre. Les données par trimestre sont disponibles dans la Base de données.

Abréviations monétaires ISO

Abréviation	Pays	Monnaie
AUD	Australie	dollar
EUR	Autriche	euro
EUR	Belgique	euro
CAD	Canada	dollar
CLP	Chili	peso
CZK	République tchèque	couronne
DKK	Danemark	couronne
EUR	Estonie	euro
EUR	Finlande	euro
EUR	France	euro
EUR	Allemagne	euro
EUR	Grèce	euro
HUF	Hongrie	forint
ISK	Islande	couronne
EUR	Irlande	euro
ILS	Israël	nouveau sheqel
EUR	Italie	euro
JPY	Japon	yen
KRW	Corée	won
EUR	Lettonie	euro
EUR	Luxembourg	euro
MXN	Mexique	peso
EUR	Pays-Bas	euro
NOK	Norvège	couronne
PLN	Pologne	zloty
EUR	Portugal	euro
EUR	République slovaque	euro
EUR	Slovénie	euro
EUR	Espagne	euro
SEK	Suède	couronne
CHF	Suisse	franc
TRY	Turquie	nouvelle livre
GBP	Royaume-Uni	livre sterling
USD	États-Unis	dollar
EUR	Lituanie	euro
RUB	Fédération de Russie	rouble

Comparaisons internationales

Tableau 1. Actifs et passifs financiers des fonds d'investissement, en pourcentage du PIB

Pour cent

	2008	2009	2010	2011	2012	2013	2014	2015
Actifs financiers								
Autriche	45.8	50.0	51.1	44.6	46.5	46.1	48.9	48.9
Belgique	25.2	27.7	26.3	22.0	22.5	26.7	31.2	36.1
Canada	43.3	54.6	57.9	56.3	62.0	71.6	80.3	89.2
Chili	..	..	..	..	..	..	20.2	22.6
République tchèque	3.9	3.8	4.2	3.7	4.1	4.6	5.0	5.4
Danemark	..	..	..	..	86.5	97.0	105.4	101.8
Estonie	3.4	3.9	4.0	2.7	2.9	3.3	3.1	3.0
Finlande	23.4	32.0	35.6	30.6	36.4	40.6	46.0	52.0
France	67.6	77.0	74.0	64.4	67.1	66.2	68.0	70.6
Allemagne	34.4	39.9	42.2	40.4	45.7	48.4	53.2	55.9
Grèce	3.7	3.7	3.0	2.1	2.5	2.8	2.7	2.4
Hongrie	9.3	11.5	13.8	11.0	11.5	14.7	16.5	16.3
Islande	13.7	12.3	17.5	22.7	24.1	24.8	25.1	27.0
Irlande	..	..	..	..	..	..	..	..
Israël	12.7	16.3	17.9	15.2	17.1	21.8	23.7	19.7
Italie	13.3	14.1	13.1	10.4	10.2	11.9	15.0	17.4
Japon	16.4	19.2	19.7	18.4	20.7	26.2	29.4	32.6
Corée	25.8	28.3	26.0	21.5	23.0	23.5	25.7	27.2
Lettonie	0.7	1.2	1.5	1.6	1.4	1.3	1.0	..
Luxembourg	4 568.0	5 434.6	6 011.7	5 470.1	6 009.6	6 276.5	6 759.9	7 326.8
Pays-Bas	..	..	..	..	..	..	..	..
Norvège	..	..	..	..	..	..	..	..
Pologne	..	..	..	..	..	..	..	..
Portugal	..	..	..	..	..	..	..	..
Slovénie	..	6.2	6.3	4.9	5.1	5.2	5.8	6.0
Espagne	18.3	18.5	16.0	14.7	14.4	18.2	22.5	24.1
Suède	32.3	46.5	50.9	44.9	51.5	62.9	76.6	76.6
Suisse	..	..	..	..	..	..	..	..
Royaume-Uni	..	..	..	..	..	..	..	..
États-Unis	71.9	85.8	89.3	86.1	94.4	105.8	108.5	103.5
Lituanie	0.3	0.5	0.6	0.5	0.5	0.7	0.8	0.9
Fédération de Russie	1.1	1.7	1.5	1.4	1.5	1.7	1.7	1.9
Passifs financiers								
Autriche	45.6	50.2	51.5	45.0	47.1	46.7	49.5	49.7
Belgique	25.5	27.9	26.3	22.2	22.6	26.9	31.3	36.2
Canada	43.3	54.6	57.9	56.3	62.0	71.6	80.3	89.2
Chili	..	..	..	..	..	..	0.3	0.5
République tchèque	3.8	3.9	4.3	4.2	5.5	6.1	6.8	7.3
Danemark	..	..	..	..	88.5	97.0	105.2	101.9
Estonie	3.4	4.0	4.0	2.7	2.9	3.2	2.9	3.0
Finlande	23.2	31.9	35.6	30.4	36.5	40.7	45.8	52.0
France	68.5	78.1	75.2	65.9	68.9	68.2	70.4	73.4
Allemagne	37.5	43.6	45.8	43.9	49.2	51.9	56.5	59.3
Grèce	4.0	3.9	3.7	2.8	3.3	3.6	3.8	3.5
Hongrie	9.9	12.1	14.7	12.0	12.6	15.7	17.4	17.2
Islande	13.7	12.3	17.5	22.9	24.1	24.8	25.1	27.0
Irlande	..	..	..	..	..	..	..	..
Israël	..	..	..	..	..	..	..	..
Italie	14.7	15.4	14.0	11.4	11.4	12.6	15.6	17.4
Japon	16.4	19.2	19.7	18.4	20.7	26.2	29.4	32.6
Corée	26.7	28.8	26.3	21.6	23.1	23.6	25.9	27.4
Lettonie	0.8	1.3	1.6	1.7	1.5	1.2	1.0	..
Luxembourg	4 588.6	5 453.1	6 040.9	5 488.2	6 027.2	6 293.9	6 780.9	7 344.7
Pays-Bas	..	..	..	..	..	..	..	..
Norvège	..	..	..	..	..	..	..	..
Pologne	..	..	..	..	..	..	..	..
Portugal	..	..	..	..	..	..	..	..
Slovénie	..	6.2	6.3	4.9	5.1	5.2	5.8	6.0
Espagne	19.1	19.2	16.7	15.2	14.9	18.8	22.7	24.3
Suède	32.3	46.5	50.9	44.9	51.5	62.9	76.6	76.6
Suisse	..	..	..	..	..	..	..	..
Royaume-Uni	..	..	..	..	..	..	..	..
États-Unis	73.7	87.4	90.8	87.5	95.8	107.4	110.2	105.4
Lituanie	0.3	0.5	0.6	0.5	0.6	0.7	0.8	1.1
Fédération de Russie	1.7	2.5	2.5	2.3	2.4	3.0	3.1	3.2

Note : Voir les métadonnées détaillées sur :

http://metalinks.oecd.org/instinv/20170516/9bf4 (actifs financiers)http://metalinks.oecd.org/instinv/20170516/9bdc (passifs financiers).

Informations sur les données concernant Israël : http://oe.cd/israel-disclaimer.

Informations sur les données concernant le Luxembourg :http://metalinks.oecd.org/instinv/20170516/1258 (actifs financiers) et http://metalinks.oecd.org/instinv/20170516/39fc (passifs financiers).

Tableau 2. Actifs et passifs financiers des sociétés d'assurance, en pourcentage du PIB

Pour cent

	2008	2009	2010	2011	2012	2013	2014	2015
Actifs financiers								
Autriche	31.8	35.2	35.4	33.7	35.7	35.3	36.3	35.4
Belgique	60.9	67.7	68.1	67.4	73.3	72.7	79.1	77.4
Canada	32.1	37.0	37.9	38.5	39.7	40.4	42.4	43.0
Chili	..	..	..	..	..	..	18.3	19.0
République tchèque	10.2	11.5	11.6	11.5	11.2	11.6	12.1	11.9
Danemark	..	..	..	..	98.6	97.4	107.1	104.9
Estonie	4.1	5.7	6.8	5.6	5.6	5.2	5.1	5.3
Finlande	22.1	26.5	28.4	26.7	29.2	30.1	33.2	34.3
France	79.2	90.8	94.8	91.0	99.5	103.2	112.1	113.2
Allemagne	54.3	57.5	57.8	56.5	59.4	60.9	63.9	62.9
Grèce	5.6	6.0	6.5	6.7	7.7	8.5	8.7	8.9
Hongrie	7.9	8.9	8.9	8.2	8.3	8.2	8.1	7.9
Islande	7.8	8.1	8.4	8.4	8.3	8.4	8.1	7.6
Irlande	..	..	..	..	125.1	120.9	125.6	101.4
Israël	26.1	30.9	32.4	31.2	33.1	34.4	35.8	36.1
Italie	29.7	33.9	32.0	30.7	32.6	35.9	40.7	45.7
Japon	70.3	76.5	77.0	78.7	82.4	87.6	89.9	88.3
Corée	39.8	44.4	46.2	49.1	55.5	58.4	62.8	65.3
Lettonie	..	..	..	..	..	..	..	..
Luxembourg	213.3	273.7	301.2	283.1	303.7	306.4	325.5	335.3
Pays-Bas	58.3	61.4	64.5	67.3	70.3	66.6	73.4	69.9
Norvège	..	..	..	..	..	..	..	..
Pologne	11.0	10.4	10.3	9.5	10.3	10.3	10.6	10.4
Portugal	..	..	..	..	..	..	..	..
Slovénie	..	13.9	14.9	14.9	17.2	18.0	18.8	18.1
Espagne	21.0	22.8	22.6	23.7	25.3	26.5	28.5	28.6
Suède	71.7	29.6	29.7	27.9	29.9	31.3	33.7	32.7
Suisse	73.1	80.7	80.7	83.1	87.5	84.3	87.5	86.9
Royaume-Uni	..	..	..	..	..	..	..	..
États-Unis	39.6	44.7	46.4	46.9	47.5	47.5	48.1	46.0
Lituanie	2.9	3.7	3.1	2.8	3.2	2.7	2.7	2.9
Fédération de Russie	1.8	2.0	1.7	1.6	1.6	1.7	1.8	1.8
Passifs financiers								
Autriche	34.4	36.9	37.8	35.9	36.4	36.2	35.9	34.5
Belgique	62.3	66.9	68.1	67.4	68.4	69.0	70.2	69.9
Canada	32.4	38.8	39.7	40.3	41.3	41.7	43.8	44.0
Chili	..	..	..	..	..	..	0.4	0.6
République tchèque	9.9	11.2	12.0	12.0	12.7	13.0	12.7	11.9
Danemark	..	..	..	..	98.6	96.9	106.6	109.9
Estonie	4.3	5.5	6.1	5.4	5.4	4.9	5.0	5.4
Finlande	21.4	26.1	26.9	25.2	27.4	28.9	31.3	32.3
France	81.8	90.4	94.1	91.5	93.7	97.1	101.3	103.2
Allemagne	55.7	59.1	58.5	56.2	59.1	61.1	62.0	63.9
Grèce	6.2	6.6	6.9	7.2	8.1	9.0	9.2	9.5
Hongrie	8.3	9.2	9.3	8.7	8.4	8.2	8.1	7.9
Islande	7.9	8.2	8.5	8.5	8.7	8.7	8.4	7.7
Irlande	..	..	..	..	129.0	123.0	130.7	105.3
Israël	..	..	..	..	..	..	..	..
Italie	31.2	34.9	35.3	34.0	35.3	38.1	42.1	45.7
Japon	67.9	72.6	72.3	73.5	77.0	79.9	80.0	78.4
Corée	41.0	44.2	47.4	49.9	55.3	58.8	62.3	64.8
Lettonie	..	..	..	..	..	..	..	..
Luxembourg	212.4	272.8	300.8	281.6	301.6	304.6	321.3	335.7
Pays-Bas	63.2	64.4	65.7	68.5	70.9	67.0	74.0	71.2
Norvège	..	..	..	..	..	..	..	..
Pologne	11.2	10.5	10.4	9.7	10.4	10.5	10.8	10.6
Portugal	..	..	..	..	..	..	..	..
Slovénie	..	14.7	15.1	15.0	16.7	17.5	18.4	18.1
Espagne	20.7	22.5	22.7	24.2	25.6	27.5	29.5	28.2
Suède	80.3	26.6	27.7	26.8	25.7	25.6	27.3	26.2
Suisse	..	..	..	..	..	..	..	..
Royaume-Uni	..	..	..	..	..	..	..	..
États-Unis	38.0	40.9	41.7	41.0	41.4	42.9	42.8	41.5
Lituanie	3.2	3.7	3.0	3.3	3.4	3.2	3.7	4.0
Fédération de Russie	1.9	2.1	1.9	1.7	1.7	2.0	2.1	2.0

Note : Voir les métadonnées détaillées sur :

http://metalinks.oecd.org/instinv/20170516/0e0b (actifs financiers) et http://metalinks.oecd.org/instinv/20170516/5a62 (passifs financiers).

Informations sur les données concernant Israël : http://oe.cd/israel-disclaimer.

Informations sur les données concernant le Luxembourg :

http://metalinks.oecd.org/instinv/20170516/bdee (actifs financiers)

http://metalinks.oecd.org/instinv/20170516/5b22 (passifs financiers).

Tableau 3. Actifs et passifs financiers des fonds de pension, en pourcentage du PIB

Pour cent

	2008	2009	2010	2011	2012	2013	2014	2015
Actifs financiers								
Autriche	4.0	4.8	5.1	4.8	5.2	5.5	5.8	5.9
Belgique	2.9	3.6	3.9	3.8	4.1	5.0	5.5	5.7
Canada	60.7	67.0	71.4	71.1	75.0	78.2	84.0	91.1
Chili	..	..	..	..	..	..	67.5	69.0
République tchèque	4.6	5.4	5.8	6.1	7.3	7.8	7.7	8.2
Danemark	..	..	..	..	73.9	66.5	73.9	73.4
Estonie	4.8	7.2	7.9	7.3	8.7	9.9	11.8	13.5
Finlande	1.8	2.0	2.3	2.0	1.8	1.5	1.4	1.4
France	..	..	..	..	..	..	..	..
Allemagne	11.5	13.4	13.7	13.8	15.6	14.8	16.6	17.1
Grèce	..	..	..	..	..	0.1	0.2	0.2
Hongrie	9.8	13.5	15.0	4.0	4.0	4.1	4.2	4.2
Islande	..	116.0	122.7	127.6	137.2	142.6	146.4	148.4
Irlande	..	..	..	..	43.7	49.9	52.1	43.3
Israël	57.8	68.5	70.3	65.7	68.8	71.1	74.7	75.9
Italie	1.3	1.6	1.9	1.9	3.8	4.1	4.9	5.2
Japon	27.6	29.1	28.2	28.7	29.3	29.5	30.7	30.1
Corée	3.1	3.3	3.5	4.3	5.1	6.0	7.7	8.7
Lettonie	3.2	6.1	7.5	7.0	7.6	8.4	9.8	10.9
Luxembourg	1.0	2.3	2.2	2.2	2.5	2.5	3.5	3.5
Pays-Bas	111.6	118.5	125.2	133.4	153.7	154.4	184.8	183.3
Norvège	..	..	..	..	..	..	..	..
Pologne	10.9	13.4	15.6	14.6	16.8	18.3	8.8	7.9
Portugal	..	..	..	..	..	..	..	..
Slovénie	..	4.7	5.4	5.5	5.8	6.0	6.3	6.4
Espagne	8.7	9.6	9.8	9.7	10.4	11.0	11.4	11.3
Suède	10.7	68.6	71.4	68.0	73.9	80.5	90.1	89.4
Suisse	80.3	91.0	92.5	91.8	97.6	103.0	109.5	110.9
Royaume-Uni	..	..	..	..	..	..	..	..
États-Unis	82.3	91.3	97.1	96.1	97.5	101.7	101.4	101.0
Lituanie	2.0	3.6	4.1	3.9	4.3	4.6	5.2	5.9
Fédération de Russie	1.3	1.8	1.8	2.0	2.3	2.9	2.8	3.5
Passifs financiers								
Autriche	4.3	4.8	4.8	4.9	5.0	5.3	5.7	5.6
Belgique	3.3	3.9	4.2	4.0	4.6	5.1	5.7	5.9
Canada	60.7	67.0	71.4	71.1	75.0	78.2	84.0	91.1
Chili	..	..	..	..	..	..	0.7	0.8
République tchèque	4.8	5.5	5.9	6.1	6.7	7.1	7.8	8.2
Danemark	..	..	..	..	71.6	64.7	71.7	71.3
Estonie	4.8	7.2	7.9	7.3	8.7	9.9	11.8	13.5
Finlande	2.3	2.4	2.0	1.8	1.8	1.9	1.8	1.7
France	..	..	..	..	..	..	..	..
Allemagne	12.0	13.4	13.8	13.9	14.6	15.1	15.8	16.2
Grèce	..	..	..	..	..	0.1	0.2	0.2
Hongrie	9.9	13.4	14.9	4.0	4.2	4.2	4.3	4.3
Islande	..	116.1	122.7	127.8	137.5	142.8	146.6	148.5
Irlande	..	..	..	..	43.9	48.7	52.1	43.2
Israël	..	..	..	..	..	..	..	..
Italie	2.6	3.2	3.5	3.7	4.3	4.8	5.3	5.5
Japon	27.7	29.3	28.4	28.9	29.4	29.4	30.4	29.8
Corée	3.1	3.3	3.5	4.2	5.1	6.1	7.8	8.7
Lettonie	3.2	6.1	7.5	7.0	7.6	8.4	9.8	11.0
Luxembourg	1.0	2.3	2.2	2.2	2.5	2.5	3.5	3.5
Pays-Bas	113.3	112.2	120.1	137.7	153.6	147.4	173.2	179.2
Norvège	..	..	..	..	..	..	..	..
Pologne	10.9	13.4	15.6	14.6	16.8	18.3	8.8	7.9
Portugal	..	..	..	..	..	..	..	..
Slovénie	..	4.6	5.4	5.6	5.8	5.9	6.3	6.4
Espagne	8.7	9.7	9.8	9.8	10.5	11.3	12.0	12.0
Suède	11.8	64.7	68.3	71.0	71.9	75.4	84.8	85.8
Suisse	97.0	101.9	101.0	102.1	105.3	108.1	111.2	113.8
Royaume-Uni	..	..	..	..	..	..	..	..
États-Unis	83.1	92.3	98.1	97.0	98.5	102.8	102.5	102.0
Lituanie	2.0	3.6	4.1	3.9	4.3	4.6	5.2	5.9
Fédération de Russie	1.3	1.8	1.8	2.0	2.3	2.9	2.8	3.5

Note : Voir les métadonnées détaillées sur :

http://metalinks.oecd.org/instinv/20170516/f1e9 (actifs financiers)

http://metalinks.oecd.org/instinv/20170516/df4f (passifs financiers).

Informations sur les données concernant Israël : http://oe.cd/israel-disclaimer.

Informations sur les données concernant le Luxembourg :

http://metalinks.oecd.org/instinv/20170516/bdee (actifs financiers)

http://metalinks.oecd.org/instinv/20170516/5b22 (passifs financiers).

Tableaux par pays

AUTRICHE

Tableau 1. Actifs et passifs financiers des investisseurs institutionnels, 2015

Millions EUR (1999 ATS euro)

	Total	Fonds d'investissement			
		Fonds d'investissement non-monétaire			Fonds d'investissement monétaires
		Total	Fonds d'investissement à capital variable, non monétaire	Fonds d'investissement à capital fixe, non monétaire	Total
Actifs financiers	166 316	166 236	166 236	..	80
Numéraire et dépôts	9 302	9 294	9 294	..	8
Titres de dette	83 937	83 865	83 865	..	72
Titres de dette à court terme	434	434	434	..	0
Titres de dette à long terme	83 503	83 431	83 431	..	72
Titres de dette émis par les résidents	13 609	13 609	13 609	..	0
Titres de dette émis par les non-résidents	70 328	70 256	70 256	..	72
Crédits	13	13	13	..	0
Crédits à court terme	1	1	1	..	0
Crédits à long terme	12	12	12	..	0
Crédits accordés aux résidents	0	0	0	..	0
Crédits accordés aux non-résidents	13	13	13	..	0
Actions et parts de fonds d'investissement	73 016	73 016	73 016	..	0
Actions et parts de fonds d'investissements émises par les résidents	28 523	28 523	28 523	..	0
Actions et part de fonds d'investissements émises par les non-résidents	44 492	44 492	44 492	..	0
Autres comptes à recevoir	0	0	0	..	0

	Total	Fonds d'investissement			
		Fonds d'investissement non-monétaire			Fonds d'investissement monétaires
		Total	Fonds d'investissement à capital variable, non monétaire	Fonds d'investissement à capital fixe, non monétaire	Total
Pasifs financiers	169 033	168 948	168 948	..	85
Numéraire et dépôts	0	0	0	..	0
Titres de dette	8	8	8	..	0
Titres de dette à court terme	0	0	0	..	0
Titres de dette à long terme	8	8	8	..	0
Crédits	706	706	706	..	0
Crédits à court terme	622	622	622	..	0
Crédits à long terme	85	85	85	..	0
Actions et parts de fonds d'investissement	168 314	168 230	168 230	..	85
Systèmes d'assurance, de pensions et garanties standard	0	0	0	..	0
Produits financiers dérivés et options sur titres des salariés	4	4	4	..	0
Autres comptes à payer	0	0	0	..	0

	Total	Sociétés d'assurance et fonds de pension autonomes			
		Sociétés d'assurance			Fonds de pension autonomes
		Total	Sociétés d'assurance vie	Sociétés d'assurance non-vie	Total
Actifs financiers	140 364	120 440	..	..	19 924
Numéraire et dépôts	5 421	4 866	..	..	555
Titres de dette	53 957	53 521	..	..	435
Titres de dette à court terme	6	5	..	..	1
Titres de dette à long terme	53 950	53 516	..	..	434
Titres de dette émis par les résidents	18 402	18 224	..	..	179
Titres de dette émis par les non-résidents	35 554	35 297	..	..	257
Crédits	6 334	6 325	..	..	9
Crédits à court terme	1 773	1 773	..	..	0
Crédits à long terme	4 561	4 553	..	..	9
Crédits accordés aux résidents	4 884	4 884	..	..	0
Crédits accordés aux non-résidents	1 450	1 441	..	..	9
Actions et parts de fonds d'investissement	67 462	48 576	..	..	18 886
Actions et parts de fonds d'investissement émises par les résidents	55 550	38 769	..	..	16 781
Actions et parts de fonds d'investissement émises par les non-résidents	11 912	9 807	..	..	2 106
Autrescomptes à recevoir	1 633	1 593	..	..	40

	Total	Sociétés d'assurance et fonds de pension autonomes			
		Sociétés d'assurance			Fonds de pension autonomes
		Total	Sociétés d'assurance vie	Sociétés d'assurance non-vie	Total
Pasifs financiers	136 368	117 257	..	..	19 112
Numéraire et dépôts	0	0	..	..	0
Titres de dette	4 039	4 039	..	..	0
Titres de dette à court terme	0	0	..	..	0
Titres de dette à long terme	4 039	4 039	..	..	0
Crédits	2 918	2 910	..	..	9
Crédits à court terme	1 809	1 808	..	..	1
Crédits à long terme	1 109	1 102	..	..	7
Actions et parts de fonds d'investissement	14 916	14 733	..	..	183
Systèmes d'assurance, de pensions et garanties standard	113 010	94 091	..	..	18 920
Produits financiers dérivés et options sur titres des salariés	0	0	..	..	0
Autres comptes à payer	1 484	1 484	..	..	0

Note : Voir les métadonnées détaillées sur : http://metalinks.oecd.org/instinv/20170516/5358

AUTRICHE

Tableau 2. Actifs et passifs financiers des fonds d'investissement

Millions EUR

	2008	2009	2010	2011	2012	2013	2014	2015
Fonds d'investissement								
Valeur nette financière	708	-409	-1 088	-1 274	-1 767	-2 036	-2 027	-2 717
Actifs financiers	133 726	143 131	150 643	137 655	147 443	148 711	161 627	166 316
Numéraire et dépôts	14 051	10 336	10 102	9 409	8 083	8 038	8 116	9 302
Titres de dette	72 993	78 291	77 731	75 377	81 185	79 164	85 113	83 937
Crédits	541	0	14	14	15	16	17	13
Actions et parts de fonds d'investissement	45 898	54 431	62 576	52 660	57 950	61 455	68 350	73 016
Actions	12 208	16 878	20 168	16 402	19 207	21 330	22 904	23 650
Parts de fonds d'investissement	33 690	37 553	42 408	36 258	38 744	40 126	45 446	49 365
Parts de fonds d'investissement monétaires	1 842	912	680	1 035	123	135	313	304
Parts de fonds d'investissement non monétaires	31 848	36 641	41 728	35 223	38 621	39 991	45 133	49 062
Systèmes d'assurance, de pensions et garanties standard	0	0	0	0	0	0	0	0
Produits financiers dérivés et options sur titres des salariés	118	73	221	193	209	38	32	49
Autres comptes à recevoir	125	0	0	0	0	0	0	0
Passifs financiers	133 018	143 541	151 731	138 929	149 210	150 747	163 654	169 033
Titres de dette	0	0	0	0	0	0	8	8
Titres de dette à court terme	0	0	0	0	0	0	0	0
Titres de dette à long terme	0	0	0	0	0	0	8	8
Crédits	5 067	4 892	4 006	1 372	1 399	1 310	946	706
Crédits à court terme	4 902	4 625	3 782	1 153	1 210	1 124	786	622
Crédits à long terme	165	267	224	220	190	185	159	85
Actions et parts de fonds d'investissement	127 941	138 649	147 701	137 509	147 805	149 435	162 677	168 314
Systèmes d'assurance, de pensions et garanties standard	0	0	0	0	0	0	0	0
Produits financiers dérivés et options sur titres des salariés	10	0	24	48	6	3	24	4
Autres comptes à payer	0	0	0	0	0	0	0	0
Actifs non financiers	2 014	1 937	2 268	2 873	3 195	3 377	3 832	4 364
Fonds d'investissement monéaires								
Valeur nette financière	-804	-272	-180	-98	-50	-28	-11	-5
Actifs financiers	3 672	2 613	2 400	1 196	400	188	145	80
Numéraire et dépôts	0	0	0	0	0	0	0	8
Titres de dette	3 564	2 526	2 330	1 179	397	188	145	72
Crédits	0	0	0	0	0	0	0	0
Actions et parts de fonds d'investissement	108	87	70	17	3	0	0	0
Actions	43	4	0	0	0	0	0	0
Parts de fonds d'investissement	65	83	70	17	3	0	0	0
Parts de fonds d'investissement monétaires	12	32	17	6	0	0	0	0
Parts de fonds d'investissement non monétaires	52	50	53	11	3	0	0	0
Systèmes d'assurance, de pensions et garanties standard	0	0	0	0	0	0	0	0
Produits financiers dérivés et options sur titres des salariés	0	0	0	0	0	0	0	0
Autres comptes à recevoir	0	0	0	0	0	0	0	0
Passifs financiers	4 476	2 885	2 581	1 294	450	216	156	85
Titres de dette	0	0	0	0	0	0	0	0
Titres de dette à court terme	0	0	0	0	0	0	0	0
Titres de dette à long terme	0	0	0	0	0	0	0	0
Crédits	0	0	0	0	0	0	0	0
Crédits à court terme	0	0	0	0	0	0	0	0
Crédits à long terme	0	0	0	0	0	0	0	0
Actions et parts de fonds d'investissement	4 475	2 885	2 581	1 294	450	216	156	85
Systèmes d'assurance, de pensions et garanties standard	0	0	0	0	0	0	0	0
Produits financiers dérivés et options sur titres des salariés	1	0	0	0	0	0	0	0
Autres comptes à payer	0	0	0	0	0	0	0	0
Actifs non financiers	..	..	..	..	..	..	..	..
Fonds d'investissement non monéaires								
Valeur nette financière	1 512	-138	-908	-1 176	-1 717	-2 008	-2 016	-2 712
Actifs financiers	130 054	140 518	148 243	136 459	147 043	148 522	161 481	166 236
Numéraire et dépôts	14 051	10 336	10 102	9 409	8 083	8 038	8 116	9 294
Titres de dette	69 429	75 765	75 401	74 199	80 788	78 976	84 968	83 865
Crédits	541	0	14	14	15	16	17	13
Actions et parts de fonds d'investissement	45 790	54 344	62 506	52 643	57 948	61 455	68 350	73 016
Actions	12 164	16 874	20 168	16 402	19 207	21 330	22 904	23 650
Parts de fonds d'investissement	33 626	37 470	42 338	36 241	38 741	40 126	45 446	49 365
Parts de fonds d'investissement monétaires	1 830	879	663	1 028	123	135	313	304
Parts de fonds d'investissement non monétaires	31 796	36 591	41 675	35 213	38 618	39 991	45 133	49 062
Systèmes d'assurance, de pensions et garanties standard	0	0	0	0	0	0	0	0
Produits financiers dérivés et options sur titres des salariés	118	73	221	193	209	38	32	49
Autres comptes à recevoir	125	0	0	0	0	0	0	0
Passifs financiers	128 542	140 656	149 150	137 635	148 760	150 531	163 498	168 948
Titres de dette	0	0	0	0	0	0	8	8
Titres de dette à court terme	0	0	0	0	0	0	0	0
Titres de dette à long terme	0	0	0	0	0	0	8	8
Crédits	5 067	4 892	4 006	1 372	1 399	1 310	946	706
Crédits à court terme	4 902	4 625	3 782	1 153	1 210	1 124	786	622
Crédits à long terme	165	267	224	220	190	185	159	85
Actions et parts de fonds d'investissement	123 466	135 764	145 120	136 215	147 355	149 218	162 520	168 230
Systèmes d'assurance, de pensions et garanties standard	0	0	0	0	0	0	0	0
Produits financiers dérivés et options sur titres des salariés	9	0	24	48	6	3	24	4
Autres comptes à payer	0	0	0	0	0	0	0	0
Actifs non financiers	..	..	..	..	..	..	..	..
Fonds d'investissement non monéaires à capital variable								
Valeur nette financière	1 512	-138	-908	-1 176	-1 717	-2 008	-2 016	-2 712
Actifs financiers	130 054	140 518	148 243	136 459	147 043	148 522	161 481	166 236

Tableau 2. Actifs et passifs financiers des fonds d'investissement *(suite)*

Millions EUR

	2008	2009	2010	2011	2012	2013	2014	2015
Numéraire et dépôts	14 051	10 336	10 102	9 409	8 083	8 038	8 116	9 294
Titres de dette	69 429	75 765	75 401	74 199	80 788	78 976	84 968	83 865
Crédits	541	0	14	14	15	16	17	13
Actions et parts de fonds d'investissement	45 790	54 344	62 506	52 643	57 948	61 455	68 350	73 016
Actions	12 164	16 874	20 168	16 402	19 207	21 330	22 904	23 650
Parts de fonds d'investissement	33 626	37 470	42 338	36 241	38 741	40 126	45 446	49 365
Parts de fonds d'investissement monétaires	1 830	879	663	1 028	123	135	313	304
Parts de fonds d'investissement non monétaires	31 796	36 591	41 675	35 213	38 618	39 991	45 133	49 062
Systèmes d'assurance, de pensions et garanties standard	0	0	0	0	0	0	0	0
Produits financiers dérivés et options sur titres des salariés	118	73	221	193	209	38	32	49
Autres comptes à recevoir	125	0	0	0	0	0	0	0
Passifs financiers	128 542	140 656	149 150	137 635	148 760	150 531	163 498	168 948
Titres de dette	0	0	0	0	0	0	8	8
Titres de dette à court terme	0	0	0	0	0	0	0	0
Titres de dette à long terme	0	0	0	0	0	0	8	8
Crédits	5 067	4 892	4 006	1 372	1 399	1 310	946	706
Crédits à court terme	4 902	4 625	3 782	1 153	1 210	1 124	786	622
Crédits à long terme	165	267	224	220	190	185	159	85
Actions et parts de fonds d'investissement	123 466	135 764	145 120	136 215	147 355	149 218	162 520	168 230
Systèmes d'assurance, de pensions et garanties standard	0	0	0	0	0	0	0	0
Produits financiers dérivés et options sur titres des salariés	9	0	24	48	6	3	24	4
Autres comptes à payer	0	0	0	0	0	0	0	0
Actifs non financiers	2 014	1 937	2 268	2 873	3 195	3 377	3 832	4 364
Fonds d'investissement à capital variable								
Valeur nette financière	708	-410	-1 088	-1 274	-1 767	-2 036	-2 027	-2 717
Actifs financiers	133 726	143 131	150 643	137 655	147 443	148 710	161 626	166 316
Numéraire et dépôts	14 051	10 336	10 102	9 409	8 083	8 038	8 116	9 302
Titres de dette	72 993	78 291	77 731	75 378	81 185	79 164	85 113	83 937
Crédits	541	0	14	14	15	16	17	13
Actions et parts de fonds d'investissement	45 898	54 431	62 576	52 660	57 951	61 455	68 350	73 016
Actions	12 207	16 878	20 168	16 402	19 207	21 330	22 904	23 650
Parts de fonds d'investissement	33 691	37 553	42 408	36 258	38 744	40 126	45 446	49 365
Parts de fonds d'investissement monétaires	1 842	911	680	1 034	123	135	313	304
Parts de fonds d'investissement non monétaires	31 848	36 641	41 728	35 224	38 621	39 991	45 133	49 062
Systèmes d'assurance, de pensions et garanties standard	0	0	0	0	0	0	0	0
Produits financiers dérivés et options sur titres des salariés	118	73	221	193	209	38	32	49
Autres comptes à recevoir	125	0	0	0	0	0	0	0
Passifs financiers	133 018	143 541	151 731	138 929	149 210	150 747	163 654	169 033
Titres de dette	0	0	0	0	0	0	8	8
Titres de dette à court terme	0	0	0	0	0	0	0	0
Titres de dette à long terme	0	0	0	0	0	0	8	8
Crédits	5 067	4 892	4 006	1 372	1 399	1 310	946	706
Crédits à court terme	4 902	4 625	3 782	1 153	1 210	1 124	786	622
Crédits à long terme	165	267	224	220	190	185	159	85
Actions et parts de fonds d'investissement	127 941	138 649	147 701	137 509	147 805	149 434	162 676	168 315
Systèmes d'assurance, de pensions et garanties standard	0	0	0	0	0	0	0	0
Produits financiers dérivés et options sur titres des salariés	10	0	24	48	6	3	24	4
Autres comptes à payer	0	0	0	0	0	0	0	0
Actifs non financiers	..	..	..	..	..	..	..	..

Note : Voir les métadonnées détaillées sur : http://metalinks.oecd.org/instinv/20170516/5358

Tableau 3. Actifs et passifs financiers des sociétés d'assurance et fonds de pension

Millions EUR

	2008	2009	2010	2011	2012	2013	2014	2015
Sociétés d'assurance et fonds de pension								
Valeur nette financière	-8 612	-5 030	-6 206	-6 810	-2 004	-1 950	2 103	3 996
Actifs financiers	104 542	114 256	119 266	118 939	129 497	131 705	139 412	140 364
Numéraire et dépôts	5 176	4 077	3 085	4 288	4 264	5 455	4 495	5 421
Titres de dette	37 620	40 900	43 456	43 306	47 163	49 162	55 185	53 957
Crédits	6 181	7 151	7 256	7 024	7 410	6 142	6 643	6 334
Actions et parts de fonds d'investissement	46 383	52 939	57 477	56 363	62 213	63 129	65 669	67 462
Actions	14 095	15 185	15 120	14 720	14 695	14 885	14 514	14 959
Parts de fonds d'investissement	32 288	37 754	42 358	41 642	47 518	48 243	51 155	52 503
Parts de fonds d'investissement monétaires	293	250	269	165	76	44	105	240
Parts de fonds d'investissement non monétaires	31 995	37 504	42 089	41 478	47 443	48 200	51 050	52 263
Systèmes d'assurance, de pensions et garanties standard	7 461	7 497	6 353	6 610	6 997	6 283	5 683	5 535
Produits financiers dérivés et options sur titres des salariés	63	39	70	66	48	13	30	24
Autres comptes à recevoir	1 656	1 654	1 568	1 283	1 402	1 521	1 707	1 633
Passifs financiers	113 154	119 286	125 471	125 748	131 501	133 655	137 309	136 368
Titres de dette	1 863	2 178	2 531	2 529	2 510	3 300	3 239	4 039
Titres de dette à court terme	0	0	0	0	0	0	0	0
Titres de dette à long terme	1 863	2 178	2 531	2 529	2 510	3 300	3 239	4 039
Crédits	4 898	4 711	4 446	4 587	4 701	3 266	2 820	2 918
Crédits à court terme	4 362	4 312	3 469	3 381	3 688	2 374	1 988	1 809
Crédits à long terme	536	399	978	1 206	1 013	892	831	1 109
Actions et parts de fonds d'investissement	13 799	14 963	16 306	14 373	16 125	17 645	16 426	14 916
Systèmes d'assurance, de pensions et garanties standard	91 167	96 148	100 848	103 104	107 095	108 525	113 167	113 010
Produits financiers dérivés et options sur titres des salariés	0	0	0	0	0	0	0	0
Autres comptes à payer	1 427	1 286	1 340	1 155	1 070	919	1 658	1 484
Actifs non financiers	..	..	..	..	..	..	..	..
Sociétés d'assurance								
Valeur nette financière	-7 535	-4 931	-7 052	-6 621	-2 476	-2 625	1 493	3 183
Actifs financiers	92 944	100 602	104 246	104 124	113 085	114 005	120 089	120 440
Numéraire et dépôts	4 386	3 538	2 663	3 644	3 689	4 205	3 885	4 866
Titres de dette	37 334	40 516	43 005	42 854	46 787	48 707	54 735	53 521
Crédits	6 181	7 151	7 256	7 024	7 379	6 098	6 643	6 325
Actions et parts de fonds d'investissement	35 960	40 261	43 407	42 714	46 840	47 222	47 445	48 576
Actions	14 075	15 159	15 097	14 699	14 655	14 825	14 482	14 927
Parts de fonds d'investissement	21 885	25 102	28 310	28 014	32 185	32 397	32 963	33 649
Parts de fonds d'investissement monétaires	286	235	256	142	76	44	105	233
Parts de fonds d'investissement non monétaires	21 599	24 867	28 054	27 872	32 109	32 353	32 858	33 416
Systèmes d'assurance, de pensions et garanties standard	7 461	7 497	6 353	6 610	6 997	6 283	5 683	5 535
Produits financiers dérivés et options sur titres des salariés	63	39	69	66	48	13	30	24
Autres comptes à recevoir	1 558	1 601	1 492	1 213	1 345	1 476	1 668	1 593
Passifs financiers	100 479	105 533	111 297	110 744	115 561	116 630	118 596	117 257
Titres de dette	1 852	2 167	2 520	2 518	2 499	3 289	3 239	4 039
Titres de dette à court terme	0	0	0	0	0	0	0	0
Titres de dette à long terme	1 852	2 167	2 520	2 518	2 499	3 289	3 239	4 039
Crédits	4 898	4 711	4 446	4 587	4 701	3 266	2 811	2 910
Crédits à court terme	4 362	4 312	3 469	3 381	3 688	2 374	1 981	1 808
Crédits à long terme	536	399	978	1 206	1 013	892	830	1 102
Actions et parts de fonds d'investissement	13 523	14 704	16 110	14 177	15 929	17 463	16 243	14 733
Systèmes d'assurance, de pensions et garanties standard	78 779	82 665	86 881	88 308	91 362	91 693	94 645	94 091
Produits financiers dérivés et options sur titres des salariés	0	0	0	0	0	0	0	0
Autres comptes à payer	1 427	1 286	1 340	1 155	1 070	919	1 658	1 484
Actifs non financiers	3 487	3 725	3 689	3 735	3 792	3 983	4 199	4 260
Fonds de pension								
Valeur nette financière	-1 077	-99	846	-189	472	675	610	813
Actifs financiers	11 598	13 654	15 020	14 815	16 412	17 700	19 323	19 924
Numéraire et dépôts	790	539	422	644	575	1 250	610	555
Titres de dette	286	384	451	452	375	455	450	435
Crédits	0	0	0	0	31	44	0	9
Actions et parts de fonds d'investissement	10 423	12 678	14 070	13 649	15 373	15 907	18 224	18 886
Actions	20	26	23	21	40	60	31	32
Parts de fonds d'investissement	10 403	12 652	14 048	13 628	15 333	15 847	18 192	18 854
Parts de fonds d'investissement monétaires	7	15	13	23	0	0	0	7
Parts de fonds d'investissement non monétaires	10 396	12 637	14 035	13 605	15 333	15 847	18 192	18 847
Systèmes d'assurance, de pensions et garanties standard	0	0	0	0	0	0	0	0
Produits financiers dérivés et options sur titres des salariés	0	0	1	0	0	0	0	0
Autres comptes à recevoir	98	53	76	70	58	44	39	40
Passifs financiers	12 675	13 753	14 174	15 004	15 941	17 025	18 713	19 112
Titres de dette	11	11	11	11	11	11	0	0
Titres de dette à court terme	0	0	0	0	0	0	0	0
Titres de dette à long terme	11	11	11	11	11	11	0	0
Crédits	0	0	0	0	0	0	8	9
Crédits à court terme	0	0	0	0	0	0	7	1
Crédits à long terme	0	0	0	0	0	0	1	7
Actions et parts de fonds d'investissement	276	259	196	196	196	182	183	183
Systèmes d'assurance, de pensions et garanties standard	12 388	13 483	13 967	14 796	15 733	16 831	18 521	18 920
Produits financiers dérivés et options sur titres des salariés	0	0	0	0	0	0	0	0
Autres comptes à payer	0	0	0	0	0	0	0	0
Actifs non financiers	..	..	..	..	..	..	..	..

Note : Voir les métadonnées détaillées sur : http://metalinks.oecd.org/instinv/20170516/5358

Tableau 4. Composition du portefeuille par type d'investisseur

En pourcentage des actifs financiers et des passifs financiers

Pour cent

	2008	2009	2010	2011	2012	2013	2014	2015
Fonds d'investissement								
Actifs financiers	100.0	100.0	100.0	100.0	100.0	100.0	100.0	100.0
Numéraire et dépôts	10.5	7.2	6.7	6.8	5.5	5.4	5.0	5.6
Titres de dettes	54.6	54.7	51.6	54.8	55.1	53.2	52.7	50.5
Crédits	0.4	0.0	0.0	0.0	0.0	0.0	0.0	0.0
Actions et parts de fonds d'investissement	34.3	38.0	41.5	38.3	39.3	41.3	42.3	43.9
Systèmes d'assurance de pensions et garanties standard	0.0	0.0	0.0	0.0	0.0	0.0	0.0	0.0
Produits financiers dérivés et options sur titres des salariés	0.1	0.1	0.1	0.1	0.1	0.0	0.0	0.0
Autres comptes à recevoir	0.1	0.0	0.0	0.0	0.0	0.0	0.0	0.0
Passifs financiers	100.0	100.0	100.0	100.0	100.0	100.0	100.0	100.0
Numéraire et dépôts	0.0	0.0	0.0	0.0	0.0	0.0	0.0	0.0
Titres de dettes	0.0	0.0	0.0	0.0	0.0	0.0	0.0	0.0
Crédits	3.8	3.4	2.6	1.0	0.9	0.9	0.6	0.4
Actions et parts de fonds d'investissement	96.2	96.6	97.3	99.0	99.1	99.1	99.4	99.6
Systèmes d'assurance de pensions et garanties standard	0.0	0.0	0.0	0.0	0.0	0.0	0.0	0.0
Produits financiers dérivés et options sur titres des salariés	0.0	0.0	0.0	0.0	0.0	0.0	0.0	0.0
Autres comptes à recevoir	0.0	0.0	0.0	0.0	0.0	0.0	0.0	0.0
Sociétés d'assurance								
Actifs financiers	100.0	100.0	100.0	100.0	100.0	100.0	100.0	100.0
Numéraire et dépôts	4.7	3.5	2.6	3.5	3.3	3.7	3.2	4.0
Titres de dettes	40.2	40.3	41.3	41.2	41.4	42.7	45.6	44.4
Crédits	6.7	7.1	7.0	6.7	6.5	5.3	5.5	5.3
Actions et parts de fonds d'investissement	38.7	40.0	41.6	41.0	41.4	41.4	39.5	40.3
Systèmes d'assurance de pensions et garanties standard	8.0	7.5	6.1	6.3	6.2	5.5	4.7	4.6
Produits financiers dérivés et options sur titres des salariés	0.1	0.0	0.1	0.1	0.0	0.0	0.0	0.0
Autres comptes à recevoir	1.7	1.6	1.4	1.2	1.2	1.3	1.4	1.3
Passifs financiers	100.0	100.0	100.0	100.0	100.0	100.0	100.0	100.0
Numéraire et dépôts	0.0	0.0	0.0	0.0	0.0	0.0	0.0	0.0
Titres de dettes	1.8	2.1	2.3	2.3	2.2	2.8	2.7	3.4
Crédits	4.9	4.5	4.0	4.1	4.1	2.8	2.4	2.5
Actions et parts de fonds d'investissement	13.5	13.9	14.5	12.8	13.8	15.0	13.7	12.6
Systèmes d'assurance de pensions et garanties standard	78.4	78.3	78.1	79.7	79.1	78.6	79.8	80.2
Produits financiers dérivés et options sur titres des salariés	0.0	0.0	0.0	0.0	0.0	0.0	0.0	0.0
Autres comptes à recevoir	1.4	1.2	1.2	1.0	0.9	0.8	1.4	1.3
Fonds de pension								
Actifs financiers	100.0	100.0	100.0	100.0	100.0	100.0	100.0	100.0
Numéraire et dépôts	6.8	3.9	2.8	4.3	3.5	7.1	3.2	2.8
Titres de dettes	2.5	2.8	3.0	3.1	2.3	2.6	2.3	2.2
Crédits	0.0	0.0	0.0	0.0	0.2	0.2	0.0	0.0
Actions et parts de fonds d'investissement	89.9	92.9	93.7	92.1	93.7	89.9	94.3	94.8
Systèmes d'assurance de pensions et garanties standard	0.0	0.0	0.0	0.0	0.0	0.0	0.0	0.0
Produits financiers dérivés et options sur titres des salariés	0.0	0.0	0.0	0.0	0.0	0.0	0.0	0.0
Autres comptes à recevoir	0.8	0.4	0.5	0.5	0.4	0.2	0.2	0.2
Passifs financiers	100.0	100.0	100.0	100.0	100.0	100.0	100.0	100.0
Numéraire et dépôts	0.0	0.0	0.0	0.0	0.0	0.0	0.0	0.0
Titres de dettes	0.1	0.1	0.1	0.1	0.1	0.1	0.0	0.0
Crédits	0.0	0.0	0.0	0.0	0.0	0.0	0.0	0.0
Actions et parts de fonds d'investissement	2.2	1.9	1.4	1.3	1.2	1.1	1.0	1.0
Systèmes d'assurance de pensions et garanties standard	97.7	98.0	98.5	98.6	98.7	98.9	99.0	99.0
Produits financiers dérivés et options sur titres des salariés	0.0	0.0	0.0	0.0	0.0	0.0	0.0	0.0
Autres comptes à recevoir	0.0	0.0	0.0	0.0	0.0	0.0	0.0	0.0

Note : Voir les métadonnées détaillées sur : http://metalinks.oecd.org/instinv/20170516/e12c

BELGIQUE

Tableau 1. Actifs et passifs financiers des investisseurs institutionnels, 2015

Millions EUR (1999 BEF euro)

	Total	Fonds d'investissement — Fonds d'investissement non-monétaire — Total	Fonds d'investissement à capital variable, non monétaire	Fonds d'investissement à capital fixe, non monétaire	Fonds d'investissement monétaires — Total
Actifs financiers	148 177	135 904	135 904	..	12 273
Numéraire et dépôts	9 153	7 129	7 129	..	2 025
Titres de dette	40 030	29 814	29 814	..	10 216
Titres de dette à court terme	10 190	2 241	2 241	..	7 949
Titres de dette à long terme	29 840	27 573	27 573	..	2 267
Titres de dette émis par les résidents	4 639	2 128	2 128	..	2 512
Titres de dette émis par les non-résidents	35 391	27 686	27 686	..	7 704
Crédits	0	0	0	..	0
Crédits à court terme	0	0	0	..	0
Crédits à long terme	0	0	0	..	0
Crédits accordés aux résidents	0	0	0	..	0
Crédits accordés aux non-résidents	0	0	0	..	0
Actions et parts de fonds d'investissement	94 423	94 423	94 423	..	0
Actions et parts de fonds d'investissements émises par les résidents	20 827	20 827	20 827	..	0
Actions et part de fonds d'investissements émises par les non-résidents	73 596	73 596	73 596	..	0
Autres comptes à recevoir	3 512	3 479	3 479	..	33

	Total	Fonds d'investissement — Fonds d'investissement non-monétaire — Total	Fonds d'investissement à capital variable, non monétaire	Fonds d'investissement à capital fixe, non monétaire	Fonds d'investissement monétaires — Total
Pasifs financiers	148 475	136 202	136 202	..	12 273
Numéraire et dépôts	0	0	0	..	0
Titres de dette	0	0	0	..	0
Titres de dette à court terme	0	0	0	..	0
Titres de dette à long terme	0	0	0	..	0
Crédits	181	181	181	..	0
Crédits à court terme	3	3	3	..	0
Crédits à long terme	178	178	178	..	0
Actions et parts de fonds d'investissement	145 672	133 417	133 417	..	12 255
Systèmes d'assurance, de pensions et garanties standard	0	0	0	..	0
Produits financiers dérivés et options sur titres des salariés	12	12	12	..	0
Autres comptes à payer	2 611	2 592	2 592	..	19

	Total	Sociétés d'assurance et fonds de pension autonomes — Sociétés d'assurance — Total	Sociétés d'assurance vie	Sociétés d'assurance non-vie	Fonds de pension autonomes — Total
Actifs financiers	341 074	317 482	..	..	23 592
Numéraire et dépôts	10 067	9 385	..	..	682
Titres de dette	210 821	208 174	..	..	2 647
Titres de dette à court terme	1 201	1 201	..	..	0
Titres de dette à long terme	209 620	206 973	..	..	2 647
Titres de dette émis par les résidents	85 927	85 148	..	..	779
Titres de dette émis par les non-résidents	124 894	123 026	..	..	1 868
Crédits	27 974	27 718	..	..	255
Crédits à court terme	11 570	11 570	..	..	0
Crédits à long terme	16 404	16 149	..	..	255
Crédits accordés aux résidents	27 875	27 620	..	..	255
Crédits accordés aux non-résidents	99	99	..	..	0
Actions et parts de fonds d'investissement	77 617	58 387	..	..	19 229
Actions et parts de fonds d'investissement émises par les résidents	32 598	25 038	..	..	7 560
Actions et parts de fonds d'investissement émises par les non-résidents	45 019	33 350	..	..	11 669
Autrescomptes à recevoir	4 496	4 263	..	..	233

	Total	Sociétés d'assurance et fonds de pension autonomes — Sociétés d'assurance — Total	Sociétés d'assurance vie	Sociétés d'assurance non-vie	Fonds de pension autonomes — Total
Pasifs financiers	310 930	286 709	..	..	24 222
Numéraire et dépôts	0	0	..	..	0
Titres de dette	3 997	3 997	..	..	0
Titres de dette à court terme	0	0	..	..	0
Titres de dette à long terme	3 997	3 997	..	..	0
Crédits	17 292	17 290	..	..	2
Crédits à court terme	9 163	9 160	..	..	2
Crédits à long terme	8 129	8 129	..	..	0
Actions et parts de fonds d'investissement	16 372	16 372	..	..	0
Systèmes d'assurance, de pensions et garanties standard	267 082	242 863	..	..	24 219
Produits financiers dérivés et options sur titres des salariés	0	0	..	..	0
Autres comptes à payer	6 188	6 188	..	..	0

Note : Voir les métadonnées détaillées sur : http://metalinks.oecd.org/instinv/20170516/5358

BELGIQUE

Tableau 2. Actifs et passifs financiers des fonds d'investissement

Millions EUR

	2008	2009	2010	2011	2012	2013	2014	2015
Fonds d'investissement								
Valeur nette financière	-749	-814	33	-604	-575	-646	-343	-298
Actifs financiers	89 398	96 446	96 163	83 424	87 177	104 752	124 934	148 177
Numéraire et dépôts	19 281	15 562	11 621	9 936	7 804	6 786	6 665	9 153
Titres de dette	34 174	32 445	31 617	30 112	25 492	25 873	28 318	40 030
Crédits	0	0	0	0	0	0	0	0
Actions et parts de fonds d'investissement	29 632	42 488	47 438	38 711	49 400	67 552	84 484	94 423
Actions	18 442	28 236	28 772	20 412	28 073	34 533	41 579	39 006
Parts de fonds d'investissement	11 191	14 252	18 666	18 299	21 327	33 020	42 905	55 416
Parts de fonds d'investissement monétaires	693	682	504	789	312	284	714	10 717
Parts de fonds d'investissement non monétaires	10 497	13 570	18 162	17 510	21 015	32 735	42 191	44 699
Systèmes d'assurance, de pensions et garanties standard	0	0	0	0	0	0	0	0
Produits financiers dérivés et options sur titres des salariés	1 634	2 399	2 247	1 914	2 057	1 678	1 614	1 059
Autres comptes à recevoir	4 676	3 551	3 240	2 751	2 424	2 863	3 854	3 512
Passifs financiers	90 147	97 260	96 129	84 028	87 752	105 398	125 277	148 475
Titres de dette	0	0	0	0	0	0	0	0
Titres de dette à court terme	0	0	0	0	0	0	0	0
Titres de dette à long terme	0	0	0	0	0	0	0	0
Crédits	86	93	90	78	90	89	150	181
Crédits à court terme	0	0	0	0	0	0	2	3
Crédits à long terme	86	93	90	78	90	89	149	178
Actions et parts de fonds d'investissement	88 466	94 867	94 258	82 483	86 345	103 240	122 673	145 672
Systèmes d'assurance, de pensions et garanties standard	0	0	0	0	0	0	0	0
Produits financiers dérivés et options sur titres des salariés	0	0	13	53	0	4	14	12
Autres comptes à payer	1 595	2 300	1 768	1 415	1 317	2 065	2 440	2 611
Actifs non financiers	..	..	..	..	..	..	..	..
Fonds d'investissement monéaires								
Valeur nette financière	0	0	0	0	0	-22	0	0
Actifs financiers	5 535	1 945	1 917	4 373	996	994	800	12 273
Numéraire et dépôts	812	287	250	535	147	142	147	2 025
Titres de dette	4 539	1 593	1 627	3 755	829	847	650	10 216
Crédits	0	0	0	0	0	0	0	0
Actions et parts de fonds d'investissement	0	29	21	0	5	0	0	0
Actions	0	0	0	0	0	0	0	0
Parts de fonds d'investissement	0	29	21	0	5	0	0	0
Parts de fonds d'investissement monétaires	0	2	9	0	2	0	0	0
Parts de fonds d'investissement non monétaires	0	27	12	0	3	0	0	0
Systèmes d'assurance, de pensions et garanties standard	0	0	0	0	0	0	0	0
Produits financiers dérivés et options sur titres des salariés	1	0	0	0	0	0	0	0
Autres comptes à recevoir	184	36	19	83	14	5	3	33
Passifs financiers	5 535	1 945	1 917	4 373	996	1 016	800	12 273
Titres de dette	0	0	0	0	0	0	0	0
Titres de dette à court terme	0	0	0	0	0	0	0	0
Titres de dette à long terme	0	0	0	0	0	0	0	0
Crédits	2	0	14	0	0	1	19	0
Crédits à court terme	0	0	0	0	0	0	0	0
Crédits à long terme	2	0	14	0	0	1	19	0
Actions et parts de fonds d'investissement	5 525	1 926	1 902	4 366	991	1 012	780	12 255
Systèmes d'assurance, de pensions et garanties standard	0	0	0	0	0	0	0	0
Produits financiers dérivés et options sur titres des salariés	0	0	0	0	0	2	0	0
Autres comptes à payer	8	19	2	6	5	1	0	19
Actifs non financiers	..	..	..	..	..	..	..	..
Fonds d'investissement non monéaires								
Valeur nette financière	-749	-814	33	-604	-575	-624	-343	-298
Actifs financiers	83 863	94 501	94 245	79 052	86 181	103 759	124 134	135 904
Numéraire et dépôts	18 469	15 275	11 371	9 402	7 656	6 644	6 517	7 129
Titres de dette	29 635	30 852	29 990	26 356	24 662	25 026	27 668	29 814
Crédits	0	0	0	0	0	0	0	0
Actions et parts de fonds d'investissement	29 632	42 459	47 417	38 711	49 395	67 552	84 484	94 423
Actions	18 442	28 236	28 772	20 412	28 073	34 533	41 579	39 006
Parts de fonds d'investissement	11 191	14 222	18 645	18 299	21 322	33 020	42 905	55 416
Parts de fonds d'investissement monétaires	693	679	495	789	310	284	714	10 717
Parts de fonds d'investissement non monétaires	10 497	13 543	18 150	17 510	21 012	32 735	42 191	44 699
Systèmes d'assurance, de pensions et garanties standard	0	0	0	0	0	0	0	0
Produits financiers dérivés et options sur titres des salariés	1 634	2 399	2 247	1 914	2 057	1 678	1 614	1 059
Autres comptes à recevoir	4 493	3 516	3 221	2 669	2 410	2 858	3 851	3 479
Passifs financiers	84 612	95 315	94 212	79 656	86 756	104 382	124 477	136 202
Titres de dette	0	0	0	0	0	0	0	0
Titres de dette à court terme	0	0	0	0	0	0	0	0
Titres de dette à long terme	0	0	0	0	0	0	0	0
Crédits	84	93	76	78	90	88	131	181
Crédits à court terme	0	0	0	0	0	0	2	3
Crédits à long terme	84	93	76	78	90	88	129	178
Actions et parts de fonds d'investissement	82 941	92 940	92 357	78 118	85 354	102 228	121 893	133 417
Systèmes d'assurance, de pensions et garanties standard	0	0	0	0	0	0	0	0
Produits financiers dérivés et options sur titres des salariés	0	0	13	52	0	2	14	12
Autres comptes à payer	1 587	2 281	1 767	1 409	1 312	2 064	2 440	2 592
Actifs non financiers	..	..	..	..	..	..	..	..
Fonds d'investissement non monéaires à capital variable								
Valeur nette financière	-749	-814	33	-604	-575	-624	-343	-298
Actifs financiers	83 863	94 501	94 245	79 052	86 181	103 759	124 134	135 904

Tableau 2. Actifs et passifs financiers des fonds d'investissement *(suite)*

Millions EUR

	2008	2009	2010	2011	2012	2013	2014	2015
Numéraire et dépôts	18 469	15 275	11 371	9 402	7 656	6 644	6 517	7 129
Titres de dette	29 635	30 852	29 990	26 356	24 662	25 026	27 668	29 814
Crédits	0	0	0	0	0	0	0	0
Actions et parts de fonds d'investissement	29 632	42 459	47 417	38 711	49 395	67 552	84 484	94 423
Actions	18 442	28 236	28 772	20 412	28 073	34 533	41 579	39 006
Parts de fonds d'investissement	11 191	14 222	18 645	18 299	21 322	33 020	42 905	55 416
Parts de fonds d'investissement monétaires	693	679	495	789	310	284	714	10 717
Parts de fonds d'investissement non monétaires	10 497	13 543	18 150	17 510	21 012	32 735	42 191	44 699
Systèmes d'assurance, de pensions et garanties standard	0	0	0	0	0	0	0	0
Produits financiers dérivés et options sur titres des salariés	1 634	2 399	2 247	1 914	2 057	1 678	1 614	1 059
Autres comptes à recevoir	4 493	3 516	3 221	2 669	2 410	2 858	3 851	3 479
Passifs financiers	84 612	95 315	94 212	79 656	86 756	104 382	124 477	136 202
Titres de dette	0	0	0	0	0	0	0	0
Titres de dette à court terme	0	0	0	0	0	0	0	0
Titres de dette à long terme	0	0	0	0	0	0	0	0
Crédits	84	93	76	78	90	88	131	181
Crédits à court terme	0	0	0	0	0	0	2	3
Crédits à long terme	84	93	76	78	90	88	129	178
Actions et parts de fonds d'investissement	82 941	92 940	92 357	78 118	85 354	102 228	121 893	133 417
Systèmes d'assurance, de pensions et garanties standard	0	0	0	0	0	0	0	0
Produits financiers dérivés et options sur titres des salariés	0	0	13	52	0	2	14	12
Autres comptes à payer	1 587	2 281	1 767	1 409	1 312	2 064	2 440	2 592
Actifs non financiers	..	..	..	..	..	..	..	..
Fonds d'investissement à capital variable								
Valeur nette financière	-749	-814	33	-604	-575	-646	-343	-298
Actifs financiers	89 398	96 446	96 163	83 424	87 177	104 752	124 934	148 177
Numéraire et dépôts	19 281	15 562	11 621	9 936	7 804	6 786	6 665	9 153
Titres de dette	34 174	32 445	31 617	30 112	25 492	25 873	28 318	40 030
Crédits	0	0	0	0	0	0	0	0
Actions et parts de fonds d'investissement	29 632	42 488	47 438	38 711	49 400	67 552	84 484	94 423
Actions	18 442	28 236	28 772	20 412	28 073	34 533	41 579	39 006
Parts de fonds d'investissement	11 191	14 252	18 666	18 299	21 327	33 020	42 905	55 416
Parts de fonds d'investissement monétaires	693	682	504	789	312	284	714	10 717
Parts de fonds d'investissement non monétaires	10 497	13 570	18 162	17 510	21 015	32 735	42 191	44 699
Systèmes d'assurance, de pensions et garanties standard	0	0	0	0	0	0	0	0
Produits financiers dérivés et options sur titres des salariés	1 634	2 399	2 247	1 914	2 057	1 678	1 614	1 059
Autres comptes à recevoir	4 676	3 551	3 240	2 751	2 424	2 863	3 854	3 512
Passifs financiers	90 147	97 260	96 129	84 028	87 752	105 398	125 277	148 475
Titres de dette	0	0	0	0	0	0	0	0
Titres de dette à court terme	0	0	0	0	0	0	0	0
Titres de dette à long terme	0	0	0	0	0	0	0	0
Crédits	86	93	90	78	90	89	150	181
Crédits à court terme	0	0	0	0	0	0	2	3
Crédits à long terme	86	93	90	78	90	89	149	178
Actions et parts de fonds d'investissement	88 466	94 867	94 258	82 483	86 345	103 240	122 673	145 672
Systèmes d'assurance, de pensions et garanties standard	0	0	0	0	0	0	0	0
Produits financiers dérivés et options sur titres des salariés	0	0	13	53	0	4	14	12
Autres comptes à payer	1 595	2 300	1 768	1 415	1 317	2 065	2 440	2 611
Actifs non financiers	..	..	..	..	..	..	..	..

Note : Voir les métadonnées détaillées sur : http://metalinks.oecd.org/instinv/20170516/5358

Tableau 3. Actifs et passifs financiers des sociétés d'assurance et fonds de pension

Millions EUR

	2008	2009	2010	2011	2012	2013	2014	2015
Sociétés d'assurance et fonds de pension								
Valeur nette financière	-6 002	1 750	-1 026	-909	17 084	13 975	35 004	30 144
Actifs financiers	226 121	248 806	262 677	269 800	299 788	304 391	339 351	341 074
Numéraire et dépôts	12 747	9 573	8 505	11 191	9 569	8 658	9 899	10 067
Titres de dette	142 764	161 973	174 908	182 196	203 027	196 077	217 785	210 821
Crédits	11 972	12 755	13 185	13 665	18 025	22 092	26 035	27 974
Actions et parts de fonds d'investissement	48 972	54 623	55 692	50 442	57 352	66 204	73 954	77 617
Actions	17 879	19 775	20 118	18 760	22 941	27 428	28 736	29 700
Parts de fonds d'investissement	31 093	34 848	35 574	31 681	34 411	38 776	45 218	47 917
Parts de fonds d'investissement monétaires	677	556	611	486	373	482	481	985
Parts de fonds d'investissement non monétaires	30 416	34 292	34 963	31 195	34 038	38 295	44 737	46 931
Systèmes d'assurance, de pensions et garanties standard	6 172	6 490	6 204	6 823	7 368	6 465	7 241	9 911
Produits financiers dérivés et options sur titres des salariés	228	189	173	169	242	157	219	190
Autres comptes à recevoir	3 265	3 204	4 011	5 313	4 206	4 738	4 218	4 496
Passifs financiers	232 123	247 057	263 703	270 708	282 705	290 416	304 347	310 930
Titres de dette	1 956	2 352	1 971	2 156	2 290	2 551	2 649	3 997
Titres de dette à court terme	0	0	0	0	0	0	0	0
Titres de dette à long terme	1 956	2 352	1 971	2 156	2 290	2 551	2 649	3 997
Crédits	11 273	11 952	12 645	15 109	13 499	14 418	14 708	17 292
Crédits à court terme	6 805	6 784	7 235	8 497	7 227	8 648	9 075	9 163
Crédits à long terme	4 468	5 168	5 410	6 612	6 272	5 770	5 632	8 129
Actions et parts de fonds d'investissement	14 509	16 361	18 012	15 598	17 347	15 940	17 887	16 372
Systèmes d'assurance, de pensions et garanties standard	198 890	211 367	226 555	232 833	244 380	251 603	263 263	267 082
Produits financiers dérivés et options sur titres des salariés	0	0	0	0	0	0	0	0
Autres comptes à payer	5 495	5 025	4 520	5 012	5 188	5 904	5 840	6 188
Actifs non financiers	3 451	3 426	3 400	3 571	3 776	3 522	3 666	3 636
Sociétés d'assurance								
Valeur nette financière	-4 850	2 637	71	74	18 901	14 439	35 821	30 773
Actifs financiers	215 691	236 140	248 564	255 547	283 940	284 806	317 141	317 482
Numéraire et dépôts	12 235	9 134	7 974	10 845	9 049	8 143	9 274	9 385
Titres de dette	141 809	160 842	173 291	180 160	201 043	193 863	215 202	208 174
Crédits	11 833	12 609	13 074	13 543	17 903	21 931	25 828	27 718
Actions et parts de fonds d'investissement	40 328	43 755	43 910	38 950	44 189	50 397	56 010	58 387
Actions	17 041	18 698	18 835	17 373	21 463	25 567	27 160	27 362
Parts de fonds d'investissement	23 287	25 057	25 075	21 577	22 726	24 829	28 851	31 026
Parts de fonds d'investissement monétaires	204	235	235	190	206	233	217	618
Parts de fonds d'investissement non monétaires	23 084	24 822	24 840	21 387	22 521	24 596	28 633	30 408
Systèmes d'assurance, de pensions et garanties standard	6 172	6 490	6 204	6 823	7 368	6 047	6 646	9 365
Produits financiers dérivés et options sur titres des salariés	228	189	173	169	242	157	219	190
Autres comptes à recevoir	3 086	3 122	3 937	5 058	4 146	4 269	3 963	4 263
Passifs financiers	220 541	233 503	248 494	255 473	265 039	270 367	281 320	286 709
Titres de dette	1 956	2 352	1 971	2 156	2 290	2 551	2 649	3 997
Titres de dette à court terme	0	0	0	0	0	0	0	0
Titres de dette à long terme	1 956	2 352	1 971	2 156	2 290	2 551	2 649	3 997
Crédits	11 273	11 952	12 645	15 109	13 499	14 418	14 708	17 290
Crédits à court terme	6 805	6 784	7 235	8 497	7 227	8 648	9 075	9 160
Crédits à long terme	4 468	5 168	5 410	6 612	6 272	5 770	5 632	8 129
Actions et parts de fonds d'investissement	14 509	16 361	18 012	15 598	17 347	15 940	17 887	16 372
Systèmes d'assurance, de pensions et garanties standard	187 308	197 813	211 345	217 597	226 714	231 554	240 236	242 863
Produits financiers dérivés et options sur titres des salariés	0	0	0	0	0	0	0	0
Autres comptes à payer	5 495	5 025	4 520	5 012	5 188	5 904	5 840	6 188
Actifs non financiers	3 394	3 362	3 338	3 505	3 715	3 461	3 598	3 559
Fonds de pension								
Valeur nette financière	-1 151	-887	-1 097	-983	-1 818	-464	-817	-629
Actifs financiers	10 431	12 667	14 113	14 252	15 848	19 585	22 210	23 592
Numéraire et dépôts	512	439	531	347	520	515	625	682
Titres de dette	955	1 131	1 617	2 036	1 984	2 214	2 583	2 647
Crédits	139	147	111	122	122	160	207	255
Actions et parts de fonds d'investissement	8 644	10 868	11 782	11 492	13 163	15 808	17 944	19 229
Actions	838	1 077	1 283	1 387	1 478	1 861	1 577	2 338
Parts de fonds d'investissement	7 806	9 792	10 499	10 105	11 685	13 947	16 367	16 891
Parts de fonds d'investissement monétaires	474	321	376	296	167	249	263	368
Parts de fonds d'investissement non monétaires	7 332	9 471	10 123	9 808	11 517	13 698	16 104	16 523
Systèmes d'assurance, de pensions et garanties standard	0	0	0	0	0	419	595	545
Produits financiers dérivés et options sur titres des salariés	0	0	0	0	0	0	0	0
Autres comptes à recevoir	180	81	73	255	60	469	255	233
Passifs financiers	11 582	13 554	15 210	15 235	17 666	20 049	23 027	24 222
Titres de dette	0	0	0	0	0	0	0	0
Titres de dette à court terme	0	0	0	0	0	0	0	0
Titres de dette à long terme	0	0	0	0	0	0	0	0
Crédits	0	0	0	0	0	0	0	2
Crédits à court terme	0	0	0	0	0	0	0	2
Crédits à long terme	0	0	0	0	0	0	0	0
Actions et parts de fonds d'investissement	0	0	0	0	0	0	0	0
Systèmes d'assurance, de pensions et garanties standard	11 582	13 554	15 210	15 235	17 666	20 049	23 027	24 219
Produits financiers dérivés et options sur titres des salariés	0	0	0	0	0	0	0	0
Autres comptes à payer	0	0	0	0	0	0	0	0
Actifs non financiers	57	64	62	66	61	61	68	77

Note : Voir les métadonnées détaillées sur : http://metalinks.oecd.org/instinv/20170516/5358

Tableau 4. Composition du portefeuille par type d'investisseur

En pourcentage des actifs financiers et des passifs financiers

Pour cent

	2008	2009	2010	2011	2012	2013	2014	2015
Fonds d'investissement								
Actifs financiers	100.0	100.0	100.0	100.0	100.0	100.0	100.0	100.0
Numéraire et dépôts	21.6	16.1	12.1	11.9	9.0	6.5	5.3	6.2
Titres de dettes	38.2	33.6	32.9	36.1	29.2	24.7	22.7	27.0
Crédits	0.0	0.0	0.0	0.0	0.0	0.0	0.0	0.0
Actions et parts de fonds d'investissement	33.1	44.1	49.3	46.4	56.7	64.5	67.6	63.7
Systèmes d'assurance de pensions et garanties standard	0.0	0.0	0.0	0.0	0.0	0.0	0.0	0.0
Produits financiers dérivés et options sur titres des salariés	1.8	2.5	2.3	2.3	2.4	1.6	1.3	0.7
Autres comptes à recevoir	5.2	3.7	3.4	3.3	2.8	2.7	3.1	2.4
Passifs financiers	100.0	100.0	100.0	100.0	100.0	100.0	100.0	100.0
Numéraire et dépôts	0.0	0.0	0.0	0.0	0.0	0.0	0.0	0.0
Titres de dettes	0.0	0.0	0.0	0.0	0.0	0.0	0.0	0.0
Crédits	0.1	0.1	0.1	0.1	0.1	0.1	0.1	0.1
Actions et parts de fonds d'investissement	98.1	97.5	98.1	98.2	98.4	98.0	97.9	98.1
Systèmes d'assurance de pensions et garanties standard	0.0	0.0	0.0	0.0	0.0	0.0	0.0	0.0
Produits financiers dérivés et options sur titres des salariés	0.0	0.0	0.0	0.1	0.0	0.0	0.0	0.0
Autres comptes à recevoir	1.8	2.4	1.8	1.7	1.5	2.0	1.9	1.8
Sociétés d'assurance								
Actifs financiers	100.0	100.0	100.0	100.0	100.0	100.0	100.0	100.0
Numéraire et dépôts	5.7	3.9	3.2	4.2	3.2	2.9	2.9	3.0
Titres de dettes	65.7	68.1	69.7	70.5	70.8	68.1	67.9	65.6
Crédits	5.5	5.3	5.3	5.3	6.3	7.7	8.1	8.7
Actions et parts de fonds d'investissement	18.7	18.5	17.7	15.2	15.6	17.7	17.7	18.4
Systèmes d'assurance de pensions et garanties standard	2.9	2.7	2.5	2.7	2.6	2.1	2.1	2.9
Produits financiers dérivés et options sur titres des salariés	0.1	0.1	0.1	0.1	0.1	0.1	0.1	0.1
Autres comptes à recevoir	1.4	1.3	1.6	2.0	1.5	1.5	1.2	1.3
Passifs financiers	100.0	100.0	100.0	100.0	100.0	100.0	100.0	100.0
Numéraire et dépôts	0.0	0.0	0.0	0.0	0.0	0.0	0.0	0.0
Titres de dettes	0.9	1.0	0.8	0.8	0.9	0.9	0.9	1.4
Crédits	5.1	5.1	5.1	5.9	5.1	5.3	5.2	6.0
Actions et parts de fonds d'investissement	6.6	7.0	7.2	6.1	6.5	5.9	6.4	5.7
Systèmes d'assurance de pensions et garanties standard	84.9	84.7	85.1	85.2	85.5	85.6	85.4	84.7
Produits financiers dérivés et options sur titres des salariés	0.0	0.0	0.0	0.0	0.0	0.0	0.0	0.0
Autres comptes à recevoir	2.5	2.2	1.8	2.0	2.0	2.2	2.1	2.2
Fonds de pension								
Actifs financiers	100.0	100.0	100.0	100.0	100.0	100.0	100.0	100.0
Numéraire et dépôts	4.9	3.5	3.8	2.4	3.3	2.6	2.8	2.9
Titres de dettes	9.2	8.9	11.5	14.3	12.5	11.3	11.6	11.2
Crédits	1.3	1.2	0.8	0.9	0.8	0.0	0.9	1.1
Actions et parts de fonds d'investissement	82.9	85.8	83.5	80.6	83.1	80.7	80.8	81.5
Systèmes d'assurance de pensions et garanties standard	0.0	0.0	0.0	0.0	0.0	2.1	2.7	2.3
Produits financiers dérivés et options sur titres des salariés	0.0	0.0	0.0	0.0	0.0	0.0	0.0	0.0
Autres comptes à recevoir	1.7	0.6	0.5	1.8	0.4	2.4	1.2	1.0
Passifs financiers	100.0	100.0	100.0	100.0	100.0	100.0	100.0	100.0
Numéraire et dépôts	0.0	0.0	0.0	0.0	0.0	0.0	0.0	0.0
Titres de dettes	0.0	0.0	0.0	0.0	0.0	0.0	0.0	0.0
Crédits	0.0	0.0	0.0	0.0	0.0	0.0	0.0	0.0
Actions et parts de fonds d'investissement	0.0	0.0	0.0	0.0	0.0	0.0	0.0	0.0
Systèmes d'assurance de pensions et garanties standard	100.0	100.0	100.0	100.0	100.0	100.0	100.0	100.0
Produits financiers dérivés et options sur titres des salariés	0.0	0.0	0.0	0.0	0.0	0.0	0.0	0.0
Autres comptes à recevoir	0.0	0.0	0.0	0.0	0.0	0.0	0.0	0.0

Note : Voir les métadonnées détaillées sur : http://metalinks.oecd.org/instinv/20170516/e12c

CANADA

Tableau 1. Actifs et passifs financiers des investisseurs institutionnels, 2015

Millions CAD

	Fonds d'investissement				
	Total	Fonds d'investissement non-monétaire			Fonds d'investissement monétaires
		Total	Fonds d'investissement à capital variable, non monétaire	Fonds d'investissement à capital fixe, non monétaire	Total
Actifs financiers	1 772 508	1 743 014	..	..	29 494
Numéraire et dépôts	10 387	10 015	..	..	372
Titres de dette	425 610	397 529	..	..	28 081
Titres de dette à court terme	45 530	24 554	..	..	20 976
Titres de dette à long terme	380 080	372 975	..	..	7 105
Titres de dette émis par les résidents	315 284	288 062	..	..	27 222
Titres de dette émis par les non-résidents	110 326	109 467	..	..	859
Crédits	5 045	5 045	..	..	0
Crédits à court terme	..	..	..	..	..
Crédits à long terme	..	..	..	..	..
Crédits accordés aux résidents	..	..	..	..	..
Crédits accordés aux non-résidents	..	..	..	..	..
Actions et parts de fonds d'investissement	1 210 045	1 209 633	..	..	412
Actions et parts de fonds d'investissements émises par les résidents	786 966	786 554	..	..	412
Actions et part de fonds d'investissements émises par les non-résidents	423 079	423 079	..	..	0
Autres comptes à recevoir	121 421	120 792	..	..	629

	Fonds d'investissement				
	Total	Fonds d'investissement non-monétaire			Fonds d'investissement monétaires
		Total	Fonds d'investissement à capital variable, non monétaire	Fonds d'investissement à capital fixe, non monétaire	Total
Pasifs financiers	1 772 508	1 743 014	..	..	29 494
Numéraire et dépôts	..	..	..	..	..
Titres de dette	..	..	..	..	..
Titres de dette à court terme	..	..	..	..	..
Titres de dette à long terme	..	..	..	..	..
Crédits	0	0	..	..	0
Crédits à court terme	..	..	..	..	..
Crédits à long terme	..	..	..	..	..
Actions et parts de fonds d'investissement	1 759 837	1 730 524	..	..	29 313
Systèmes d'assurance, de pensions et garanties standard	..	..	..	..	..
Produits financiers dérivés et options sur titres des salariés	..	..	..	..	..
Autres comptes à payer	12 671	12 490	..	..	181

	Sociétés d'assurance et fonds de pension autonomes				
	Total	Sociétés d'assurance			Fonds de pension autonomes
		Total	Sociétés d'assurance vie	Sociétés d'assurance non-vie	Total
Actifs financiers	2 664 821	854 955	709 406	145 549	1 809 866
Numéraire et dépôts	45 818	11 171	7 476	3 695	34 647
Titres de dette	1 009 969	376 135	284 404	91 731	633 834
Titres de dette à court terme	61 706	14 093	12 051	2 042	47 613
Titres de dette à long terme	948 263	362 042	272 353	89 689	586 221
Titres de dette émis par les résidents	901 918	356 459	267 317	89 142	545 459
Titres de dette émis par les non-résidents	108 051	19 676	17 087	2 589	88 375
Crédits	124 933	70 361	69 043	1 318	54 572
Crédits à court terme	..	..	..	..	..
Crédits à long terme	..	..	..	..	..
Crédits accordés aux résidents	..	..	..	..	..
Crédits accordés aux non-résidents	..	..	..	..	..
Actions et parts de fonds d'investissement	1 180 663	309 215	286 111	23 104	871 448
Actions et parts de fonds d'investissement émises par les résidents	708 728	287 708	267 506	20 202	421 020
Actions et parts de fonds d'investissement émises par les non-résidents	471 935	21 507	18 605	2 902	450 428
Autrescomptes à recevoir	142 859	88 073	62 372	25 701	54 786

	Sociétés d'assurance et fonds de pension autonomes				
	Total	Sociétés d'assurance			Fonds de pension autonomes
		Total	Sociétés d'assurance vie	Sociétés d'assurance non-vie	Total
Pasifs financiers	2 684 494	874 628	715 390	159 238	1 809 866
Numéraire et dépôts	..	..	..	..	..
Titres de dette	10 945	10 945	10 945	..	..
Titres de dette à court terme	..	..	..	..	..
Titres de dette à long terme	10 945	10 945	10 945	..	..
Crédits	15 588	14 633	12 659	1 974	955
Crédits à court terme	..	..	..	..	..
Crédits à long terme	..	..	..	..	..
Actions et parts de fonds d'investissement	248 036	248 036	187 572	60 464	..
Systèmes d'assurance, de pensions et garanties standard	2 125 935	468 630	468 630	..	1 657 305
Produits financiers dérivés et options sur titres des salariés	..	..	..	..	..
Autres comptes à payer	283 990	132 384	35 584	96 800	151 606

Note : Voir les métadonnées détaillées sur : http://metalinks.oecd.org/instinv/20170516/c821

CANADA

Tableau 2. Actifs et passifs financiers des fonds d'investissement

Millions CAD

	2008	2009	2010	2011	2012	2013	2014	2015
Fonds d'investissement								
Valeur nette financière	0	0	0	0	0	0	0	0
Actifs financiers	715 079	855 592	962 804	997 350	1 130 261	1 358 462	1 591 784	1 772 508
Numéraire et dépôts	5 229	6 080	4 565	7 286	10 025	9 646	10 906	10 387
Titres de dette	233 447	243 973	260 333	301 290	337 161	355 880	406 477	425 610
Crédits	2 961	4 622	5 380	5 407	5 275	5 114	5 553	5 045
Actions et parts de fonds d'investissement	436 501	572 426	666 146	649 595	734 187	917 937	1 084 425	1 210 045
Actions	337 322	443 519	503 196	465 043	510 588	617 291	717 366	760 707
Parts de fonds d'investissement	99 179	128 907	162 950	184 552	223 599	300 646	367 059	449 338
Parts de fonds d'investissement monétaires	..	..	..	..	..	..	..	..
Parts de fonds d'investissement non monétaires	..	..	..	..	..	..	..	..
Systèmes d'assurance, de pensions et garanties standard	..	..	..	..	..	..	..	..
Produits financiers dérivés et options sur titres des salariés	..	..	..	..	..	..	..	..
Autres comptes à recevoir	36 941	28 491	26 380	33 772	43 613	69 885	84 423	121 421
Passifs financiers	715 079	855 592	962 804	997 350	1 130 261	1 358 462	1 591 784	1 772 508
Titres de dette	..	..	..	..	..	..	..	..
Titres de dette à court terme	..	..	..	..	..	..	..	..
Titres de dette à long terme	..	..	..	..	..	..	..	..
Crédits	0	0	0	0	0	0	0	0
Crédits à court terme	..	..	..	..	..	..	..	..
Crédits à long terme	..	..	..	..	..	..	..	..
Actions et parts de fonds d'investissement	709 210	852 184	959 108	991 637	1 122 100	1 348 995	1 580 288	1 759 837
Systèmes d'assurance, de pensions et garanties standard	..	..	..	..	..	..	..	..
Produits financiers dérivés et options sur titres des salariés	..	..	..	..	..	..	..	..
Autres comptes à payer	5 869	3 408	3 696	5 713	8 161	9 467	11 496	12 671
Actifs non financiers	0	0	0	0	0	0	0	0
Fonds d'investissement monéaires								
Valeur nette financière	0	0	0	0	0	0	0	0
Actifs financiers	78 172	61 423	42 242	39 590	33 331	30 532	27 936	29 494
Numéraire et dépôts	1 757	1 223	617	842	189	197	186	372
Titres de dette	74 564	59 442	40 529	37 855	31 799	29 768	26 688	28 081
Crédits	0	0	0	0	0	0	0	0
Actions et parts de fonds d'investissement	1 344	585	398	332	383	295	346	412
Actions	123	282	199	111	144	53	0	0
Parts de fonds d'investissement	1 221	303	199	221	239	242	346	412
Parts de fonds d'investissement monétaires	..	..	..	..	..	..	..	..
Parts de fonds d'investissement non monétaires	..	..	..	..	..	..	..	..
Systèmes d'assurance, de pensions et garanties standard	..	..	..	..	..	..	..	..
Produits financiers dérivés et options sur titres des salariés	..	..	..	..	..	..	..	..
Autres comptes à recevoir	507	173	698	561	960	272	716	629
Passifs financiers	78 172	61 423	42 242	39 590	33 331	30 532	27 936	29 494
Titres de dette	..	..	..	..	..	..	..	..
Titres de dette à court terme	..	..	..	..	..	..	..	..
Titres de dette à long terme	..	..	..	..	..	..	..	..
Crédits	0	0	0	0	0	0	0	0
Crédits à court terme	..	..	..	..	..	..	..	..
Crédits à long terme	..	..	..	..	..	..	..	..
Actions et parts de fonds d'investissement	77 962	61 192	41 974	39 372	33 124	30 346	27 762	29 313
Systèmes d'assurance, de pensions et garanties standard	..	..	..	..	..	..	..	..
Produits financiers dérivés et options sur titres des salariés	..	..	..	..	..	..	..	..
Autres comptes à payer	210	231	268	218	207	186	174	181
Actifs non financiers	0	0	0	0	0	0	0	0
Fonds d'investissement non monéaires								
Valeur nette financière	0	0	0	0	0	0	0	0
Actifs financiers	636 907	794 169	920 562	957 760	1 096 930	1 327 930	1 563 848	1 743 014
Numéraire et dépôts	3 472	4 857	3 948	6 444	9 836	9 449	10 720	10 015
Titres de dette	158 883	184 531	219 804	263 435	305 362	326 112	379 789	397 529
Crédits	2 961	4 622	5 380	5 407	5 275	5 114	5 553	5 045
Actions et parts de fonds d'investissement	435 157	571 841	665 748	649 263	733 804	917 642	1 084 079	1 209 633
Actions	337 199	443 237	502 997	464 932	510 444	617 238	717 366	760 707
Parts de fonds d'investissement	97 958	128 604	162 751	184 331	223 360	300 404	366 713	448 926
Parts de fonds d'investissement monétaires	..	..	..	..	..	..	..	..
Parts de fonds d'investissement non monétaires	..	..	..	..	..	..	..	..
Systèmes d'assurance, de pensions et garanties standard	..	..	..	..	..	..	..	..
Produits financiers dérivés et options sur titres des salariés	..	..	..	..	..	..	..	..
Autres comptes à recevoir	36 434	28 318	25 682	33 211	42 653	69 613	83 707	120 792
Passifs financiers	636 907	794 169	920 562	957 760	1 096 930	1 327 930	1 563 848	1 743 014
Titres de dette	..	..	..	..	..	..	..	..
Titres de dette à court terme	..	..	..	..	..	..	..	..
Titres de dette à long terme	..	..	..	..	..	..	..	..
Crédits	0	0	0	0	0	0	0	0
Crédits à court terme	..	..	..	..	..	..	..	..
Crédits à long terme	..	..	..	..	..	..	..	..
Actions et parts de fonds d'investissement	631 248	790 992	917 134	952 265	1 088 976	1 318 649	1 552 526	1 730 524
Systèmes d'assurance, de pensions et garanties standard	..	..	..	..	..	..	..	..
Produits financiers dérivés et options sur titres des salariés	..	..	..	..	..	..	..	..
Autres comptes à payer	5 659	3 177	3 428	5 495	7 954	9 281	11 322	12 490
Actifs non financiers	0	0	0	0	0	0	0	0
Fonds d'investissement non monéaires à capital variable								
Valeur nette financière	..	..	..	..	..	..	..	..
Actifs financiers	..	..	..	..	..	..	..	..

Tableau 2. Actifs et passifs financiers des fonds d'investissement (*suite*)

Millions CAD

	2008	2009	2010	2011	2012	2013	2014	2015
Numéraire et dépôts	..	..	..	..	..	..	..	..
Titres de dette	..	..	..	..	..	..	..	..
Crédits	..	..	..	..	..	..	..	..
Actions et parts de fonds d'investissement	..	..	..	..	..	..	..	..
Actions	..	..	..	..	..	..	..	..
Parts de fonds d'investissement	..	..	..	..	..	..	..	..
Parts de fonds d'investissement monétaires	..	..	..	..	..	..	..	..
Parts de fonds d'investissement non monétaires	..	..	..	..	..	..	..	..
Systèmes d'assurance, de pensions et garanties standard	..	..	..	..	..	..	..	..
Produits financiers dérivés et options sur titres des salariés	..	..	..	..	..	..	..	..
Autres comptes à recevoir	..	..	..	..	..	..	..	..
Passifs financiers	..	..	..	..	..	..	..	..
Titres de dette	..	..	..	..	..	..	..	..
Titres de dette à court terme	..	..	..	..	..	..	..	..
Titres de dette à long terme	..	..	..	..	..	..	..	..
Crédits	..	..	..	..	..	..	..	..
Crédits à court terme	..	..	..	..	..	..	..	..
Crédits à long terme	..	..	..	..	..	..	..	..
Actions et parts de fonds d'investissement	..	..	..	..	..	..	..	..
Systèmes d'assurance, de pensions et garanties standard	..	..	..	..	..	..	..	..
Produits financiers dérivés et options sur titres des salariés	..	..	..	..	..	..	..	..
Autres comptes à payer	..	..	..	..	..	..	..	..
Actifs non financiers	..	..	..	..	..	..	..	..
Fonds d'investissement à capital variable								
Valeur nette financière	..	..	..	..	..	..	..	..
Actifs financiers	..	..	..	..	..	..	..	..
Numéraire et dépôts	..	..	..	..	..	..	..	..
Titres de dette	..	..	..	..	..	..	..	..
Crédits	..	..	..	..	..	..	..	..
Actions et parts de fonds d'investissement	..	..	..	..	..	..	..	..
Actions	..	..	..	..	..	..	..	..
Parts de fonds d'investissement	..	..	..	..	..	..	..	..
Parts de fonds d'investissement monétaires	..	..	..	..	..	..	..	..
Parts de fonds d'investissement non monétaires	..	..	..	..	..	..	..	..
Systèmes d'assurance, de pensions et garanties standard	..	..	..	..	..	..	..	..
Produits financiers dérivés et options sur titres des salariés	..	..	..	..	..	..	..	..
Autres comptes à recevoir	..	..	..	..	..	..	..	..
Passifs financiers	..	..	..	..	..	..	..	..
Titres de dette	..	..	..	..	..	..	..	..
Titres de dette à court terme	..	..	..	..	..	..	..	..
Titres de dette à long terme	..	..	..	..	..	..	..	..
Crédits	..	..	..	..	..	..	..	..
Crédits à court terme	..	..	..	..	..	..	..	..
Crédits à long terme	..	..	..	..	..	..	..	..
Actions et parts de fonds d'investissement	..	..	..	..	..	..	..	..
Systèmes d'assurance, de pensions et garanties standard	..	..	..	..	..	..	..	..
Produits financiers dérivés et options sur titres des salariés	..	..	..	..	..	..	..	..
Autres comptes à payer	..	..	..	..	..	..	..	..
Actifs non financiers	..	..	..	..	..	..	..	..

Note : Voir les métadonnées détaillées sur : http://metalinks.oecd.org/instinv/20170516/c821

Tableau 3. Actifs et passifs financiers des sociétés d'assurance et fonds de pension

Millions CAD

	2008	2009	2010	2011	2012	2013	2014	2015
Sociétés d'assurance et fonds de pension								
Valeur nette financière	-4 699	-28 061	-31 105	-33 005	-30 467	-25 045	-28 927	-19 673
Actifs financiers	1 533 329	1 630 081	1 816 590	1 940 085	2 089 545	2 250 175	2 505 780	2 664 821
Numéraire et dépôts	16 443	14 462	18 373	24 123	27 429	32 455	38 928	45 818
Titres de dette	612 812	670 083	711 117	799 616	846 025	855 960	960 943	1 009 969
Crédits	93 575	98 466	102 127	102 133	103 921	106 274	114 099	124 933
Actions et parts de fonds d'investissement	550 074	653 620	752 944	742 381	829 760	986 656	1 119 315	1 180 663
Actions	470 058	546 690	626 533	613 218	688 599	820 591	929 592	981 152
Parts de fonds d'investissement	80 016	106 930	126 411	129 163	141 161	166 065	189 723	199 511
Parts de fonds d'investissement monétaires	..	..	..	..	..	..	..	..
Parts de fonds d'investissement non monétaires	..	..	..	..	..	..	..	..
Systèmes d'assurance, de pensions et garanties standard	..	..	..	..	..	..	..	..
Produits financiers dérivés et options sur titres des salariés	..	..	..	..	..	..	..	..
Autres comptes à recevoir	84 760	56 677	88 083	100 581	109 255	121 533	124 397	142 859
Passifs financiers	1 538 028	1 658 142	1 847 695	1 973 090	2 120 012	2 275 220	2 534 707	2 684 494
Titres de dette	5 985	7 144	7 071	7 561	7 662	8 008	9 225	10 945
Titres de dette à court terme	..	..	..	..	..	..	..	..
Titres de dette à long terme	5 985	7 144	7 071	7 561	7 662	8 008	9 225	10 945
Crédits	14 600	19 049	21 796	20 239	20 754	16 098	19 471	15 588
Crédits à court terme	..	..	..	..	..	..	..	..
Crédits à long terme	..	..	..	..	..	..	..	..
Actions et parts de fonds d'investissement	134 148	214 566	235 614	220 915	238 979	253 787	280 569	248 036
Systèmes d'assurance, de pensions et garanties standard	1 215 882	1 262 178	1 395 833	1 527 809	1 654 645	1 786 279	1 985 289	2 125 935
Produits financiers dérivés et options sur titres des salariés	..	..	..	..	..	..	..	..
Autres comptes à payer	167 413	155 205	187 381	196 566	197 972	211 048	240 153	283 990
Actifs non financiers	6 657	6 764	6 991	7 401	7 924	8 026	8 150	8 173
Sociétés d'assurance								
Valeur nette financière	-4 699	-28 061	-31 105	-33 005	-30 467	-25 045	-28 927	-19 673
Actifs financiers	530 618	579 323	629 539	680 990	723 118	767 135	840 036	854 955
Numéraire et dépôts	10 130	7 390	7 285	7 795	9 478	7 889	10 076	11 171
Titres de dette	260 840	283 365	299 569	311 260	340 470	340 703	372 663	376 135
Crédits	64 951	67 797	70 348	72 718	71 993	68 205	73 986	70 361
Actions et parts de fonds d'investissement	156 273	192 635	219 569	218 176	242 225	280 157	305 251	309 215
Actions	76 257	85 705	93 158	89 013	101 064	114 092	115 528	109 704
Parts de fonds d'investissement	80 016	106 930	126 411	129 163	141 161	166 065	189 723	199 511
Parts de fonds d'investissement monétaires	..	..	..	..	..	..	..	..
Parts de fonds d'investissement non monétaires	..	..	..	..	..	..	..	..
Systèmes d'assurance, de pensions et garanties standard	..	..	..	..	..	..	..	..
Produits financiers dérivés et options sur titres des salariés	..	..	..	..	..	..	..	..
Autres comptes à recevoir	38 424	28 136	32 768	71 041	58 952	70 181	78 060	88 073
Passifs financiers	535 317	607 384	660 644	713 995	753 585	792 180	868 963	874 628
Titres de dette	5 985	7 144	7 071	7 561	7 662	8 008	9 225	10 945
Titres de dette à court terme	..	..	..	..	..	..	..	..
Titres de dette à long terme	5 985	7 144	7 071	7 561	7 662	8 008	9 225	10 945
Crédits	14 352	18 871	21 685	20 157	20 667	16 065	18 604	14 633
Crédits à court terme	..	..	..	..	..	..	..	..
Crédits à long terme	..	..	..	..	..	..	..	..
Actions et parts de fonds d'investissement	134 148	214 566	235 614	220 915	238 979	253 787	280 569	248 036
Systèmes d'assurance, de pensions et garanties standard	280 539	268 562	294 064	359 326	378 422	399 383	438 221	468 630
Produits financiers dérivés et options sur titres des salariés	..	..	..	..	..	..	..	..
Autres comptes à payer	100 293	98 241	102 210	106 036	107 855	114 937	122 344	132 384
Actifs non financiers	6 657	6 764	6 991	7 401	7 924	8 026	8 150	8 173
Fonds de pension								
Valeur nette financière	0	0	0	0	0	0	0	0
Actifs financiers	1 002 711	1 050 758	1 187 051	1 259 095	1 366 427	1 483 040	1 665 744	1 809 866
Numéraire et dépôts	6 313	7 072	11 088	16 328	17 951	24 566	28 852	34 647
Titres de dette	351 972	386 718	411 548	488 356	505 555	515 257	588 280	633 834
Crédits	28 624	30 669	31 779	29 415	31 928	38 069	40 113	54 572
Actions et parts de fonds d'investissement	393 801	460 985	533 375	524 205	587 535	706 499	814 064	871 448
Actions	393 801	460 985	533 375	524 205	587 535	706 499	814 064	871 448
Parts de fonds d'investissement	..	..	..	..	..	..	..	..
Parts de fonds d'investissement monétaires	..	..	..	..	..	..	..	..
Parts de fonds d'investissement non monétaires	..	..	..	..	..	..	..	..
Systèmes d'assurance, de pensions et garanties standard	..	..	..	..	..	..	..	..
Produits financiers dérivés et options sur titres des salariés	..	..	..	..	..	..	..	..
Autres comptes à recevoir	46 336	28 541	55 315	29 540	50 303	51 352	46 337	54 786
Passifs financiers	1 002 711	1 050 758	1 187 051	1 259 095	1 366 427	1 483 040	1 665 744	1 809 866
Titres de dette	..	..	..	..	..	..	..	..
Titres de dette à court terme	..	..	..	..	..	..	..	..
Titres de dette à long terme	..	..	..	..	..	..	..	..
Crédits	248	178	111	82	87	33	867	955
Crédits à court terme	..	..	..	..	..	..	..	..
Crédits à long terme	..	..	..	..	..	..	..	..
Actions et parts de fonds d'investissement	0	0	0	0	0	..	..	..
Systèmes d'assurance, de pensions et garanties standard	935 343	993 616	1 101 769	1 168 483	1 276 223	1 386 896	1 547 068	1 657 305
Produits financiers dérivés et options sur titres des salariés	..	..	..	..	..	..	..	..
Autres comptes à payer	67 120	56 964	85 171	90 530	90 117	96 111	117 809	151 606
Actifs non financiers	0	0	0	0	0	0	0	0

Note : Voir les métadonnées détaillées sur : http://metalinks.oecd.org/instinv/20170516/c821

CANADA

Tableau 4. Composition du portefeuille par type d'investisseur

En pourcentage des actifs financiers et des passifs financiers

Pour cent

	2008	2009	2010	2011	2012	2013	2014	2015
Fonds d'investissement								
Actifs financiers	100.0	100.0	100.0	100.0	100.0	100.0	100.0	100.0
Numéraire et dépôts	0.7	0.7	0.5	0.7	0.9	0.7	0.7	0.6
Titres de dettes	32.6	28.5	27.0	30.2	29.8	26.2	25.5	24.0
Crédits	0.4	0.5	0.6	0.5	0.5	0.4	0.3	0.3
Actions et parts de fonds d'investissement	61.0	66.9	69.2	65.1	65.0	67.6	68.1	68.3
Systèmes d'assurance de pensions et garanties standard	0.0	0.0	0.0	0.0	0.0	0.0	0.0	0.0
Produits financiers dérivés et options sur titres des salariés	0.0	0.0	0.0	0.0	0.0	0.0	0.0	0.0
Autres comptes à recevoir	5.2	3.3	2.7	3.4	3.9	5.1	5.3	6.9
Passifs financiers	100.0	100.0	100.0	100.0	100.0	100.0	100.0	100.0
Numéraire et dépôts	0.0	0.0	0.0	0.0	0.0	0.0	0.0	0.0
Titres de dettes	0.0	0.0	0.0	0.0	0.0	0.0	0.0	0.0
Crédits	0.0	0.0	0.0	0.0	0.0	0.0	0.0	0.0
Actions et parts de fonds d'investissement	99.2	99.6	99.6	99.4	99.3	99.3	99.3	99.3
Systèmes d'assurance de pensions et garanties standard	0.0	0.0	0.0	0.0	0.0	0.0	0.0	0.0
Produits financiers dérivés et options sur titres des salariés	0.0	0.0	0.0	0.0	0.0	0.0	0.0	0.0
Autres comptes à recevoir	0.8	0.4	0.4	0.6	0.7	0.7	0.7	0.7
Sociétés d'assurance								
Actifs financiers	100.0	100.0	100.0	100.0	100.0	100.0	100.0	100.0
Numéraire et dépôts	1.9	1.3	1.2	1.1	1.3	1.0	1.2	1.3
Titres de dettes	49.2	48.9	47.6	45.7	47.1	44.4	44.4	44.0
Crédits	12.2	11.7	11.2	10.7	10.0	8.9	8.8	8.2
Actions et parts de fonds d'investissement	29.5	33.3	34.9	32.0	33.5	36.5	36.3	36.2
Systèmes d'assurance de pensions et garanties standard	0.0	0.0	0.0	0.0	0.0	0.0	0.0	0.0
Produits financiers dérivés et options sur titres des salariés	0.0	0.0	0.0	0.0	0.0	0.0	0.0	0.0
Autres comptes à recevoir	7.2	4.9	5.2	10.4	8.2	9.1	9.3	10.3
Passifs financiers	100.0	100.0	100.0	100.0	100.0	100.0	100.0	100.0
Numéraire et dépôts	0.0	0.0	0.0	0.0	0.0	0.0	0.0	0.0
Titres de dettes	1.1	1.2	1.1	1.1	1.0	1.0	1.1	1.3
Crédits	2.7	3.1	3.3	2.8	2.7	2.0	2.1	1.7
Actions et parts de fonds d'investissement	25.1	35.3	35.7	30.9	31.7	32.0	32.3	28.4
Systèmes d'assurance de pensions et garanties standard	52.4	44.2	44.5	50.3	50.2	50.4	50.4	53.6
Produits financiers dérivés et options sur titres des salariés	0.0	0.0	0.0	0.0	0.0	0.0	0.0	0.0
Autres comptes à recevoir	18.7	16.2	15.5	14.9	14.3	14.5	14.1	15.1
Fonds de pension								
Actifs financiers	100.0	100.0	100.0	100.0	100.0	100.0	100.0	100.0
Numéraire et dépôts	0.6	0.7	0.9	1.3	1.3	1.7	1.7	1.9
Titres de dettes	35.1	36.8	34.7	38.8	37.0	34.7	35.3	35.0
Crédits	2.9	2.9	2.7	2.3	2.3	2.6	2.4	3.0
Actions et parts de fonds d'investissement	39.3	43.9	44.9	41.6	43.0	47.6	48.9	48.1
Systèmes d'assurance de pensions et garanties standard	..	..	..	..	..	..	..	..
Produits financiers dérivés et options sur titres des salariés	..	..	..	..	..	..	..	..
Autres comptes à recevoir	4.6	2.7	4.7	2.3	3.7	3.5	2.8	3.0
Passifs financiers	100.0	100.0	100.0	100.0	100.0	100.0	100.0	100.0
Numéraire et dépôts	0.0	0.0	0.0	0.0	0.0	0.0	0.0	0.0
Titres de dettes	0.0	0.0	0.0	0.0	0.0	0.0	0.0	0.0
Crédits	0.0	0.0	0.0	0.0	0.0	0.0	0.1	0.1
Actions et parts de fonds d'investissement	0.0	0.0	0.0	0.0	0.0	0.0	0.0	0.0
Systèmes d'assurance de pensions et garanties standard	93.3	94.6	92.8	92.8	93.4	93.5	92.9	91.6
Produits financiers dérivés et options sur titres des salariés	0.0	0.0	0.0	0.0	0.0	0.0	0.0	0.0
Autres comptes à recevoir	6.7	5.4	7.2	7.2	6.6	6.5	7.1	8.4

Note : Voir les métadonnées détaillées sur : http://metalinks.oecd.org/instinv/20170516/e12c

Tableau 1. Actifs et passifs financiers des investisseurs institutionnels, 2015

Millions CLP

	Total	Fonds d'investissement			
		Fonds d'investissement non-monétaire			Fonds d'investissement monétaires
		Total	Fonds d'investissement à capital variable, non monétaire	Fonds d'investissement à capital fixe, non monétaire	Total
Actifs financiers	35 914 898	23 488 221	15 879 662	7 608 559	12 426 677
Numéraire et dépôts	..	..	144 523	..	171 319
Titres de dette	..	..	11 676 251	..	12 255 358
Titres de dette à court terme	..	..	2 823 934	..	11 967 229
Titres de dette à long terme	..	..	8 852 316	..	288 129
Titres de dette émis par les résidents	..	..	11 413 329	..	12 250 021
Titres de dette émis par les non-résidents	..	..	262 922	..	5 337
Crédits	..	..	..	..	..
Crédits à court terme	..	..	..	..	..
Crédits à long terme	..	..	..	..	..
Crédits accordés aux résidents	..	..	..	..	..
Crédits accordés aux non-résidents	..	..	..	..	..
Actions et parts de fonds d'investissement	..	..	4 058 888	..	..
Actions et parts de fonds d'investissements émises par les résidents	..	..	816 858	..	..
Actions et part de fonds d'investissements émises par les non-résidents	..	..	3 242 030	..	..
Autres comptes à recevoir	..	..	..	..	..

	Total	Fonds d'investissement			
		Fonds d'investissement non-monétaire			Fonds d'investissement monétaires
		Total	Fonds d'investissement à capital variable, non monétaire	Fonds d'investissement à capital fixe, non monétaire	Total
Pasifs financiers	752 740	752 687	8 613	744 074	53
Numéraire et dépôts	..	..	..	..	..
Titres de dette	..	..	..	..	..
Titres de dette à court terme	..	..	..	..	..
Titres de dette à long terme	..	..	..	..	..
Crédits	..	..	..	..	..
Crédits à court terme	..	..	..	..	..
Crédits à long terme	..	..	..	..	..
Actions et parts de fonds d'investissement	..	..	..	..	..
Systèmes d'assurance, de pensions et garanties standard	..	..	..	..	..
Produits financiers dérivés et options sur titres des salariés	..	..	..	..	..
Autres comptes à payer	..	..	..	..	..

	Total	Sociétés d'assurance et fonds de pension autonomes			
		Sociétés d'assurance			Fonds de pension autonomes
		Total	Sociétés d'assurance vie	Sociétés d'assurance non-vie	Total
Actifs financiers	139 498 064	30 064 643	28 900 827	1 163 816	109 433 421
Numéraire et dépôts	8 668 098	401 273	253 759	147 514	8 266 825
Titres de dette	66 300 575	21 727 444	20 831 043	896 400	44 573 132
Titres de dette à court terme	..	..	..	..	1 598 837
Titres de dette à long terme	..	..	..	..	42 974 294
Titres de dette émis par les résidents	61 123 180	18 471 464	17 580 696	890 768	42 651 716
Titres de dette émis par les non-résidents	5 177 396	3 255 980	3 250 348	5 632	1 921 416
Crédits	3 718 752	3 139 873	3 137 795	2 078	578 879
Crédits à court terme	455 468	421 357	421 357	0	34 110
Crédits à long terme	3 263 284	2 718 516	2 716 438	2 078	544 769
Crédits accordés aux résidents	..	..	..	..	578 879
Crédits accordés aux non-résidents	..	..	..	..	..
Actions et parts de fonds d'investissement	59 196 576	3 261 873	3 215 689	46 184	55 934 703
Actions et parts de fonds d'investissement émises par les résidents	14 746 091	2 645 534	2 608 719	36 815	12 100 557
Actions et parts de fonds d'investissement émises par les non-résidents	44 450 485	616 339	606 970	9 369	43 834 146
Autrescomptes à recevoir	..	2 021 209	1 949 462	71 747	..

	Total	Sociétés d'assurance et fonds de pension autonomes			
		Sociétés d'assurance			Fonds de pension autonomes
		Total	Sociétés d'assurance vie	Sociétés d'assurance non-vie	Total
Pasifs financiers	2 234 314	1 004 459	999 105	5 355	1 229 855
Numéraire et dépôts	..	..	..	..	..
Titres de dette	..	..	..	..	..
Titres de dette à court terme	..	..	..	..	..
Titres de dette à long terme	..	..	..	..	..
Crédits	..	..	..	..	..
Crédits à court terme	..	..	..	..	..
Crédits à long terme	..	..	..	..	..
Actions et parts de fonds d'investissement	..	..	..	..	..
Systèmes d'assurance, de pensions et garanties standard	..	..	..	..	..
Produits financiers dérivés et options sur titres des salariés	..	..	..	..	..
Autres comptes à payer	..	..	..	..	1 229 855

Note : Voir les métadonnées détaillées sur : http://metalinks.oecd.org/instinv/20170516/b90b

CHILI

Tableau 2. Actifs et passifs financiers des fonds d'investissement

Millions CLP

	2008	2009	2010	2011	2012	2013	2014	2015
Fonds d'investissement								
Valeur nette financière	..	..	..	..	..	..	29 671 577	35 162 158
Actifs financiers	..	..	..	..	..	..	30 061 688	35 914 898
Numéraire et dépôts	..	..	..	..	..	..	..	..
Titres de dette	..	..	..	..	..	..	..	..
Crédits	..	..	..	..	..	..	..	..
Actions et parts de fonds d'investissement	..	..	..	..	..	..	..	..
Actions	..	..	..	..	..	..	..	..
Parts de fonds d'investissement	..	..	..	..	..	..	..	..
Parts de fonds d'investissement monétaires	..	..	..	..	..	..	..	..
Parts de fonds d'investissement non monétaires	..	..	..	..	..	..	..	..
Systèmes d'assurance, de pensions et garanties standard	..	..	..	..	..	..	..	..
Produits financiers dérivés et options sur titres des salariés	..	..	..	..	..	..	..	..
Autres comptes à recevoir	..	..	..	..	..	..	..	..
Passifs financiers	..	..	..	..	..	..	390 112	752 740
Titres de dette	..	..	..	..	..	..	..	..
Titres de dette à court terme	..	..	..	..	..	..	..	..
Titres de dette à long terme	..	..	..	..	..	..	..	..
Crédits	..	..	..	..	..	..	..	..
Crédits à court terme	..	..	..	..	..	..	..	..
Crédits à long terme	..	..	..	..	..	..	..	..
Actions et parts de fonds d'investissement	..	..	..	..	..	..	..	..
Systèmes d'assurance, de pensions et garanties standard	..	..	..	..	..	..	..	..
Produits financiers dérivés et options sur titres des salariés	..	..	..	..	..	..	..	..
Autres comptes à payer	..	..	..	..	..	..	..	..
Actifs non financiers	..	..	..	..	..	..	727 934	932 960
Fonds d'investissement monéaires								
Valeur nette financière	..	..	..	..	..	..	11 926 154	12 426 624
Actifs financiers	..	..	..	..	..	..	11 979 017	12 426 677
Numéraire et dépôts	..	..	..	..	..	..	43 760	171 319
Titres de dette	..	..	..	..	..	..	11 935 257	12 255 358
Crédits	..	..	..	..	..	..	..	..
Actions et parts de fonds d'investissement	..	..	..	..	..	..	..	..
Actions	..	..	..	..	..	..	..	..
Parts de fonds d'investissement	..	..	..	..	..	..	..	..
Parts de fonds d'investissement monétaires	..	..	..	..	..	..	..	..
Parts de fonds d'investissement non monétaires	..	..	..	..	..	..	..	..
Systèmes d'assurance, de pensions et garanties standard	..	..	..	..	..	..	..	..
Produits financiers dérivés et options sur titres des salariés	..	..	..	..	..	..	..	..
Autres comptes à recevoir	..	..	..	..	..	..	..	..
Passifs financiers	..	..	..	..	..	..	52 863	53
Titres de dette	..	..	..	..	..	..	..	..
Titres de dette à court terme	..	..	..	..	..	..	..	..
Titres de dette à long terme	..	..	..	..	..	..	..	..
Crédits	..	..	..	..	..	..	..	..
Crédits à court terme	..	..	..	..	..	..	..	..
Crédits à long terme	..	..	..	..	..	..	..	..
Actions et parts de fonds d'investissement	..	..	..	..	..	..	..	..
Systèmes d'assurance, de pensions et garanties standard	..	..	..	..	..	..	..	..
Produits financiers dérivés et options sur titres des salariés	..	..	..	..	..	..	..	..
Autres comptes à payer	..	..	..	..	..	..	..	..
Actifs non financiers	..	..	..	..	..	..	32 431	46 075
Fonds d'investissement non monéaires								
Valeur nette financière	..	..	..	..	..	..	17 745 423	22 735 534
Actifs financiers	..	..	..	..	..	..	18 082 672	23 488 221
Numéraire et dépôts	..	..	..	..	..	..	..	..
Titres de dette	..	..	..	..	..	..	..	..
Crédits	..	..	..	..	..	..	..	..
Actions et parts de fonds d'investissement	..	..	..	..	..	..	..	..
Actions	..	..	..	..	..	..	..	..
Parts de fonds d'investissement	..	..	..	..	..	..	..	..
Parts de fonds d'investissement monétaires	..	..	..	..	..	..	..	..
Parts de fonds d'investissement non monétaires	..	..	..	..	..	..	..	..
Systèmes d'assurance, de pensions et garanties standard	..	..	..	..	..	..	..	..
Produits financiers dérivés et options sur titres des salariés	..	..	..	..	..	..	..	..
Autres comptes à recevoir	..	..	..	..	..	..	..	..
Passifs financiers	..	..	..	..	..	..	337 249	752 687
Titres de dette	..	..	..	..	..	..	..	..
Titres de dette à court terme	..	..	..	..	..	..	..	..
Titres de dette à long terme	..	..	..	..	..	..	..	..
Crédits	..	..	..	..	..	..	..	..
Crédits à court terme	..	..	..	..	..	..	..	..
Crédits à long terme	..	..	..	..	..	..	..	..
Actions et parts de fonds d'investissement	..	..	..	..	..	..	..	..
Systèmes d'assurance, de pensions et garanties standard	..	..	..	..	..	..	..	..
Produits financiers dérivés et options sur titres des salariés	..	..	..	..	..	..	..	..
Autres comptes à payer	..	..	..	..	..	..	..	..
Actifs non financiers	..	..	..	..	..	..	695 502	886 886
Fonds d'investissement non monéaires à capital variable								
Valeur nette financière	..	..	..	..	..	..	14 734 438	15 871 049
Actifs financiers	..	..	..	..	..	..	14 740 401	15 879 662

Tableau 2. Actifs et passifs financiers des fonds d'investissement *(suite)*

Millions CLP

	2008	2009	2010	2011	2012	2013	2014	2015
Numéraire et dépôts	..	..	..	..	..	..	110 999	144 523
Titres de dette	..	..	..	..	..	..	11 457 419	11 676 251
Crédits	..	..	..	..	..	..	..	..
Actions et parts de fonds d'investissement	..	..	..	..	..	..	3 171 984	4 058 888
Actions	..	..	..	..	..	..	883 211	821 190
Parts de fonds d'investissement	..	..	..	..	..	..	2 288 773	3 237 698
Parts de fonds d'investissement monétaires	..	..	..	..	..	..	..	..
Parts de fonds d'investissement non monétaires	..	..	..	..	..	..	..	..
Systèmes d'assurance, de pensions et garanties standard	..	..	..	..	..	..	..	..
Produits financiers dérivés et options sur titres des salariés	..	..	..	..	..	..	..	..
Autres comptes à recevoir	..	..	..	..	..	..	..	..
Passifs financiers	..	..	..	..	..	..	5 963	8 613
Titres de dette	..	..	..	..	..	..	..	..
Titres de dette à court terme	..	..	..	..	..	..	..	..
Titres de dette à long terme	..	..	..	..	..	..	..	..
Crédits	..	..	..	..	..	..	..	..
Crédits à court terme	..	..	..	..	..	..	..	..
Crédits à long terme	..	..	..	..	..	..	..	..
Actions et parts de fonds d'investissement	..	..	..	..	..	..	..	..
Systèmes d'assurance, de pensions et garanties standard	..	..	..	..	..	..	..	..
Produits financiers dérivés et options sur titres des salariés	..	..	..	..	..	..	..	..
Autres comptes à payer	..	..	..	..	..	..	..	..
Actifs non financiers	..	..	..	..	..	..	20 826	52 731
Fonds d'investissement à capital variable								
Valeur nette financière	..	..	..	..	..	..	26 660 592	28 297 673
Actifs financiers	..	..	..	..	..	..	26 719 418	28 306 339
Numéraire et dépôts	..	..	..	..	..	..	154 759	315 842
Titres de dette	..	..	..	..	..	..	23 392 675	23 931 609
Crédits	..	..	..	..	..	..	..	..
Actions et parts de fonds d'investissement	..	..	..	..	..	..	..	..
Actions	..	..	..	..	..	..	..	..
Parts de fonds d'investissement	..	..	..	..	..	..	..	..
Parts de fonds d'investissement monétaires	..	..	..	..	..	..	..	..
Parts de fonds d'investissement non monétaires	..	..	..	..	..	..	..	..
Systèmes d'assurance, de pensions et garanties standard	..	..	..	..	..	..	..	..
Produits financiers dérivés et options sur titres des salariés	..	..	..	..	..	..	..	..
Autres comptes à recevoir	..	..	..	..	..	..	..	..
Passifs financiers	..	..	..	..	..	..	58 826	8 666
Titres de dette	..	..	..	..	..	..	..	..
Titres de dette à court terme	..	..	..	..	..	..	..	..
Titres de dette à long terme	..	..	..	..	..	..	..	..
Crédits	..	..	..	..	..	..	..	..
Crédits à court terme	..	..	..	..	..	..	..	..
Crédits à long terme	..	..	..	..	..	..	..	..
Actions et parts de fonds d'investissement	..	..	..	..	..	..	..	..
Systèmes d'assurance, de pensions et garanties standard	..	..	..	..	..	..	..	..
Produits financiers dérivés et options sur titres des salariés	..	..	..	..	..	..	..	..
Autres comptes à payer	..	..	..	..	..	..	..	..
Actifs non financiers	..	..	..	..	..	..	53 257	98 805

Note : Voir les métadonnées détaillées sur : http://metalinks.oecd.org/instinv/20170516/b90b

Tableau 3. Actifs et passifs financiers des sociétés d'assurance et fonds de pension

Millions CLP

	2008	2009	2010	2011	2012	2013	2014	2015
Sociétés d'assurance et fonds de pension								
Valeur nette financière	..	..	..	..	..	..	125 953 303	137 263 750
Actifs financiers	..	..	..	..	..	..	127 702 283	139 498 064
Numéraire et dépôts	..	..	..	..	..	..	7 423 782	8 668 098
Titres de dette	..	..	..	..	..	..	58 422 149	66 300 575
Crédits	..	..	..	..	..	..	3 622 921	3 718 752
Actions et parts de fonds d'investissement	..	..	..	..	..	..	56 235 414	59 196 576
Actions	..	..	..	..	..	..	8 954 179	8 399 011
Parts de fonds d'investissement	..	..	..	..	..	..	47 281 235	50 797 565
Parts de fonds d'investissement monétaires	..	..	..	..	..	..	..	..
Parts de fonds d'investissement non monétaires	..	..	..	..	..	..	..	..
Systèmes d'assurance, de pensions et garanties standard	..	..	..	..	..	..	..	..
Produits financiers dérivés et options sur titres des salariés	..	..	..	..	..	..	-195 142	-407 146
Autres comptes à recevoir	..	..	..	..	..	..	..	..
Passifs financiers	..	..	..	..	..	..	1 748 980	2 234 314
Titres de dette	..	..	..	..	..	..	..	..
Titres de dette à court terme	..	..	..	..	..	..	..	..
Titres de dette à long terme	..	..	..	..	..	..	..	..
Crédits	..	..	..	..	..	..	..	..
Crédits à court terme	..	..	..	..	..	..	..	..
Crédits à long terme	..	..	..	..	..	..	..	..
Actions et parts de fonds d'investissement	..	..	..	..	..	..	..	..
Systèmes d'assurance, de pensions et garanties standard	..	..	..	..	..	..	..	..
Produits financiers dérivés et options sur titres des salariés	..	..	..	..	..	..	..	..
Autres comptes à payer	..	..	..	..	..	..	..	..
Actifs non financiers	..	..	..	..	..	..	..	3 791 125
Sociétés d'assurance								
Valeur nette financière	..	..	..	..	..	..	26 554 708	29 060 184
Actifs financiers	..	..	..	..	..	..	27 222 468	30 064 643
Numéraire et dépôts	..	..	..	..	..	..	457 706	401 273
Titres de dette	..	..	..	..	..	..	18 966 501	21 727 444
Crédits	..	..	..	..	..	..	2 946 519	3 139 873
Actions et parts de fonds d'investissement	..	..	..	..	..	..	2 849 529	3 261 873
Actions	..	..	..	..	..	..	433 578	367 160
Parts de fonds d'investissement	..	..	..	..	..	..	2 415 952	2 894 713
Parts de fonds d'investissement monétaires	..	..	..	..	..	..	..	..
Parts de fonds d'investissement non monétaires	..	..	..	..	..	..	..	..
Systèmes d'assurance, de pensions et garanties standard	..	..	..	..	..	..	..	0
Produits financiers dérivés et options sur titres des salariés	..	..	..	..	..	..	-190 947	-487 029
Autres comptes à recevoir	..	..	..	..	..	..	2 193 159	2 021 209
Passifs financiers	..	..	..	..	..	..	667 760	1 004 459
Titres de dette	..	..	..	..	..	..	..	..
Titres de dette à court terme	..	..	..	..	..	..	..	..
Titres de dette à long terme	..	..	..	..	..	..	..	..
Crédits	..	..	..	..	..	..	..	..
Crédits à court terme	..	..	..	..	..	..	..	..
Crédits à long terme	..	..	..	..	..	..	..	..
Actions et parts de fonds d'investissement	..	..	..	..	..	..	..	..
Systèmes d'assurance, de pensions et garanties standard	..	..	..	..	..	..	..	..
Produits financiers dérivés et options sur titres des salariés	..	..	..	..	..	..	..	..
Autres comptes à payer	..	..	..	..	..	..	..	..
Actifs non financiers	..	..	..	..	..	..	3 297 155	3 791 125
Fonds de pension								
Valeur nette financière	..	..	..	..	..	..	99 398 595	108 203 566
Actifs financiers	..	..	..	..	..	..	100 479 815	109 433 421
Numéraire et dépôts	..	..	..	..	..	..	6 966 076	8 266 825
Titres de dette	..	..	..	..	..	..	39 455 648	44 573 132
Crédits	..	..	..	..	..	..	676 402	578 879
Actions et parts de fonds d'investissement	..	..	..	..	..	..	53 385 885	55 934 703
Actions	..	..	..	..	..	..	8 520 602	8 031 851
Parts de fonds d'investissement	..	..	..	..	..	..	44 865 284	47 902 852
Parts de fonds d'investissement monétaires	..	..	..	..	..	..	..	..
Parts de fonds d'investissement non monétaires	..	..	..	..	..	..	..	..
Systèmes d'assurance, de pensions et garanties standard	..	..	..	..	..	..	..	..
Produits financiers dérivés et options sur titres des salariés	..	..	..	..	..	..	-4 196	79 882
Autres comptes à recevoir	..	..	..	..	..	..	..	..
Passifs financiers	..	..	..	..	..	..	1 081 220	1 229 855
Titres de dette	..	..	..	..	..	..	..	..
Titres de dette à court terme	..	..	..	..	..	..	..	..
Titres de dette à long terme	..	..	..	..	..	..	..	..
Crédits	..	..	..	..	..	..	..	..
Crédits à court terme	..	..	..	..	..	..	..	..
Crédits à long terme	..	..	..	..	..	..	..	..
Actions et parts de fonds d'investissement	..	..	..	..	..	..	..	..
Systèmes d'assurance, de pensions et garanties standard	..	..	..	..	..	..	..	..
Produits financiers dérivés et options sur titres des salariés	..	..	..	..	..	..	..	..
Autres comptes à payer	..	..	..	..	..	..	1 081 220	1 229 855
Actifs non financiers	..	..	..	..	..	..	..	..

Note : Voir les métadonnées détaillées sur : http://metalinks.oecd.org/instinv/20170516/b90b

Tableau 4. Composition du portefeuille par type d'investisseur

En pourcentage des actifs financiers et des passifs financiers

Pour cent

	2008	2009	2010	2011	2012	2013	2014	2015
Fonds d'investissement								
Actifs financiers	..	..	..	..	..	..	100.0	100.0
Numéraire et dépôts	..	..	..	..	..	..	..	..
Titres de dettes	..	..	..	..	..	..	..	..
Crédits	..	..	..	..	..	..	..	..
Actions et parts de fonds d'investissement	..	..	..	..	..	..	..	..
Systèmes d'assurance de pensions et garanties standard	..	..	..	..	..	..	..	..
Produits financiers dérivés et options sur titres des salariés	..	..	..	..	..	..	..	..
Autres comptes à recevoir	..	..	..	..	..	..	..	..
Passifs financiers	..	..	..	..	..	..	100.0	100.0
Numéraire et dépôts	..	..	..	..	..	..	..	..
Titres de dettes	..	..	..	..	..	..	..	..
Crédits	..	..	..	..	..	..	..	..
Actions et parts de fonds d'investissement	..	..	..	..	..	..	..	..
Systèmes d'assurance de pensions et garanties standard	..	..	..	..	..	..	..	..
Produits financiers dérivés et options sur titres des salariés	..	..	..	..	..	..	..	..
Autres comptes à recevoir	..	..	..	..	..	..	..	..
Sociétés d'assurance								
Actifs financiers	..	..	..	..	..	..	100.0	100.0
Numéraire et dépôts	..	..	..	..	..	..	1.7	1.3
Titres de dettes	..	..	..	..	..	..	69.7	72.3
Crédits	..	..	..	..	..	..	10.8	10.4
Actions et parts de fonds d'investissement	..	..	..	..	..	..	10.5	10.8
Systèmes d'assurance de pensions et garanties standard	..	..	..	..	..	..	0.0	0.0
Produits financiers dérivés et options sur titres des salariés	..	..	..	..	..	..	-0.7	-1.6
Autres comptes à recevoir	..	..	..	..	..	..	8.1	6.7
Passifs financiers	..	..	..	..	..	..	100.0	100.0
Numéraire et dépôts	..	..	..	..	..	..	..	..
Titres de dettes	..	..	..	..	..	..	..	..
Crédits	..	..	..	..	..	..	..	..
Actions et parts de fonds d'investissement	..	..	..	..	..	..	..	..
Systèmes d'assurance de pensions et garanties standard	..	..	..	..	..	..	..	..
Produits financiers dérivés et options sur titres des salariés	..	..	..	..	..	..	..	..
Autres comptes à recevoir	..	..	..	..	..	..	..	..
Fonds de pension								
Actifs financiers	..	..	..	..	..	..	100.0	100.0
Numéraire et dépôts	..	..	..	..	..	..	6.9	7.6
Titres de dettes	..	..	..	..	..	..	39.3	40.7
Crédits	..	..	..	..	..	..	0.7	0.5
Actions et parts de fonds d'investissement	..	..	..	..	..	..	53.1	51.1
Systèmes d'assurance de pensions et garanties standard	..	..	..	..	..	..	0.0	0.0
Produits financiers dérivés et options sur titres des salariés	..	..	..	..	..	..	0.0	0.1
Autres comptes à recevoir	..	..	..	..	..	..	0.0	0.0
Passifs financiers	..	..	..	..	..	..	100.0	100.0
Numéraire et dépôts	..	..	..	..	..	..	0.0	0.0
Titres de dettes	..	..	..	..	..	..	0.0	0.0
Crédits	..	..	..	..	..	..	0.0	0.0
Actions et parts de fonds d'investissement	..	..	..	..	..	..	0.0	0.0
Systèmes d'assurance de pensions et garanties standard	..	..	..	..	..	..	0.0	0.0
Produits financiers dérivés et options sur titres des salariés	..	..	..	..	..	..	0.0	0.0
Autres comptes à recevoir	..	..	..	..	..	..	100.0	100.0

Note : Voir les métadonnées détaillées sur : http://metalinks.oecd.org/instinv/20170516/e12c

RÉPUBLIQUE TCHÈQUE

Tableau 1. Actifs et passifs financiers des investisseurs institutionnels, 2015

Millions CZK

	Total	Fonds d'investissement – Fonds d'investissement non-monétaire – Total	Fonds d'investissement à capital variable, non monétaire	Fonds d'investissement à capital fixe, non monétaire	Fonds d'investissement monétaires – Total
Actifs financiers	245 739	244 323	244 323	..	1 416
Numéraire et dépôts	24 122	23 667	23 667	..	455
Titres de dette	86 582	85 622	85 622	..	960
Titres de dette à court terme	2 776	2 603	2 603	..	173
Titres de dette à long terme	83 806	83 019	83 019	..	787
Titres de dette émis par les résidents	55 570	54 687	54 687	..	883
Titres de dette émis par les non-résidents	31 012	30 935	30 935	..	77
Crédits	21 001	21 001	21 001	..	0
Crédits à court terme	2 682	2 682	2 682	..	0
Crédits à long terme	18 319	18 319	18 319	..	0
Crédits accordés aux résidents	17 216	..	17 216	..	0
Crédits accordés aux non-résidents	3 785	..	3 785	..	0
Actions et parts de fonds d'investissement	107 258	107 258	107 258	..	0
Actions et parts de fonds d'investissements émises par les résidents	14 923	..	14 923	..	0
Actions et part de fonds d'investissements émises par les non-résidents	92 335	..	92 335	..	0
Autres comptes à recevoir	6 264	6 264	6 264	..	0

	Total	Fonds d'investissement – Fonds d'investissement non-monétaire – Total	Fonds d'investissement à capital variable, non monétaire	Fonds d'investissement à capital fixe, non monétaire	Fonds d'investissement monétaires – Total
Pasifs financiers	334 336	333 516	333 516	..	820
Numéraire et dépôts	0	..	0	..	0
Titres de dette	237	237	237	..	0
Titres de dette à court terme	0	0	0	..	0
Titres de dette à long terme	237	237	237	..	0
Crédits	9 210	9 089	9 089	..	121
Crédits à court terme	587	585	585	..	2
Crédits à long terme	8 623	8 504	8 504	..	119
Actions et parts de fonds d'investissement	307 698	306 999	306 999	..	699
Systèmes d'assurance, de pensions et garanties standard	0	0	0	..	0
Produits financiers dérivés et options sur titres des salariés	528	528	528	..	0
Autres comptes à payer	16 663	16 663	16 663	..	0

	Total	Sociétés d'assurance et fonds de pension autonomes – Sociétés d'assurance – Total	Sociétés d'assurance vie	Sociétés d'assurance non-vie	Fonds de pension autonomes – Total
Actifs financiers	915 226	543 663	..	..	371 563
Numéraire et dépôts	55 120	31 237	..	..	23 883
Titres de dette	673 391	334 282	..	..	339 109
Titres de dette à court terme	5 271	579	..	..	4 692
Titres de dette à long terme	668 120	333 703	..	..	334 417
Titres de dette émis par les résidents	521 498	232 385	..	..	289 113
Titres de dette émis par les non-résidents	151 893	101 897	..	..	49 996
Crédits	1 398	1 373	..	..	25
Crédits à court terme	0	0	..	..	0
Crédits à long terme	1 398	1 373	..	..	25
Crédits accordés aux résidents	1 365	1 340	..	..	25
Crédits accordés aux non-résidents	33	33	..	..	0
Actions et parts de fonds d'investissement	110 508	103 238	..	..	7 270
Actions et parts de fonds d'investissement émises par les résidents	47 689	47 232	..	..	457
Actions et parts de fonds d'investissement émises par les non-résidents	62 819	56 006	..	..	6 813
Autrescomptes à recevoir	35 164	34 043	..	..	1 121

	Total	Sociétés d'assurance et fonds de pension autonomes – Sociétés d'assurance – Total	Sociétés d'assurance vie	Sociétés d'assurance non-vie	Fonds de pension autonomes – Total
Pasifs financiers	915 594	542 525	..	..	373 069
Numéraire et dépôts	0	0	..	..	0
Titres de dette	502	502	..	..	0
Titres de dette à court terme	0	0	..	..	0
Titres de dette à long terme	502	502	..	..	0
Crédits	576	576	..	..	0
Crédits à court terme	1	1	..	..	0
Crédits à long terme	575	575	..	..	0
Actions et parts de fonds d'investissement	105 128	87 251	..	..	17 877
Systèmes d'assurance, de pensions et garanties standard	760 091	408 993	..	..	351 098
Produits financiers dérivés et options sur titres des salariés	6 488	3 906	..	..	2 582
Autres comptes à payer	42 809	41 297	..	..	1 512

Note : Voir les métadonnées détaillées sur : http://metalinks.oecd.org/instinv/20170516/5358

Tableau 2. Actifs et passifs financiers des fonds d'investissement

Millions CZK

	2008	2009	2010	2011	2012	2013	2014	2015
Fonds d'investissement								
Valeur nette financière	4 105	-807	-3 630	-19 802	-58 881	-60 679	-77 595	-88 597
Actifs financiers	156 954	150 872	164 771	150 453	164 431	187 843	215 862	245 739
Numéraire et dépôts	21 865	24 381	23 806	26 539	32 135	32 867	25 835	24 122
Titres de dette	98 809	80 648	87 755	74 728	73 416	82 644	86 384	86 582
Crédits	935	915	1 888	3 848	7 667	11 335	17 097	21 001
Actions et parts de fonds d'investissement	31 216	40 147	49 014	41 725	45 337	56 293	80 967	107 258
Actions	14 125	23 916	29 562	24 396	26 537	27 063	31 029	39 403
Parts de fonds d'investissement	17 091	16 231	19 452	17 329	18 800	29 230	49 938	67 855
Parts de fonds d'investissement monétaires	5 389	5 164	4 150	2 775	362	594	791	246
Parts de fonds d'investissement non monétaires	11 702	11 067	15 302	14 554	18 438	28 636	49 147	67 609
Systèmes d'assurance, de pensions et garanties standard	12	13	12	15	14	17	20	16
Produits financiers dérivés et options sur titres des salariés	999	573	575	189	513	387	101	496
Autres comptes à recevoir	3 118	4 195	1 721	3 409	5 349	4 300	5 458	6 264
Passifs financiers	152 849	151 679	168 401	170 255	223 312	248 522	293 457	334 336
Titres de dette	0	0	0	0	205	68	0	237
Titres de dette à court terme	0	0	0	0	0	0	0	0
Titres de dette à long terme	0	0	0	0	205	68	0	237
Crédits	265	358	1 672	4 217	25 359	13 918	15 594	9 210
Crédits à court terme	265	358	0	0	5 448	0	1 137	587
Crédits à long terme	0	0	1 672	4 217	19 911	13 918	14 457	8 623
Actions et parts de fonds d'investissement	143 925	142 408	160 194	158 057	183 146	220 804	261 751	307 698
Systèmes d'assurance, de pensions et garanties standard	0	0	0	0	0	0	0	0
Produits financiers dérivés et options sur titres des salariés	1 243	1 139	620	1 497	414	1 041	1 275	528
Autres comptes à payer	7 416	7 774	5 915	6 484	14 188	12 691	14 837	16 663
Actifs non financiers	..	..	..	..	..	..	..	..
Fonds d'investissement monéaires								
Valeur nette financière	5 009	2 403	818	594	-1 398	-1 368	-153	596
Actifs financiers	61 012	49 397	44 381	14 840	1 948	1 121	1 176	1 416
Numéraire et dépôts	11 594	13 005	13 716	3 801	1 566	875	495	455
Titres de dette	49 078	36 035	30 247	11 038	234	244	680	960
Crédits	0	0	0	0	146	0	0	0
Actions et parts de fonds d'investissement	216	315	313	0	0	0	0	0
Actions	0	0	0	0	0	0	0	0
Parts de fonds d'investissement	216	315	313	0	0	0	0	0
Parts de fonds d'investissement monétaires	148	110	68	0	0	0	0	0
Parts de fonds d'investissement non monétaires	68	205	245	0	0	0	0	0
Systèmes d'assurance, de pensions et garanties standard	1	1	1	1	1	1	1	1
Produits financiers dérivés et options sur titres des salariés	123	41	104	0	1	1	0	0
Autres comptes à recevoir	0	0	0	0	0	0	0	0
Passifs financiers	56 003	46 994	43 563	14 246	3 346	2 489	1 329	820
Titres de dette	0	0	0	0	196	56	0	0
Titres de dette à court terme	0	0	0	0	0	0	0	0
Titres de dette à long terme	0	0	0	0	196	56	0	0
Crédits	0	0	0	0	0	0	44	121
Crédits à court terme	0	0	0	0	0	0	31	2
Crédits à long terme	0	0	0	0	0	0	13	119
Actions et parts de fonds d'investissement	55 603	46 707	43 232	14 219	3 148	2 423	1 283	699
Systèmes d'assurance, de pensions et garanties standard	0	0	0	0	0	0	0	0
Produits financiers dérivés et options sur titres des salariés	400	287	331	27	2	10	1	0
Autres comptes à payer	0	0	0	0	0	0	1	0
Actifs non financiers	..	..	..	..	..	..	..	..
Fonds d'investissement non monéaires								
Valeur nette financière	-904	-3 210	-4 448	-20 396	-57 483	-59 311	-77 442	-89 193
Actifs financiers	95 942	101 475	120 390	135 613	162 483	186 722	214 686	244 323
Numéraire et dépôts	10 271	11 376	10 090	22 738	30 569	31 992	25 340	23 667
Titres de dette	49 731	44 613	57 508	63 690	73 182	82 400	85 704	85 622
Crédits	935	915	1 888	3 848	7 521	11 335	17 097	21 001
Actions et parts de fonds d'investissement	31 000	39 832	48 701	41 725	45 337	56 293	80 967	107 258
Actions	14 125	23 916	29 562	24 396	26 537	27 063	31 029	39 403
Parts de fonds d'investissement	16 875	15 916	19 139	17 329	18 800	29 230	49 938	67 855
Parts de fonds d'investissement monétaires	5 241	5 054	4 082	2 775	362	594	791	246
Parts de fonds d'investissement non monétaires	11 634	10 862	15 057	14 554	18 438	28 636	49 147	67 609
Systèmes d'assurance, de pensions et garanties standard	11	12	11	14	13	16	19	15
Produits financiers dérivés et options sur titres des salariés	876	532	471	189	512	386	101	496
Autres comptes à recevoir	3 118	4 195	1 721	3 409	5 349	4 300	5 458	6 264
Passifs financiers	96 846	104 685	124 838	156 009	219 966	246 033	292 128	333 516
Titres de dette	0	0	0	0	9	12	0	237
Titres de dette à court terme	0	0	0	0	0	0	0	0
Titres de dette à long terme	0	0	0	0	9	12	0	237
Crédits	265	358	1 672	4 217	25 359	13 918	15 550	9 089
Crédits à court terme	265	358	0	0	5 448	0	1 106	585
Crédits à long terme	0	0	1 672	4 217	19 911	13 918	14 444	8 504
Actions et parts de fonds d'investissement	88 322	95 701	116 962	143 838	179 998	218 381	260 468	306 999
Systèmes d'assurance, de pensions et garanties standard	0	0	0	0	0	0	0	0
Produits financiers dérivés et options sur titres des salariés	843	852	289	1 470	412	1 031	1 274	528
Autres comptes à payer	7 416	7 774	5 915	6 484	14 188	12 691	14 836	16 663
Actifs non financiers	..	..	..	..	..	..	..	..
Fonds d'investissement non monéaires à capital variable								
Valeur nette financière	-904	-3 210	-4 448	-20 396	-57 483	-59 311	-77 442	-89 193
Actifs financiers	95 942	101 475	120 390	135 613	162 483	186 722	214 686	244 323

RÉPUBLIQUE TCHÈQUE

Tableau 2. Actifs et passifs financiers des fonds d'investissement (*suite*)

Millions CZK

	2008	2009	2010	2011	2012	2013	2014	2015
Numéraire et dépôts	10 271	11 376	10 090	22 738	30 569	31 992	25 340	23 667
Titres de dette	49 731	44 613	57 508	63 690	73 182	82 400	85 704	85 622
Crédits	935	915	1 888	3 848	7 521	11 335	17 097	21 001
Actions et parts de fonds d'investissement	31 000	39 832	48 701	41 725	45 337	56 293	80 967	107 258
Actions	14 125	23 916	29 562	24 396	26 537	27 063	31 029	39 403
Parts de fonds d'investissement	16 875	15 916	19 139	17 329	18 800	29 230	49 938	67 855
Parts de fonds d'investissement monétaires	5 241	5 054	4 082	2 775	362	594	791	246
Parts de fonds d'investissement non monétaires	11 634	10 862	15 057	14 554	18 438	28 636	49 147	67 609
Systèmes d'assurance, de pensions et garanties standard	11	12	11	14	13	16	19	15
Produits financiers dérivés et options sur titres des salariés	876	532	471	189	512	386	101	496
Autres comptes à recevoir	3 118	4 195	1 721	3 409	5 349	4 300	5 458	6 264
Passifs financiers	96 846	104 685	124 838	156 009	219 966	246 033	292 128	333 516
Titres de dette	0	0	0	0	9	12	0	237
Titres de dette à court terme	0	0	0	0	0	0	0	0
Titres de dette à long terme	0	0	0	0	9	12	0	237
Crédits	265	358	1 672	4 217	25 359	13 918	15 550	9 089
Crédits à court terme	265	358	0	0	5 448	0	1 106	585
Crédits à long terme	0	0	1 672	4 217	19 911	13 918	14 444	8 504
Actions et parts de fonds d'investissement	88 322	95 701	116 962	143 838	179 998	218 381	260 468	306 999
Systèmes d'assurance, de pensions et garanties standard	0	0	0	0	0	0	0	0
Produits financiers dérivés et options sur titres des salariés	843	852	289	1 470	412	1 031	1 274	528
Autres comptes à payer	7 416	7 774	5 915	6 484	14 188	12 691	14 836	16 663
Actifs non financiers	..	..	..	..	..	..	..	..
Fonds d'investissement à capital variable								
Valeur nette financière	4 105	-807	-3 630	-19 802	-58 881	-60 679	-77 595	-88 597
Actifs financiers	156 954	150 872	164 771	150 453	164 431	187 843	215 862	245 739
Numéraire et dépôts	21 865	24 381	23 806	26 539	32 135	32 867	25 835	24 122
Titres de dette	98 809	80 648	87 755	74 728	73 416	82 644	86 384	86 582
Crédits	935	915	1 888	3 848	7 667	11 335	17 097	21 001
Actions et parts de fonds d'investissement	31 216	40 147	49 014	41 725	45 337	56 293	80 967	107 258
Actions	14 125	23 916	29 562	24 396	26 537	27 063	31 029	39 403
Parts de fonds d'investissement	17 091	16 231	19 452	17 329	18 800	29 230	49 938	67 855
Parts de fonds d'investissement monétaires	5 389	5 164	4 150	2 775	362	594	791	246
Parts de fonds d'investissement non monétaires	11 702	11 067	15 302	14 554	18 438	28 636	49 147	67 609
Systèmes d'assurance, de pensions et garanties standard	12	13	12	15	14	17	20	16
Produits financiers dérivés et options sur titres des salariés	999	573	575	189	513	387	101	496
Autres comptes à recevoir	3 118	4 195	1 721	3 409	5 349	4 300	5 458	6 264
Passifs financiers	152 849	151 679	168 401	170 255	223 312	248 522	293 457	334 336
Titres de dette	0	0	0	0	205	68	0	237
Titres de dette à court terme	0	0	0	0	0	0	0	0
Titres de dette à long terme	0	0	0	0	205	68	0	237
Crédits	265	358	1 672	4 217	25 359	13 918	15 594	9 210
Crédits à court terme	265	358	0	0	5 448	0	1 137	587
Crédits à long terme	0	0	1 672	4 217	19 911	13 918	14 457	8 623
Actions et parts de fonds d'investissement	143 925	142 408	160 194	158 057	183 146	220 804	261 751	307 698
Systèmes d'assurance, de pensions et garanties standard	0	0	0	0	0	0	0	0
Produits financiers dérivés et options sur titres des salariés	1 243	1 139	620	1 497	414	1 041	1 275	528
Autres comptes à payer	7 416	7 774	5 915	6 484	14 188	12 691	14 837	16 663
Actifs non financiers	..	..	..	..	..	..	..	..

Note : Voir les métadonnées détaillées sur : http://metalinks.oecd.org/instinv/20170516/5358

Tableau 3. Actifs et passifs financiers des sociétés d'assurance et fonds de pension

Millions CZK

	2008	2009	2010	2011	2012	2013	2014	2015
Sociétés d'assurance et fonds de pension								
Valeur nette financière	7 409	6 875	-20 615	-23 539	-38 068	-26 933	-29 417	-368
Actifs financiers	596 336	662 692	685 952	706 705	752 759	798 759	856 215	915 226
Numéraire et dépôts	54 855	57 701	50 542	48 750	60 860	67 832	54 507	55 120
Titres de dette	394 131	462 373	468 043	494 623	523 698	550 041	611 360	673 391
Crédits	3 445	2 624	2 707	828	763	644	5 916	1 398
Actions et parts de fonds d'investissement	73 741	71 496	87 012	87 910	98 590	105 483	107 927	110 508
Actions	37 466	24 793	26 080	23 313	22 139	19 219	23 385	19 132
Parts de fonds d'investissement	36 275	46 703	60 932	64 597	76 451	86 264	84 542	91 376
Parts de fonds d'investissement monétaires	11 181	14 062	12 145	1 406	1 545	1 126	645	694
Parts de fonds d'investissement non monétaires	25 094	32 641	48 787	63 191	74 906	85 138	83 897	90 682
Systèmes d'assurance, de pensions et garanties standard	32 345	32 106	36 861	35 948	32 037	36 797	37 853	38 928
Produits financiers dérivés et options sur titres des salariés	1 160	677	936	447	754	636	394	717
Autres comptes à recevoir	36 659	35 715	39 851	38 199	36 057	37 326	38 258	35 164
Passifs financiers	588 927	655 817	706 567	730 244	790 827	825 692	885 632	915 594
Titres de dette	493	493	521	511	466	479	505	502
Titres de dette à court terme	0	0	0	0	0	0	0	0
Titres de dette à long terme	493	493	521	511	466	479	505	502
Crédits	1 315	890	143	119	107	1 280	575	576
Crédits à court terme	1 127	801	89	79	78	972	1	1
Crédits à long terme	188	89	54	40	29	308	574	575
Actions et parts de fonds d'investissement	64 783	90 175	99 339	90 950	111 490	89 743	101 058	105 128
Systèmes d'assurance, de pensions et garanties standard	492 358	532 890	576 781	605 323	641 036	689 110	733 547	760 091
Produits financiers dérivés et options sur titres des salariés	2 115	1 725	1 519	4 243	3 086	3 195	8 128	6 488
Autres comptes à payer	27 863	29 644	28 264	29 098	34 642	41 885	41 819	42 809
Actifs non financiers	..	..	..	..	..	..	..	..
Sociétés d'assurance								
Valeur nette financière	12 456	11 675	-15 823	-19 998	-62 831	-56 798	-24 515	1 138
Actifs financiers	409 659	451 621	458 228	462 621	454 744	477 104	523 199	543 663
Numéraire et dépôts	37 285	33 965	32 814	29 375	34 198	33 234	31 098	31 237
Titres de dette	242 895	288 633	271 733	280 312	259 510	272 306	309 375	334 282
Crédits	3 445	2 624	2 707	828	763	644	5 916	1 373
Actions et parts de fonds d'investissement	63 057	61 835	77 151	81 349	95 311	101 060	102 085	103 238
Actions	34 143	21 778	24 206	22 308	21 552	18 237	22 168	17 737
Parts de fonds d'investissement	28 914	40 057	52 945	59 041	73 759	82 823	79 917	85 501
Parts de fonds d'investissement monétaires	9 144	12 287	11 160	1 406	1 545	1 126	640	692
Parts de fonds d'investissement non monétaires	19 770	27 770	41 785	57 635	72 214	81 697	79 277	84 809
Systèmes d'assurance, de pensions et garanties standard	32 343	32 104	36 859	35 946	32 035	36 795	37 850	38 925
Produits financiers dérivés et options sur titres des salariés	1 130	627	697	353	541	650	327	565
Autres comptes à recevoir	29 504	31 833	36 267	34 458	32 386	32 707	36 548	34 043
Passifs financiers	397 203	439 946	474 051	482 619	517 575	533 902	547 714	542 525
Titres de dette	493	493	521	511	466	479	505	502
Titres de dette à court terme	0	0	0	0	0	0	0	0
Titres de dette à long terme	493	493	521	511	466	479	505	502
Crédits	1 315	890	143	119	107	1 280	575	576
Crédits à court terme	1 127	801	89	79	78	972	1	1
Crédits à long terme	188	89	54	40	29	308	574	575
Actions et parts de fonds d'investissement	61 130	76 686	84 871	78 306	88 468	86 142	85 739	87 251
Systèmes d'assurance, de pensions et garanties standard	305 587	332 059	360 556	373 152	394 298	405 867	415 501	408 993
Produits financiers dérivés et options sur titres des salariés	1 520	1 048	620	2 233	1 929	1 546	5 149	3 906
Autres comptes à payer	27 158	28 770	27 340	28 298	32 307	38 588	40 245	41 297
Actifs non financiers	..	..	..	..	..	..	..	..
Fonds de pension								
Valeur nette financière	-5 047	-4 800	-4 792	-3 541	24 763	29 865	-4 902	-1 506
Actifs financiers	186 677	211 071	227 724	244 084	298 015	321 655	333 016	371 563
Numéraire et dépôts	17 570	23 736	17 728	19 375	26 662	34 598	23 409	23 883
Titres de dette	151 236	173 740	196 310	214 311	264 188	277 735	301 985	339 109
Crédits	0	0	0	0	0	0	0	25
Actions et parts de fonds d'investissement	10 684	9 661	9 861	6 561	3 279	4 423	5 842	7 270
Actions	3 323	3 015	1 874	1 005	587	982	1 217	1 395
Parts de fonds d'investissement	7 361	6 646	7 987	5 556	2 692	3 441	4 625	5 875
Parts de fonds d'investissement monétaires	2 037	1 775	985	0	0	0	5	2
Parts de fonds d'investissement non monétaires	5 324	4 871	7 002	5 556	2 692	3 441	4 620	5 873
Systèmes d'assurance, de pensions et garanties standard	2	2	2	2	2	2	3	3
Produits financiers dérivés et options sur titres des salariés	30	50	239	94	213	278	67	152
Autres comptes à recevoir	7 155	3 882	3 584	3 741	3 671	4 619	1 710	1 121
Passifs financiers	191 724	215 871	232 516	247 625	273 252	291 790	337 918	373 069
Titres de dette	0	0	0	0	0	0	0	0
Titres de dette à court terme	0	0	0	0	0	0	0	0
Titres de dette à long terme	0	0	0	0	0	0	0	0
Crédits	0	0	0	0	0	0	0	0
Crédits à court terme	0	0	0	0	0	0	0	0
Crédits à long terme	0	0	0	0	0	0	0	0
Actions et parts de fonds d'investissement	3 653	13 489	14 468	12 644	23 022	3 601	15 319	17 877
Systèmes d'assurance, de pensions et garanties standard	186 771	200 831	216 225	232 171	246 738	283 243	318 046	351 098
Produits financiers dérivés et options sur titres des salariés	595	677	899	2 010	1 157	1 649	2 979	2 582
Autres comptes à payer	705	874	924	800	2 335	3 297	1 574	1 512
Actifs non financiers	..	..	..	..	..	..	..	..

Note : Voir les métadonnées détaillées sur : http://metalinks.oecd.org/instinv/20170516/5358

RÉPUBLIQUE TCHÈQUE

Tableau 4. Composition du portefeuille par type d'investisseur

En pourcentage des actifs financiers et des passifs financiers

Pour cent

	2008	2009	2010	2011	2012	2013	2014	2015
Fonds d'investissement								
Actifs financiers	100.0	100.0	100.0	100.0	100.0	100.0	100.0	100.0
Numéraire et dépôts	13.9	16.2	14.4	17.6	19.5	17.5	12.0	9.8
Titres de dettes	63.0	53.5	53.3	49.7	44.6	44.0	40.0	35.2
Crédits	0.6	0.6	1.1	2.6	4.7	6.0	7.9	8.5
Actions et parts de fonds d'investissement	19.9	26.6	29.7	27.7	27.6	30.0	37.5	43.6
Systèmes d'assurance de pensions et garanties standard	0.0	0.0	0.0	0.0	0.0	0.0	0.0	0.0
Produits financiers dérivés et options sur titres des salariés	0.6	0.4	0.3	0.1	0.3	0.2	0.0	0.2
Autres comptes à recevoir	2.0	2.8	1.0	2.3	3.3	2.3	2.5	2.5
Passifs financiers	100.0	100.0	100.0	100.0	100.0	100.0	100.0	100.0
Numéraire et dépôts	0.0	0.0	0.0	0.0	0.0	0.0	0.0	0.0
Titres de dettes	0.0	0.0	0.0	0.0	0.1	0.0	0.0	0.1
Crédits	0.2	0.2	1.0	2.5	11.4	5.6	5.3	2.8
Actions et parts de fonds d'investissement	94.2	93.9	95.1	92.8	82.0	88.8	89.2	92.0
Systèmes d'assurance de pensions et garanties standard	0.0	0.0	0.0	0.0	0.0	0.0	0.0	0.0
Produits financiers dérivés et options sur titres des salariés	0.8	0.8	0.4	0.9	0.2	0.4	0.4	0.2
Autres comptes à recevoir	4.9	5.1	3.5	3.8	6.4	5.1	5.1	5.0
Sociétés d'assurance								
Actifs financiers	100.0	100.0	100.0	100.0	100.0	100.0	100.0	100.0
Numéraire et dépôts	9.1	7.5	7.2	6.3	7.5	7.0	5.9	5.7
Titres de dettes	59.3	63.9	59.3	60.6	57.1	57.1	59.1	61.5
Crédits	0.8	0.6	0.6	0.2	0.2	0.1	1.1	0.3
Actions et parts de fonds d'investissement	15.4	13.7	16.8	17.6	21.0	21.2	19.5	19.0
Systèmes d'assurance de pensions et garanties standard	7.9	7.1	8.0	7.8	7.0	7.7	7.2	7.2
Produits financiers dérivés et options sur titres des salariés	0.3	0.1	0.2	0.1	0.1	0.1	0.1	0.1
Autres comptes à recevoir	7.2	7.0	7.9	7.4	7.1	6.9	7.0	6.3
Passifs financiers	100.0	100.0	100.0	100.0	100.0	100.0	100.0	100.0
Numéraire et dépôts	0.0	0.0	0.0	0.0	0.0	0.0	0.0	0.0
Titres de dettes	0.1	0.1	0.1	0.1	0.1	0.1	0.1	0.1
Crédits	0.3	0.2	0.0	0.0	0.0	0.2	0.1	0.1
Actions et parts de fonds d'investissement	15.4	17.4	17.9	16.2	17.1	16.1	15.7	16.1
Systèmes d'assurance de pensions et garanties standard	76.9	75.5	76.1	77.3	76.2	76.0	75.9	75.4
Produits financiers dérivés et options sur titres des salariés	0.4	0.2	0.1	0.5	0.4	0.3	0.9	0.7
Autres comptes à recevoir	6.8	6.5	5.8	5.9	6.2	7.2	7.3	7.6
Fonds de pension								
Actifs financiers	100.0	100.0	100.0	100.0	100.0	100.0	100.0	100.0
Numéraire et dépôts	9.4	11.2	7.8	7.9	8.9	10.8	7.0	6.4
Titres de dettes	81.0	82.3	86.2	87.8	88.6	86.3	90.7	91.3
Crédits	0.0	0.0	0.0	0.0	0.0	0.0	0.0	0.0
Actions et parts de fonds d'investissement	5.7	4.6	4.3	2.7	1.1	1.4	1.8	2.0
Systèmes d'assurance de pensions et garanties standard	0.0	0.0	0.0	0.0	0.0	0.0	0.0	0.0
Produits financiers dérivés et options sur titres des salariés	0.0	0.0	0.1	0.0	0.1	0.1	0.0	0.0
Autres comptes à recevoir	3.8	1.8	1.6	1.5	1.2	1.4	0.5	0.3
Passifs financiers	100.0	100.0	100.0	100.0	100.0	100.0	100.0	100.0
Numéraire et dépôts	0.0	0.0	0.0	0.0	0.0	0.0	0.0	0.0
Titres de dettes	0.0	0.0	0.0	0.0	0.0	0.0	0.0	0.0
Crédits	0.0	0.0	0.0	0.0	0.0	0.0	0.0	0.0
Actions et parts de fonds d'investissement	1.9	6.2	6.2	5.1	8.4	1.2	4.5	4.8
Systèmes d'assurance de pensions et garanties standard	97.4	93.0	93.0	93.8	90.3	97.1	94.1	94.1
Produits financiers dérivés et options sur titres des salariés	0.3	0.3	0.4	0.8	0.4	0.6	0.9	0.7
Autres comptes à recevoir	0.4	0.4	0.4	0.3	0.9	1.1	0.5	0.4

Note : Voir les métadonnées détaillées sur : http://metalinks.oecd.org/instinv/20170516/e12c

DANEMARK

Tableau 1. Actifs et passifs financiers des investisseurs institutionnels, 2015

Millions DKK

	Fonds d'investissement				
	Total	Fonds d'investissement non-monétaire			Fonds d'investissement monétaires
		Total	Fonds d'investissement à capital variable, non monétaire	Fonds d'investissement à capital fixe, non monétaire	Total
Actifs financiers	2 063 099	2 063 099	2 063 099	..	..
Numéraire et dépôts	42 025	42 025	42 025	..	..
Titres de dette	1 043 789	1 043 789	1 043 789	..	..
Titres de dette à court terme	337	337	337	..	..
Titres de dette à long terme	1 043 452	1 043 452	1 043 452	..	..
Titres de dette émis par les résidents	571 612	571 612	571 612	..	..
Titres de dette émis par les non-résidents	472 177	472 177	472 177	..	..
Crédits	482	482	482	..	..
Crédits à court terme	49	49	49	..	..
Crédits à long terme	433	433	433	..	..
Crédits accordés aux résidents	0	0	0	..	..
Crédits accordés aux non-résidents	482	482	482	..	..
Actions et parts de fonds d'investissement	964 874	964 874	964 874	..	..
Actions et parts de fonds d'investissements émises par les résidents	257 916	257 916	257 916	..	..
Actions et part de fonds d'investissements émises par les non-résidents	706 958	706 958	706 958	..	..
Autres comptes à recevoir	..	..	..	..	..

	Fonds d'investissement				
	Total	Fonds d'investissement non-monétaire			Fonds d'investissement monétaires
		Total	Fonds d'investissement à capital variable, non monétaire	Fonds d'investissement à capital fixe, non monétaire	Total
Pasifs financiers	2 064 971	2 064 971	2 064 971	..	..
Numéraire et dépôts	..	..	..	..	..
Titres de dette	..	..	..	..	..
Titres de dette à court terme	..	..	..	..	..
Titres de dette à long terme	..	..	..	..	..
Crédits	124 317	124 317	124 317	..	..
Crédits à court terme	123 245	123 245	123 245	..	..
Crédits à long terme	1 072	1 072	1 072	..	..
Actions et parts de fonds d'investissement	1 927 411	1 927 411	1 927 411	..	..
Systèmes d'assurance, de pensions et garanties standard	..	..	..	..	..
Produits financiers dérivés et options sur titres des salariés	13 243	13 243	13 243	..	..
Autres comptes à payer	..	..	..	..	..

	Sociétés d'assurance et fonds de pension autonomes				
	Total	Sociétés d'assurance			Fonds de pension autonomes
		Total	Sociétés d'assurance vie	Sociétés d'assurance non-vie	Total
Actifs financiers	3 615 700	2 127 190	..	..	1 488 510
Numéraire et dépôts	72 285	28 265	..	..	44 020
Titres de dette	1 514 491	789 557	..	..	724 934
Titres de dette à court terme	11 550	7 665	..	..	3 885
Titres de dette à long terme	1 502 941	781 892	..	..	721 049
Titres de dette émis par les résidents	1 020 591	578 625	..	..	441 966
Titres de dette émis par les non-résidents	493 900	210 932	..	..	282 968
Crédits	53 415	21 603	..	..	31 812
Crédits à court terme	20 584	5 276	..	..	15 308
Crédits à long terme	32 831	16 327	..	..	16 504
Crédits accordés aux résidents	40 742	19 835	..	..	20 907
Crédits accordés aux non-résidents	12 673	1 768	..	..	10 905
Actions et parts de fonds d'investissement	1 764 305	1 164 702	..	..	599 603
Actions et parts de fonds d'investissement émises par les résidents	1 263 488	779 896	..	..	483 592
Actions et parts de fonds d'investissement émises par les non-résidents	500 817	384 806	..	..	116 011
Autrescomptes à recevoir	61 525	36 296	..	..	25 229

	Sociétés d'assurance et fonds de pension autonomes				
	Total	Sociétés d'assurance			Fonds de pension autonomes
		Total	Sociétés d'assurance vie	Sociétés d'assurance non-vie	Total
Pasifs financiers	3 673 933	2 228 101	..	..	1 445 832
Numéraire et dépôts	..	..	..	..	..
Titres de dette	5 939	6 011	..	..	-72
Titres de dette à court terme	..	..	..	..	..
Titres de dette à long terme	5 939	6 011	..	..	-72
Crédits	211 106	182 821	..	..	28 285
Crédits à court terme	191 505	165 160	..	..	26 345
Crédits à long terme	19 601	17 661	..	..	1 940
Actions et parts de fonds d'investissement	287 949	203 643	..	..	84 306
Systèmes d'assurance, de pensions et garanties standard	3 036 048	1 763 136	..	..	1 272 912
Produits financiers dérivés et options sur titres des salariés	67 655	27 343	..	..	40 312
Autres comptes à payer	65 236	45 147	..	..	20 089

Note : Voir les métadonnées détaillées sur : http://metalinks.oecd.org/instinv/20170516/5358

Tableau 2. Actifs et passifs financiers des fonds d'investissement

Millions DKK

	2008	2009	2010	2011	2012	2013	2014	2015
Fonds d'investissement								
Valeur nette financière	..	..	..	..	-38 247	-744	2 732	-1 872
Actifs financiers	..	..	..	..	1 638 793	1 871 135	2 083 549	2 063 099
Numéraire et dépôts	..	..	..	..	22 930	34 265	41 594	42 025
Titres de dette	..	..	..	..	905 026	1 035 617	1 108 380	1 043 789
Crédits	..	..	..	..	362	589	725	482
Actions et parts de fonds d'investissement	..	..	..	..	705 778	790 138	915 561	964 874
Actions	..	..	..	..	564 017	631 378	738 568	773 694
Parts de fonds d'investissement	..	..	..	..	141 761	158 760	176 993	191 180
Parts de fonds d'investissement monétaires	..	..	..	..	..	..	..	..
Parts de fonds d'investissement non monétaires	..	..	..	..	141 761	158 760	176 993	191 180
Systèmes d'assurance, de pensions et garanties standard	..	..	..	..	..	..	..	..
Produits financiers dérivés et options sur titres des salariés	..	..	..	..	4 697	10 526	17 289	11 929
Autres comptes à recevoir	..	..	..	..	..	..	..	..
Passifs financiers	..	..	..	..	1 677 040	1 871 879	2 080 817	2 064 971
Titres de dette	..	..	..	..	..	..	..	..
Titres de dette à court terme	..	..	..	..	..	..	..	..
Titres de dette à long terme	..	..	..	..	..	..	..	..
Crédits	..	..	..	..	107 393	127 347	136 068	124 317
Crédits à court terme	..	..	..	..	106 941	126 780	134 777	123 245
Crédits à long terme	..	..	..	..	452	567	1 291	1 072
Actions et parts de fonds d'investissement	..	..	..	..	1 565 455	1 738 111	1 918 956	1 927 411
Systèmes d'assurance, de pensions et garanties standard	..	..	..	..	..	..	..	..
Produits financiers dérivés et options sur titres des salariés	..	..	..	..	4 192	6 421	25 793	13 243
Autres comptes à payer	..	..	..	..	..	..	..	..
Actifs non financiers	..	..	..	..	0	0	0	0
Fonds d'investissement monéaires								
Valeur nette financière	..	..	..	..	..	..	..	..
Actifs financiers	..	..	..	..	..	..	..	..
Numéraire et dépôts	..	..	..	..	..	..	..	..
Titres de dette	..	..	..	..	..	..	..	..
Crédits	..	..	..	..	..	..	..	..
Actions et parts de fonds d'investissement	..	..	..	..	..	..	..	..
Actions	..	..	..	..	..	..	..	..
Parts de fonds d'investissement	..	..	..	..	..	..	..	..
Parts de fonds d'investissement monétaires	..	..	..	..	..	..	..	..
Parts de fonds d'investissement non monétaires	..	..	..	..	..	..	..	..
Systèmes d'assurance, de pensions et garanties standard	..	..	..	..	..	..	..	..
Produits financiers dérivés et options sur titres des salariés	..	..	..	..	..	..	..	..
Autres comptes à recevoir	..	..	..	..	..	..	..	..
Passifs financiers	..	..	..	..	..	..	..	..
Titres de dette	..	..	..	..	..	..	..	..
Titres de dette à court terme	..	..	..	..	..	..	..	..
Titres de dette à long terme	..	..	..	..	..	..	..	..
Crédits	..	..	..	..	..	..	..	..
Crédits à court terme	..	..	..	..	..	..	..	..
Crédits à long terme	..	..	..	..	..	..	..	..
Actions et parts de fonds d'investissement	..	..	..	..	..	..	..	..
Systèmes d'assurance, de pensions et garanties standard	..	..	..	..	..	..	..	..
Produits financiers dérivés et options sur titres des salariés	..	..	..	..	..	..	..	..
Autres comptes à payer	..	..	..	..	..	..	..	..
Actifs non financiers	..	..	..	..	..	..	..	..
Fonds d'investissement non monéaires								
Valeur nette financière	..	..	..	..	-38 247	-744	2 732	-1 872
Actifs financiers	..	..	..	..	1 638 793	1 871 135	2 083 549	2 063 099
Numéraire et dépôts	..	..	..	..	22 930	34 265	41 594	42 025
Titres de dette	..	..	..	..	905 026	1 035 617	1 108 380	1 043 789
Crédits	..	..	..	..	362	589	725	482
Actions et parts de fonds d'investissement	..	..	..	..	705 778	790 138	915 561	964 874
Actions	..	..	..	..	564 017	631 378	738 568	773 694
Parts de fonds d'investissement	..	..	..	..	141 761	158 760	176 993	191 180
Parts de fonds d'investissement monétaires	..	..	..	..	..	..	..	..
Parts de fonds d'investissement non monétaires	..	..	..	..	141 761	158 760	176 993	191 180
Systèmes d'assurance, de pensions et garanties standard	..	..	..	..	..	..	..	..
Produits financiers dérivés et options sur titres des salariés	..	..	..	..	4 697	10 526	17 289	11 929
Autres comptes à recevoir	..	..	..	..	..	..	..	..
Passifs financiers	..	..	..	..	1 677 040	1 871 879	2 080 817	2 064 971
Titres de dette	..	..	..	..	..	..	..	..
Titres de dette à court terme	..	..	..	..	..	..	..	..
Titres de dette à long terme	..	..	..	..	..	..	..	..
Crédits	..	..	..	..	107 393	127 347	136 068	124 317
Crédits à court terme	..	..	..	..	106 941	126 780	134 777	123 245
Crédits à long terme	..	..	..	..	452	567	1 291	1 072
Actions et parts de fonds d'investissement	..	..	..	..	1 565 455	1 738 111	1 918 956	1 927 411
Systèmes d'assurance, de pensions et garanties standard	..	..	..	..	..	..	..	..
Produits financiers dérivés et options sur titres des salariés	..	..	..	..	4 192	6 421	25 793	13 243
Autres comptes à payer	..	..	..	..	..	..	..	..
Actifs non financiers	..	..	..	..	0	0	0	0
Fonds d'investissement non monéaires à capital variable								
Valeur nette financière	..	..	..	..	-38 247	-744	2 732	-1 872
Actifs financiers	..	..	..	..	1 638 793	1 871 135	2 083 549	2 063 099

Tableau 2. Actifs et passifs financiers des fonds d'investissement *(suite)*

Millions DKK

	2008	2009	2010	2011	2012	2013	2014	2015
Numéraire et dépôts	..	..	..	..	22 930	34 265	41 594	42 025
Titres de dette	..	..	..	..	905 026	1 035 617	1 108 380	1 043 789
Crédits	..	..	..	..	362	589	725	482
Actions et parts de fonds d'investissement	..	..	..	..	705 778	790 138	915 561	964 874
Actions	..	..	..	..	564 017	631 378	738 568	773 694
Parts de fonds d'investissement	..	..	..	..	141 761	158 760	176 993	191 180
Parts de fonds d'investissement monétaires	..	..	..	..	..	..	..	..
Parts de fonds d'investissement non monétaires	..	..	..	..	141 761	158 760	176 993	191 180
Systèmes d'assurance, de pensions et garanties standard	..	..	..	..	..	..	..	..
Produits financiers dérivés et options sur titres des salariés	..	..	..	..	4 697	10 526	17 289	11 929
Autres comptes à recevoir	..	..	..	..	..	..	..	..
Passifs financiers	..	..	..	..	1 677 040	1 871 879	2 080 817	2 064 971
Titres de dette	..	..	..	..	..	..	..	..
Titres de dette à court terme	..	..	..	..	..	..	..	..
Titres de dette à long terme	..	..	..	..	..	..	..	..
Crédits	..	..	..	..	107 393	127 347	136 068	124 317
Crédits à court terme	..	..	..	..	106 941	126 780	134 777	123 245
Crédits à long terme	..	..	..	..	452	567	1 291	1 072
Actions et parts de fonds d'investissement	..	..	..	..	1 565 455	1 738 111	1 918 956	1 927 411
Systèmes d'assurance, de pensions et garanties standard	..	..	..	..	..	..	..	..
Produits financiers dérivés et options sur titres des salariés	..	..	..	..	4 192	6 421	25 793	13 243
Autres comptes à payer	..	..	..	..	..	..	..	..
Actifs non financiers	..	..	..	..	0	0	0	0
Fonds d'investissement à capital variable								
Valeur nette financière	..	..	..	..	-38 247	-744	2 732	-1 872
Actifs financiers	..	..	..	..	1 638 793	1 871 135	2 083 549	2 063 099
Numéraire et dépôts	..	..	..	..	22 930	34 265	41 594	42 025
Titres de dette	..	..	..	..	905 026	1 035 617	1 108 380	1 043 789
Crédits	..	..	..	..	362	589	725	482
Actions et parts de fonds d'investissement	..	..	..	..	705 778	790 138	915 561	964 874
Actions	..	..	..	..	564 017	631 378	738 568	773 694
Parts de fonds d'investissement	..	..	..	..	141 761	158 760	176 993	191 180
Parts de fonds d'investissement monétaires	..	..	..	..	..	..	..	..
Parts de fonds d'investissement non monétaires	..	..	..	..	141 761	158 760	176 993	191 180
Systèmes d'assurance, de pensions et garanties standard	..	..	..	..	..	..	..	..
Produits financiers dérivés et options sur titres des salariés	..	..	..	..	4 697	10 526	17 289	11 929
Autres comptes à recevoir	..	..	..	..	..	..	..	..
Passifs financiers	..	..	..	..	1 677 040	1 871 879	2 080 817	2 064 971
Titres de dette	..	..	..	..	..	..	..	..
Titres de dette à court terme	..	..	..	..	..	..	..	..
Titres de dette à long terme	..	..	..	..	..	..	..	..
Crédits	..	..	..	..	107 393	127 347	136 068	124 317
Crédits à court terme	..	..	..	..	106 941	126 780	134 777	123 245
Crédits à long terme	..	..	..	..	452	567	1 291	1 072
Actions et parts de fonds d'investissement	..	..	..	..	1 565 455	1 738 111	1 918 956	1 927 411
Systèmes d'assurance, de pensions et garanties standard	..	..	..	..	..	..	..	..
Produits financiers dérivés et options sur titres des salariés	..	..	..	..	4 192	6 421	25 793	13 243
Autres comptes à payer	..	..	..	..	..	..	..	..
Actifs non financiers	..	..	..	..	0	0	0	0

Note : Voir les métadonnées détaillées sur : http://metalinks.oecd.org/instinv/20170516/5358

DANEMARK

Tableau 3. Actifs et passifs financiers des sociétés d'assurance et fonds de pension

Millions DKK

	2008	2009	2010	2011	2012	2013	2014	2015
Sociétés d'assurance et fonds de pension								
Valeur nette financière	..	..	..	..	42 448	42 862	53 513	-58 233
Actifs financiers	..	..	..	..	3 267 838	3 161 765	3 578 250	3 615 700
Numéraire et dépôts	..	..	..	..	93 246	82 199	95 482	72 285
Titres de dette	..	..	..	..	1 432 204	1 296 070	1 420 253	1 514 491
Crédits	..	..	..	..	33 964	31 148	49 425	53 415
Actions et parts de fonds d'investissement	..	..	..	..	1 589 070	1 631 966	1 729 955	1 764 305
Actions	..	..	..	..	670 938	602 235	581 266	708 262
Parts de fonds d'investissement	..	..	..	..	917 557	1 029 731	1 148 689	1 056 043
Parts de fonds d'investissement monétaires	..	..	..	..	..	..	..	..
Parts de fonds d'investissement non monétaires	..	..	..	..	917 557	1 029 731	1 148 689	1 056 043
Systèmes d'assurance, de pensions et garanties standard	..	..	..	..	11 533	13 816	7 947	8 751
Produits financiers dérivés et options sur titres des salariés	..	..	..	..	52 566	36 318	207 980	140 928
Autres comptes à recevoir	..	..	..	..	55 255	70 248	67 208	61 525
Passifs financiers	..	..	..	..	3 225 390	3 118 903	3 524 737	3 673 933
Titres de dette	..	..	..	..	-25	-34	2 253	5 939
Titres de dette à court terme	..	..	..	..	..	..	..	..
Titres de dette à long terme	..	..	..	..	-25	-34	2 253	5 939
Crédits	..	..	..	..	182 053	131 093	160 856	211 106
Crédits à court terme	..	..	..	..	162 701	114 962	138 295	191 505
Crédits à long terme	..	..	..	..	19 352	16 131	22 561	19 601
Actions et parts de fonds d'investissement	..	..	..	..	216 031	219 112	206 670	287 949
Systèmes d'assurance, de pensions et garanties standard	..	..	..	..	2 641 560	2 616 404	2 959 354	3 036 048
Produits financiers dérivés et options sur titres des salariés	..	..	..	..	32 554	24 167	84 390	67 655
Autres comptes à payer	..	..	..	..	153 217	128 161	111 214	65 236
Actifs non financiers	..	..	..	..	0	0	0	0
Sociétés d'assurance								
Valeur nette financière	..	..	..	..	-838	8 988	10 762	-100 911
Actifs financiers	..	..	..	..	1 867 615	1 879 145	2 117 955	2 127 190
Numéraire et dépôts	..	..	..	..	38 520	37 419	33 378	28 265
Titres de dette	..	..	..	..	645 801	633 400	686 144	789 557
Crédits	..	..	..	..	23 689	20 074	22 646	21 603
Actions et parts de fonds d'investissement	..	..	..	..	1 066 074	1 106 899	1 185 942	1 164 702
Actions	..	..	..	..	423 876	366 629	351 670	428 762
Parts de fonds d'investissement	..	..	..	..	641 623	740 270	834 272	735 940
Parts de fonds d'investissement monétaires	..	..	..	..	..	..	..	..
Parts de fonds d'investissement non monétaires	..	..	..	..	641 623	740 270	834 272	735 940
Systèmes d'assurance, de pensions et garanties standard	..	..	..	..	11 247	13 530	7 949	8 753
Produits financiers dérivés et options sur titres des salariés	..	..	..	..	48 041	33 097	142 251	78 014
Autres comptes à recevoir	..	..	..	..	34 243	34 726	39 645	36 296
Passifs financiers	..	..	..	..	1 868 453	1 870 157	2 107 193	2 228 101
Titres de dette	..	..	..	..	47	38	2 325	6 011
Titres de dette à court terme	..	..	..	..	..	..	..	..
Titres de dette à long terme	..	..	..	..	47	38	2 325	6 011
Crédits	..	..	..	..	74 351	94 129	123 952	182 821
Crédits à court terme	..	..	..	..	57 368	79 777	109 768	165 160
Crédits à long terme	..	..	..	..	16 983	14 352	14 184	17 661
Actions et parts de fonds d'investissement	..	..	..	..	136 747	137 226	126 125	203 643
Systèmes d'assurance, de pensions et garanties standard	..	..	..	..	1 534 037	1 537 895	1 703 944	1 763 136
Produits financiers dérivés et options sur titres des salariés	..	..	..	..	29 301	21 833	66 440	27 343
Autres comptes à payer	..	..	..	..	93 970	79 036	84 407	45 147
Actifs non financiers	..	..	..	..	0	0	0	0
Fonds de pension								
Valeur nette financière	..	..	..	..	43 286	33 874	42 751	42 678
Actifs financiers	..	..	..	..	1 400 223	1 282 620	1 460 295	1 488 510
Numéraire et dépôts	..	..	..	..	54 726	44 780	62 104	44 020
Titres de dette	..	..	..	..	786 403	662 670	734 109	724 934
Crédits	..	..	..	..	10 275	11 074	26 779	31 812
Actions et parts de fonds d'investissement	..	..	..	..	522 996	525 067	544 013	599 603
Actions	..	..	..	..	247 062	235 606	229 596	279 500
Parts de fonds d'investissement	..	..	..	..	275 934	289 461	314 417	320 103
Parts de fonds d'investissement monétaires	..	..	..	..	..	..	..	..
Parts de fonds d'investissement non monétaires	..	..	..	..	275 934	289 461	314 417	320 103
Systèmes d'assurance, de pensions et garanties standard	..	..	..	..	286	286	-2	-2
Produits financiers dérivés et options sur titres des salariés	..	..	..	..	4 525	3 221	65 729	62 914
Autres comptes à recevoir	..	..	..	..	21 012	35 522	27 563	25 229
Passifs financiers	..	..	..	..	1 356 937	1 248 746	1 417 544	1 445 832
Titres de dette	..	..	..	..	-72	-72	-72	-72
Titres de dette à court terme	..	..	..	..	..	..	..	..
Titres de dette à long terme	..	..	..	..	-72	-72	-72	-72
Crédits	..	..	..	..	107 702	36 964	36 904	28 285
Crédits à court terme	..	..	..	..	105 333	35 185	28 527	26 345
Crédits à long terme	..	..	..	..	2 369	1 779	8 377	1 940
Actions et parts de fonds d'investissement	..	..	..	..	79 284	81 886	80 545	84 306
Systèmes d'assurance, de pensions et garanties standard	..	..	..	..	1 107 523	1 078 509	1 255 410	1 272 912
Produits financiers dérivés et options sur titres des salariés	..	..	..	..	3 253	2 334	17 950	40 312
Autres comptes à payer	..	..	..	..	59 247	49 125	26 807	20 089
Actifs non financiers	..	..	..	..	0	0	0	0

Note : Voir les métadonnées détaillées sur : http://metalinks.oecd.org/instinv/20170516/5358

Tableau 4. Composition du portefeuille par type d'investisseur

En pourcentage des actifs financiers et des passifs financiers

Pour cent

	2008	2009	2010	2011	2012	2013	2014	2015
Fonds d'investissement								
Actifs financiers	..	..	..	..	100.0	100.0	100.0	100.0
Numéraire et dépôts	..	..	..	..	1.4	1.8	2.0	2.0
Titres de dettes	..	..	..	..	55.2	55.3	53.2	50.6
Crédits	..	..	..	..	0.0	0.0	0.0	0.0
Actions et parts de fonds d'investissement	..	..	..	..	43.1	42.2	43.9	46.8
Systèmes d'assurance de pensions et garanties standard	..	..	..	..	0.0	0.0	0.0	0.0
Produits financiers dérivés et options sur titres des salariés	..	..	..	..	0.3	0.6	0.8	0.6
Autres comptes à recevoir	..	..	..	..	0.0	0.0	0.0	0.0
Passifs financiers	..	..	..	..	100.0	100.0	100.0	100.0
Numéraire et dépôts	..	..	..	..	0.0	0.0	0.0	0.0
Titres de dettes	..	..	..	..	0.0	0.0	0.0	0.0
Crédits	..	..	..	..	6.4	6.8	6.5	6.0
Actions et parts de fonds d'investissement	..	..	..	..	93.3	92.9	92.2	93.3
Systèmes d'assurance de pensions et garanties standard	..	..	..	..	0.0	0.0	0.0	0.0
Produits financiers dérivés et options sur titres des salariés	..	..	..	..	0.2	0.3	1.2	0.6
Autres comptes à recevoir	..	..	..	..	0.0	0.0	0.0	0.0
Sociétés d'assurance								
Actifs financiers	..	..	..	..	100.0	100.0	100.0	100.0
Numéraire et dépôts	..	..	..	..	2.1	2.0	1.6	1.3
Titres de dettes	..	..	..	..	34.6	33.7	32.4	37.1
Crédits	..	..	..	..	1.3	1.1	1.1	1.0
Actions et parts de fonds d'investissement	..	..	..	..	57.1	58.9	56.0	54.8
Systèmes d'assurance de pensions et garanties standard	..	..	..	..	0.6	0.7	0.4	0.4
Produits financiers dérivés et options sur titres des salariés	..	..	..	..	2.6	1.8	6.7	3.7
Autres comptes à recevoir	..	..	..	..	1.8	1.8	1.9	1.7
Passifs financiers	..	..	..	..	100.0	100.0	100.0	100.0
Numéraire et dépôts	..	..	..	..	0.0	0.0	0.0	0.0
Titres de dettes	..	..	..	..	0.0	0.0	0.1	0.3
Crédits	..	..	..	..	4.0	5.0	5.9	8.2
Actions et parts de fonds d'investissement	..	..	..	..	7.3	7.3	6.0	9.1
Systèmes d'assurance de pensions et garanties standard	..	..	..	..	82.1	82.2	80.9	79.1
Produits financiers dérivés et options sur titres des salariés	..	..	..	..	1.6	1.2	3.2	1.2
Autres comptes à recevoir	..	..	..	..	5.0	4.2	4.0	2.0
Fonds de pension								
Actifs financiers	..	..	..	..	100.0	100.0	100.0	100.0
Numéraire et dépôts	..	..	..	..	3.9	3.5	4.3	3.0
Titres de dettes	..	..	..	..	56.2	51.7	50.3	48.7
Crédits	..	..	..	..	0.7	0.9	1.8	2.1
Actions et parts de fonds d'investissement	..	..	..	..	37.4	40.9	37.3	40.3
Systèmes d'assurance de pensions et garanties standard	..	..	..	..	0.0	0.0	0.0	0.0
Produits financiers dérivés et options sur titres des salariés	..	..	..	..	0.3	0.3	4.5	4.2
Autres comptes à recevoir	..	..	..	..	1.5	2.8	1.9	1.7
Passifs financiers	..	..	..	..	100.0	100.0	100.0	100.0
Numéraire et dépôts	..	..	..	..	0.0	0.0	0.0	0.0
Titres de dettes	..	..	..	..	0.0	0.0	0.0	0.0
Crédits	..	..	..	..	7.9	3.0	2.6	2.0
Actions et parts de fonds d'investissement	..	..	..	..	5.8	6.6	5.7	5.8
Systèmes d'assurance de pensions et garanties standard	..	..	..	..	81.6	86.4	88.6	88.0
Produits financiers dérivés et options sur titres des salariés	..	..	..	..	0.2	0.2	1.3	2.8
Autres comptes à recevoir	..	..	..	..	4.4	3.9	1.9	1.4

Note : Voir les métadonnées détaillées sur : http://metalinks.oecd.org/instinv/20170516/e12c

ESTONIE

Tableau 1. Actifs et passifs financiers des investisseurs institutionnels, 2015

Millions EUR (2011 EEK euro)

	Total	Fonds d'investissement			
		Fonds d'investissement non-monétaire			Fonds d'investissement monétaires
		Total	Fonds d'investissement à capital variable, non monétaire	Fonds d'investissement à capital fixe, non monétaire	Total
Actifs financiers	607	607	341	266	0
Numéraire et dépôts	46	46	24	22	0
Titres de dette	62	62	54	8	0
Titres de dette à court terme	0	0	0	0	0
Titres de dette à long terme	62	62	53	8	0
Titres de dette émis par les résidents	10	10	2	8	0
Titres de dette émis par les non-résidents	52	52	51	1	0
Crédits	33	33	0	33	0
Crédits à court terme	3	3	0	3	0
Crédits à long terme	30	30	0	30	0
Crédits accordés aux résidents	14	14	0	14	0
Crédits accordés aux non-résidents	19	19	0	19	0
Actions et parts de fonds d'investissement	464	464	263	201	0
Actions et parts de fonds d'investissements émises par les résidents	130	130	7	123	0
Actions et part de fonds d'investissements émises par les non-résidents	333	333	256	78	0
Autres comptes à recevoir	2	2	0	2	0

	Total	Fonds d'investissement			
		Fonds d'investissement non-monétaire			Fonds d'investissement monétaires
		Total	Fonds d'investissement à capital variable, non monétaire	Fonds d'investissement à capital fixe, non monétaire	Total
Pasifs financiers	605	605	341	264	0
Numéraire et dépôts	0	0	0	0	0
Titres de dette	0	0	0	0	0
Titres de dette à court terme	0	0	..	..	0
Titres de dette à long terme	0	0	..	..	0
Crédits	21	21	0	21	0
Crédits à court terme	8	8	..	..	0
Crédits à long terme	14	14	..	..	0
Actions et parts de fonds d'investissement	580	580	339	242	0
Systèmes d'assurance, de pensions et garanties standard	0	0	0	0	0
Produits financiers dérivés et options sur titres des salariés	0	0	0	0	0
Autres comptes à payer	3	3	2	1	0

	Total	Sociétés d'assurance et fonds de pension autonomes			
		Sociétés d'assurance			Fonds de pension autonomes
		Total	Sociétés d'assurance vie	Sociétés d'assurance non-vie	Total
Actifs financiers	3 813	1 074	..	..	2 739
Numéraire et dépôts	651	102	..	..	549
Titres de dette	1 031	432	..	..	599
Titres de dette à court terme	7	7	..	..	0
Titres de dette à long terme	1 025	426	..	..	599
Titres de dette émis par les résidents	49	9	..	..	40
Titres de dette émis par les non-résidents	982	423	..	..	559
Crédits	3	3	..	..	0
Crédits à court terme	0	0	..	..	0
Crédits à long terme	3	3	..	..	0
Crédits accordés aux résidents	1	1	..	..	0
Crédits accordés aux non-résidents	2	2	..	..	0
Actions et parts de fonds d'investissement	2 072	483	..	..	1 590
Actions et parts de fonds d'investissement émises par les résidents	183	65	..	..	118
Actions et parts de fonds d'investissement émises par les non-résidents	1 889	417	..	..	1 472
Autrescomptes à recevoir	36	35	..	..	2

	Total	Sociétés d'assurance et fonds de pension autonomes			
		Sociétés d'assurance			Fonds de pension autonomes
		Total	Sociétés d'assurance vie	Sociétés d'assurance non-vie	Total
Pasifs financiers	3 828	1 087	..	..	2 740
Numéraire et dépôts	0	0	..	..	0
Titres de dette	0	0	..	..	0
Titres de dette à court terme	0	0	..	..	0
Titres de dette à long terme	0	0	..	..	0
Crédits	4	4	..	..	0
Crédits à court terme	0	0	..	..	0
Crédits à long terme	4	4	..	..	0
Actions et parts de fonds d'investissement	373	373	..	..	0
Systèmes d'assurance, de pensions et garanties standard	3 403	666	..	..	2 737
Produits financiers dérivés et options sur titres des salariés	0	0	..	..	0
Autres comptes à payer	47	44	..	..	3

Note : Voir les métadonnées détaillées sur : http://metalinks.oecd.org/instinv/20170516/7964

Tableau 2. Actifs et passifs financiers des fonds d'investissement

Millions EUR

	2008	2009	2010	2011	2012	2013	2014	2015
Fonds d'investissement								
Valeur nette financière	0	-11	-6	-10	-1	19	29	2
Actifs financiers	569	552	585	447	514	631	603	607
Numéraire et dépôts	99	63	27	22	48	56	53	46
Titres de dette	139	79	67	67	75	70	70	62
Crédits	0	36	20	18	14	32	27	33
Actions et parts de fonds d'investissement	257	366	462	337	369	460	435	464
Actions	182	247	315	207	224	314	287	323
Parts de fonds d'investissement	75	118	147	130	144	147	148	140
Parts de fonds d'investissement monétaires	..	..	..	..	..	..	..	..
Parts de fonds d'investissement non monétaires	..	..	..	..	..	..	..	..
Systèmes d'assurance, de pensions et garanties standard	0	0	0	0	0	0	0	0
Produits financiers dérivés et options sur titres des salariés	2	0	4	0	1	4	6	0
Autres comptes à recevoir	72	8	5	2	6	10	11	2
Passifs financiers	569	562	592	457	514	612	574	605
Titres de dette	0	22	19	12	0	0	0	0
Titres de dette à court terme	..	0	0	0	0	0	0	0
Titres de dette à long terme	..	22	19	12	0	0	0	0
Crédits	24	10	4	13	26	24	27	21
Crédits à court terme	..	1	1	1	1	0	27	8
Crédits à long terme	..	9	3	12	25	24	0	14
Actions et parts de fonds d'investissement	539	520	564	429	485	583	538	580
Systèmes d'assurance, de pensions et garanties standard	0	0	0	0	0	0	0	0
Produits financiers dérivés et options sur titres des salariés	0	0	0	0	0	0	1	0
Autres comptes à payer	7	10	5	3	3	5	7	3
Actifs non financiers	0	12	12	13	14	0	0	0
Fonds d'investissement monéaires								
Valeur nette financière	0	0	0	0	0	0	0	0
Actifs financiers	41	0	0	0	0	0	0	0
Numéraire et dépôts	30	0	0	0	0	0	0	0
Titres de dette	11	0	0	0	0	0	0	0
Crédits	0	0	0	0	0	0	0	0
Actions et parts de fonds d'investissement	0	0	0	0	0	0	0	0
Actions	0	0	0	0	0	0	0	0
Parts de fonds d'investissement	0	0	0	0	0	0	0	0
Parts de fonds d'investissement monétaires	..	..	..	..	..	..	..	..
Parts de fonds d'investissement non monétaires	..	..	..	..	..	..	..	..
Systèmes d'assurance, de pensions et garanties standard	0	0	0	0	0	0	0	0
Produits financiers dérivés et options sur titres des salariés	0	0	0	0	0	0	0	0
Autres comptes à recevoir	0	0	0	0	0	0	0	0
Passifs financiers	41	0	0	0	0	0	0	0
Titres de dette	0	0	0	0	0	0	0	0
Titres de dette à court terme	..	0	0	0	0	0	0	0
Titres de dette à long terme	..	0	0	0	0	0	0	0
Crédits	0	0	0	0	0	0	0	0
Crédits à court terme	..	0	0	0	0	0	0	0
Crédits à long terme	..	0	0	0	0	0	0	0
Actions et parts de fonds d'investissement	40	0	0	0	0	0	0	0
Systèmes d'assurance, de pensions et garanties standard	0	0	0	0	0	0	0	0
Produits financiers dérivés et options sur titres des salariés	0	0	0	0	0	0	0	0
Autres comptes à payer	1	0	0	0	0	0	0	0
Actifs non financiers	0	0	0	0	0	0	0	0
Fonds d'investissement non monéaires								
Valeur nette financière	0	-11	-6	-10	-1	19	29	2
Actifs financiers	528	552	585	447	514	631	603	607
Numéraire et dépôts	69	63	27	22	48	56	53	46
Titres de dette	127	79	67	67	75	70	70	62
Crédits	0	36	20	18	14	32	27	33
Actions et parts de fonds d'investissement	257	366	462	337	369	460	435	464
Actions	182	247	315	207	224	314	287	323
Parts de fonds d'investissement	75	118	147	130	144	147	148	140
Parts de fonds d'investissement monétaires	..	0	0	0	0	0	0	0
Parts de fonds d'investissement non monétaires	..	118	147	130	144	147	148	140
Systèmes d'assurance, de pensions et garanties standard	0	0	0	0	0	0	0	0
Produits financiers dérivés et options sur titres des salariés	2	0	4	0	1	4	6	0
Autres comptes à recevoir	72	8	5	2	6	10	11	2
Passifs financiers	528	562	592	457	514	612	574	605
Titres de dette	0	22	19	12	0	0	0	0
Titres de dette à court terme	..	0	0	0	0	0	0	0
Titres de dette à long terme	..	22	19	12	0	0	0	0
Crédits	24	10	4	13	26	24	27	21
Crédits à court terme	..	1	1	1	1	0	27	8
Crédits à long terme	..	9	3	12	25	24	0	14
Actions et parts de fonds d'investissement	499	520	564	429	485	583	538	580
Systèmes d'assurance, de pensions et garanties standard	0	0	0	0	0	0	0	0
Produits financiers dérivés et options sur titres des salariés	0	0	0	0	0	0	1	0
Autres comptes à payer	6	10	5	3	3	5	7	3
Actifs non financiers	0	12	12	13	14	0	0	0
Fonds d'investissement non monéaires à capital variable								
Valeur nette financière	0	0	0	0	-1	-1	0	0
Actifs financiers	314	437	506	362	384	438	389	341

ESTONIE

Tableau 2. Actifs et passifs financiers des fonds d'investissement *(suite)*

Millions EUR

	2008	2009	2010	2011	2012	2013	2014	2015
Numéraire et dépôts	54	49	19	13	12	21	32	24
Titres de dette	53	50	58	59	72	68	64	54
Crédits	0	0	0	0	0	0	0	0
Actions et parts de fonds d'investissement	193	334	424	288	297	344	288	263
Actions	121	216	277	159	159	206	151	131
Parts de fonds d'investissement	72	118	147	129	137	138	138	131
Parts de fonds d'investissement monétaires	..	..	..	..	..	..	..	..
Parts de fonds d'investissement non monétaires	..	..	..	..	..	..	..	..
Systèmes d'assurance, de pensions et garanties standard	0	0	0	0	0	0	0	0
Produits financiers dérivés et options sur titres des salariés	2	0	2	0	1	4	4	0
Autres comptes à recevoir	12	4	3	2	1	1	1	0
Passifs financiers	314	437	506	362	384	439	389	341
Titres de dette	0	0	0	0	0	0	0	0
Titres de dette à court terme	..	..	..	..	..	..	..	..
Titres de dette à long terme	..	..	..	..	..	..	..	..
Crédits	0	0	0	0	0	0	0	0
Crédits à court terme	..	..	..	..	..	..	..	..
Crédits à long terme	..	..	..	..	..	..	..	..
Actions et parts de fonds d'investissement	310	427	501	360	383	435	383	339
Systèmes d'assurance, de pensions et garanties standard	0	0	0	0	0	0	0	0
Produits financiers dérivés et options sur titres des salariés	0	0	0	0	0	0	0	0
Autres comptes à payer	4	10	4	2	1	4	6	2
Actifs non financiers	0	0	0	0	0	0	0	0
Fonds d'investissement à capital variable								
Valeur nette financière	0	0	0	0	-1	-1	0	0
Actifs financiers	356	437	506	362	384	438	389	341
Numéraire et dépôts	83	49	19	13	12	21	32	24
Titres de dette	65	50	58	59	72	68	64	54
Crédits	0	0	0	0	0	0	0	0
Actions et parts de fonds d'investissement	193	334	424	288	297	344	288	263
Actions	121	216	277	159	159	206	151	131
Parts de fonds d'investissement	72	118	147	129	137	138	138	131
Parts de fonds d'investissement monétaires	..	..	..	..	..	..	..	..
Parts de fonds d'investissement non monétaires	..	..	..	..	..	..	..	..
Systèmes d'assurance, de pensions et garanties standard	0	0	0	0	0	0	0	0
Produits financiers dérivés et options sur titres des salariés	2	0	2	0	1	4	4	0
Autres comptes à recevoir	12	4	3	2	1	1	1	0
Passifs financiers	356	437	506	362	384	439	389	341
Titres de dette	0	0	0	0	0	0	0	0
Titres de dette à court terme	..	..	..	..	..	..	..	..
Titres de dette à long terme	..	..	..	..	..	..	..	..
Crédits	0	0	0	0	0	0	0	0
Crédits à court terme	..	..	..	..	..	..	..	..
Crédits à long terme	..	..	..	..	..	..	..	..
Actions et parts de fonds d'investissement	350	427	501	360	383	435	383	339
Systèmes d'assurance, de pensions et garanties standard	0	0	0	0	0	0	0	0
Produits financiers dérivés et options sur titres des salariés	0	0	0	0	0	0	0	0
Autres comptes à payer	5	10	4	2	1	4	6	2
Actifs non financiers	0	0	0	0	0	0	0	0

Note : Voir les métadonnées détaillées sur : http://metalinks.oecd.org/instinv/20170516/7964

Tableau 3. Actifs et passifs financiers des sociétés d'assurance et fonds de pension

Millions EUR

	2008	2009	2010	2011	2012	2013	2014	2015
Sociétés d'assurance et fonds de pension								
Valeur nette financière	-43	24	103	22	31	60	20	-14
Actifs financiers	1 464	1 821	2 158	2 148	2 564	2 855	3 336	3 813
Numéraire et dépôts	314	328	285	347	420	475	498	651
Titres de dette	510	637	532	631	689	688	890	1 031
Crédits	7	8	1	17	1	4	2	3
Actions et parts de fonds d'investissement	547	774	1 224	1 091	1 407	1 628	1 894	2 072
Actions	60	192	214	241	325	314	300	286
Parts de fonds d'investissement	487	582	1 009	850	1 082	1 314	1 594	1 786
Parts de fonds d'investissement monétaires	0	0	0	0	0	0	0	0
Parts de fonds d'investissement non monétaires	487	582	1 009	850	1 082	1 314	1 594	1 786
Systèmes d'assurance, de pensions et garanties standard	27	31	26	23	16	14	16	20
Produits financiers dérivés et options sur titres des salariés	6	2	1	0	0	1	0	1
Autres comptes à recevoir	54	41	88	39	30	46	35	36
Passifs financiers	1 507	1 797	2 055	2 126	2 533	2 796	3 316	3 828
Titres de dette	0	0	0	0	0	0	0	0
Titres de dette à court terme	0	0	0	0	0	0	0	0
Titres de dette à long terme	0	0	0	0	0	0	0	0
Crédits	3	4	4	4	16	13	4	4
Crédits à court terme	0	0	0	0	0	0	0	0
Crédits à long terme	3	4	4	4	16	13	4	4
Actions et parts de fonds d'investissement	238	276	342	370	374	296	312	373
Systèmes d'assurance, de pensions et garanties standard	1 204	1 465	1 653	1 711	2 089	2 436	2 937	3 403
Produits financiers dérivés et options sur titres des salariés	3	1	0	1	0	0	1	0
Autres comptes à payer	59	50	55	40	54	51	62	47
Actifs non financiers	17	17	19	18	19	19	13	13
Sociétés d'assurance								
Valeur nette financière	-40	28	105	21	33	61	19	-13
Actifs financiers	677	799	999	927	1 002	981	1 012	1 074
Numéraire et dépôts	204	176	179	153	178	158	114	102
Titres de dette	263	287	336	327	296	302	391	432
Crédits	7	8	1	17	1	4	2	3
Actions et parts de fonds d'investissement	126	263	411	375	481	458	456	483
Actions	16	150	170	184	250	193	178	192
Parts de fonds d'investissement	110	113	241	191	231	265	278	291
Parts de fonds d'investissement monétaires	..	0	0	0	0	0	0	0
Parts de fonds d'investissement non monétaires	..	113	241	191	231	265	278	291
Systèmes d'assurance, de pensions et garanties standard	27	31	26	23	16	14	16	20
Produits financiers dérivés et options sur titres des salariés	2	0	0	0	0	0	0	0
Autres comptes à recevoir	49	34	46	31	30	45	33	35
Passifs financiers	717	772	894	906	968	920	993	1 087
Titres de dette	0	0	0	0	0	0	0	0
Titres de dette à court terme	..	0	0	0	0	0	0	0
Titres de dette à long terme	..	0	0	0	0	0	0	0
Crédits	3	4	4	4	16	13	4	4
Crédits à court terme	..	0	0	0	0	0	0	0
Crédits à long terme	..	4	4	4	16	13	4	4
Actions et parts de fonds d'investissement	238	276	342	370	374	296	312	373
Systèmes d'assurance, de pensions et garanties standard	426	467	519	496	527	562	624	666
Produits financiers dérivés et options sur titres des salariés	3	1	0	0	0	0	0	0
Autres comptes à payer	48	23	29	36	51	48	54	44
Actifs non financiers	15	15	18	18	19	19	13	13
Fonds de pension								
Valeur nette financière	-3	-3	-2	1	-2	-2	1	-1
Actifs financiers	787	1 022	1 159	1 220	1 562	1 875	2 324	2 739
Numéraire et dépôts	110	152	106	193	242	317	384	549
Titres de dette	247	350	197	303	393	386	499	599
Crédits	0	0	0	0	0	0	0	0
Actions et parts de fonds d'investissement	421	511	813	716	927	1 170	1 438	1 590
Actions	44	41	45	57	75	121	122	95
Parts de fonds d'investissement	377	469	768	659	852	1 049	1 317	1 495
Parts de fonds d'investissement monétaires	..	0	0	0	0	0	0	0
Parts de fonds d'investissement non monétaires	..	469	768	659	852	1 049	1 317	1 495
Systèmes d'assurance, de pensions et garanties standard	0	0	0	0	0	0	0	0
Produits financiers dérivés et options sur titres des salariés	4	1	1	0	0	1	0	1
Autres comptes à recevoir	5	8	41	8	0	1	3	2
Passifs financiers	789	1 025	1 161	1 219	1 564	1 876	2 323	2 740
Titres de dette	0	0	0	0	0	0	0	0
Titres de dette à court terme	..	0	0	0	0	0	0	0
Titres de dette à long terme	..	0	0	0	0	0	0	0
Crédits	0	0	0	0	0	0	0	0
Crédits à court terme	..	0	0	0	0	0	0	0
Crédits à long terme	..	0	0	0	0	0	0	0
Actions et parts de fonds d'investissement	0	0	0	0	0	0	0	0
Systèmes d'assurance, de pensions et garanties standard	779	998	1 134	1 215	1 562	1 873	2 314	2 737
Produits financiers dérivés et options sur titres des salariés	0	0	0	1	0	0	1	0
Autres comptes à payer	11	27	26	4	2	3	9	3
Actifs non financiers	2	2	1	0	0	0	0	0

Note : Voir les métadonnées détaillées sur : http://metalinks.oecd.org/instinv/20170516/7964

Tableau 4. Composition du portefeuille par type d'investisseur

En pourcentage des actifs financiers et des passifs financiers

Pour cent

	2008	2009	2010	2011	2012	2013	2014	2015
Fonds d'investissement								
Actifs financiers	100.0	100.0	100.0	100.0	100.0	100.0	100.0	100.0
Numéraire et dépôts	17.3	11.4	4.7	5.0	9.4	8.8	8.8	7.6
Titres de dettes	24.4	14.4	11.5	15.0	14.7	11.1	11.7	10.2
Crédits	0.0	6.4	3.5	4.1	2.7	5.0	4.5	5.4
Actions et parts de fonds d'investissement	45.1	66.3	78.9	75.4	71.8	72.9	72.2	76.4
Systèmes d'assurance de pensions et garanties standard	0.0	0.0	0.0	0.0	0.0	0.0	0.0	0.0
Produits financiers dérivés et options sur titres des salariés	0.4	0.0	0.6	0.0	0.2	0.6	1.0	0.0
Autres comptes à recevoir	12.7	1.5	0.8	0.5	1.2	1.5	1.9	0.3
Passifs financiers	100.0	100.0	100.0	100.0	100.0	100.0	100.0	100.0
Numéraire et dépôts	0.0	0.0	0.0	0.0	0.0	0.0	0.0	0.0
Titres de dettes	0.0	3.9	3.1	2.7	0.0	0.0	0.0	0.0
Crédits	4.2	1.8	0.7	2.9	5.1	3.9	4.7	3.5
Actions et parts de fonds d'investissement	94.6	92.5	95.4	93.8	94.4	95.3	93.8	95.9
Systèmes d'assurance de pensions et garanties standard	0.0	0.0	0.0	0.0	0.0	0.0	0.0	0.0
Produits financiers dérivés et options sur titres des salariés	0.0	0.0	0.0	0.0	0.0	0.0	0.2	0.0
Autres comptes à recevoir	1.2	1.8	0.8	0.6	0.5	0.8	1.2	0.5
Sociétés d'assurance								
Actifs financiers	100.0	100.0	100.0	100.0	100.0	100.0	100.0	100.0
Numéraire et dépôts	30.0	22.0	17.9	16.5	17.8	16.1	11.3	9.5
Titres de dettes	38.9	35.8	33.6	35.3	29.6	30.8	38.7	40.2
Crédits	1.1	1.0	0.1	1.9	0.1	0.4	0.2	0.3
Actions et parts de fonds d'investissement	18.6	32.9	41.1	40.5	48.0	46.7	45.0	44.9
Systèmes d'assurance de pensions et garanties standard	4.0	3.9	2.6	2.4	1.6	1.4	1.6	1.9
Produits financiers dérivés et options sur titres des salariés	0.3	0.0	0.0	0.0	0.0	0.0	0.0	0.0
Autres comptes à recevoir	7.2	4.2	4.6	3.4	3.0	4.6	3.2	3.2
Passifs financiers	100.0	100.0	100.0	100.0	100.0	100.0	100.0	100.0
Numéraire et dépôts	0.0	0.0	0.0	0.0	0.0	0.0	0.0	0.0
Titres de dettes	0.0	0.0	0.0	0.0	0.0	0.0	0.0	0.0
Crédits	0.4	0.5	0.4	0.4	1.7	1.5	0.4	0.3
Actions et parts de fonds d'investissement	33.2	35.8	38.3	40.9	38.6	32.1	31.4	34.3
Systèmes d'assurance de pensions et garanties standard	59.3	60.5	58.0	54.8	54.4	61.1	62.8	61.3
Produits financiers dérivés et options sur titres des salariés	0.3	0.1	0.0	0.0	0.0	0.0	0.0	0.0
Autres comptes à recevoir	6.7	3.0	3.2	3.9	5.3	5.3	5.4	4.1
Fonds de pension								
Actifs financiers	100.0	100.0	100.0	100.0	100.0	100.0	100.0	100.0
Numéraire et dépôts	14.0	14.8	9.2	15.8	15.5	16.9	16.5	20.0
Titres de dettes	31.4	34.3	17.0	24.8	25.2	20.6	21.5	21.9
Crédits	0.0	0.0	0.0	0.0	0.0	0.0	0.0	0.0
Actions et parts de fonds d'investissement	53.5	50.0	70.2	58.7	59.3	62.4	61.9	58.0
Systèmes d'assurance de pensions et garanties standard	0.0	0.0	0.0	0.0	0.0	0.0	0.0	0.0
Produits financiers dérivés et options sur titres des salariés	0.4	0.1	0.1	0.0	0.0	0.0	0.0	0.0
Autres comptes à recevoir	0.6	0.7	3.6	0.6	0.0	0.1	0.1	0.1
Passifs financiers	100.0	100.0	100.0	100.0	100.0	100.0	100.0	100.0
Numéraire et dépôts	0.0	0.0	0.0	0.0	0.0	0.0	0.0	0.0
Titres de dettes	0.0	0.0	0.0	0.0	0.0	0.0	0.0	0.0
Crédits	0.0	0.0	0.0	0.0	0.0	0.0	0.0	0.0
Actions et parts de fonds d'investissement	0.0	0.0	0.0	0.0	0.0	0.0	0.0	0.0
Systèmes d'assurance de pensions et garanties standard	98.6	97.4	97.7	99.6	99.9	99.9	99.6	99.9
Produits financiers dérivés et options sur titres des salariés	0.0	0.0	0.0	0.0	0.0	0.0	0.0	0.0
Autres comptes à recevoir	1.4	2.6	2.3	0.3	0.1	0.1	0.4	0.1

Note : Voir les métadonnées détaillées sur : http://metalinks.oecd.org/instinv/20170516/e12c

FINLANDE

Tableau 1. Actifs et passifs financiers des investisseurs institutionnels, 2015

Millions EUR (1999 FIM euro)

	Fonds d'investissement				
	Total	Fonds d'investissement non-monétaire			Fonds d'investissement monétaires
		Total	Fonds d'investissement à capital variable, non monétaire	Fonds d'investissement à capital fixe, non monétaire	Total
Actifs financiers	108 876	105 418	..	..	3 458
Numéraire et dépôts	4 135	3 782	..	..	353
Titres de dette	35 811	32 722	..	..	3 089
Titres de dette à court terme	1 814	1 375	..	..	439
Titres de dette à long terme	33 997	31 347	..	..	2 650
Titres de dette émis par les résidents	4 888	4 352	..	..	536
Titres de dette émis par les non-résidents	30 923	28 370	..	..	2 553
Crédits	1 045	1 045	..	..	0
Crédits à court terme	20	20	..	..	0
Crédits à long terme	1 025	1 025	..	..	0
Crédits accordés aux résidents	874	874	..	..	0
Crédits accordés aux non-résidents	171	171	..	..	0
Actions et parts de fonds d'investissement	64 623	64 623	..	..	0
Actions et parts de fonds d'investissements émises par les résidents	26 662	26 662	..	..	0
Actions et part de fonds d'investissements émises par les non-résidents	37 961	37 961	..	..	0
Autres comptes à recevoir	909	893	..	..	16

	Fonds d'investissement				
	Total	Fonds d'investissement non-monétaire			Fonds d'investissement monétaires
		Total	Fonds d'investissement à capital variable, non monétaire	Fonds d'investissement à capital fixe, non monétaire	Total
Pasifs financiers	108 879	105 400	..	..	3 479
Numéraire et dépôts	..	..	..	..	..
Titres de dette	0	..	..	..	0
Titres de dette à court terme	..	..	..	..	..
Titres de dette à long terme	0	..	..	..	0
Crédits	2 008	2 008	..	..	0
Crédits à court terme	42	42	..	..	0
Crédits à long terme	1 966	1 966	..	..	0
Actions et parts de fonds d'investissement	104 251	100 805	..	..	3 446
Systèmes d'assurance, de pensions et garanties standard	..	..	..	..	..
Produits financiers dérivés et options sur titres des salariés	2 154	2 154	..	..	0
Autres comptes à payer	466	433	..	..	33

	Sociétés d'assurance et fonds de pension autonomes				
	Total	Sociétés d'assurance			Fonds de pension autonomes
		Total	Sociétés d'assurance vie	Sociétés d'assurance non-vie	Total
Actifs financiers	74 849	71 889	..	..	2 960
Numéraire et dépôts	3 524	3 467	..	..	57
Titres de dette	24 530	23 800	..	..	730
Titres de dette à court terme	1 515	1 467	..	..	48
Titres de dette à long terme	23 015	22 333	..	..	682
Titres de dette émis par les résidents	8 214	7 780	..	..	434
Titres de dette émis par les non-résidents	16 316	16 020	..	..	296
Crédits	1 941	1 769	..	..	172
Crédits à court terme	34	34	..	..	0
Crédits à long terme	1 907	1 735	..	..	172
Crédits accordés aux résidents	1 904	1 732	..	..	172
Crédits accordés aux non-résidents	37	37	..	..	0
Actions et parts de fonds d'investissement	42 527	40 558	..	..	1 969
Actions et parts de fonds d'investissement émises par les résidents	30 340	29 309	..	..	1 031
Actions et parts de fonds d'investissement émises par les non-résidents	12 187	11 249	..	..	938
Autrescomptes à recevoir	2 247	2 215	..	..	32

	Sociétés d'assurance et fonds de pension autonomes				
	Total	Sociétés d'assurance			Fonds de pension autonomes
		Total	Sociétés d'assurance vie	Sociétés d'assurance non-vie	Total
Pasifs financiers	71 309	67 668	..	..	3 641
Numéraire et dépôts	0	0	..	..	..
Titres de dette	515	515	..	..	0
Titres de dette à court terme	19	19	..	..	0
Titres de dette à long terme	496	496	..	..	0
Crédits	124	124	..	..	0
Crédits à court terme	20	20	..	..	0
Crédits à long terme	104	104	..	..	0
Actions et parts de fonds d'investissement	5 335	5 335	..	..	..
Systèmes d'assurance, de pensions et garanties standard	64 148	60 540	..	..	3 608
Produits financiers dérivés et options sur titres des salariés	138	138	..	..	0
Autres comptes à payer	1 049	1 016	..	..	33

Note : Voir les métadonnées détaillées sur : http://metalinks.oecd.org/instinv/20170516/5358

Tableau 2. Actifs et passifs financiers des fonds d'investissement

Millions EUR

	2008	2009	2010	2011	2012	2013	2014	2015
Fonds d'investissement								
Valeur nette financière	355	199	35	369	-81	-273	280	-3
Actifs financiers	45 278	57 892	66 600	60 223	72 745	82 503	94 435	108 876
Numéraire et dépôts	2 192	2 047	2 154	2 430	2 905	4 544	4 003	4 135
Titres de dette	25 081	26 138	25 281	25 684	28 865	30 822	34 447	35 811
Crédits	1 296	1 352	1 250	1 356	1 403	1 385	1 643	1 045
Actions et parts de fonds d'investissement	16 365	28 167	36 679	29 569	37 988	43 956	51 962	64 623
Actions	9 967	18 287	23 773	17 884	21 864	27 083	32 155	38 499
Parts de fonds d'investissement	6 398	9 880	12 906	11 685	16 124	16 873	19 807	26 124
Parts de fonds d'investissement monétaires	1 258	1 277	1 092	1 147	577	834	772	657
Parts de fonds d'investissement non monétaires	5 140	8 603	11 814	10 538	15 547	16 039	19 035	25 467
Systèmes d'assurance, de pensions et garanties standard	..	..	..	..	..	..	..	..
Produits financiers dérivés et options sur titres des salariés	13	1	387	713	1 048	1 256	1 704	2 353
Autres comptes à recevoir	331	187	849	471	536	540	676	909
Passifs financiers	44 923	57 693	66 565	59 854	72 826	82 776	94 155	108 879
Titres de dette	0	0	0	0	0	0	0	0
Titres de dette à court terme	..	..	..	..	..	..	..	..
Titres de dette à long terme	0	0	0	0	0	0	0	0
Crédits	0	3	3	8	6	1 921	1 329	2 008
Crédits à court terme	0	0	0	0	0	0	16	42
Crédits à long terme	0	3	3	8	6	1 921	1 313	1 966
Actions et parts de fonds d'investissement	43 915	57 249	64 973	58 475	70 447	79 022	90 284	104 251
Systèmes d'assurance, de pensions et garanties standard	..	..	..	..	..	..	..	..
Produits financiers dérivés et options sur titres des salariés	524	74	615	885	1 793	1 228	1 968	2 154
Autres comptes à payer	484	367	974	486	580	605	574	466
Actifs non financiers	..	..	..	..	..	..	..	..
Fonds d'investissement monéaires								
Valeur nette financière	29	186	180	0	-250	-564	-39	-21
Actifs financiers	12 372	11 953	10 480	11 418	3 244	3 546	3 450	3 458
Numéraire et dépôts	530	296	331	401	293	335	412	353
Titres de dette	11 700	11 433	9 942	10 849	2 844	3 105	3 020	3 089
Crédits	0	0	0	0	0	0	0	0
Actions et parts de fonds d'investissement	0	209	178	14	12	2	2	0
Actions	0	0	0	0	0	0	0	0
Parts de fonds d'investissement	0	209	178	14	12	2	2	0
Parts de fonds d'investissement monétaires	0	32	0	14	12	2	2	0
Parts de fonds d'investissement non monétaires	0	177	178	0	0	0	0	0
Systèmes d'assurance, de pensions et garanties standard	..	..	..	..	..	..	..	..
Produits financiers dérivés et options sur titres des salariés	0	0	0	0	25	0	0	0
Autres comptes à recevoir	142	15	29	154	70	104	16	16
Passifs financiers	12 343	11 767	10 300	11 418	3 494	4 110	3 489	3 479
Titres de dette	0	0	0	0	0	0	0	0
Titres de dette à court terme	..	..	..	..	..	..	..	..
Titres de dette à long terme	0	0	0	0	0	0	0	0
Crédits	0	0	0	0	0	136	0	0
Crédits à court terme	0	0	0	0	0	0	0	0
Crédits à long terme	0	0	0	0	0	136	0	0
Actions et parts de fonds d'investissement	12 181	11 722	10 222	11 347	3 494	3 974	3 398	3 446
Systèmes d'assurance, de pensions et garanties standard	..	..	..	..	..	..	..	..
Produits financiers dérivés et options sur titres des salariés	0	0	0	0	0	0	0	0
Autres comptes à payer	162	45	78	71	0	0	91	33
Actifs non financiers	0	0	0	0	0	0	0	0
Fonds d'investissement non monéaires								
Valeur nette financière	326	13	-145	369	169	291	319	18
Actifs financiers	32 906	45 939	56 120	48 805	69 501	78 957	90 985	105 418
Numéraire et dépôts	1 662	1 751	1 823	2 029	2 612	4 209	3 591	3 782
Titres de dette	13 381	14 705	15 339	14 835	26 021	27 717	31 427	32 722
Crédits	1 296	1 352	1 250	1 356	1 403	1 385	1 643	1 045
Actions et parts de fonds d'investissement	16 365	27 958	36 501	29 555	37 976	43 954	51 960	64 623
Actions	9 967	18 287	23 773	17 884	21 864	27 083	32 155	38 499
Parts de fonds d'investissement	6 398	9 671	12 728	11 671	16 112	16 871	19 805	26 124
Parts de fonds d'investissement monétaires	1 258	1 245	1 092	1 133	565	832	770	657
Parts de fonds d'investissement non monétaires	5 140	8 426	11 636	10 538	15 547	16 039	19 035	25 467
Systèmes d'assurance, de pensions et garanties standard	..	..	..	..	..	..	..	..
Produits financiers dérivés et options sur titres des salariés	13	1	387	713	1 023	1 256	1 704	2 353
Autres comptes à recevoir	189	172	820	317	466	436	660	893
Passifs financiers	32 580	45 926	56 265	48 436	69 332	78 666	90 666	105 400
Titres de dette	..	..	..	..	..	..	..	..
Titres de dette à court terme	..	..	..	..	..	..	..	..
Titres de dette à long terme	..	..	..	..	..	..	..	..
Crédits	0	3	3	8	6	1 785	1 329	2 008
Crédits à court terme	0	0	0	0	0	0	16	42
Crédits à long terme	0	3	3	8	6	1 785	1 313	1 966
Actions et parts de fonds d'investissement	31 734	45 527	54 751	47 128	66 953	75 048	86 886	100 805
Systèmes d'assurance, de pensions et garanties standard	..	..	..	..	..	..	..	..
Produits financiers dérivés et options sur titres des salariés	524	74	615	885	1 793	1 228	1 968	2 154
Autres comptes à payer	322	322	896	415	580	605	483	433
Actifs non financiers	0	0	0	0	0	0	0	0
Fonds d'investissement non monéaires à capital variable								
Valeur nette financière	..	..	..	..	..	..	..	..
Actifs financiers	..	..	..	..	..	..	..	..

FINLANDE

Tableau 2. Actifs et passifs financiers des fonds d'investissement *(suite)*

Millions EUR

	2008	2009	2010	2011	2012	2013	2014	2015
Numéraire et dépôts	..	..	..	..	..	..	..	..
Titres de dette	..	..	..	..	..	..	..	..
Crédits	..	..	..	..	..	..	..	..
Actions et parts de fonds d'investissement	..	..	..	..	..	..	..	..
Actions	..	..	..	..	..	..	..	..
Parts de fonds d'investissement	..	..	..	..	..	..	..	..
Parts de fonds d'investissement monétaires	..	..	..	..	..	..	..	..
Parts de fonds d'investissement non monétaires	..	..	..	..	..	..	..	..
Systèmes d'assurance, de pensions et garanties standard	..	..	..	..	..	..	..	..
Produits financiers dérivés et options sur titres des salariés	..	..	..	..	..	..	..	..
Autres comptes à recevoir	..	..	..	..	..	..	..	..
Passifs financiers	..	..	..	..	..	..	..	..
Titres de dette	..	..	..	..	..	..	..	..
Titres de dette à court terme	..	..	..	..	..	..	..	..
Titres de dette à long terme	..	..	..	..	..	..	..	..
Crédits	..	..	..	..	..	..	..	..
Crédits à court terme	..	..	..	..	..	..	..	..
Crédits à long terme	..	..	..	..	..	..	..	..
Actions et parts de fonds d'investissement	..	..	..	..	..	..	..	..
Systèmes d'assurance, de pensions et garanties standard	..	..	..	..	..	..	..	..
Produits financiers dérivés et options sur titres des salariés	..	..	..	..	..	..	..	..
Autres comptes à payer	..	..	..	..	..	..	..	..
Actifs non financiers	..	..	..	..	..	..	..	..
Fonds d'investissement à capital variable								
Valeur nette financière	..	..	..	..	..	..	..	..
Actifs financiers	..	..	..	..	..	..	..	..
Numéraire et dépôts	..	..	..	..	..	..	..	..
Titres de dette	..	..	..	..	..	..	..	..
Crédits	..	..	..	..	..	..	..	..
Actions et parts de fonds d'investissement	..	..	..	..	..	..	..	..
Actions	..	..	..	..	..	..	..	..
Parts de fonds d'investissement	..	..	..	..	..	..	..	..
Parts de fonds d'investissement monétaires	..	..	..	..	..	..	..	..
Parts de fonds d'investissement non monétaires	..	..	..	..	..	..	..	..
Systèmes d'assurance, de pensions et garanties standard	..	..	..	..	..	..	..	..
Produits financiers dérivés et options sur titres des salariés	..	..	..	..	..	..	..	..
Autres comptes à recevoir	..	..	..	..	..	..	..	..
Passifs financiers	..	..	..	..	..	..	..	..
Titres de dette	..	..	..	..	..	..	..	..
Titres de dette à court terme	..	..	..	..	..	..	..	..
Titres de dette à long terme	..	..	..	..	..	..	..	..
Crédits	..	..	..	..	..	..	..	..
Crédits à court terme	..	..	..	..	..	..	..	..
Crédits à long terme	..	..	..	..	..	..	..	..
Actions et parts de fonds d'investissement	..	..	..	..	..	..	..	..
Systèmes d'assurance, de pensions et garanties standard	..	..	..	..	..	..	..	..
Produits financiers dérivés et options sur titres des salariés	..	..	..	..	..	..	..	..
Autres comptes à payer	..	..	..	..	..	..	..	..
Actifs non financiers	..	..	..	..	..	..	..	..

Note : Voir les métadonnées détaillées sur : http://metalinks.oecd.org/instinv/20170516/5358

FINLANDE

Tableau 3. Actifs et passifs financiers des sociétés d'assurance et fonds de pension

Millions EUR

	2008	2009	2010	2011	2012	2013	2014	2015
Sociétés d'assurance et fonds de pension								
Valeur nette financière	485	43	3 224	3 160	3 415	1 553	3 148	3 540
Actifs financiers	46 278	51 590	57 381	56 438	61 770	64 156	71 096	74 849
Numéraire et dépôts	1 445	1 577	2 238	2 108	2 497	2 818	3 498	3 524
Titres de dette	21 946	21 367	22 245	21 177	23 505	24 582	24 852	24 530
Crédits	1 689	1 735	1 816	1 824	1 680	1 667	1 584	1 941
Actions et parts de fonds d'investissement	19 454	25 075	29 211	29 524	31 919	33 479	38 641	42 527
Actions	5 845	6 071	5 155	5 027	4 877	4 870	4 945	5 386
Parts de fonds d'investissement	13 609	19 004	24 056	24 497	27 042	28 609	33 696	37 141
Parts de fonds d'investissement monétaires	1 720	1 558	1 268	2 532	966	1 188	1 511	1 521
Parts de fonds d'investissement non monétaires	11 889	17 446	22 788	21 965	26 076	27 421	32 185	35 620
Systèmes d'assurance, de pensions et garanties standard	0	0	0	0	0	0	0	0
Produits financiers dérivés et options sur titres des salariés	0	0	173	46	310	132	145	80
Autres comptes à recevoir	1 744	1 836	1 698	1 759	1 859	1 478	2 376	2 247
Passifs financiers	45 793	51 547	54 157	53 278	58 355	62 603	67 948	71 309
Titres de dette	345	294	315	273	280	210	554	515
Titres de dette à court terme	3	6	9	17	13	5	24	19
Titres de dette à long terme	342	288	306	256	267	205	530	496
Crédits	367	477	362	452	182	106	286	124
Crédits à court terme	0	1	1	1	44	23	65	20
Crédits à long terme	367	476	361	451	138	83	221	104
Actions et parts de fonds d'investissement	2 930	4 040	4 640	4 380	5 162	5 447	5 510	5 335
Systèmes d'assurance, de pensions et garanties standard	41 300	45 178	47 651	46 957	51 347	55 448	59 665	64 148
Produits financiers dérivés et options sur titres des salariés	10	10	128	316	66	91	290	138
Autres comptes à payer	841	1 548	1 061	900	1 318	1 301	1 643	1 049
Actifs non financiers	..	..	..	..	..	..	..	..
Sociétés d'assurance								
Valeur nette financière	1 404	768	2 716	2 903	3 525	2 381	3 960	4 221
Actifs financiers	42 797	47 947	53 120	52 543	58 247	61 194	68 175	71 889
Numéraire et dépôts	1 325	1 445	2 142	1 893	2 372	2 604	3 439	3 467
Titres de dette	20 718	20 325	21 403	20 211	22 707	23 720	23 971	23 800
Crédits	1 200	1 251	1 518	1 514	1 428	1 502	1 426	1 769
Actions et parts de fonds d'investissement	17 875	23 136	26 221	27 178	29 688	31 799	36 853	40 558
Actions	5 183	5 469	4 232	4 144	4 332	4 360	4 262	4 798
Parts de fonds d'investissement	12 692	17 667	21 989	23 034	25 356	27 439	32 591	35 760
Parts de fonds d'investissement monétaires	1 720	1 400	1 207	2 439	864	1 066	1 435	1 415
Parts de fonds d'investissement non monétaires	10 972	16 267	20 782	20 595	24 492	26 373	31 156	34 345
Systèmes d'assurance, de pensions et garanties standard	0	0	0	0	0	0	0	0
Produits financiers dérivés et options sur titres des salariés	0	0	173	46	308	130	145	80
Autres comptes à recevoir	1 679	1 790	1 663	1 701	1 744	1 439	2 341	2 215
Passifs financiers	41 393	47 179	50 404	49 640	54 722	58 813	64 215	67 668
Titres de dette	345	294	315	273	280	210	554	515
Titres de dette à court terme	3	6	9	17	13	5	24	19
Titres de dette à long terme	342	288	306	256	267	205	530	496
Crédits	367	477	362	426	182	106	286	124
Crédits à court terme	0	1	1	1	44	23	65	20
Crédits à long terme	367	476	361	425	138	83	221	104
Actions et parts de fonds d'investissement	2 930	4 040	4 640	4 380	5 162	5 447	5 510	5 335
Systèmes d'assurance, de pensions et garanties standard	36 924	40 843	43 924	43 370	47 739	51 684	55 980	60 540
Produits financiers dérivés et options sur titres des salariés	10	10	128	316	66	91	290	138
Autres comptes à payer	817	1 515	1 035	875	1 293	1 275	1 595	1 016
Actifs non financiers	884	949	894	877	881	851	836	814
Fonds de pension								
Valeur nette financière	-919	-725	508	257	-110	-828	-812	-681
Actifs financiers	3 481	3 643	4 261	3 895	3 523	2 962	2 921	2 960
Numéraire et dépôts	120	132	96	215	125	214	59	57
Titres de dette	1 228	1 042	842	966	798	862	881	730
Crédits	489	484	298	310	252	165	158	172
Actions et parts de fonds d'investissement	1 579	1 939	2 990	2 346	2 231	1 680	1 788	1 969
Actions	662	602	923	883	545	510	683	588
Parts de fonds d'investissement	917	1 337	2 067	1 463	1 686	1 170	1 105	1 381
Parts de fonds d'investissement monétaires	0	158	61	93	102	122	76	106
Parts de fonds d'investissement non monétaires	917	1 179	2 006	1 370	1 584	1 048	1 029	1 275
Systèmes d'assurance, de pensions et garanties standard	..	..	..	..	..	..	..	..
Produits financiers dérivés et options sur titres des salariés	0	0	0	0	2	2	0	0
Autres comptes à recevoir	65	46	35	58	115	39	35	32
Passifs financiers	4 400	4 368	3 753	3 638	3 633	3 790	3 733	3 641
Titres de dette	0	0	0	0	0	0	0	0
Titres de dette à court terme	0	0	0	0	0	0	0	0
Titres de dette à long terme	0	0	0	0	0	0	0	0
Crédits	0	0	0	26	0	0	0	0
Crédits à court terme	0	0	0	0	0	0	0	0
Crédits à long terme	0	0	0	26	0	0	0	0
Actions et parts de fonds d'investissement	..	..	..	..	..	..	..	..
Systèmes d'assurance, de pensions et garanties standard	4 376	4 335	3 727	3 587	3 608	3 764	3 685	3 608
Produits financiers dérivés et options sur titres des salariés	0	0	0	0	0	0	0	0
Autres comptes à payer	24	33	26	25	25	26	48	33
Actifs non financiers	0	0	0	0	0	0	0	0

Note : Voir les métadonnées détaillées sur : http://metalinks.oecd.org/instinv/20170516/5358

Tableau 4. Composition du portefeuille par type d'investisseur

En pourcentage des actifs financiers et des passifs financiers

Pour cent

	2008	2009	2010	2011	2012	2013	2014	2015
Fonds d'investissement								
Actifs financiers	100.0	100.0	100.0	100.0	100.0	100.0	100.0	100.0
Numéraire et dépôts	4.8	3.5	3.2	4.0	4.0	5.5	4.2	3.8
Titres de dettes	55.4	45.1	38.0	42.6	39.7	37.4	36.5	32.9
Crédits	2.9	2.3	1.9	2.3	1.9	1.7	1.7	1.0
Actions et parts de fonds d'investissement	36.1	48.7	55.1	49.1	52.2	53.3	55.0	59.4
Systèmes d'assurance de pensions et garanties standard	0.0	0.0	0.0	0.0	0.0	0.0	0.0	0.0
Produits financiers dérivés et options sur titres des salariés	0.0	0.0	0.6	1.2	1.4	1.5	1.8	2.2
Autres comptes à recevoir	0.7	0.3	1.3	0.8	0.7	0.7	0.7	0.8
Passifs financiers	100.0	100.0	100.0	100.0	100.0	100.0	100.0	100.0
Numéraire et dépôts	0.0	0.0	0.0	0.0	0.0	0.0	0.0	0.0
Titres de dettes	0.0	0.0	0.0	0.0	0.0	0.0	0.0	0.0
Crédits	0.0	0.0	0.0	0.0	0.0	2.3	1.4	1.8
Actions et parts de fonds d'investissement	97.8	99.2	97.6	97.7	96.7	95.5	95.9	95.7
Systèmes d'assurance de pensions et garanties standard	0.0	0.0	0.0	0.0	0.0	0.0	0.0	0.0
Produits financiers dérivés et options sur titres des salariés	1.2	0.1	0.9	1.5	2.5	1.5	2.1	2.0
Autres comptes à recevoir	1.1	0.6	1.5	0.8	0.8	0.7	0.6	0.4
Sociétés d'assurance								
Actifs financiers	100.0	100.0	100.0	100.0	100.0	100.0	100.0	100.0
Numéraire et dépôts	3.1	3.0	4.0	3.6	4.1	4.3	5.0	4.8
Titres de dettes	48.4	42.4	40.3	38.5	39.0	38.8	35.2	33.1
Crédits	2.8	2.6	2.9	2.9	2.5	2.5	2.1	2.5
Actions et parts de fonds d'investissement	41.8	48.3	49.4	51.7	51.0	52.0	54.1	56.4
Systèmes d'assurance de pensions et garanties standard	0.0	0.0	0.0	0.0	0.0	0.0	0.0	0.0
Produits financiers dérivés et options sur titres des salariés	0.0	0.0	0.3	0.1	0.5	0.2	0.2	0.1
Autres comptes à recevoir	3.9	3.7	3.1	3.2	3.0	2.4	3.4	3.1
Passifs financiers	100.0	100.0	100.0	100.0	100.0	100.0	100.0	100.0
Numéraire et dépôts	0.0	0.0	0.0	0.0	0.0	0.0	0.0	0.0
Titres de dettes	0.8	0.6	0.6	0.5	0.5	0.4	0.9	0.8
Crédits	0.9	1.0	0.7	0.9	0.3	0.2	0.4	0.2
Actions et parts de fonds d'investissement	7.1	8.6	9.2	8.8	9.4	9.3	8.6	7.9
Systèmes d'assurance de pensions et garanties standard	89.2	86.6	87.1	87.4	87.2	87.9	87.2	89.5
Produits financiers dérivés et options sur titres des salariés	0.0	0.0	0.3	0.6	0.1	0.2	0.5	0.2
Autres comptes à recevoir	2.0	3.2	2.1	1.8	2.4	2.2	2.5	1.5
Fonds de pension								
Actifs financiers	100.0	100.0	100.0	100.0	100.0	100.0	100.0	100.0
Numéraire et dépôts	3.4	3.6	2.3	5.5	3.5	7.2	2.0	1.9
Titres de dettes	35.3	28.6	19.8	24.8	22.7	29.1	30.2	24.7
Crédits	14.0	13.3	7.0	8.0	7.2	5.0	6.1	5.8
Actions et parts de fonds d'investissement	45.4	53.2	70.2	60.2	63.3	56.7	61.2	66.5
Systèmes d'assurance de pensions et garanties standard	0.0	0.0	0.0	0.0	0.0	0.0	0.0	0.0
Produits financiers dérivés et options sur titres des salariés	0.0	0.0	0.0	0.0	0.1	0.1	0.0	0.0
Autres comptes à recevoir	1.9	1.3	0.8	1.5	3.3	1.3	1.2	1.1
Passifs financiers	100.0	100.0	100.0	100.0	100.0	100.0	100.0	100.0
Numéraire et dépôts	0.0	0.0	0.0	0.0	0.0	0.0	0.0	0.0
Titres de dettes	0.0	0.0	0.0	0.0	0.0	0.0	0.0	0.0
Crédits	0.0	0.0	0.0	0.7	0.0	0.0	0.0	0.0
Actions et parts de fonds d'investissement	0.0	0.0	0.0	0.0	0.0	0.0	0.0	0.0
Systèmes d'assurance de pensions et garanties standard	99.5	99.2	99.3	98.6	99.3	99.3	98.7	99.1
Produits financiers dérivés et options sur titres des salariés	0.0	0.0	0.0	0.0	0.0	0.0	0.0	0.0
Autres comptes à recevoir	0.5	0.8	0.7	0.7	0.7	0.7	1.3	0.9

Note : Voir les métadonnées détaillées sur : http://metalinks.oecd.org/instinv/20170516/e12c

FRANCE

Tableau 1. Actifs et passifs financiers des investisseurs institutionnels, 2015

Millions EUR (1999 FRF euro)

	Total	Fonds d'investissement			Fonds d'investissement monétaires
		Fonds d'investissement non-monétaire			
		Total	Fonds d'investissement à capital variable, non monétaire	Fonds d'investissement à capital fixe, non monétaire	Total
Actifs financiers	1 539 889	1 221 229	1 221 229	0	318 661
Numéraire et dépôts	87 221	43 291	43 291	0	43 930
Titres de dette	601 667	361 702	361 702	0	239 966
Titres de dette à court terme	160 684	21 524	21 524	0	139 159
Titres de dette à long terme	440 984	340 177	340 177	0	100 807
Titres de dette émis par les résidents	213 195	113 089	113 089	0	100 106
Titres de dette émis par les non-résidents	388 473	248 613	248 613	0	139 860
Crédits	2 301	1 261	1 261	0	1 041
Crédits à court terme	2 145	1 114	1 114	0	1 032
Crédits à long terme	156	147	147	0	9
Crédits accordés aux résidents	2 031	1 003	1 003	0	1 028
Crédits accordés aux non-résidents	271	258	258	0	13
Actions et parts de fonds d'investissement	701 899	673 894	673 894	0	28 004
Actions et parts de fonds d'investissements émises par les résidents	398 200	370 301	370 301	0	27 899
Actions et part de fonds d'investissements émises par les non-résidents	303 699	303 593	303 593	0	106
Autres comptes à recevoir	119 923	116 702	116 702	0	3 221

	Total	Fonds d'investissement			Fonds d'investissement monétaires
		Fonds d'investissement non-monétaire			
		Total	Fonds d'investissement à capital variable, non monétaire	Fonds d'investissement à capital fixe, non monétaire	Total
Pasifs financiers	1 600 857	1 282 196	1 282 196	0	318 661
Numéraire et dépôts	6 409	5 676	5 676	0	734
Titres de dette	0	0	0	0	0
Titres de dette à court terme	0	0	0	0	0
Titres de dette à long terme	0	0	0	0	0
Crédits	4 190	4 190	4 190	0	0
Crédits à court terme	1 930	1 930	1 930	0	0
Crédits à long terme	2 260	2 260	2 260	0	0
Actions et parts de fonds d'investissement	1 441 675	1 130 001	1 130 001	0	311 674
Systèmes d'assurance, de pensions et garanties standard	0	0	0	0	0
Produits financiers dérivés et options sur titres des salariés	30 534	27 954	27 954	0	2 580
Autres comptes à payer	118 049	114 376	114 376	0	3 673

	Total	Sociétés d'assurance et fonds de pension autonomes			
		Sociétés d'assurance			Fonds de pension autonomes
		Total	Sociétés d'assurance vie	Sociétés d'assurance non-vie	Total
Actifs financiers	2 469 679	2 469 679	2 087 120	382 559	..
Numéraire et dépôts	36 878	36 878	29 651	7 227	..
Titres de dette	1 464 553	1 464 553	1 285 797	178 756	..
Titres de dette à court terme	26 519	26 519	25 127	1 392	..
Titres de dette à long terme	1 438 034	1 438 034	1 260 670	177 364	..
Titres de dette émis par les résidents	795 879	795 879	691 457	104 422	..
Titres de dette émis par les non-résidents	668 674	668 674	594 340	74 334	..
Crédits	38 632	38 632	31 061	7 571	..
Crédits à court terme	20 804	20 804	16 727	4 077	..
Crédits à long terme	17 828	17 828	14 334	3 494	..
Crédits accordés aux résidents	35 630	35 630	28 648	6 983	..
Crédits accordés aux non-résidents	3 001	3 001	2 413	588	..
Actions et parts de fonds d'investissement	806 263	806 263	641 433	164 830	..
Actions et parts de fonds d'investissement émises par les résidents	688 201	688 201	537 405	150 797	..
Actions et parts de fonds d'investissement émises par les non-résidents	118 062	118 062	104 028	14 034	..
Autrescomptes à recevoir	54	54	43	11	..

	Total	Sociétés d'assurance et fonds de pension autonomes			
		Sociétés d'assurance			Fonds de pension autonomes
		Total	Sociétés d'assurance vie	Sociétés d'assurance non-vie	Total
Pasifs financiers	2 251 385	2 251 385	1 810 164	441 221	..
Numéraire et dépôts	0	0	0	0	..
Titres de dette	17 338	17 338	13 940	3 398	..
Titres de dette à court terme	123	123	99	24	..
Titres de dette à long terme	17 215	17 215	13 841	3 374	..
Crédits	104 029	104 029	83 642	20 387	..
Crédits à court terme	66 476	66 476	53 449	13 028	..
Crédits à long terme	37 552	37 552	30 193	7 359	..
Actions et parts de fonds d'investissement	118 884	118 884	95 585	23 299	..
Systèmes d'assurance, de pensions et garanties standard	1 976 939	1 976 939	1 589 503	387 436	..
Produits financiers dérivés et options sur titres des salariés	386	386	310	76	..
Autres comptes à payer	33 809	33 809	27 183	6 626	..

Note : Voir les métadonnées détaillées sur : http://metalinks.oecd.org/instinv/20170516/5358

Tableau 2. Actifs et passifs financiers des fonds d'investissement

Millions EUR

	2008	2009	2010	2011	2012	2013	2014	2015
Fonds d'investissement								
Valeur nette financière	-18 737	-20 857	-23 789	-30 834	-38 900	-43 614	-51 435	-60 968
Actifs financiers	1 349 244	1 493 726	1 479 830	1 326 157	1 399 454	1 399 994	1 454 248	1 539 889
Numéraire et dépôts	105 338	91 350	83 360	84 017	86 872	83 589	85 309	87 221
Titres de dette	586 723	631 444	595 379	558 349	590 121	552 979	575 387	601 667
Crédits	6 135	4 622	5 746	1 600	1 439	2 331	2 362	2 301
Actions et parts de fonds d'investissement	536 167	638 115	656 077	556 097	595 237	640 391	650 694	701 899
Actions	262 388	350 302	376 584	312 815	332 447	375 711	385 051	413 225
Parts de fonds d'investissement	273 778	287 813	279 493	243 282	262 789	264 681	265 643	288 674
Parts de fonds d'investissement monétaires	128 288	114 653	97 541	91 967	98 446	87 471	75 992	84 530
Parts de fonds d'investissement non monétaires	145 491	173 160	181 952	151 315	164 343	177 210	189 651	204 144
Systèmes d'assurance, de pensions et garanties standard	0	0	0	0	0	0	0	0
Produits financiers dérivés et options sur titres des salariés	18 767	13 800	13 481	25 137	25 916	26 096	27 903	26 878
Autres comptes à recevoir	96 114	114 394	125 786	100 956	99 870	94 608	112 593	119 923
Passifs financiers	1 367 981	1 514 582	1 503 620	1 356 990	1 438 354	1 443 608	1 505 683	1 600 857
Titres de dette	0	0	0	0	0	0	0	0
Titres de dette à court terme	0	0	0	0	0	0	0	0
Titres de dette à long terme	0	0	0	0	0	0	0	0
Crédits	1 193	554	4 170	588	3 912	3 020	4 050	4 190
Crédits à court terme	1 190	548	4 167	584	2 300	1 466	2 491	1 930
Crédits à long terme	3	5	3	4	1 612	1 555	1 559	2 260
Actions et parts de fonds d'investissement	1 252 029	1 384 469	1 357 039	1 220 785	1 293 864	1 307 054	1 349 244	1 441 675
Systèmes d'assurance, de pensions et garanties standard	0	0	0	0	0	0	0	0
Produits financiers dérivés et options sur titres des salariés	8 446	10 801	8 685	24 275	26 667	28 154	31 214	30 534
Autres comptes à payer	94 287	110 466	124 820	100 643	101 346	96 127	113 677	118 049
Actifs non financiers	18 739	20 859	23 790	30 837	38 903	43 614	51 435	60 970
Fonds d'investissement monéaires								
Valeur nette financière	0	0	0	0	0	0	0	0
Actifs financiers	489 169	501 628	413 885	369 359	370 535	324 945	294 317	318 661
Numéraire et dépôts	73 776	56 673	47 050	41 234	40 832	46 812	43 546	43 930
Titres de dette	326 206	347 523	295 112	273 595	277 341	237 529	220 601	239 966
Crédits	3 117	2 022	1 048	487	758	795	891	1 041
Actions et parts de fonds d'investissement	82 510	72 532	53 389	38 223	48 547	35 595	26 317	28 004
Actions	2 504	2 419	1 942	63	0	0	0	0
Parts de fonds d'investissement	80 006	70 113	51 447	38 160	48 547	35 595	26 317	28 004
Parts de fonds d'investissement monétaires	78 643	67 048	48 598	37 055	48 127	35 232	25 949	27 898
Parts de fonds d'investissement non monétaires	1 363	3 065	2 849	1 105	420	363	368	106
Systèmes d'assurance, de pensions et garanties standard	0	0	0	0	0	0	0	0
Produits financiers dérivés et options sur titres des salariés	2 139	1 172	787	371	729	703	935	2 499
Autres comptes à recevoir	1 421	21 706	16 499	15 449	2 328	3 510	2 027	3 221
Passifs financiers	489 169	501 628	413 885	369 359	370 535	324 945	294 317	318 661
Titres de dette	0	0	0	0	0	0	0	0
Titres de dette à court terme	0	0	0	0	0	0	0	0
Titres de dette à long terme	0	0	0	0	0	0	0	0
Crédits	136	16	3	96	140	0	1	0
Crédits à court terme	136	16	3	96	140	0	1	0
Crédits à long terme	0	0	0	0	0	0	0	0
Actions et parts de fonds d'investissement	483 260	479 225	394 337	351 070	365 755	318 228	288 903	311 674
Systèmes d'assurance, de pensions et garanties standard	0	0	0	0	0	0	0	0
Produits financiers dérivés et options sur titres des salariés	1 464	1 100	705	461	515	781	992	2 580
Autres comptes à payer	2 272	20 474	17 279	16 917	3 213	4 897	2 704	3 673
Actifs non financiers	0	0	0	0	0	0	0	0
Fonds d'investissement non monéaires								
Valeur nette financière	-18 737	-20 857	-23 789	-30 834	-38 900	-43 614	-51 435	-60 968
Actifs financiers	860 075	992 098	1 065 945	956 798	1 028 920	1 075 049	1 159 930	1 221 229
Numéraire et dépôts	31 562	34 677	36 310	42 783	46 040	36 777	41 764	43 291
Titres de dette	260 518	283 921	300 267	284 754	312 780	315 450	354 785	361 702
Crédits	3 017	2 600	4 698	1 113	681	1 536	1 471	1 261
Actions et parts de fonds d'investissement	453 657	565 583	602 688	517 874	546 690	604 796	624 377	673 894
Actions	259 884	347 883	374 643	312 752	332 447	375 711	385 051	413 225
Parts de fonds d'investissement	193 772	217 700	228 046	205 122	214 243	229 086	239 326	260 670
Parts de fonds d'investissement monétaires	49 645	47 606	48 943	54 912	50 319	52 239	50 043	56 632
Parts de fonds d'investissement non monétaires	144 127	170 094	179 103	150 210	163 923	176 846	189 283	204 037
Systèmes d'assurance, de pensions et garanties standard	0	0	0	0	0	0	0	0
Produits financiers dérivés et options sur titres des salariés	16 629	12 629	12 695	24 766	25 187	25 392	26 968	24 379
Autres comptes à recevoir	94 693	92 688	109 288	85 507	97 542	91 098	110 566	116 702
Passifs financiers	878 812	1 012 954	1 089 735	987 631	1 067 819	1 118 664	1 211 365	1 282 196
Titres de dette	0	0	0	0	0	0	0	0
Titres de dette à court terme	0	0	0	0	0	0	0	0
Titres de dette à long terme	0	0	0	0	0	0	0	0
Crédits	1 057	537	4 167	492	3 772	3 020	4 049	4 190
Crédits à court terme	1 054	532	4 164	488	2 160	1 466	2 490	1 930
Crédits à long terme	3	5	3	4	1 612	1 555	1 559	2 260
Actions et parts de fonds d'investissement	768 769	905 244	962 702	869 715	928 109	988 826	1 060 342	1 130 001
Systèmes d'assurance, de pensions et garanties standard	0	0	0	0	0	0	0	0
Produits financiers dérivés et options sur titres des salariés	6 982	9 702	7 980	23 814	26 152	27 373	30 222	27 954
Autres comptes à payer	92 015	89 992	107 541	83 726	98 133	91 230	110 973	114 376
Actifs non financiers	18 739	20 859	23 790	30 837	38 903	43 614	51 435	60 970
Fonds d'investissement non monéaires à capital variable								
Valeur nette financière	-18 737	-20 857	-23 789	-30 834	-38 900	-43 614	-51 435	-60 968
Actifs financiers	860 075	992 098	1 065 945	956 798	1 028 920	1 075 049	1 159 930	1 221 229

Tableau 2. Actifs et passifs financiers des fonds d'investissement *(suite)*

Millions EUR

	2008	2009	2010	2011	2012	2013	2014	2015
Numéraire et dépôts	31 562	34 677	36 310	42 783	46 040	36 777	41 764	43 291
Titres de dette	260 518	283 921	300 267	284 754	312 780	315 450	354 785	361 702
Crédits	3 017	2 600	4 698	1 113	681	1 536	1 471	1 261
Actions et parts de fonds d'investissement	453 657	565 583	602 688	517 874	546 690	604 796	624 377	673 894
Actions	259 884	347 883	374 643	312 752	332 447	375 711	385 051	413 225
Parts de fonds d'investissement	193 772	217 700	228 046	205 122	214 243	229 086	239 326	260 670
Parts de fonds d'investissement monétaires	49 645	47 606	48 943	54 912	50 319	52 239	50 043	56 632
Parts de fonds d'investissement non monétaires	144 127	170 094	179 103	150 210	163 923	176 846	189 283	204 037
Systèmes d'assurance, de pensions et garanties standard	0	0	0	0	0	0	0	0
Produits financiers dérivés et options sur titres des salariés	16 629	12 629	12 695	24 766	25 187	25 392	26 968	24 379
Autres comptes à recevoir	94 693	92 688	109 288	85 507	97 542	91 098	110 566	116 702
Passifs financiers	878 812	1 012 954	1 089 735	987 631	1 067 819	1 118 664	1 211 365	1 282 196
Titres de dette	0	0	0	0	0	0	0	0
Titres de dette à court terme	0	0	0	0	0	0	0	0
Titres de dette à long terme	0	0	0	0	0	0	0	0
Crédits	1 057	537	4 167	492	3 772	3 020	4 049	4 190
Crédits à court terme	1 054	532	4 164	488	2 160	1 466	2 490	1 930
Crédits à long terme	3	5	3	4	1 612	1 555	1 559	2 260
Actions et parts de fonds d'investissement	768 769	905 244	962 702	869 715	928 109	988 826	1 060 342	1 130 001
Systèmes d'assurance, de pensions et garanties standard	0	0	0	0	0	0	0	0
Produits financiers dérivés et options sur titres des salariés	6 982	9 702	7 980	23 814	26 152	27 373	30 222	27 954
Autres comptes à payer	92 015	89 992	107 541	83 726	98 133	91 230	110 973	114 376
Actifs non financiers	18 739	20 859	23 790	30 837	38 903	43 614	51 435	60 970
Fonds d'investissement à capital variable								
Valeur nette financière	-18 737	-20 857	-23 789	-30 834	-38 900	-43 614	-51 435	-60 968
Actifs financiers	1 349 244	1 493 726	1 479 830	1 326 157	1 399 454	1 399 994	1 454 248	1 539 889
Numéraire et dépôts	105 338	91 350	83 360	84 017	86 872	83 589	85 309	87 221
Titres de dette	586 723	631 444	595 379	558 349	590 121	552 979	575 387	601 667
Crédits	6 135	4 622	5 746	1 600	1 439	2 331	2 362	2 301
Actions et parts de fonds d'investissement	536 167	638 115	656 077	556 097	595 237	640 391	650 694	701 899
Actions	262 388	350 302	376 584	312 815	332 447	375 711	385 051	413 225
Parts de fonds d'investissement	273 778	287 813	279 493	243 282	262 789	264 681	265 643	288 674
Parts de fonds d'investissement monétaires	128 288	114 653	97 541	91 967	98 446	87 471	75 992	84 530
Parts de fonds d'investissement non monétaires	145 491	173 160	181 952	151 315	164 343	177 210	189 651	204 144
Systèmes d'assurance, de pensions et garanties standard	0	0	0	0	0	0	0	0
Produits financiers dérivés et options sur titres des salariés	18 767	13 800	13 481	25 137	25 916	26 096	27 903	26 878
Autres comptes à recevoir	96 114	114 394	125 786	100 956	99 870	94 608	112 593	119 923
Passifs financiers	1 367 981	1 514 582	1 503 620	1 356 990	1 438 354	1 443 608	1 505 683	1 600 857
Titres de dette	0	0	0	0	0	0	0	0
Titres de dette à court terme	0	0	0	0	0	0	0	0
Titres de dette à long terme	0	0	0	0	0	0	0	0
Crédits	1 193	554	4 170	588	3 912	3 020	4 050	4 190
Crédits à court terme	1 190	548	4 167	584	2 300	1 466	2 491	1 930
Crédits à long terme	3	5	3	4	1 612	1 555	1 559	2 260
Actions et parts de fonds d'investissement	1 252 029	1 384 469	1 357 039	1 220 785	1 293 864	1 307 054	1 349 244	1 441 675
Systèmes d'assurance, de pensions et garanties standard	0	0	0	0	0	0	0	0
Produits financiers dérivés et options sur titres des salariés	8 446	10 801	8 685	24 275	26 667	28 154	31 214	30 534
Autres comptes à payer	94 287	110 466	124 820	100 643	101 346	96 127	113 677	118 049
Actifs non financiers	18 739	20 859	23 790	30 837	38 903	43 614	51 435	60 970

Note : Voir les métadonnées détaillées sur : http://metalinks.oecd.org/instinv/20170516/5358

Tableau 3. Actifs et passifs financiers des sociétés d'assurance et fonds de pension

Millions EUR

	2008	2009	2010	2011	2012	2013	2014	2015
Sociétés d'assurance et fonds de pension								
Valeur nette financière	-52 192	7 673	14 353	-9 339	120 316	128 281	231 981	218 294
Actifs financiers	1 580 683	1 760 513	1 895 553	1 874 710	2 076 202	2 182 607	2 398 823	2 469 679
Numéraire et dépôts	16 385	15 322	17 513	19 010	24 992	29 306	34 039	36 878
Titres de dette	919 586	1 018 877	1 147 206	1 139 217	1 275 546	1 319 433	1 461 006	1 464 553
Crédits	30 435	34 976	35 546	37 501	35 278	36 169	37 266	38 632
Actions et parts de fonds d'investissement	538 918	612 297	610 397	584 317	642 192	682 792	746 752	806 263
Actions	178 912	209 951	211 909	205 339	208 716	232 519	252 642	281 492
Parts de fonds d'investissement	360 006	402 346	398 487	378 979	433 476	450 273	494 110	524 771
Parts de fonds d'investissement monétaires	62 703	58 479	50 769	64 562	84 812	61 604	66 067	65 965
Parts de fonds d'investissement non monétaires	297 303	343 866	347 719	314 416	348 664	388 669	428 043	458 806
Systèmes d'assurance, de pensions et garanties standard	68 840	74 426	80 196	86 621	92 866	111 346	115 443	119 887
Produits financiers dérivés et options sur titres des salariés	6 462	4 551	4 642	7 994	5 276	3 507	4 263	3 412
Autres comptes à recevoir	57	63	54	51	53	54	54	54
Passifs financiers	1 632 875	1 752 840	1 881 201	1 884 050	1 955 886	2 054 326	2 166 842	2 251 385
Titres de dette	6 797	6 827	6 603	8 522	9 335	11 235	15 892	17 338
Titres de dette à court terme	750	866	673	215	237	107	107	123
Titres de dette à long terme	6 047	5 961	5 930	8 307	9 098	11 128	15 785	17 215
Crédits	72 074	67 644	76 284	70 690	77 126	88 206	99 616	104 029
Crédits à court terme	35 715	37 982	45 246	36 843	43 042	53 029	63 907	66 476
Crédits à long terme	36 359	29 662	31 038	33 846	34 084	35 177	35 709	37 552
Actions et parts de fonds d'investissement	94 288	100 689	107 449	96 243	99 615	109 596	117 869	118 884
Systèmes d'assurance, de pensions et garanties standard	1 423 215	1 542 953	1 655 957	1 680 705	1 735 678	1 811 041	1 897 780	1 976 939
Produits financiers dérivés et options sur titres des salariés	1 312	466	225	324	138	426	1 895	386
Autres comptes à payer	35 189	34 261	34 682	27 566	33 995	33 822	33 790	33 809
Actifs non financiers	26 460	24 402	25 683	25 225	26 309	27 356	27 785	28 618
Sociétés d'assurance								
Valeur nette financière	-52 192	7 673	14 353	-9 339	120 316	128 281	231 981	218 294
Actifs financiers	1 580 683	1 760 513	1 895 553	1 874 710	2 076 202	2 182 607	2 398 823	2 469 679
Numéraire et dépôts	16 385	15 322	17 513	19 010	24 992	29 306	34 039	36 878
Titres de dette	919 586	1 018 877	1 147 206	1 139 217	1 275 546	1 319 433	1 461 006	1 464 553
Crédits	30 435	34 976	35 546	37 501	35 278	36 169	37 266	38 632
Actions et parts de fonds d'investissement	538 918	612 297	610 397	584 317	642 192	682 792	746 752	806 263
Actions	178 912	209 951	211 909	205 339	208 716	232 519	252 642	281 492
Parts de fonds d'investissement	360 006	402 346	398 487	378 979	433 476	450 273	494 110	524 771
Parts de fonds d'investissement monétaires	62 703	58 479	50 769	64 562	84 812	61 604	66 067	65 965
Parts de fonds d'investissement non monétaires	297 303	343 866	347 719	314 416	348 664	388 669	428 043	458 806
Systèmes d'assurance, de pensions et garanties standard	68 840	74 426	80 196	86 621	92 866	111 346	115 443	119 887
Produits financiers dérivés et options sur titres des salariés	6 462	4 551	4 642	7 994	5 276	3 507	4 263	3 412
Autres comptes à recevoir	57	63	54	51	53	54	54	54
Passifs financiers	1 632 875	1 752 840	1 881 201	1 884 050	1 955 886	2 054 326	2 166 842	2 251 385
Titres de dette	6 797	6 827	6 603	8 522	9 335	11 235	15 892	17 338
Titres de dette à court terme	750	866	673	215	237	107	107	123
Titres de dette à long terme	6 047	5 961	5 930	8 307	9 098	11 128	15 785	17 215
Crédits	72 074	67 644	76 284	70 690	77 126	88 206	99 616	104 029
Crédits à court terme	35 715	37 982	45 246	36 843	43 042	53 029	63 907	66 476
Crédits à long terme	36 359	29 662	31 038	33 846	34 084	35 177	35 709	37 552
Actions et parts de fonds d'investissement	94 288	100 689	107 449	96 243	99 615	109 596	117 869	118 884
Systèmes d'assurance, de pensions et garanties standard	1 423 215	1 542 953	1 655 957	1 680 705	1 735 678	1 811 041	1 897 780	1 976 939
Produits financiers dérivés et options sur titres des salariés	1 312	466	225	324	138	426	1 895	386
Autres comptes à payer	35 189	34 261	34 682	27 566	33 995	33 822	33 790	33 809
Actifs non financiers	26 460	24 402	25 683	25 225	26 309	27 356	27 785	28 618
Fonds de pension								
Valeur nette financière	..	..	..	..	..	..	..	..
Actifs financiers	..	..	..	..	..	..	..	..
Numéraire et dépôts	..	..	..	..	..	..	..	..
Titres de dette	..	..	..	..	..	..	..	..
Crédits	..	..	..	..	..	..	..	..
Actions et parts de fonds d'investissement	..	..	..	..	..	..	..	..
Actions	..	..	..	..	..	..	..	..
Parts de fonds d'investissement	..	..	..	..	..	..	..	..
Parts de fonds d'investissement monétaires	..	..	..	..	..	..	..	..
Parts de fonds d'investissement non monétaires	..	..	..	..	..	..	..	..
Systèmes d'assurance, de pensions et garanties standard	..	..	..	..	..	..	..	..
Produits financiers dérivés et options sur titres des salariés	..	..	..	..	..	..	..	..
Autres comptes à recevoir	..	..	..	..	..	..	..	..
Passifs financiers	..	..	..	..	..	..	..	..
Titres de dette	..	..	..	..	..	..	..	..
Titres de dette à court terme	..	..	..	..	..	..	..	..
Titres de dette à long terme	..	..	..	..	..	..	..	..
Crédits	..	..	..	..	..	..	..	..
Crédits à court terme	..	..	..	..	..	..	..	..
Crédits à long terme	..	..	..	..	..	..	..	..
Actions et parts de fonds d'investissement	..	..	..	..	..	..	..	..
Systèmes d'assurance, de pensions et garanties standard	..	..	..	..	..	..	..	..
Produits financiers dérivés et options sur titres des salariés	..	..	..	..	..	..	..	..
Autres comptes à payer	..	..	..	..	..	..	..	..
Actifs non financiers	..	..	..	..	..	..	..	..

Note : Voir les métadonnées détaillées sur : http://metalinks.oecd.org/instinv/20170516/5358

Tableau 4. Composition du portefeuille par type d'investisseur

En pourcentage des actifs financiers et des passifs financiers

Pour cent

	2008	2009	2010	2011	2012	2013	2014	2015
Fonds d'investissement								
Actifs financiers	100.0	100.0	100.0	100.0	100.0	100.0	100.0	100.0
Numéraire et dépôts	7.8	6.1	5.6	6.3	6.2	6.0	5.9	5.7
Titres de dettes	43.5	42.3	40.2	42.1	42.2	39.5	39.6	39.1
Crédits	0.5	0.3	0.4	0.1	0.1	0.2	0.2	0.1
Actions et parts de fonds d'investissement	39.7	42.7	44.3	41.9	42.5	45.7	44.7	45.6
Systèmes d'assurance de pensions et garanties standard	0.0	0.0	0.0	0.0	0.0	0.0	0.0	0.0
Produits financiers dérivés et options sur titres des salariés	1.4	0.9	0.9	1.9	1.9	1.9	1.9	1.7
Autres comptes à recevoir	7.1	7.7	8.5	7.6	7.1	6.8	7.7	7.8
Passifs financiers	100.0	100.0	100.0	100.0	100.0	100.0	100.0	100.0
Numéraire et dépôts	0.9	0.5	0.6	0.8	0.9	0.6	0.5	0.4
Titres de dettes	0.0	0.0	0.0	0.0	0.0	0.0	0.0	0.0
Crédits	0.1	0.0	0.3	0.0	0.3	0.2	0.3	0.3
Actions et parts de fonds d'investissement	91.5	91.4	90.3	90.0	90.0	90.5	89.6	90.1
Systèmes d'assurance de pensions et garanties standard	0.0	0.0	0.0	0.0	0.0	0.0	0.0	0.0
Produits financiers dérivés et options sur titres des salariés	0.6	0.7	0.6	1.8	1.9	2.0	2.1	1.9
Autres comptes à recevoir	6.9	7.3	8.3	7.4	7.0	6.7	7.5	7.4
Sociétés d'assurance								
Actifs financiers	100.0	100.0	100.0	100.0	100.0	100.0	100.0	100.0
Numéraire et dépôts	1.0	0.9	0.9	1.0	1.2	1.3	1.4	1.5
Titres de dettes	58.2	57.9	60.5	60.8	61.4	60.5	60.9	59.3
Crédits	1.9	2.0	1.9	2.0	1.7	1.7	1.6	1.6
Actions et parts de fonds d'investissement	34.1	34.8	32.2	31.2	30.9	31.3	31.1	32.6
Systèmes d'assurance de pensions et garanties standard	4.4	4.2	4.2	4.6	4.5	5.1	4.8	4.9
Produits financiers dérivés et options sur titres des salariés	0.4	0.3	0.2	0.4	0.3	0.2	0.2	0.1
Autres comptes à recevoir	0.0	0.0	0.0	0.0	0.0	0.0	0.0	0.0
Passifs financiers	100.0	100.0	100.0	100.0	100.0	100.0	100.0	100.0
Numéraire et dépôts	0.0	0.0	0.0	0.0	0.0	0.0	0.0	0.0
Titres de dettes	0.4	0.4	0.4	0.5	0.5	0.5	0.7	0.8
Crédits	4.4	3.9	4.1	3.8	3.9	4.3	4.6	4.6
Actions et parts de fonds d'investissement	5.8	5.7	5.7	5.1	5.1	5.3	5.4	5.3
Systèmes d'assurance de pensions et garanties standard	87.2	88.0	88.0	89.2	88.7	88.2	87.6	87.8
Produits financiers dérivés et options sur titres des salariés	0.1	0.0	0.0	0.0	0.0	0.0	0.1	0.0
Autres comptes à recevoir	2.2	2.0	1.8	1.5	1.7	1.6	1.6	1.5
Fonds de pension								
Actifs financiers	..	..	..	..	..	..	..	..
Numéraire et dépôts	..	..	..	..	..	..	..	..
Titres de dettes	..	..	..	..	..	..	..	..
Crédits	..	..	..	..	..	..	..	..
Actions et parts de fonds d'investissement	..	..	..	..	..	..	..	..
Systèmes d'assurance de pensions et garanties standard	..	..	..	..	..	..	..	..
Produits financiers dérivés et options sur titres des salariés	..	..	..	..	..	..	..	..
Autres comptes à recevoir	..	..	..	..	..	..	..	..
Passifs financiers	..	..	..	..	..	..	..	..
Numéraire et dépôts	..	..	..	..	..	..	..	..
Titres de dettes	..	..	..	..	..	..	..	..
Crédits	..	..	..	..	..	..	..	..
Actions et parts de fonds d'investissement	..	..	..	..	..	..	..	..
Systèmes d'assurance de pensions et garanties standard	..	..	..	..	..	..	..	..
Produits financiers dérivés et options sur titres des salariés	..	..	..	..	..	..	..	..
Autres comptes à recevoir	..	..	..	..	..	..	..	..

Note : Voir les métadonnées détaillées sur : http://metalinks.oecd.org/instinv/20170516/e12c

ALLEMAGNE

Tableau 1. Actifs et passifs financiers des investisseurs institutionnels, 2015

Millions EUR (1999 DEM euro)

	Total	Fonds d'investissement			
		Fonds d'investissement non-monétaire			Fonds d'investissement monétaires
		Total	Fonds d'investissement à capital variable, non monétaire	Fonds d'investissement à capital fixe, non monétaire	Total
Actifs financiers	1 695 238	1 691 402	..	..	3 836
Numéraire et dépôts	81 075	80 720	..	..	355
Titres de dette	845 544	842 082	..	..	3 462
Titres de dette à court terme	7 147	6 227	..	..	920
Titres de dette à long terme	838 396	835 854	..	..	2 542
Titres de dette émis par les résidents	137 599	137 081	..	..	518
Titres de dette émis par les non-résidents	707 944	704 999	..	..	2 945
Crédits	15 551	15 551	..	..	0
Crédits à court terme	0	0	..	..	0
Crédits à long terme	15 551	15 551	..	..	0
Crédits accordés aux résidents	1 833	1 833	..	..	0
Crédits accordés aux non-résidents	13 718	13 718	..	..	0
Actions et parts de fonds d'investissement	708 259	708 252	..	..	7
Actions et parts de fonds d'investissements émises par les résidents	..	..	..	..	..
Actions et part de fonds d'investissements émises par les non-résidents	..	..	..	..	..
Autres comptes à recevoir	29 306	29 294	..	..	12

	Total	Fonds d'investissement			
		Fonds d'investissement non-monétaire			Fonds d'investissement monétaires
		Total	Fonds d'investissement à capital variable, non monétaire	Fonds d'investissement à capital fixe, non monétaire	Total
Pasifs financiers	1 798 491	1 794 655	..	..	3 836
Numéraire et dépôts	..	..	..	..	..
Titres de dette	..	0	..	..	..
Titres de dette à court terme	..	0	..	..	..
Titres de dette à long terme	..	0	..	..	..
Crédits	30 197	30 197	..	..	..
Crédits à court terme	0	0	..	..	..
Crédits à long terme	30 197	30 197	..	..	..
Actions et parts de fonds d'investissement	1 743 031	1 739 197	..	..	3 834
Systèmes d'assurance, de pensions et garanties standard	..	0	..	..	..
Produits financiers dérivés et options sur titres des salariés	12 469	12 469	..	..	0
Autres comptes à payer	12 794	12 792	..	..	2

	Total	Sociétés d'assurance et fonds de pension autonomes			
		Sociétés d'assurance			Fonds de pension autonomes
		Total	Sociétés d'assurance vie	Sociétés d'assurance non-vie	Total
Actifs financiers	2 424 947	1 906 361	..	..	518 586
Numéraire et dépôts	488 321	370 531	..	..	117 790
Titres de dette	382 686	346 790	..	..	35 896
Titres de dette à court terme	2 236	2 109	..	..	127
Titres de dette à long terme	380 450	344 681	..	..	35 769
Titres de dette émis par les résidents	104 729	97 198	..	..	7 531
Titres de dette émis par les non-résidents	277 958	249 594	..	..	28 364
Crédits	321 975	291 735	..	..	30 240
Crédits à court terme	61 052	60 898	..	..	154
Crédits à long terme	260 923	230 837	..	..	30 086
Crédits accordés aux résidents	260 548	231 700	..	..	28 848
Crédits accordés aux non-résidents	61 427	60 035	..	..	1 392
Actions et parts de fonds d'investissement	1 085 308	772 133	..	..	313 175
Actions et parts de fonds d'investissement émises par les résidents	..	..	..	..	..
Actions et parts de fonds d'investissement émises par les non-résidents	..	..	..	..	..
Autrescomptes à recevoir	65 148	49 070	..	..	16 078

	Total	Sociétés d'assurance et fonds de pension autonomes			
		Sociétés d'assurance			Fonds de pension autonomes
		Total	Sociétés d'assurance vie	Sociétés d'assurance non-vie	Total
Pasifs financiers	2 427 703	1 937 461	..	..	490 242
Numéraire et dépôts	..	..	..	..	..
Titres de dette	20 138	20 116	..	..	22
Titres de dette à court terme	1 558	1 558	..	..	0
Titres de dette à long terme	18 580	18 558	..	..	22
Crédits	81 869	76 645	..	..	5 224
Crédits à court terme	49 058	45 032	..	..	4 026
Crédits à long terme	32 811	31 613	..	..	1 198
Actions et parts de fonds d'investissement	255 480	255 480	..	..	0
Systèmes d'assurance, de pensions et garanties standard	1 968 013	1 484 188	..	..	483 825
Produits financiers dérivés et options sur titres des salariés	896	896	..	..	0
Autres comptes à payer	101 307	100 136	..	..	1 171

Note : Voir les métadonnées détaillées sur : http://metalinks.oecd.org/instinv/20170516/6ef2

ALLEMAGNE

Tableau 2. Actifs et passifs financiers des fonds d'investissement

Millions EUR

	2008	2009	2010	2011	2012	2013	2014	2015
Fonds d'investissement								
Valeur nette financière	-80 027	-91 714	-94 052	-95 013	-96 695	-97 653	-98 074	-103 253
Actifs financiers	880 533	980 597	1 088 601	1 091 094	1 261 524	1 368 048	1 555 369	1 695 238
Numéraire et dépôts	141 954	63 164	56 311	74 226	68 417	70 050	70 131	81 075
Titres de dette	475 181	558 331	599 292	607 744	693 135	715 174	824 795	845 544
Crédits	3 541	8 244	9 813	9 676	11 773	12 082	13 905	15 551
Actions et parts de fonds d'investissement	246 367	326 191	397 787	372 637	458 299	541 704	606 113	708 259
Actions	190 401	219 063	253 168	222 201	252 402	307 204	329 351	388 457
Parts de fonds d'investissement	55 966	107 128	144 619	150 436	205 897	234 500	276 762	319 802
Parts de fonds d'investissement monétaires	4	88	145	72	2 025	1 671	1 894	3 152
Parts de fonds d'investissement non monétaires	55 962	107 040	144 474	150 364	203 872	232 830	274 867	316 650
Systèmes d'assurance, de pensions et garanties standard	0	0	0	0	0	0	0	0
Produits financiers dérivés et options sur titres des salariés	13 225	7 594	6 727	8 008	10 889	9 256	14 586	15 504
Autres comptes à recevoir	266	17 073	18 672	18 802	19 010	19 782	25 839	29 306
Passifs financiers	960 561	1 072 312	1 182 653	1 186 107	1 358 219	1 465 700	1 653 443	1 798 491
Titres de dette	..	..	..	..	..	..	..	..
Titres de dette à court terme	..	..	..	..	..	..	..	..
Titres de dette à long terme	..	..	..	..	..	..	..	..
Crédits	41 956	28 132	30 037	29 447	32 143	29 222	30 753	30 197
Crédits à court terme	16 364	0	0	0	0	0	0	0
Crédits à long terme	25 592	28 132	30 037	29 447	32 143	29 222	30 753	30 197
Actions et parts de fonds d'investissement	909 604	1 027 377	1 136 949	1 138 727	1 309 466	1 421 287	1 597 283	1 743 031
Systèmes d'assurance, de pensions et garanties standard	..	..	..	..	..	..	..	..
Produits financiers dérivés et options sur titres des salariés	8 768	6 501	6 086	8 794	4 647	4 175	12 041	12 469
Autres comptes à payer	233	10 302	9 581	9 139	11 963	11 017	13 367	12 794
Actifs non financiers	..	..	..	..	..	..	..	..
Fonds d'investissement monéaires								
Valeur nette financière	0	0	0	0	0	0	0	0
Actifs financiers	17 274	12 260	10 376	6 622	7 824	4 516	3 895	3 836
Numéraire et dépôts	4 484	2 723	2 286	544	322	315	240	355
Titres de dette	12 500	9 367	7 880	5 927	5 414	4 129	3 633	3 462
Crédits	..	..	..	..	..	10	0	0
Actions et parts de fonds d'investissement	4	88	145	72	2 025	24	9	7
Actions	..	..	..	..	..	..	..	..
Parts de fonds d'investissement	4	88	145	72	2 025	24	9	7
Parts de fonds d'investissement monétaires	4	88	145	72	2 025	5	9	7
Parts de fonds d'investissement non monétaires	0	0	0	0	0	19	0	0
Systèmes d'assurance, de pensions et garanties standard	..	..	..	..	..	..	..	..
Produits financiers dérivés et options sur titres des salariés	1	2	0	2	1	0	0	0
Autres comptes à recevoir	266	80	66	76	37	38	13	12
Passifs financiers	17 275	12 261	10 376	6 622	7 824	4 515	3 895	3 836
Titres de dette	..	..	..	..	..	..	..	..
Titres de dette à court terme	..	..	..	..	..	..	..	..
Titres de dette à long terme	..	..	..	..	..	..	..	..
Crédits	..	..	..	..	..	..	..	..
Crédits à court terme	..	..	..	..	..	..	..	..
Crédits à long terme	..	..	..	..	..	..	..	..
Actions et parts de fonds d'investissement	17 039	11 951	10 274	6 577	7 703	4 510	3 884	3 834
Systèmes d'assurance, de pensions et garanties standard	..	..	..	..	..	..	..	..
Produits financiers dérivés et options sur titres des salariés	3	158	2	1	0	0	0	0
Autres comptes à payer	233	152	100	44	121	6	12	2
Actifs non financiers	..	..	..	..	..	..	..	..
Fonds d'investissement non monéaires								
Valeur nette financière	-80 027	-91 714	-94 052	-95 013	-96 695	-97 653	-98 074	-103 253
Actifs financiers	863 259	968 337	1 078 225	1 084 472	1 253 700	1 363 532	1 551 474	1 691 402
Numéraire et dépôts	137 470	60 441	54 025	73 682	68 095	69 735	69 891	80 720
Titres de dette	462 681	548 964	591 412	601 817	687 721	711 045	821 162	842 082
Crédits	3 521	8 244	9 813	9 676	11 749	12 072	13 905	15 551
Actions et parts de fonds d'investissement	246 363	326 103	397 642	372 565	456 274	541 680	606 104	708 252
Actions	190 401	219 063	253 168	222 201	252 402	307 204	329 351	388 457
Parts de fonds d'investissement	55 962	107 040	144 474	150 364	203 872	234 476	276 753	319 795
Parts de fonds d'investissement monétaires	0	0	0	0	0	1 666	1 885	3 145
Parts de fonds d'investissement non monétaires	55 962	107 040	144 474	150 364	203 872	232 811	274 867	316 650
Systèmes d'assurance, de pensions et garanties standard	0	0	0	0	0	0	0	0
Produits financiers dérivés et options sur titres des salariés	13 224	7 592	6 727	8 006	10 888	9 256	14 586	15 504
Autres comptes à recevoir	0	16 993	18 606	18 726	18 973	19 744	25 826	29 294
Passifs financiers	943 286	1 060 051	1 172 277	1 179 485	1 350 395	1 461 185	1 649 548	1 794 655
Titres de dette	0	0	0	0	0	0	0	0
Titres de dette à court terme	0	0	0	0	0	0	0	0
Titres de dette à long terme	0	0	0	0	0	0	0	0
Crédits	41 956	28 132	30 037	29 447	32 143	29 222	30 753	30 197
Crédits à court terme	16 364	0	0	0	0	0	0	0
Crédits à long terme	25 592	28 132	30 037	29 447	32 143	29 222	30 753	30 197
Actions et parts de fonds d'investissement	892 565	1 015 426	1 126 675	1 132 150	1 301 763	1 416 777	1 593 399	1 739 197
Systèmes d'assurance, de pensions et garanties standard	0	0	0	0	0	0	0	0
Produits financiers dérivés et options sur titres des salariés	8 765	6 343	6 084	8 793	4 647	4 175	12 041	12 469
Autres comptes à payer	0	10 150	9 481	9 095	11 842	11 011	13 355	12 792
Actifs non financiers	..	..	..	..	..	..	..	..
Fonds d'investissement non monéaires à capital variable								
Valeur nette financière	..	..	..	..	..	..	..	..
Actifs financiers	..	..	..	..	..	..	..	..

Tableau 2. Actifs et passifs financiers des fonds d'investissement *(suite)*

Millions EUR

	2008	2009	2010	2011	2012	2013	2014	2015
Numéraire et dépôts	..	..	..	..	..	..	..	..
Titres de dette	..	..	..	..	..	..	..	..
Crédits	..	..	..	..	..	..	..	..
Actions et parts de fonds d'investissement	..	..	..	..	..	..	..	..
Actions	..	..	..	..	..	..	..	..
Parts de fonds d'investissement	..	..	..	..	..	..	..	..
Parts de fonds d'investissement monétaires	..	..	..	..	..	..	..	..
Parts de fonds d'investissement non monétaires	..	..	..	..	..	..	..	..
Systèmes d'assurance, de pensions et garanties standard	..	..	..	..	..	..	..	..
Produits financiers dérivés et options sur titres des salariés	..	..	..	..	..	..	..	..
Autres comptes à recevoir	..	..	..	..	..	..	..	..
Passifs financiers	..	..	..	..	..	..	..	..
Titres de dette	..	..	..	..	..	..	..	..
Titres de dette à court terme	..	..	..	..	..	..	..	..
Titres de dette à long terme	..	..	..	..	..	..	..	..
Crédits	..	..	..	..	..	..	..	..
Crédits à court terme	..	..	..	..	..	..	..	..
Crédits à long terme	..	..	..	..	..	..	..	..
Actions et parts de fonds d'investissement	..	..	..	..	..	..	..	..
Systèmes d'assurance, de pensions et garanties standard	..	..	..	..	..	..	..	..
Produits financiers dérivés et options sur titres des salariés	..	..	..	..	..	..	..	..
Autres comptes à payer	..	..	..	..	..	..	..	..
Actifs non financiers	..	..	..	..	..	..	..	..
Fonds d'investissement à capital variable								
Valeur nette financière	..	..	..	..	..	..	..	..
Actifs financiers	..	..	..	..	..	..	..	..
Numéraire et dépôts	..	..	..	..	..	..	..	..
Titres de dette	..	..	..	..	..	..	..	..
Crédits	..	..	..	..	..	..	..	..
Actions et parts de fonds d'investissement	..	..	..	..	..	..	..	..
Actions	..	..	..	..	..	..	..	..
Parts de fonds d'investissement	..	..	..	..	..	..	..	..
Parts de fonds d'investissement monétaires	..	..	..	..	..	..	..	..
Parts de fonds d'investissement non monétaires	..	..	..	..	..	..	..	..
Systèmes d'assurance, de pensions et garanties standard	..	..	..	..	..	..	..	..
Produits financiers dérivés et options sur titres des salariés	..	..	..	..	..	..	..	..
Autres comptes à recevoir	..	..	..	..	..	..	..	..
Passifs financiers	..	..	..	..	..	..	..	..
Titres de dette	..	..	..	..	..	..	..	..
Titres de dette à court terme	..	..	..	..	..	..	..	..
Titres de dette à long terme	..	..	..	..	..	..	..	..
Crédits	..	..	..	..	..	..	..	..
Crédits à court terme	..	..	..	..	..	..	..	..
Crédits à long terme	..	..	..	..	..	..	..	..
Actions et parts de fonds d'investissement	..	..	..	..	..	..	..	..
Systèmes d'assurance, de pensions et garanties standard	..	..	..	..	..	..	..	..
Produits financiers dérivés et options sur titres des salariés	..	..	..	..	..	..	..	..
Autres comptes à payer	..	..	..	..	..	..	..	..
Actifs non financiers	..	..	..	..	..	..	..	..

Note : Voir les métadonnées détaillées sur : http://metalinks.oecd.org/instinv/20170516/6ef2

Tableau 3. Actifs et passifs financiers des sociétés d'assurance et fonds de pension

Millions EUR

	2008	2009	2010	2011	2012	2013	2014	2015
Sociétés d'assurance et fonds de pension								
Valeur nette financière	-47 465	-38 111	-20 078	5 843	35 411	-13 721	79 227	-2 756
Actifs financiers	1 685 974	1 745 556	1 845 571	1 899 067	2 068 570	2 139 328	2 353 017	2 424 947
Numéraire et dépôts	574 664	588 867	570 834	576 218	560 467	541 269	522 664	488 321
Titres de dette	175 257	180 238	203 255	218 696	281 003	303 382	372 741	382 686
Crédits	249 371	266 258	276 338	282 144	288 668	294 355	310 037	321 975
Actions et parts de fonds d'investissement	554 978	587 614	668 535	694 381	808 638	870 968	1 007 538	1 085 308
Actions	203 969	192 208	202 594	197 270	205 400	196 041	201 679	211 596
Parts de fonds d'investissement	351 009	395 406	465 941	497 111	603 238	674 927	805 859	873 712
Parts de fonds d'investissement monétaires	9	7	8	8	1 986	614	702	1 443
Parts de fonds d'investissement non monétaires	351 000	395 399	465 933	497 103	601 252	674 313	805 158	872 269
Systèmes d'assurance, de pensions et garanties standard	65 798	58 550	59 930	62 247	63 082	64 175	68 801	76 989
Produits financiers dérivés et options sur titres des salariés	4 830	4 728	4 936	5 366	6 138	5 979	6 417	4 520
Autres comptes à recevoir	61 076	59 301	61 743	60 015	60 574	59 200	64 819	65 148
Passifs financiers	1 733 439	1 783 667	1 865 649	1 893 224	2 033 159	2 153 049	2 273 790	2 427 703
Titres de dette	17 432	17 254	18 771	19 527	24 361	17 635	18 511	20 138
Titres de dette à court terme	2 812	1 337	1 894	767	1 404	598	686	1 558
Titres de dette à long terme	14 620	15 917	16 877	18 760	22 957	17 037	17 825	18 580
Crédits	72 063	67 377	66 081	64 289	67 923	66 031	71 284	81 869
Crédits à court terme	40 043	36 486	40 599	38 384	40 862	36 487	40 193	49 058
Crédits à long terme	32 020	30 891	25 482	25 905	27 061	29 544	31 091	32 811
Actions et parts de fonds d'investissement	136 019	136 216	137 616	111 799	158 942	197 652	202 695	255 480
Systèmes d'assurance, de pensions et garanties standard	1 409 087	1 472 570	1 552 555	1 605 346	1 688 032	1 772 406	1 878 720	1 968 013
Produits financiers dérivés et options sur titres des salariés	2 817	1 154	1 073	1 045	789	924	1 077	896
Autres comptes à payer	96 021	89 096	89 553	91 218	93 112	98 401	101 503	101 307
Actifs non financiers	..	..	..	..	..	..	..	..
Sociétés d'assurance								
Valeur nette financière	-36 453	-38 917	-18 410	8 620	7 012	-4 556	56 567	-31 100
Actifs financiers	1 390 531	1 414 901	1 491 692	1 526 640	1 637 864	1 722 403	1 868 162	1 906 361
Numéraire et dépôts	441 526	447 988	431 593	437 875	427 202	407 614	404 895	370 531
Titres de dette	148 138	152 182	173 816	185 244	238 228	280 251	340 530	346 790
Crédits	228 343	243 383	252 735	256 599	262 728	266 829	280 755	291 735
Actions et parts de fonds d'investissement	451 374	459 767	518 705	532 244	593 685	652 551	723 016	772 133
Actions	195 450	182 858	190 431	185 358	191 386	186 376	189 863	198 704
Parts de fonds d'investissement	255 924	276 909	328 274	346 886	402 299	466 175	533 153	573 429
Parts de fonds d'investissement monétaires	0	0	0	0	0	543	601	1 327
Parts de fonds d'investissement non monétaires	255 924	276 909	328 274	346 886	402 299	465 632	532 552	572 102
Systèmes d'assurance, de pensions et garanties standard	63 415	55 552	56 473	58 424	58 984	59 802	63 942	71 582
Produits financiers dérivés et options sur titres des salariés	4 830	4 728	4 936	5 366	6 138	5 979	6 417	4 520
Autres comptes à recevoir	52 905	51 301	53 434	50 888	50 899	49 377	48 607	49 070
Passifs financiers	1 426 984	1 453 818	1 510 102	1 518 020	1 630 852	1 726 959	1 811 595	1 937 461
Titres de dette	17 432	17 254	18 771	19 527	24 361	17 635	18 490	20 116
Titres de dette à court terme	2 812	1 337	1 894	767	1 404	598	686	1 558
Titres de dette à long terme	14 620	15 917	16 877	18 760	22 957	17 037	17 804	18 558
Crédits	69 391	63 936	62 322	60 261	63 682	61 607	66 438	76 645
Crédits à court terme	37 951	34 002	37 755	35 308	37 602	33 031	36 370	45 032
Crédits à long terme	31 440	29 934	24 567	24 954	26 080	28 576	30 068	31 613
Actions et parts de fonds d'investissement	136 019	136 216	137 616	111 799	158 942	197 652	202 695	255 480
Systèmes d'assurance, de pensions et garanties standard	1 106 465	1 147 262	1 201 983	1 235 237	1 291 113	1 351 920	1 422 747	1 484 188
Produits financiers dérivés et options sur titres des salariés	2 817	1 154	1 073	1 045	789	924	1 077	896
Autres comptes à payer	94 860	87 996	88 337	90 151	91 965	97 221	100 148	100 136
Actifs non financiers	..	..	..	..	..	..	..	..
Fonds de pension								
Valeur nette financière	-11 013	806	-1 668	-2 774	28 399	-9 166	22 660	28 344
Actifs financiers	295 443	330 656	353 879	372 428	430 706	416 925	484 856	518 586
Numéraire et dépôts	133 138	140 879	139 241	138 344	133 265	133 654	117 769	117 790
Titres de dette	27 119	28 056	29 439	33 452	42 775	23 131	32 211	35 896
Crédits	21 028	22 875	23 603	25 545	25 940	27 526	29 282	30 240
Actions et parts de fonds d'investissement	103 604	127 847	149 830	162 137	214 953	218 417	284 523	313 175
Actions	8 519	9 350	12 163	11 912	14 014	9 665	11 816	12 892
Parts de fonds d'investissement	95 085	118 497	137 667	150 225	200 939	208 752	272 707	300 283
Parts de fonds d'investissement monétaires	9	7	8	8	1 986	71	100	115
Parts de fonds d'investissement non monétaires	95 076	118 490	137 659	150 217	198 953	208 681	272 606	300 167
Systèmes d'assurance, de pensions et garanties standard	2 383	2 999	3 457	3 823	4 098	4 374	4 859	5 407
Produits financiers dérivés et options sur titres des salariés	0	0	0	0	0	0	0	0
Autres comptes à recevoir	8 171	8 000	8 309	9 127	9 675	9 823	16 212	16 078
Passifs financiers	306 456	329 850	355 547	375 202	402 307	426 091	462 196	490 242
Titres de dette	0	0	0	0	0	0	21	22
Titres de dette à court terme	0	0	0	0	0	0	0	0
Titres de dette à long terme	0	0	0	0	0	0	21	22
Crédits	2 673	3 442	3 759	4 026	4 241	4 425	4 847	5 224
Crédits à court terme	2 092	2 484	2 844	3 076	3 260	3 457	3 824	4 026
Crédits à long terme	581	958	915	950	981	968	1 023	1 198
Actions et parts de fonds d'investissement	0	0	0	0	0	0	0	0
Systèmes d'assurance, de pensions et garanties standard	302 622	325 308	350 572	370 109	396 919	420 486	455 973	483 825
Produits financiers dérivés et options sur titres des salariés	0	0	0	0	0	0	0	0
Autres comptes à payer	1 161	1 100	1 216	1 067	1 147	1 180	1 355	1 171
Actifs non financiers	..	..	..	..	..	..	..	..

Note : Voir les métadonnées détaillées sur : http://metalinks.oecd.org/instinv/20170516/6ef2

Tableau 4. Composition du portefeuille par type d'investisseur

En pourcentage des actifs financiers et des passifs financiers

Pour cent

	2008	2009	2010	2011	2012	2013	2014	2015
Fonds d'investissement								
Actifs financiers	100.0	100.0	100.0	100.0	100.0	100.0	100.0	100.0
Numéraire et dépôts	16.1	6.4	5.2	6.8	5.4	5.1	4.5	4.8
Titres de dettes	54.0	56.9	55.1	55.7	54.9	52.3	53.0	49.9
Crédits	0.4	0.8	0.9	0.9	0.9	0.9	0.9	0.9
Actions et parts de fonds d'investissement	28.0	33.3	36.5	34.2	36.3	39.6	39.0	41.8
Systèmes d'assurance de pensions et garanties standard	0.0	0.0	0.0	0.0	0.0	0.0	0.0	0.0
Produits financiers dérivés et options sur titres des salariés	1.5	0.8	0.6	0.7	0.9	0.7	0.9	0.9
Autres comptes à recevoir	0.0	1.7	1.7	1.7	1.5	1.4	1.7	1.7
Passifs financiers	100.0	100.0	100.0	100.0	100.0	100.0	100.0	100.0
Numéraire et dépôts	0.0	0.0	0.0	0.0	0.0	0.0	0.0	0.0
Titres de dettes	0.0	0.0	0.0	0.0	0.0	0.0	0.0	0.0
Crédits	4.4	2.6	2.5	2.5	2.4	2.0	1.9	1.7
Actions et parts de fonds d'investissement	94.7	95.8	96.1	96.0	96.4	97.0	96.6	96.9
Systèmes d'assurance de pensions et garanties standard	0.0	0.0	0.0	0.0	0.0	0.0	0.0	0.0
Produits financiers dérivés et options sur titres des salariés	0.9	0.6	0.5	0.7	0.3	0.3	0.7	0.7
Autres comptes à recevoir	0.0	1.0	0.8	0.8	0.9	0.8	0.8	0.7
Sociétés d'assurance								
Actifs financiers	100.0	100.0	100.0	100.0	100.0	100.0	100.0	100.0
Numéraire et dépôts	31.8	31.7	28.9	28.7	26.1	23.7	21.7	19.4
Titres de dettes	10.7	10.8	11.7	12.1	14.5	16.3	18.2	18.2
Crédits	16.4	17.2	16.9	16.8	16.0	15.5	15.0	15.3
Actions et parts de fonds d'investissement	32.5	32.5	34.8	34.9	36.2	37.9	38.7	40.5
Systèmes d'assurance de pensions et garanties standard	4.6	3.9	3.8	3.8	3.6	3.5	3.4	3.8
Produits financiers dérivés et options sur titres des salariés	0.3	0.3	0.3	0.4	0.4	0.3	0.3	0.2
Autres comptes à recevoir	3.8	3.6	3.6	3.3	3.1	2.9	2.6	2.6
Passifs financiers	100.0	100.0	100.0	100.0	100.0	100.0	100.0	100.0
Numéraire et dépôts	0.0	0.0	0.0	0.0	0.0	0.0	0.0	0.0
Titres de dettes	1.2	1.2	1.2	1.3	1.5	1.0	1.0	1.0
Crédits	4.9	4.4	4.1	4.0	3.9	3.6	3.7	4.0
Actions et parts de fonds d'investissement	9.5	9.4	9.1	7.4	9.7	11.4	11.2	13.2
Systèmes d'assurance de pensions et garanties standard	77.5	78.9	79.6	81.4	79.2	78.3	78.5	76.6
Produits financiers dérivés et options sur titres des salariés	0.2	0.1	0.1	0.1	0.0	0.1	0.1	0.0
Autres comptes à recevoir	6.6	6.1	5.8	5.9	5.6	5.6	5.5	5.2
Fonds de pension								
Actifs financiers	100.0	100.0	100.0	100.0	100.0	100.0	100.0	100.0
Numéraire et dépôts	45.1	42.6	39.3	37.1	30.9	32.1	24.3	22.7
Titres de dettes	9.2	8.5	8.3	9.0	9.9	5.5	6.6	6.9
Crédits	7.1	6.9	6.7	6.9	6.0	6.6	6.0	5.8
Actions et parts de fonds d'investissement	35.1	38.7	42.3	43.5	49.9	52.4	58.7	60.4
Systèmes d'assurance de pensions et garanties standard	0.8	0.9	1.0	1.0	1.0	1.0	1.0	1.0
Produits financiers dérivés et options sur titres des salariés	0.0	0.0	0.0	0.0	0.0	0.0	0.0	0.0
Autres comptes à recevoir	2.8	2.4	2.3	2.5	2.2	2.4	3.3	3.1
Passifs financiers	100.0	100.0	100.0	100.0	100.0	100.0	100.0	100.0
Numéraire et dépôts	0.0	0.0	0.0	0.0	0.0	0.0	0.0	0.0
Titres de dettes	0.0	0.0	0.0	0.0	0.0	0.0	0.0	0.0
Crédits	0.9	1.0	1.1	1.1	1.1	1.0	1.0	1.1
Actions et parts de fonds d'investissement	0.0	0.0	0.0	0.0	0.0	0.0	0.0	0.0
Systèmes d'assurance de pensions et garanties standard	98.7	98.6	98.6	98.6	98.7	98.7	98.7	98.7
Produits financiers dérivés et options sur titres des salariés	0.0	0.0	0.0	0.0	0.0	0.0	0.0	0.0
Autres comptes à recevoir	0.4	0.3	0.3	0.3	0.3	0.3	0.3	0.2

Note : Voir les métadonnées détaillées sur : http://metalinks.oecd.org/instinv/20170516/e12c

Tableau 1. Actifs et passifs financiers des investisseurs institutionnels, 2015

Millions EUR (2001 GRD euro)

	Total	Fonds d'investissement – Fonds d'investissement non-monétaire – Total	Fonds d'investissement à capital variable, non monétaire	Fonds d'investissement à capital fixe, non monétaire	Fonds d'investissement monétaires – Total
Actifs financiers	4 235	3 723	3 138	585	512
Numéraire et dépôts	595	434	254	180	161
Titres de dette	1 671	1 320	1 319	1	351
Titres de dette à court terme	461	147	147	0	314
Titres de dette à long terme	1 210	1 173	1 172	1	37
Titres de dette émis par les résidents	911	594	593	1	317
Titres de dette émis par les non-résidents	760	726	726	0	34
Crédits	..	..	..	..	..
Crédits à court terme	..	..	..	..	..
Crédits à long terme	..	..	..	..	..
Crédits accordés aux résidents	..	..	..	..	..
Crédits accordés aux non-résidents	..	..	..	..	..
Actions et parts de fonds d'investissement	1 821	1 821	1 486	335	0
Actions et parts de fonds d'investissements émises par les résidents	836	836	722	114	0
Actions et part de fonds d'investissements émises par les non-résidents	988	988	767	221	0
Autres comptes à recevoir	..	..	..	..	0

	Total	Fonds d'investissement – Fonds d'investissement non-monétaire – Total	Fonds d'investissement à capital variable, non monétaire	Fonds d'investissement à capital fixe, non monétaire	Fonds d'investissement monétaires – Total
Pasifs financiers	6 143	5 630	3 139	2 491	513
Numéraire et dépôts	..	..	..	..	..
Titres de dette	..	..	..	..	..
Titres de dette à court terme	..	..	..	..	..
Titres de dette à long terme	..	..	..	..	..
Crédits	301	301	0	301	..
Crédits à court terme	2	2	0	2	..
Crédits à long terme	299	299	0	299	..
Actions et parts de fonds d'investissement	5 765	5 252	3 089	2 163	513
Systèmes d'assurance, de pensions et garanties standard	..	..	..	..	..
Produits financiers dérivés et options sur titres des salariés	..	..	..	..	0
Autres comptes à payer	..	..	..	..	0

	Total	Sociétés d'assurance et fonds de pension autonomes – Sociétés d'assurance – Total	Sociétés d'assurance vie	Sociétés d'assurance non-vie	Fonds de pension autonomes – Total
Actifs financiers	15 969	15 647	10 916	4 731	322
Numéraire et dépôts	1 943	1 836	1 281	555	107
Titres de dette	8 323	8 176	5 704	2 472	146
Titres de dette à court terme	1 294	1 258	878	380	36
Titres de dette à long terme	7 028	6 918	4 826	2 092	111
Titres de dette émis par les résidents	2 014	1 943	1 355	587	71
Titres de dette émis par les non-résidents	6 309	6 234	4 349	1 885	75
Crédits	160	154	107	47	6
Crédits à court terme	17	11	8	3	6
Crédits à long terme	143	143	100	43	0
Crédits accordés aux résidents	123	117	82	35	6
Crédits accordés aux non-résidents	37	37	26	11	0
Actions et parts de fonds d'investissement	3 321	3 260	2 274	986	61
Actions et parts de fonds d'investissement émises par les résidents	1 398	1 367	954	413	32
Actions et parts de fonds d'investissement émises par les non-résidents	1 923	1 893	1 321	572	30
Autrescomptes à recevoir	1 746	1 746	1 218	528	1

	Total	Sociétés d'assurance et fonds de pension autonomes – Sociétés d'assurance – Total	Sociétés d'assurance vie	Sociétés d'assurance non-vie	Fonds de pension autonomes – Total
Pasifs financiers	16 971	16 649	11 615	5 034	322
Numéraire et dépôts	..	..	..	..	..
Titres de dette	..	29	20	9	..
Titres de dette à court terme	..	0	0	0	..
Titres de dette à long terme	..	29	20	9	..
Crédits	..	165	115	50	..
Crédits à court terme	..	57	40	17	..
Crédits à long terme	..	109	76	33	..
Actions et parts de fonds d'investissement	..	3 451	2 408	1 044	..
Systèmes d'assurance, de pensions et garanties standard	12 523	12 202	8 512	3 689	322
Produits financiers dérivés et options sur titres des salariés	0	0	0	0	..
Autres comptes à payer	802	802	560	243	..

Note : Voir les métadonnées détaillées sur : http://metalinks.oecd.org/instinv/20170516/d606

Tableau 2. Actifs et passifs financiers des fonds d'investissement

Millions EUR

	2008	2009	2010	2011	2012	2013	2014	2015
Fonds d'investissement								
Valeur nette financière	-641	-677	-1 535	-1 466	-1 399	-1 325	-1 849	-1 908
Actifs financiers	8 986	8 680	6 879	4 380	4 866	5 129	4 868	4 235
Numéraire et dépôts	2 997	2 401	1 706	1 304	1 534	1 099	1 332	595
Titres de dette	3 101	2 758	2 279	1 471	1 465	1 768	1 382	1 671
Crédits	..	..	..	..	..	..	..	..
Actions et parts de fonds d'investissement	2 429	3 168	2 468	1 435	1 695	2 097	1 827	1 821
Actions	1 930	2 622	1 882	1 037	1 322	1 748	1 328	1 288
Parts de fonds d'investissement	499	546	586	398	373	349	499	533
Parts de fonds d'investissement monétaires	15	16	3	9	21	16	15	10
Parts de fonds d'investissement non monétaires	484	530	583	389	352	333	484	523
Systèmes d'assurance, de pensions et garanties standard	..	..	..	..	..	..	..	..
Produits financiers dérivés et options sur titres des salariés	..	..	..	..	..	..	..	..
Autres comptes à recevoir	..	..	..	..	..	..	..	..
Passifs financiers	9 627	9 357	8 414	5 846	6 265	6 454	6 717	6 143
Titres de dette	..	..	..	..	..	..	..	..
Titres de dette à court terme	..	..	..	..	..	..	..	..
Titres de dette à long terme	..	..	..	..	..	..	..	..
Crédits	19	9	16	59	86	81	312	301
Crédits à court terme	0	0	0	0	0	0	2	2
Crédits à long terme	19	9	16	59	86	81	310	299
Actions et parts de fonds d'investissement	8 809	8 878	7 760	5 133	5 641	6 234	6 261	5 765
Systèmes d'assurance, de pensions et garanties standard	..	..	..	..	..	..	..	..
Produits financiers dérivés et options sur titres des salariés	..	..	..	..	..	..	..	..
Autres comptes à payer	..	..	..	..	..	..	..	..
Actifs non financiers	627	676	1 536	1 462	1 397	1 322	1 845	1 905
Fonds d'investissement monéaires								
Valeur nette financière	-9	-2	-2	-1	0	0	-1	-1
Actifs financiers	2 534	1 777	1 183	744	840	719	773	512
Numéraire et dépôts	1 906	1 610	1 013	627	772	365	539	161
Titres de dette	616	162	167	108	61	346	228	351
Crédits	..	..	..	..	..	..	..	..
Actions et parts de fonds d'investissement	0	0	0	5	2	2	2	0
Actions	0	0	0	0	0	0	0	0
Parts de fonds d'investissement	0	0	0	5	2	2	2	0
Parts de fonds d'investissement monétaires	0	0	0	5	2	2	2	0
Parts de fonds d'investissement non monétaires	0	0	0	0	0	0	0	0
Systèmes d'assurance, de pensions et garanties standard	..	..	..	..	..	..	..	..
Produits financiers dérivés et options sur titres des salariés	0	0	0	0	0	0	0	0
Autres comptes à recevoir	12	5	3	4	5	6	4	0
Passifs financiers	2 543	1 779	1 185	745	840	719	774	513
Titres de dette	..	..	..	..	..	..	..	..
Titres de dette à court terme	..	..	..	..	..	..	..	..
Titres de dette à long terme	..	..	..	..	..	..	..	..
Crédits	..	..	..	..	..	..	..	..
Crédits à court terme	..	..	..	..	..	..	..	..
Crédits à long terme	..	..	..	..	..	..	..	..
Actions et parts de fonds d'investissement	2 509	1 775	1 182	739	835	711	762	513
Systèmes d'assurance, de pensions et garanties standard	..	..	..	..	..	..	..	..
Produits financiers dérivés et options sur titres des salariés	0	0	0	0	0	0	0	0
Autres comptes à payer	34	4	3	6	5	8	12	0
Actifs non financiers	..	..	..	..	..	..	..	..
Fonds d'investissement non monéaires								
Valeur nette financière	-632	-675	-1 533	-1 465	-1 399	-1 325	-1 848	-1 907
Actifs financiers	6 452	6 903	5 696	3 636	4 026	4 410	4 095	3 723
Numéraire et dépôts	1 091	791	693	677	762	734	793	434
Titres de dette	2 485	2 596	2 112	1 363	1 404	1 422	1 154	1 320
Crédits	..	..	..	..	..	..	..	..
Actions et parts de fonds d'investissement	2 429	3 168	2 468	1 430	1 693	2 095	1 825	1 821
Actions	1 930	2 622	1 882	1 037	1 322	1 748	1 328	1 288
Parts de fonds d'investissement	499	546	586	393	371	347	497	533
Parts de fonds d'investissement monétaires	15	16	3	4	19	14	13	10
Parts de fonds d'investissement non monétaires	484	530	583	389	352	333	484	523
Systèmes d'assurance, de pensions et garanties standard	..	..	..	..	..	..	..	..
Produits financiers dérivés et options sur titres des salariés	..	..	..	..	..	..	..	..
Autres comptes à recevoir	..	..	..	..	..	..	..	..
Passifs financiers	7 084	7 578	7 229	5 101	5 425	5 735	5 943	5 630
Titres de dette	..	..	..	..	..	..	..	..
Titres de dette à court terme	..	..	..	..	..	..	..	..
Titres de dette à long terme	..	..	..	..	..	..	..	..
Crédits	19	9	16	59	86	81	312	301
Crédits à court terme	0	0	0	0	0	0	2	2
Crédits à long terme	19	9	16	59	86	81	310	299
Actions et parts de fonds d'investissement	6 300	7 103	6 578	4 394	4 806	5 523	5 499	5 252
Systèmes d'assurance, de pensions et garanties standard	..	..	..	..	..	..	..	..
Produits financiers dérivés et options sur titres des salariés	..	..	..	..	..	..	..	..
Autres comptes à payer	..	..	..	..	..	..	..	..
Actifs non financiers	627	676	1 536	1 462	1 397	1 322	1 845	1 905
Fonds d'investissement non monéaires à capital variable								
Valeur nette financière	-5	0	2	-2	-2	-2	-2	-1
Actifs financiers	5 975	6 453	5 190	3 262	3 572	3 797	3 344	3 138

Tableau 2. Actifs et passifs financiers des fonds d'investissement *(suite)*

Millions EUR

	2008	2009	2010	2011	2012	2013	2014	2015
Numéraire et dépôts	831	573	478	392	405	363	580	254
Titres de dette	2 485	2 596	2 112	1 363	1 404	1 420	1 151	1 319
Crédits	..	..	..	..	..	..	..	..
Actions et parts de fonds d'investissement	2 323	3 041	2 355	1 372	1 635	1 890	1 499	1 486
Actions	1 824	2 495	1 769	979	1 264	1 544	1 083	1 033
Parts de fonds d'investissement	499	546	586	393	371	346	416	453
Parts de fonds d'investissement monétaires	15	16	3	4	19	14	13	10
Parts de fonds d'investissement non monétaires	484	530	583	389	352	332	403	443
Systèmes d'assurance, de pensions et garanties standard	..	..	..	..	..	..	..	..
Produits financiers dérivés et options sur titres des salariés	..	..	..	..	..	..	..	..
Autres comptes à recevoir	..	..	..	..	..	..	..	..
Passifs financiers	5 980	6 453	5 188	3 264	3 574	3 799	3 346	3 139
Titres de dette	..	..	..	..	..	..	..	..
Titres de dette à court terme	..	..	..	..	..	..	..	..
Titres de dette à long terme	..	..	..	..	..	..	..	..
Crédits	0	0	0	0	0	0	0	0
Crédits à court terme	0	0	0	0	0	0	0	0
Crédits à long terme	0	0	0	0	0	0	0	0
Actions et parts de fonds d'investissement	5 700	6 296	5 008	3 161	3 467	3 696	3 254	3 089
Systèmes d'assurance, de pensions et garanties standard	..	..	..	..	..	..	..	..
Produits financiers dérivés et options sur titres des salariés	..	..	..	..	..	..	..	..
Autres comptes à payer	..	..	..	..	..	..	..	..
Actifs non financiers	0	0	0	0	0	0	0	0
Fonds d'investissement à capital variable								
Valeur nette financière	-14	-2	0	-3	-2	-2	-3	-2
Actifs financiers	8 509	8 230	6 373	4 006	4 412	4 516	4 117	3 650
Numéraire et dépôts	2 737	2 183	1 491	1 019	1 177	728	1 119	415
Titres de dette	3 101	2 758	2 279	1 471	1 465	1 766	1 379	1 670
Crédits	..	..	..	..	..	..	..	..
Actions et parts de fonds d'investissement	2 323	3 041	2 355	1 377	1 637	1 892	1 501	1 486
Actions	1 824	2 495	1 769	979	1 264	1 544	1 083	1 033
Parts de fonds d'investissement	499	546	586	398	373	348	418	453
Parts de fonds d'investissement monétaires	15	16	3	9	21	16	15	10
Parts de fonds d'investissement non monétaires	484	530	583	389	352	332	403	443
Systèmes d'assurance, de pensions et garanties standard	..	..	..	..	..	..	..	..
Produits financiers dérivés et options sur titres des salariés	..	..	..	..	..	..	..	..
Autres comptes à recevoir	..	..	..	..	..	..	..	..
Passifs financiers	8 523	8 232	6 373	4 009	4 414	4 518	4 120	3 652
Titres de dette	..	..	..	..	..	..	..	..
Titres de dette à court terme	..	..	..	..	..	..	..	..
Titres de dette à long terme	..	..	..	..	..	..	..	..
Crédits	0	0	0	0	0	0	0	0
Crédits à court terme	0	0	0	0	0	0	0	0
Crédits à long terme	0	0	0	0	0	0	0	0
Actions et parts de fonds d'investissement	8 209	8 071	6 190	3 900	4 302	4 407	4 016	3 602
Systèmes d'assurance, de pensions et garanties standard	..	..	..	..	..	..	..	..
Produits financiers dérivés et options sur titres des salariés	..	..	..	..	..	..	..	..
Autres comptes à payer	..	..	..	..	..	..	..	..
Actifs non financiers	0	0	0	0	0	0	0	0

Note : Voir les métadonnées détaillées sur : http://metalinks.oecd.org/instinv/20170516/d606

Tableau 3. Actifs et passifs financiers des sociétés d'assurance et fonds de pension

Millions EUR

	2008	2009	2010	2011	2012	2013	2014	2015
Sociétés d'assurance et fonds de pension								
Valeur nette financière	..	..	..	..	..	-921	-879	-1 002
Actifs financiers	..	..	..	..	..	15 509	15 893	15 969
Numéraire et dépôts	..	..	..	..	..	3 772	2 575	1 943
Titres de dette	..	..	..	..	..	6 713	8 243	8 323
Crédits	..	..	..	..	..	132	140	160
Actions et parts de fonds d'investissement	..	..	..	..	..	2 628	2 880	3 321
Actions	..	..	..	..	..	365	404	545
Parts de fonds d'investissement	..	..	..	..	..	2 264	2 476	2 776
Parts de fonds d'investissement monétaires	..	..	..	..	..	367	416	509
Parts de fonds d'investissement non monétaires	..	..	..	..	..	1 896	2 060	2 267
Systèmes d'assurance, de pensions et garanties standard	..	..	..	..	..	390	375	471
Produits financiers dérivés et options sur titres des salariés	..	..	..	..	..	8	4	4
Autres comptes à recevoir	..	..	..	..	..	1 866	1 676	1 746
Passifs financiers	..	..	..	..	..	16 430	16 772	16 971
Titres de dette	..	..	..	..	..	..	..	..
Titres de dette à court terme	..	..	..	..	..	..	..	..
Titres de dette à long terme	..	..	..	..	..	..	..	..
Crédits	..	..	..	..	..	..	..	..
Crédits à court terme	..	..	..	..	..	..	..	..
Crédits à long terme	..	..	..	..	..	..	..	..
Actions et parts de fonds d'investissement	..	..	..	..	..	..	..	..
Systèmes d'assurance, de pensions et garanties standard	..	..	..	..	..	12 146	12 213	12 523
Produits financiers dérivés et options sur titres des salariés	..	..	..	..	..	0	0	0
Autres comptes à payer	..	..	..	..	..	977	1 198	802
Actifs non financiers	..	..	..	..	..	921	879	1 002
Sociétés d'assurance								
Valeur nette financière	-1 526	-1 236	-1 041	-987	-865	-921	-879	-1 002
Actifs financiers	13 531	14 344	14 662	13 906	14 689	15 284	15 453	15 647
Numéraire et dépôts	1 956	1 988	2 837	2 771	2 800	3 547	2 439	1 836
Titres de dette	5 837	6 587	6 605	6 256	6 589	6 713	7 985	8 176
Crédits	108	102	101	97	145	132	132	154
Actions et parts de fonds d'investissement	2 732	2 809	2 331	2 150	2 632	2 628	2 842	3 260
Actions	687	508	352	284	341	365	399	532
Parts de fonds d'investissement	2 046	2 300	1 979	1 865	2 291	2 264	2 444	2 728
Parts de fonds d'investissement monétaires	162	114	108	174	468	367	416	509
Parts de fonds d'investissement non monétaires	1 884	2 186	1 871	1 692	1 823	1 896	2 028	2 218
Systèmes d'assurance, de pensions et garanties standard	333	372	419	404	426	390	375	471
Produits financiers dérivés et options sur titres des salariés	4	3	0	0	6	8	4	4
Autres comptes à recevoir	2 562	2 484	2 369	2 228	2 091	1 866	1 675	1 746
Passifs financiers	15 058	15 580	15 703	14 893	15 554	16 205	16 332	16 649
Titres de dette	53	37	16	15	15	29	29	29
Titres de dette à court terme	0	0	0	0	0	0	0	0
Titres de dette à long terme	53	37	16	15	15	29	29	29
Crédits	183	247	1 033	673	332	482	127	165
Crédits à court terme	109	83	837	469	275	435	65	57
Crédits à long terme	74	165	196	204	57	47	62	109
Actions et parts de fonds d'investissement	1 523	1 904	1 092	878	1 956	2 796	3 206	3 451
Systèmes d'assurance, de pensions et garanties standard	11 990	12 289	12 522	12 319	12 256	11 921	11 773	12 202
Produits financiers dérivés et options sur titres des salariés	0	6	2	1	1	0	0	0
Autres comptes à payer	1 309	1 097	1 038	1 007	995	977	1 198	802
Actifs non financiers	1 526	1 236	1 041	987	865	921	879	1 002
Fonds de pension								
Valeur nette financière	..	..	..	..	..	0	0	0
Actifs financiers	..	..	..	..	..	225	440	322
Numéraire et dépôts	..	..	..	..	..	225	136	107
Titres de dette	..	..	..	..	..	0	258	146
Crédits	..	..	..	..	..	0	8	6
Actions et parts de fonds d'investissement	..	..	..	..	..	0	38	61
Actions	..	..	..	..	..	0	6	12
Parts de fonds d'investissement	..	..	..	..	..	0	32	49
Parts de fonds d'investissement monétaires	..	..	..	..	..	0	0	0
Parts de fonds d'investissement non monétaires	..	..	..	..	..	0	32	49
Systèmes d'assurance, de pensions et garanties standard	..	..	..	..	..	0	0	0
Produits financiers dérivés et options sur titres des salariés	..	..	..	..	..	0	0	0
Autres comptes à recevoir	..	..	..	..	..	0	1	1
Passifs financiers	..	..	..	..	..	225	440	322
Titres de dette	..	..	..	..	..	..	..	..
Titres de dette à court terme	..	..	..	..	..	..	..	..
Titres de dette à long terme	..	..	..	..	..	..	..	..
Crédits	..	..	..	..	..	..	..	..
Crédits à court terme	..	..	..	..	..	..	..	..
Crédits à long terme	..	..	..	..	..	..	..	..
Actions et parts de fonds d'investissement	..	..	..	..	..	..	..	..
Systèmes d'assurance, de pensions et garanties standard	..	..	..	..	..	225	440	322
Produits financiers dérivés et options sur titres des salariés	..	..	..	..	..	..	..	..
Autres comptes à payer	..	..	..	..	..	..	..	..
Actifs non financiers	..	..	..	..	..	0	0	0

Note : Voir les métadonnées détaillées sur : http://metalinks.oecd.org/instinv/20170516/d606

Tableau 4. Composition du portefeuille par type d'investisseur

En pourcentage des actifs financiers et des passifs financiers

Pour cent

	2008	2009	2010	2011	2012	2013	2014	2015
Fonds d'investissement								
Actifs financiers	100.0	100.0	100.0	100.0	100.0	100.0	100.0	100.0
Numéraire et dépôts	33.4	27.7	24.8	29.8	31.5	21.4	27.4	14.0
Titres de dettes	34.5	31.8	33.1	33.6	30.1	34.5	28.4	39.5
Crédits	..	..	..	..	..	..	..	..
Actions et parts de fonds d'investissement	27.0	36.5	35.9	32.8	34.8	40.9	37.5	43.0
Systèmes d'assurance de pensions et garanties standard	..	..	..	..	..	..	..	..
Produits financiers dérivés et options sur titres des salariés	..	..	..	..	..	..	..	..
Autres comptes à recevoir	..	..	..	..	..	..	..	..
Passifs financiers	100.0	100.0	100.0	100.0	100.0	100.0	100.0	100.0
Numéraire et dépôts	..	..	..	..	..	..	..	..
Titres de dettes	..	..	..	..	..	..	..	..
Crédits	0.2	0.1	0.2	1.0	1.4	1.3	4.6	4.9
Actions et parts de fonds d'investissement	91.5	94.9	92.2	87.8	90.0	96.6	93.2	93.8
Systèmes d'assurance de pensions et garanties standard	..	..	..	..	..	..	..	..
Produits financiers dérivés et options sur titres des salariés	..	..	..	..	..	..	..	..
Autres comptes à recevoir	..	..	..	..	..	..	..	..
Sociétés d'assurance								
Actifs financiers	100.0	100.0	100.0	100.0	100.0	100.0	100.0	100.0
Numéraire et dépôts	14.5	13.9	19.3	19.9	19.1	23.2	15.8	11.7
Titres de dettes	43.1	45.9	45.1	45.0	44.9	43.9	51.7	52.3
Crédits	0.8	0.7	0.7	0.7	1.0	0.9	0.9	1.0
Actions et parts de fonds d'investissement	20.2	19.6	15.9	15.5	17.9	17.2	18.4	20.8
Systèmes d'assurance de pensions et garanties standard	2.5	2.6	2.9	2.9	2.9	2.6	2.4	3.0
Produits financiers dérivés et options sur titres des salariés	0.0	0.0	0.0	0.0	0.0	0.1	0.0	0.0
Autres comptes à recevoir	18.9	17.3	16.2	16.0	14.2	12.2	10.8	11.2
Passifs financiers	100.0	100.0	100.0	100.0	100.0	100.0	100.0	100.0
Numéraire et dépôts	0.0	0.0	0.0	0.0	0.0	0.0	0.0	0.0
Titres de dettes	0.4	0.2	0.1	0.1	0.1	0.2	0.2	0.2
Crédits	1.2	1.6	6.6	4.5	2.1	3.0	0.8	1.0
Actions et parts de fonds d'investissement	10.1	12.2	7.0	5.9	12.6	17.3	19.6	20.7
Systèmes d'assurance de pensions et garanties standard	79.6	78.9	79.7	82.7	78.8	73.6	72.1	73.3
Produits financiers dérivés et options sur titres des salariés	0.0	0.0	0.0	0.0	0.0	0.0	0.0	0.0
Autres comptes à recevoir	8.7	7.0	6.6	6.8	6.4	6.0	7.3	4.8
Fonds de pension								
Actifs financiers	..	..	..	..	..	100.0	100.0	100.0
Numéraire et dépôts	..	..	..	..	..	100.0	30.8	33.4
Titres de dettes	..	..	..	..	..	0.0	58.5	45.5
Crédits	..	..	..	..	..	0.0	1.7	2.0
Actions et parts de fonds d'investissement	..	..	..	..	..	0.0	8.6	19.0
Systèmes d'assurance de pensions et garanties standard	..	..	..	..	..	0.0	0.0	0.0
Produits financiers dérivés et options sur titres des salariés	..	..	..	..	..	0.0	0.0	0.0
Autres comptes à recevoir	..	..	..	..	..	0.0	0.3	0.2
Passifs financiers	..	..	..	..	..	100.0	100.0	100.0
Numéraire et dépôts	..	..	..	..	..	0.0	0.0	0.0
Titres de dettes	..	..	..	..	..	0.0	0.0	0.0
Crédits	..	..	..	..	..	0.0	0.0	0.0
Actions et parts de fonds d'investissement	..	..	..	..	..	0.0	0.0	0.0
Systèmes d'assurance de pensions et garanties standard	..	..	..	..	..	100.0	100.0	100.0
Produits financiers dérivés et options sur titres des salariés	..	..	..	..	..	0.0	0.0	0.0
Autres comptes à recevoir	..	..	..	..	..	0.0	0.0	0.0

Note : Voir les métadonnées détaillées sur : http://metalinks.oecd.org/instinv/20170516/e12c

HONGRIE

Tableau 1. Actifs et passifs financiers des investisseurs institutionnels, 2015

Millions HUF

	Total	Fonds d'investissement			
		Fonds d'investissement non-monétaire			Fonds d'investissement monétaires
		Total	Fonds d'investissement à capital variable, non monétaire	Fonds d'investissement à capital fixe, non monétaire	Total
Actifs financiers	5 539 867	4 366 440	..	..	1 173 427
Numéraire et dépôts	2 237 355	1 257 378	..	..	979 977
Titres de dette	1 919 808	1 731 941	..	..	187 867
Titres de dette à court terme	294 357	154 178	..	..	140 179
Titres de dette à long terme	1 625 451	1 577 763	..	..	47 688
Titres de dette émis par les résidents	1 691 305	1 503 601	..	..	187 704
Titres de dette émis par les non-résidents	228 503	228 340	..	..	163
Crédits	0	0	..	..	0
Crédits à court terme	0	0	..	..	0
Crédits à long terme	0	0	..	..	0
Crédits accordés aux résidents	0	0	..	..	0
Crédits accordés aux non-résidents	0	0	..	..	0
Actions et parts de fonds d'investissement	1 238 349	1 235 183	..	..	3 166
Actions et parts de fonds d'investissements émises par les résidents	667 100	663 934	..	..	3 166
Actions et part de fonds d'investissements émises par les non-résidents	571 249	571 249	..	..	0
Autres comptes à recevoir	112 545	110 128	..	..	2 417

	Total	Fonds d'investissement			
		Fonds d'investissement non-monétaire			Fonds d'investissement monétaires
		Total	Fonds d'investissement à capital variable, non monétaire	Fonds d'investissement à capital fixe, non monétaire	Total
Pasifs financiers	5 844 989	4 677 300	..	..	1 167 689
Numéraire et dépôts	0	0	..	..	0
Titres de dette	0	0	..	..	0
Titres de dette à court terme	0	0	..	..	0
Titres de dette à long terme	0	0	..	..	0
Crédits	50 867	50 800	..	..	67
Crédits à court terme	33 031	32 964	..	..	67
Crédits à long terme	17 836	17 836	..	..	0
Actions et parts de fonds d'investissement	5 778 120	4 610 557	..	..	1 167 563
Systèmes d'assurance, de pensions et garanties standard	0	0	..	..	0
Produits financiers dérivés et options sur titres des salariés	10 961	10 961	..	..	0
Autres comptes à payer	5 041	4 982	..	..	59

	Total	Sociétés d'assurance et fonds de pension autonomes			
		Sociétés d'assurance			Fonds de pension autonomes
		Total	Sociétés d'assurance vie	Sociétés d'assurance non-vie	Total
Actifs financiers	4 129 322	2 697 667	..	..	1 431 655
Numéraire et dépôts	259 368	175 799	..	..	83 569
Titres de dette	2 385 013	1 443 686	..	..	941 327
Titres de dette à court terme	180 630	93 316	..	..	87 314
Titres de dette à long terme	2 204 383	1 350 370	..	..	854 013
Titres de dette émis par les résidents	2 289 284	1 360 766	..	..	928 518
Titres de dette émis par les non-résidents	95 729	82 920	..	..	12 809
Crédits	8 102	6 384	..	..	1 718
Crédits à court terme	2 440	2 440	..	..	0
Crédits à long terme	5 662	3 944	..	..	1 718
Crédits accordés aux résidents	5 487	3 769	..	..	1 718
Crédits accordés aux non-résidents	2 615	2 615	..	..	0
Actions et parts de fonds d'investissement	1 309 289	904 283	..	..	405 006
Actions et parts de fonds d'investissement émises par les résidents	616 454	387 301	..	..	229 153
Actions et parts de fonds d'investissement émises par les non-résidents	692 835	516 982	..	..	175 853
Autrescomptes à recevoir	63 643	63 608	..	..	35

	Total	Sociétés d'assurance et fonds de pension autonomes			
		Sociétés d'assurance			Fonds de pension autonomes
		Total	Sociétés d'assurance vie	Sociétés d'assurance non-vie	Total
Pasifs financiers	4 160 746	2 697 669	..	..	1 463 077
Numéraire et dépôts	0	0	..	..	0
Titres de dette	0	0	..	..	0
Titres de dette à court terme	0	0	..	..	0
Titres de dette à long terme	0	0	..	..	0
Crédits	21 332	21 332	..	..	0
Crédits à court terme	14 836	14 836	..	..	0
Crédits à long terme	6 496	6 496	..	..	0
Actions et parts de fonds d'investissement	314 955	295 339	..	..	19 616
Systèmes d'assurance, de pensions et garanties standard	3 730 129	2 287 118	..	..	1 443 011
Produits financiers dérivés et options sur titres des salariés	3 684	3 684	..	..	0
Autres comptes à payer	90 646	90 196	..	..	450

Note : Voir les métadonnées détaillées sur : http://metalinks.oecd.org/instinv/20170516/5358

Tableau 2. Actifs et passifs financiers des fonds d'investissement

Millions HUF

	2008	2009	2010	2011	2012	2013	2014	2015
Fonds d'investissement								
Valeur nette financière	-161 219	-147 569	-237 433	-284 097	-319 083	-322 019	-312 020	-305 122
Actifs financiers	2 510 624	3 028 570	3 732 362	3 109 859	3 283 329	4 415 435	5 334 967	5 539 867
Numéraire et dépôts	1 180 570	1 347 686	1 400 659	1 582 965	1 725 967	1 973 716	2 328 539	2 237 355
Titres de dette	543 398	772 975	1 060 369	745 223	823 020	1 438 362	1 754 128	1 919 808
Crédits	0	0	0	0	0	0	0	0
Actions et parts de fonds d'investissement	547 791	851 263	1 180 774	681 357	612 122	772 543	1 103 523	1 238 349
Actions	206 360	319 629	472 378	180 100	197 861	165 187	210 271	254 708
Parts de fonds d'investissement	341 431	531 634	708 396	501 257	414 261	607 356	893 252	983 641
Parts de fonds d'investissement monétaires	33 613	42 399	45 855	41 749	27 455	47 197	59 753	130 626
Parts de fonds d'investissement non monétaires	307 818	489 235	662 541	459 508	386 806	560 159	833 499	853 015
Systèmes d'assurance, de pensions et garanties standard	0	0	0	0	0	0	0	0
Produits financiers dérivés et options sur titres des salariés	41 812	45 725	49 155	27 389	41 238	55 009	45 041	31 810
Autres comptes à recevoir	197 053	10 921	41 405	72 925	80 982	175 805	103 736	112 545
Passifs financiers	2 671 843	3 176 139	3 969 795	3 393 956	3 602 412	4 737 454	5 646 987	5 844 989
Titres de dette	0	0	0	0	0	0	0	0
Titres de dette à court terme	0	0	0	0	0	0	0	0
Titres de dette à long terme	0	0	0	0	0	0	0	0
Crédits	100 581	71 890	68 096	77 994	71 011	66 700	81 145	50 867
Crédits à court terme	37 310	17 635	24 495	27 991	25 836	23 824	45 686	33 031
Crédits à long terme	63 271	54 255	43 601	50 003	45 175	42 876	35 459	17 836
Actions et parts de fonds d'investissement	2 560 321	3 098 940	3 895 195	3 302 829	3 463 811	4 662 549	5 528 624	5 778 120
Systèmes d'assurance, de pensions et garanties standard	0	0	0	0	0	0	0	0
Produits financiers dérivés et options sur titres des salariés	8 131	3 867	6 142	8 604	9 006	3 269	33 897	10 961
Autres comptes à payer	2 810	1 442	362	4 529	58 584	4 936	3 321	5 041
Actifs non financiers	..	..	..	..	..	..	..	..
Fonds d'investissement monéaires								
Valeur nette financière	-43 779	-31 343	-17 659	1 262	43 912	20 044	-21 629	5 738
Actifs financiers	833 606	1 121 760	1 359 714	1 360 019	1 270 751	1 455 722	1 224 273	1 173 427
Numéraire et dépôts	508 060	830 650	850 942	1 012 598	1 002 548	1 020 375	980 265	979 977
Titres de dette	199 122	285 112	477 397	284 129	201 169	353 790	241 201	187 867
Crédits	0	0	0	0	0	0	0	0
Actions et parts de fonds d'investissement	1 222	4 477	4 248	666	4 303	3 001	1 116	3 166
Actions	0	0	0	0	0	0	0	0
Parts de fonds d'investissement	1 222	4 477	4 248	666	4 303	3 001	1 116	3 166
Parts de fonds d'investissement monétaires	1 222	4 477	4 248	666	4 303	3 001	1 116	3 166
Parts de fonds d'investissement non monétaires	0	0	0	0	0	0	0	0
Systèmes d'assurance, de pensions et garanties standard	0	0	0	0	0	0	0	0
Produits financiers dérivés et options sur titres des salariés	0	0	0	0	0	0	0	0
Autres comptes à recevoir	125 202	1 521	27 127	62 626	62 731	78 556	1 691	2 417
Passifs financiers	877 385	1 153 103	1 377 373	1 358 757	1 226 839	1 435 678	1 245 902	1 167 689
Titres de dette	0	0	0	0	0	0	0	0
Titres de dette à court terme	0	0	0	0	0	0	0	0
Titres de dette à long terme	0	0	0	0	0	0	0	0
Crédits	50	72	9	14	33	42	59	67
Crédits à court terme	50	72	9	14	33	42	59	67
Crédits à long terme	0	0	0	0	0	0	0	0
Actions et parts de fonds d'investissement	876 694	1 152 781	1 377 347	1 358 175	1 226 331	1 435 555	1 245 738	1 167 563
Systèmes d'assurance, de pensions et garanties standard	0	0	0	0	0	0	0	0
Produits financiers dérivés et options sur titres des salariés	0	0	0	0	0	0	0	0
Autres comptes à payer	641	250	17	568	475	81	105	59
Actifs non financiers	..	..	..	..	..	..	..	..
Fonds d'investissement non monéaires								
Valeur nette financière	-117 440	-116 226	-219 774	-285 359	-362 995	-342 063	-290 391	-310 860
Actifs financiers	1 677 018	1 906 810	2 372 648	1 749 840	2 012 578	2 959 713	4 110 694	4 366 440
Numéraire et dépôts	672 510	517 036	549 717	570 367	723 419	953 341	1 348 274	1 257 378
Titres de dette	344 276	487 863	582 972	461 094	621 851	1 084 572	1 512 927	1 731 941
Crédits	0	0	0	0	0	0	0	0
Actions et parts de fonds d'investissement	546 569	846 786	1 176 526	680 691	607 819	769 542	1 102 407	1 235 183
Actions	206 360	319 629	472 378	180 100	197 861	165 187	210 271	254 708
Parts de fonds d'investissement	340 209	527 157	704 148	500 591	409 958	604 355	892 136	980 475
Parts de fonds d'investissement monétaires	32 391	37 922	41 607	41 083	23 152	44 196	58 637	127 460
Parts de fonds d'investissement non monétaires	307 818	489 235	662 541	459 508	386 806	560 159	833 499	853 015
Systèmes d'assurance, de pensions et garanties standard	0	0	0	0	0	0	0	0
Produits financiers dérivés et options sur titres des salariés	41 812	45 725	49 155	27 389	41 238	55 009	45 041	31 810
Autres comptes à recevoir	71 851	9 400	14 278	10 299	18 251	97 249	102 045	110 128
Passifs financiers	1 794 458	2 023 036	2 592 422	2 035 199	2 375 573	3 301 776	4 401 085	4 677 300
Titres de dette	0	0	0	0	0	0	0	0
Titres de dette à court terme	0	0	0	0	0	0	0	0
Titres de dette à long terme	0	0	0	0	0	0	0	0
Crédits	100 531	71 818	68 087	77 980	70 978	66 658	81 086	50 800
Crédits à court terme	37 260	17 563	24 486	27 977	25 803	23 782	45 627	32 964
Crédits à long terme	63 271	54 255	43 601	50 003	45 175	42 876	35 459	17 836
Actions et parts de fonds d'investissement	1 683 627	1 946 159	2 517 848	1 944 654	2 237 480	3 226 994	4 282 886	4 610 557
Systèmes d'assurance, de pensions et garanties standard	0	0	0	0	0	0	0	0
Produits financiers dérivés et options sur titres des salariés	8 131	3 867	6 142	8 604	9 006	3 269	33 897	10 961
Autres comptes à payer	2 169	1 192	345	3 961	58 109	4 855	3 216	4 982
Actifs non financiers	..	..	..	..	..	..	..	..
Fonds d'investissement non monéaires à capital variable								
Valeur nette financière	..	..	..	..	..	..	..	..
Actifs financiers	..	..	..	..	..	..	..	..

Tableau 2. Actifs et passifs financiers des fonds d'investissement *(suite)*

Millions HUF

	2008	2009	2010	2011	2012	2013	2014	2015
Numéraire et dépôts	..	..	..	..	..	..	..	..
Titres de dette	..	..	..	..	..	..	..	..
Crédits	..	..	..	..	..	..	..	..
Actions et parts de fonds d'investissement	..	..	..	..	..	..	..	..
Actions	..	..	..	..	..	..	..	..
Parts de fonds d'investissement	..	..	..	..	..	..	..	..
Parts de fonds d'investissement monétaires	..	..	..	..	..	..	..	..
Parts de fonds d'investissement non monétaires	..	..	..	..	..	..	..	..
Systèmes d'assurance, de pensions et garanties standard	..	..	..	..	..	..	..	..
Produits financiers dérivés et options sur titres des salariés	..	..	..	..	..	..	..	..
Autres comptes à recevoir	..	..	..	..	..	..	..	..
Passifs financiers	..	..	..	..	..	..	..	..
Titres de dette	..	..	..	..	..	..	..	..
Titres de dette à court terme	..	..	..	..	..	..	..	..
Titres de dette à long terme	..	..	..	..	..	..	..	..
Crédits	..	..	..	..	..	..	..	..
Crédits à court terme	..	..	..	..	..	..	..	..
Crédits à long terme	..	..	..	..	..	..	..	..
Actions et parts de fonds d'investissement	..	..	..	..	..	..	..	..
Systèmes d'assurance, de pensions et garanties standard	..	..	..	..	..	..	..	..
Produits financiers dérivés et options sur titres des salariés	..	..	..	..	..	..	..	..
Autres comptes à payer	..	..	..	..	..	..	..	..
Actifs non financiers	..	..	..	..	..	..	..	..
Fonds d'investissement à capital variable								
Valeur nette financière	..	..	..	..	..	..	..	..
Actifs financiers	..	..	..	..	..	..	..	..
Numéraire et dépôts	..	..	..	..	..	..	..	..
Titres de dette	..	..	..	..	..	..	..	..
Crédits	..	..	..	..	..	..	..	..
Actions et parts de fonds d'investissement	..	..	..	..	..	..	..	..
Actions	..	..	..	..	..	..	..	..
Parts de fonds d'investissement	..	..	..	..	..	..	..	..
Parts de fonds d'investissement monétaires	..	..	..	..	..	..	..	..
Parts de fonds d'investissement non monétaires	..	..	..	..	..	..	..	..
Systèmes d'assurance, de pensions et garanties standard	..	..	..	..	..	..	..	..
Produits financiers dérivés et options sur titres des salariés	..	..	..	..	..	..	..	..
Autres comptes à recevoir	..	..	..	..	..	..	..	..
Passifs financiers	..	..	..	..	..	..	..	..
Titres de dette	..	..	..	..	..	..	..	..
Titres de dette à court terme	..	..	..	..	..	..	..	..
Titres de dette à long terme	..	..	..	..	..	..	..	..
Crédits	..	..	..	..	..	..	..	..
Crédits à court terme	..	..	..	..	..	..	..	..
Crédits à long terme	..	..	..	..	..	..	..	..
Actions et parts de fonds d'investissement	..	..	..	..	..	..	..	..
Systèmes d'assurance, de pensions et garanties standard	..	..	..	..	..	..	..	..
Produits financiers dérivés et options sur titres des salariés	..	..	..	..	..	..	..	..
Autres comptes à payer	..	..	..	..	..	..	..	..
Actifs non financiers	..	..	..	..	..	..	..	..

Note : Voir les métadonnées détaillées sur : http://metalinks.oecd.org/instinv/20170516/5358

Tableau 3. Actifs et passifs financiers des sociétés d'assurance et fonds de pension

Millions HUF

	2008	2009	2010	2011	2012	2013	2014	2015
Sociétés d'assurance et fonds de pension								
Valeur nette financière	-136 636	-75 208	-78 569	-177 740	-71 410	-45 878	-48 679	-31 424
Actifs financiers	4 778 687	5 878 928	6 485 845	3 410 329	3 543 272	3 700 742	3 977 513	4 129 322
Numéraire et dépôts	221 631	278 375	239 809	210 811	170 518	207 871	248 991	259 368
Titres de dette	3 088 709	3 475 654	3 654 838	2 030 279	2 174 370	2 273 595	2 386 935	2 385 013
Crédits	31 017	23 977	18 228	16 658	10 449	7 755	7 992	8 102
Actions et parts de fonds d'investissement	1 278 100	1 938 728	2 392 998	1 003 348	1 027 638	1 054 997	1 177 150	1 309 289
Actions	426 682	484 040	448 869	133 573	120 920	112 582	125 361	145 827
Parts de fonds d'investissement	851 418	1 454 688	1 944 129	869 775	906 718	942 415	1 051 789	1 163 462
Parts de fonds d'investissement monétaires	19 034	64 163	78 548	77 130	72 978	77 076	54 223	68 926
Parts de fonds d'investissement non monétaires	832 384	1 390 525	1 865 581	792 645	833 740	865 339	997 566	1 094 536
Systèmes d'assurance, de pensions et garanties standard	64 234	79 689	88 503	89 953	93 929	88 982	92 294	100 164
Produits financiers dérivés et options sur titres des salariés	0	0	78	75	2	218	4 226	3 743
Autres comptes à recevoir	94 996	82 505	91 391	59 205	66 366	67 324	59 925	63 643
Passifs financiers	4 915 323	5 954 136	6 564 414	3 588 069	3 614 682	3 746 620	4 026 192	4 160 746
Titres de dette	0	0	0	0	0	26	25	0
Titres de dette à court terme	0	0	0	0	0	0	0	0
Titres de dette à long terme	0	0	0	0	0	26	25	0
Crédits	3 387	4 465	4 187	7 853	6 577	5 832	8 111	21 332
Crédits à court terme	1 203	1 501	1 149	1 533	3 341	1 239	1 818	14 836
Crédits à long terme	2 184	2 964	3 038	6 320	3 236	4 593	6 293	6 496
Actions et parts de fonds d'investissement	347 516	366 674	360 627	335 647	302 188	309 957	312 801	314 955
Systèmes d'assurance, de pensions et garanties standard	4 480 253	5 511 962	6 132 265	3 163 128	3 217 327	3 339 065	3 608 519	3 730 129
Produits financiers dérivés et options sur titres des salariés	0	0	85	1 228	336	56	4 955	3 684
Autres comptes à payer	84 167	71 035	67 250	80 213	88 254	91 684	91 781	90 646
Actifs non financiers	..	..	..	..	..	..	..	..
Sociétés d'assurance								
Valeur nette financière	-101 871	-90 361	-116 700	-152 200	-34 913	-5 610	-19 659	-2
Actifs financiers	2 132 160	2 331 655	2 411 337	2 297 550	2 386 170	2 472 606	2 618 814	2 697 667
Numéraire et dépôts	124 784	170 151	155 843	147 468	107 862	119 017	156 882	175 799
Titres de dette	1 457 252	1 366 811	1 281 553	1 314 391	1 426 933	1 478 042	1 498 223	1 443 686
Crédits	29 944	22 715	16 571	15 019	8 873	6 150	6 337	6 384
Actions et parts de fonds d'investissement	392 575	639 429	777 476	671 512	682 243	712 903	800 962	904 283
Actions	111 942	116 334	83 432	64 131	57 800	55 435	58 561	56 065
Parts de fonds d'investissement	280 633	523 095	694 044	607 381	624 443	657 468	742 401	848 218
Parts de fonds d'investissement monétaires	16 773	59 826	73 257	73 575	70 532	74 389	51 016	67 718
Parts de fonds d'investissement non monétaires	263 860	463 269	620 787	533 806	553 911	583 079	691 385	780 500
Systèmes d'assurance, de pensions et garanties standard	64 234	79 689	88 503	89 953	93 929	88 982	92 294	100 164
Produits financiers dérivés et options sur titres des salariés	0	0	78	75	2	218	4 226	3 743
Autres comptes à recevoir	63 371	52 860	91 313	59 132	66 328	67 294	59 890	63 608
Passifs financiers	2 234 031	2 422 016	2 528 037	2 449 750	2 421 083	2 478 216	2 638 473	2 697 669
Titres de dette	0	0	0	0	0	26	25	0
Titres de dette à court terme	0	0	0	0	0	0	0	0
Titres de dette à long terme	0	0	0	0	0	26	25	0
Crédits	3 387	4 465	4 187	7 853	6 577	5 832	8 111	21 332
Crédits à court terme	1 203	1 501	1 149	1 533	3 341	1 239	1 818	14 836
Crédits à long terme	2 184	2 964	3 038	6 320	3 236	4 593	6 293	6 496
Actions et parts de fonds d'investissement	331 833	351 334	344 771	319 481	285 855	293 327	295 138	295 339
Systèmes d'assurance, de pensions et garanties standard	1 830 434	2 015 735	2 113 867	2 045 389	2 042 932	2 088 549	2 238 849	2 287 118
Produits financiers dérivés et options sur titres des salariés	0	0	85	1 228	336	56	4 955	3 684
Autres comptes à payer	68 377	50 482	65 127	75 799	85 383	90 426	91 395	90 196
Actifs non financiers	..	..	..	..	..	..	..	..
Fonds de pension								
Valeur nette financière	-34 765	15 153	38 131	-25 540	-36 497	-40 268	-29 020	-31 422
Actifs financiers	2 646 527	3 547 273	4 074 508	1 112 779	1 157 102	1 228 136	1 358 699	1 431 655
Numéraire et dépôts	96 847	108 224	83 966	63 343	62 656	88 854	92 109	83 569
Titres de dette	1 631 457	2 108 843	2 373 285	715 888	747 437	795 553	888 712	941 327
Crédits	1 073	1 262	1 657	1 639	1 576	1 605	1 655	1 718
Actions et parts de fonds d'investissement	885 525	1 299 299	1 615 522	331 836	345 395	342 094	376 188	405 006
Actions	314 740	367 706	365 437	69 442	63 120	57 147	66 800	89 762
Parts de fonds d'investissement	570 785	931 593	1 250 085	262 394	282 275	284 947	309 388	315 244
Parts de fonds d'investissement monétaires	2 261	4 337	5 291	3 555	2 446	2 687	3 207	1 208
Parts de fonds d'investissement non monétaires	568 524	927 256	1 244 794	258 839	279 829	282 260	306 181	314 036
Systèmes d'assurance, de pensions et garanties standard	0	0	0	0	0	0	0	0
Produits financiers dérivés et options sur titres des salariés	0	0	0	0	0	0	0	0
Autres comptes à recevoir	31 625	29 645	78	73	38	30	35	35
Passifs financiers	2 681 292	3 532 120	4 036 377	1 138 319	1 193 599	1 268 404	1 387 719	1 463 077
Titres de dette	0	0	0	0	0	0	0	0
Titres de dette à court terme	0	0	0	0	0	0	0	0
Titres de dette à long terme	0	0	0	0	0	0	0	0
Crédits	0	0	0	0	0	0	0	0
Crédits à court terme	0	0	0	0	0	0	0	0
Crédits à long terme	0	0	0	0	0	0	0	0
Actions et parts de fonds d'investissement	15 683	15 340	15 856	16 166	16 333	16 630	17 663	19 616
Systèmes d'assurance, de pensions et garanties standard	2 649 819	3 496 227	4 018 398	1 117 739	1 174 395	1 250 516	1 369 670	1 443 011
Produits financiers dérivés et options sur titres des salariés	0	0	0	0	0	0	0	0
Autres comptes à payer	15 790	20 553	2 123	4 414	2 871	1 258	386	450
Actifs non financiers	..	..	..	..	..	..	..	..

Note : Voir les métadonnées détaillées sur : http://metalinks.oecd.org/instinv/20170516/5358

Tableau 4. Composition du portefeuille par type d'investisseur

En pourcentage des actifs financiers et des passifs financiers

Pour cent

	2008	2009	2010	2011	2012	2013	2014	2015
Fonds d'investissement								
Actifs financiers	100.0	100.0	100.0	100.0	100.0	100.0	100.0	100.0
Numéraire et dépôts	47.0	44.5	37.5	50.9	52.6	44.7	43.6	40.4
Titres de dettes	21.6	25.5	28.4	24.0	25.1	32.6	32.9	34.7
Crédits	0.0	0.0	0.0	0.0	0.0	0.0	0.0	0.0
Actions et parts de fonds d'investissement	21.8	28.1	31.6	21.9	18.6	17.5	20.7	22.4
Systèmes d'assurance de pensions et garanties standard	0.0	0.0	0.0	0.0	0.0	0.0	0.0	0.0
Produits financiers dérivés et options sur titres des salariés	1.7	1.5	1.3	0.9	1.3	1.2	0.8	0.6
Autres comptes à recevoir	7.8	0.4	1.1	2.3	2.5	4.0	1.9	2.0
Passifs financiers	100.0	100.0	100.0	100.0	100.0	100.0	100.0	100.0
Numéraire et dépôts	0.0	0.0	0.0	0.0	0.0	0.0	0.0	0.0
Titres de dettes	0.0	0.0	0.0	0.0	0.0	0.0	0.0	0.0
Crédits	3.8	2.3	1.7	2.3	2.0	1.4	1.4	0.9
Actions et parts de fonds d'investissement	95.8	97.6	98.1	97.3	96.2	98.4	97.9	98.9
Systèmes d'assurance de pensions et garanties standard	0.0	0.0	0.0	0.0	0.0	0.0	0.0	0.0
Produits financiers dérivés et options sur titres des salariés	0.3	0.1	0.2	0.3	0.2	0.1	0.6	0.2
Autres comptes à recevoir	0.1	0.0	0.0	0.1	1.6	0.1	0.1	0.1
Sociétés d'assurance								
Actifs financiers	100.0	100.0	100.0	100.0	100.0	100.0	100.0	100.0
Numéraire et dépôts	5.9	7.3	6.5	6.4	4.5	4.8	6.0	6.5
Titres de dettes	68.3	58.6	53.1	57.2	59.8	59.8	57.2	53.5
Crédits	1.4	1.0	0.7	0.7	0.4	0.2	0.2	0.2
Actions et parts de fonds d'investissement	18.4	27.4	32.2	29.2	28.6	28.8	30.6	33.5
Systèmes d'assurance de pensions et garanties standard	3.0	3.4	3.7	3.9	3.9	3.6	3.5	3.7
Produits financiers dérivés et options sur titres des salariés	0.0	0.0	0.0	0.0	0.0	0.0	0.2	0.1
Autres comptes à recevoir	3.0	2.3	3.8	2.6	2.8	2.7	2.3	2.4
Passifs financiers	100.0	100.0	100.0	100.0	100.0	100.0	100.0	100.0
Numéraire et dépôts	0.0	0.0	0.0	0.0	0.0	0.0	0.0	0.0
Titres de dettes	0.0	0.0	0.0	0.0	0.0	0.0	0.0	0.0
Crédits	0.2	0.2	0.2	0.3	0.3	0.2	0.3	0.8
Actions et parts de fonds d'investissement	14.9	14.5	13.6	13.0	11.8	11.8	11.2	10.9
Systèmes d'assurance de pensions et garanties standard	81.9	83.2	83.6	83.5	84.4	84.3	84.9	84.8
Produits financiers dérivés et options sur titres des salariés	0.0	0.0	0.0	0.1	0.0	0.0	0.2	0.1
Autres comptes à recevoir	3.1	2.1	2.6	3.1	3.5	3.6	3.5	3.3
Fonds de pension								
Actifs financiers	100.0	100.0	100.0	100.0	100.0	100.0	100.0	100.0
Numéraire et dépôts	3.7	3.1	2.1	5.7	5.4	7.2	6.8	5.8
Titres de dettes	61.6	59.4	50.2	64.3	64.6	64.8	65.4	65.8
Crédits	0.0	0.0	0.0	0.1	0.1	0.1	0.1	0.1
Actions et parts de fonds d'investissement	33.5	36.6	39.6	29.8	29.9	27.9	27.7	28.3
Systèmes d'assurance de pensions et garanties standard	0.0	0.0	0.0	0.0	0.0	0.0	0.0	0.0
Produits financiers dérivés et options sur titres des salariés	0.0	0.0	0.0	0.0	0.0	0.0	0.0	0.0
Autres comptes à recevoir	1.2	0.8	0.0	0.0	0.0	0.0	0.0	0.0
Passifs financiers	100.0	100.0	100.0	100.0	100.0	100.0	100.0	100.0
Numéraire et dépôts	0.0	0.0	0.0	0.0	0.0	0.0	0.0	0.0
Titres de dettes	0.0	0.0	0.0	0.0	0.0	0.0	0.0	0.0
Crédits	0.0	0.0	0.0	0.0	0.0	0.0	0.0	0.0
Actions et parts de fonds d'investissement	0.6	0.4	0.4	1.4	1.4	1.3	1.3	1.3
Systèmes d'assurance de pensions et garanties standard	98.8	99.0	99.6	98.2	98.4	98.6	98.7	98.6
Produits financiers dérivés et options sur titres des salariés	0.0	0.0	0.0	0.0	0.0	0.0	0.0	0.0
Autres comptes à recevoir	0.6	0.6	0.1	0.4	0.2	0.1	0.0	0.0

Note : Voir les métadonnées détaillées sur : http://metalinks.oecd.org/instinv/20170516/e12c

ISLANDE

Tableau 1. Actifs et passifs financiers des investisseurs institutionnels, 2015

Millions ISK

	Total	Fonds d'investissement			
		Fonds d'investissement non-monétaire			Fonds d'investissement monétaires
		Total	Fonds d'investissement à capital variable, non monétaire	Fonds d'investissement à capital fixe, non monétaire	Total
Actifs financiers	598 476	505 943	368 304	137 639	92 534
Numéraire et dépôts	117 278	30 975	16 667	14 308	86 303
Titres de dette	257 126	251 066	197 031	54 035	6 060
Titres de dette à court terme	10 160	7 716	5 238	2 477	2 445
Titres de dette à long terme	246 965	243 350	191 792	51 558	3 615
Titres de dette émis par les résidents	256 898	250 838	197 031	53 807	6 060
Titres de dette émis par les non-résidents	228	228	0	228	0
Crédits	1 425	1 425	0	1 425	0
Crédits à court terme	..	..	..	..	..
Crédits à long terme	..	..	..	..	..
Crédits accordés aux résidents	..	..	..	..	..
Crédits accordés aux non-résidents	..	..	..	..	..
Actions et parts de fonds d'investissement	213 701	213 701	153 403	60 299	0
Actions et parts de fonds d'investissements émises par les résidents	193 238	193 238	146 426	46 813	0
Actions et part de fonds d'investissements émises par les non-résidents	20 463	20 463	6 977	13 486	0
Autres comptes à recevoir	4 418	4 247	1 153	3 094	170

	Total	Fonds d'investissement			
		Fonds d'investissement non-monétaire			Fonds d'investissement monétaires
		Total	Fonds d'investissement à capital variable, non monétaire	Fonds d'investissement à capital fixe, non monétaire	Total
Pasifs financiers	598 648	506 115	368 381	137 734	92 534
Numéraire et dépôts	..	..	..	..	..
Titres de dette	57 924	57 924	0	57 924	0
Titres de dette à court terme	0	0	0	0	0
Titres de dette à long terme	57 924	57 924	0	57 924	0
Crédits	6 082	6 082	0	6 082	0
Crédits à court terme	5 230	5 230	0	5 230	0
Crédits à long terme	852	852	0	852	0
Actions et parts de fonds d'investissement	530 398	438 187	366 534	71 653	..
Systèmes d'assurance, de pensions et garanties standard	..	..	..	..	..
Produits financiers dérivés et options sur titres des salariés	753	753	13	741	0
Autres comptes à payer	3 491	3 168	1 834	1 335	323

	Total	Sociétés d'assurance et fonds de pension autonomes			
		Sociétés d'assurance			Fonds de pension autonomes
		Total	Sociétés d'assurance vie	Sociétés d'assurance non-vie	Total
Actifs financiers	3 454 444	169 075	17 234	151 840	3 285 369
Numéraire et dépôts	170 737	10 406	1 402	9 004	160 331
Titres de dette	1 581 297	70 091	5 397	64 694	1 511 206
Titres de dette à court terme	11 591	1 692	315	1 377	9 899
Titres de dette à long terme	1 569 706	68 399	5 081	63 318	1 501 307
Titres de dette émis par les résidents	1 575 520	66 092	5 386	60 706	1 509 429
Titres de dette émis par les non-résidents	5 776	3 999	11	3 989	1 777
Crédits	180 881	1 485	7	1 478	179 396
Crédits à court terme	4	..	..	..	4
Crédits à long terme	180 876	1 485	7	1 478	179 391
Crédits accordés aux résidents	180 800	1 485	7	1 478	179 316
Crédits accordés aux non-résidents	81	0	0	0	80
Actions et parts de fonds d'investissement	1 476 685	59 878	3 295	56 584	1 416 807
Actions et parts de fonds d'investissement émises par les résidents	745 688	53 421	2 861	50 560	692 267
Actions et parts de fonds d'investissement émises par les non-résidents	730 997	6 457	433	6 024	724 540
Autrescomptes à recevoir	5 878	2 564	3	2 561	3 314

	Total	Sociétés d'assurance et fonds de pension autonomes			
		Sociétés d'assurance			Fonds de pension autonomes
		Total	Sociétés d'assurance vie	Sociétés d'assurance non-vie	Total
Pasifs financiers	3 459 486	171 093	17 424	153 669	3 288 393
Numéraire et dépôts	..	..	..	..	..
Titres de dette	2 026	2 026	0	2 026	..
Titres de dette à court terme	0	0	0	0	..
Titres de dette à long terme	2 026	2 026	0	2 026	..
Crédits	0	0	0	0	0
Crédits à court terme	..	0	0	0	0
Crédits à long terme	0	0	0	0	0
Actions et parts de fonds d'investissement	86 984	86 984	7 165	79 818	..
Systèmes d'assurance, de pensions et garanties standard	3 351 115	75 215	9 601	65 613	3 275 901
Produits financiers dérivés et options sur titres des salariés	13	0	..	..	13
Autres comptes à payer	19 348	6 869	657	6 211	12 480

Note : Voir les métadonnées détaillées sur : http://metalinks.oecd.org/instinv/20170516/5358

ISLANDE

Tableau 2. Actifs et passifs financiers des fonds d'investissement

Millions ISK

	2008	2009	2010	2011	2012	2013	2014	2015
Fonds d'investissement								
Valeur nette financière	0	0	0	-3 577	-1 510	-714	-124	-172
Actifs financiers	212 133	195 242	284 249	386 382	427 809	468 126	502 500	598 476
Numéraire et dépôts	18 168	18 306	18 087	41 917	35 503	51 558	78 987	117 278
Titres de dette	178 327	159 973	236 679	279 886	305 040	285 132	262 187	257 126
Crédits	..	..	0	0	0	0	0	1 425
Actions et parts de fonds d'investissement	13 946	16 318	28 234	58 147	85 288	129 033	158 331	213 701
Actions	6 105	6 560	8 832	19 953	39 615	77 810	102 435	152 482
Parts de fonds d'investissement	7 840	9 758	19 402	38 194	45 673	51 223	55 897	61 220
Parts de fonds d'investissement monétaires	..	..	..	..	..	..	..	6 706
Parts de fonds d'investissement non monétaires	..	..	..	..	..	..	..	54 514
Systèmes d'assurance, de pensions et garanties standard	..	..	..	..	..	..	..	..
Produits financiers dérivés et options sur titres des salariés	..	..	0	1 492	1 455	2 016	2 138	4 529
Autres comptes à recevoir	1 691	646	1 249	4 941	523	387	856	4 418
Passifs financiers	212 133	195 242	284 249	389 960	429 319	468 840	502 624	598 648
Titres de dette	..	..	0	4 789	26 608	32 451	56 263	57 924
Titres de dette à court terme	..	..	..	..	..	..	..	0
Titres de dette à long terme	..	..	..	..	..	..	..	57 924
Crédits	..	..	0	10 071	3 115	3 654	4 416	6 082
Crédits à court terme	..	..	..	..	..	..	..	5 230
Crédits à long terme	..	..	..	..	..	..	..	852
Actions et parts de fonds d'investissement	206 548	190 788	280 414	347 714	378 034	414 466	422 661	530 398
Systèmes d'assurance, de pensions et garanties standard	..	..	..	..	..	..	..	..
Produits financiers dérivés et options sur titres des salariés	..	..	0	1 555	96	190	224	753
Autres comptes à payer	5 585	4 454	3 835	25 832	21 466	18 077	19 061	3 491
Actifs non financiers	..	..	0	3 577	1 510	714	124	172
Fonds d'investissement monéaires								
Valeur nette financière	0	0	0	0	0	0	0	0
Actifs financiers	..	..	13 391	18 294	19 624	26 449	50 837	92 534
Numéraire et dépôts	..	..	6 138	11 479	14 872	22 584	47 838	86 303
Titres de dette	..	..	7 251	6 801	4 715	3 798	2 890	6 060
Crédits	..	..	0	0	0	0	0	0
Actions et parts de fonds d'investissement	0	0	0	0	0	0	0	0
Actions	0	0	0	0	0	0	0	0
Parts de fonds d'investissement	0	0	0	0	0	0	0	0
Parts de fonds d'investissement monétaires	..	..	..	..	..	..	..	0
Parts de fonds d'investissement non monétaires	..	..	..	..	..	..	..	0
Systèmes d'assurance, de pensions et garanties standard	..	..	..	..	..	..	..	..
Produits financiers dérivés et options sur titres des salariés	..	..	0	0	0	0	0	0
Autres comptes à recevoir	..	..	2	13	37	67	110	170
Passifs financiers	..	..	13 391	18 294	19 624	26 449	50 837	92 534
Titres de dette	..	..	0	0	0	0	0	0
Titres de dette à court terme	..	..	..	..	..	..	..	0
Titres de dette à long terme	..	..	..	..	..	..	..	0
Crédits	..	..	0	0	93	0	0	0
Crédits à court terme	..	..	..	..	..	..	..	0
Crédits à long terme	..	..	..	..	..	..	..	0
Actions et parts de fonds d'investissement	..	..	13 377	18 270	19 497	26 422	..	..
Systèmes d'assurance, de pensions et garanties standard	..	..	..	..	..	..	..	..
Produits financiers dérivés et options sur titres des salariés	..	..	0	0	0	0	0	0
Autres comptes à payer	0	11	15	24	34	26	53	323
Actifs non financiers	..	..	0	0	0	0	0	0
Fonds d'investissement non monéaires								
Valeur nette financière	0	0	0	-3 577	-1 510	-714	-124	-172
Actifs financiers	212 133	190 512	270 858	368 089	408 185	441 677	451 663	505 943
Numéraire et dépôts	18 168	15 537	11 949	30 437	20 631	28 975	31 149	30 975
Titres de dette	178 327	158 013	229 428	273 085	300 325	281 333	259 297	251 066
Crédits	..	..	0	0	0	0	0	1 425
Actions et parts de fonds d'investissement	13 946	16 318	28 234	58 147	85 288	129 033	158 331	213 701
Actions	6 105	6 560	8 832	19 953	39 615	77 810	102 435	152 482
Parts de fonds d'investissement	7 840	9 758	19 402	38 194	45 673	51 223	55 897	61 220
Parts de fonds d'investissement monétaires	..	..	..	..	..	..	..	6 706
Parts de fonds d'investissement non monétaires	..	..	..	..	..	..	..	54 514
Systèmes d'assurance, de pensions et garanties standard	..	..	..	..	..	..	..	..
Produits financiers dérivés et options sur titres des salariés	..	..	0	1 492	1 455	2 016	2 138	4 529
Autres comptes à recevoir	1 691	645	1 247	4 928	485	320	747	4 247
Passifs financiers	212 133	190 512	270 858	371 666	409 695	442 391	451 787	506 115
Titres de dette	..	..	0	4 789	26 608	32 451	56 263	57 924
Titres de dette à court terme	..	..	..	..	..	..	..	0
Titres de dette à long terme	..	..	..	..	..	..	..	57 924
Crédits	..	..	0	10 071	3 022	3 654	4 416	6 082
Crédits à court terme	..	..	..	..	..	..	..	5 230
Crédits à long terme	..	..	..	..	..	..	..	852
Actions et parts de fonds d'investissement	206 548	186 068	267 037	329 444	358 537	388 044	371 876	438 187
Systèmes d'assurance, de pensions et garanties standard	..	..	..	..	..	..	..	..
Produits financiers dérivés et options sur titres des salariés	..	..	0	1 555	96	190	224	753
Autres comptes à payer	5 585	4 444	3 820	25 808	21 431	18 051	19 008	3 168
Actifs non financiers	..	..	0	3 577	1 510	714	124	172
Fonds d'investissement non monéaires à capital variable								
Valeur nette financière	0	0	0	-1 070	-447	-110	-20	-77
Actifs financiers	212 133	190 512	270 858	296 547	319 872	340 054	323 700	368 304

Tableau 2. Actifs et passifs financiers des fonds d'investissement *(suite)*

Millions ISK

	2008	2009	2010	2011	2012	2013	2014	2015
Numéraire et dépôts	18 168	15 537	11 949	14 510	14 152	22 560	15 162	16 667
Titres de dette	178 327	158 013	229 428	246 295	252 614	225 847	199 817	197 031
Crédits	..	..	0	0	0	0	0	0
Actions et parts de fonds d'investissement	13 946	16 318	28 234	33 465	52 696	91 383	108 011	153 403
Actions	6 105	6 560	8 832	11 177	27 168	59 541	73 907	112 890
Parts de fonds d'investissement	7 840	9 758	19 402	22 287	25 528	31 842	34 104	40 513
Parts de fonds d'investissement monétaires	..	..	..	..	..	..	..	1 838
Parts de fonds d'investissement non monétaires	..	..	..	..	..	..	..	38 675
Systèmes d'assurance, de pensions et garanties standard	..	..	..	..	..	..	..	..
Produits financiers dérivés et options sur titres des salariés	..	..	0	703	0	12	13	50
Autres comptes à recevoir	1 691	645	1 247	1 573	409	252	698	1 153
Passifs financiers	212 133	190 512	270 858	297 617	320 318	340 164	323 721	368 381
Titres de dette	..	..	0	0	0	0	0	0
Titres de dette à court terme	..	..	..	..	..	..	..	0
Titres de dette à long terme	..	..	..	..	..	..	..	0
Crédits	..	..	0	1 883	669	1	161	0
Crédits à court terme	..	..	..	..	..	..	..	0
Crédits à long terme	..	..	..	..	..	..	..	0
Actions et parts de fonds d'investissement	206 548	186 068	267 037	279 654	307 669	330 434	315 716	366 534
Systèmes d'assurance, de pensions et garanties standard	..	..	..	..	..	..	..	..
Produits financiers dérivés et options sur titres des salariés	..	..	0	1 554	0	0	9	13
Autres comptes à payer	5 585	4 444	3 820	14 525	11 980	9 729	7 836	1 834
Actifs non financiers	..	..	0	1 070	447	110	20	77
Fonds d'investissement à capital variable								
Valeur nette financière	0	0	0	-1 070	-447	-110	-20	-77
Actifs financiers	212 133	195 242	284 249	314 840	339 496	366 503	374 538	460 837
Numéraire et dépôts	18 168	18 306	18 087	25 990	29 024	45 143	63 000	102 970
Titres de dette	178 327	159 973	236 679	253 096	257 330	229 645	202 706	203 091
Crédits	..	..	0	0	0	0	0	0
Actions et parts de fonds d'investissement	13 946	16 318	28 234	33 465	52 696	91 383	108 011	153 403
Actions	6 105	6 560	8 832	11 177	27 168	59 541	73 907	112 890
Parts de fonds d'investissement	7 840	9 758	19 402	22 287	25 528	31 842	34 104	40 513
Parts de fonds d'investissement monétaires	..	..	..	..	..	..	..	1 838
Parts de fonds d'investissement non monétaires	..	..	..	..	..	..	..	38 675
Systèmes d'assurance, de pensions et garanties standard	..	..	..	..	..	..	..	..
Produits financiers dérivés et options sur titres des salariés	..	..	0	703	0	12	13	50
Autres comptes à recevoir	1 691	646	1 249	1 586	446	319	808	1 323
Passifs financiers	212 133	195 242	284 249	315 911	339 943	366 613	374 558	460 914
Titres de dette	..	..	0	0	0	0	0	0
Titres de dette à court terme	..	..	..	..	..	..	..	0
Titres de dette à long terme	..	..	..	..	..	..	..	0
Crédits	..	..	0	1 883	762	1	161	0
Crédits à court terme	..	..	..	..	..	..	..	0
Crédits à long terme	..	..	..	..	..	..	..	0
Actions et parts de fonds d'investissement	206 548	190 788	280 414	297 924	327 166	356 856	366 500	458 745
Systèmes d'assurance, de pensions et garanties standard	..	..	..	..	..	..	..	..
Produits financiers dérivés et options sur titres des salariés	..	..	0	1 554	0	0	9	13
Autres comptes à payer	5 585	4 454	3 835	14 549	12 015	9 756	7 888	2 156
Actifs non financiers	..	..	0	1 070	447	110	20	77

Note : Voir les métadonnées détaillées sur : http://metalinks.oecd.org/instinv/20170516/5358

Tableau 3. Actifs et passifs financiers des sociétés d'assurance et fonds de pension

Millions ISK

	2008	2009	2010	2011	2012	2013	2014	2015
Sociétés d'assurance et fonds de pension								
Valeur nette financière	-1 289	-2 860	-2 733	-5 042	-11 693	-10 335	-10 336	-5 042
Actifs financiers	120 871	1 977 202	2 124 243	2 315 595	2 587 644	2 855 350	3 098 164	3 454 444
Numéraire et dépôts	17 211	175 635	171 342	170 368	183 380	179 613	144 010	170 737
Titres de dette	24 131	923 791	1 094 265	1 208 952	1 305 933	1 401 813	1 486 747	1 581 297
Crédits	12 419	181 726	177 135	186 050	184 357	184 620	178 808	180 881
Actions et parts de fonds d'investissement	43 376	647 969	633 917	710 263	877 334	1 048 642	1 247 478	1 476 685
Actions	29 773	124 997	142 187	205 831	264 612	378 316	506 991	685 575
Parts de fonds d'investissement	13 603	522 973	491 730	504 433	612 722	670 326	740 486	791 110
Parts de fonds d'investissement monétaires	..	..	..	..	..	..	..	..
Parts de fonds d'investissement non monétaires	..	..	..	..	..	..	..	..
Systèmes d'assurance, de pensions et garanties standard	23 734	40 862	40 392	36 159	31 627	34 942	36 004	38 967
Produits financiers dérivés et options sur titres des salariés	..	172	0	0	0	0	0	0
Autres comptes à recevoir	0	7 048	7 190	3 802	5 013	5 720	5 117	5 878
Passifs financiers	122 160	1 980 063	2 126 976	2 320 637	2 599 338	2 865 685	3 108 500	3 459 486
Titres de dette	0	3 976	4 078	0	0	0	0	2 026
Titres de dette à court terme	0	0	0	0	0	0	0	0
Titres de dette à long terme	0	3 976	4 078	0	0	0	0	2 026
Crédits	12 384	585	455	844	516	151	118	0
Crédits à court terme	0	..	..	..	..	..	..	..
Crédits à long terme	12 384	308	238	271	82	70	95	0
Actions et parts de fonds d'investissement	23 510	53 177	57 988	64 995	72 184	79 851	84 610	86 984
Systèmes d'assurance, de pensions et garanties standard	71 446	1 843 957	1 981 275	2 173 761	2 469 525	2 740 835	3 003 095	3 351 115
Produits financiers dérivés et options sur titres des salariés	0	69 865	72 165	60 162	31 941	21 575	2 171	13
Autres comptes à payer	14 820	8 503	11 016	20 874	25 171	23 273	18 506	19 348
Actifs non financiers	1 289	2 860	2 733	5 042	11 693	10 335	10 336	5 042
Sociétés d'assurance								
Valeur nette financière	-1 289	-1 722	-1 598	-1 647	-6 691	-6 083	-6 615	-2 018
Actifs financiers	120 871	129 004	136 528	143 748	147 901	158 612	161 950	169 075
Numéraire et dépôts	17 211	13 106	12 698	13 060	15 493	14 849	8 463	10 406
Titres de dette	24 131	45 459	54 920	60 754	65 643	72 049	75 073	70 091
Crédits	12 419	7 290	5 246	4 698	3 418	3 078	2 881	1 485
Actions et parts de fonds d'investissement	43 376	32 540	34 723	39 904	41 358	44 514	50 677	59 878
Actions	29 773	14 866	16 372	20 241	22 153	25 514	35 394	46 244
Parts de fonds d'investissement	13 603	17 673	18 351	19 663	19 205	18 999	15 283	13 634
Parts de fonds d'investissement monétaires	..	..	..	..	..	..	..	..
Parts de fonds d'investissement non monétaires	..	..	..	..	..	..	..	..
Systèmes d'assurance, de pensions et garanties standard	23 734	27 030	27 990	24 272	19 675	21 728	22 714	24 650
Produits financiers dérivés et options sur titres des salariés	..	..	..	..	..	..	..	..
Autres comptes à recevoir	0	3 579	951	1 060	2 315	2 394	2 143	2 564
Passifs financiers	122 160	130 726	138 126	145 395	154 592	164 694	168 565	171 093
Titres de dette	0	3 976	4 078	0	0	0	0	2 026
Titres de dette à court terme	0	0	0	0	0	0	0	0
Titres de dette à long terme	0	3 976	4 078	0	0	0	0	2 026
Crédits	12 384	308	238	271	82	70	95	0
Crédits à court terme	0	0	0	0	0	0	0	0
Crédits à long terme	12 384	308	238	271	82	70	95	0
Actions et parts de fonds d'investissement	23 510	53 177	57 988	64 995	72 184	79 851	84 610	86 984
Systèmes d'assurance, de pensions et garanties standard	71 446	69 233	71 758	75 913	77 383	80 216	78 703	75 215
Produits financiers dérivés et options sur titres des salariés	0	0	0	0	0	0	0	0
Autres comptes à payer	14 820	4 032	4 065	4 216	4 943	4 557	5 156	6 869
Actifs non financiers	1 289	1 722	1 598	1 647	6 691	6 083	6 615	2 018
Fonds de pension								
Valeur nette financière	..	-1 138	-1 135	-3 395	-5 002	-4 253	-3 721	-3 024
Actifs financiers	..	1 848 199	1 987 715	2 171 846	2 439 744	2 696 738	2 936 214	3 285 369
Numéraire et dépôts	..	162 529	158 644	157 308	167 887	164 764	135 548	160 331
Titres de dette	..	878 331	1 039 345	1 148 198	1 240 290	1 329 764	1 411 674	1 511 206
Crédits	..	174 436	171 889	181 352	180 939	181 543	175 927	179 396
Actions et parts de fonds d'investissement	..	615 430	599 195	670 360	835 977	1 004 128	1 196 801	1 416 807
Actions	..	110 130	125 816	185 590	242 459	352 802	471 597	639 331
Parts de fonds d'investissement	..	505 299	473 379	484 770	593 517	651 326	725 204	777 476
Parts de fonds d'investissement monétaires	..	..	..	..	..	..	..	..
Parts de fonds d'investissement non monétaires	..	..	..	..	..	..	..	..
Systèmes d'assurance, de pensions et garanties standard	..	13 832	12 402	11 887	11 953	13 214	13 291	14 316
Produits financiers dérivés et options sur titres des salariés	119	172	0	0	0	0	0	0
Autres comptes à recevoir	..	3 469	6 239	2 742	2 698	3 326	2 974	3 314
Passifs financiers	..	1 849 337	1 988 850	2 175 242	2 444 746	2 700 991	2 939 935	3 288 393
Titres de dette	..	..	..	..	..	..	..	..
Titres de dette à court terme	..	..	..	..	..	..	..	..
Titres de dette à long terme	..	..	..	..	..	..	..	..
Crédits	..	277	217	574	435	81	22	0
Crédits à court terme	..	277	217	574	435	81	22	0
Crédits à long terme	..	0	0	0	0	0	0	0
Actions et parts de fonds d'investissement	..	..	..	..	..	..	..	..
Systèmes d'assurance, de pensions et garanties standard	..	1 774 723	1 909 517	2 097 849	2 392 142	2 660 618	2 924 392	3 275 901
Produits financiers dérivés et options sur titres des salariés	..	69 865	72 165	60 162	31 941	21 575	2 171	13
Autres comptes à payer	..	4 471	6 951	16 658	20 228	18 716	13 350	12 480
Actifs non financiers	..	1 138	1 135	3 395	5 002	4 253	3 721	3 024

Note : Voir les métadonnées détaillées sur : http://metalinks.oecd.org/instinv/20170516/5358

Tableau 4. Composition du portefeuille par type d'investisseur

En pourcentage des actifs financiers et des passifs financiers

Pour cent

	2008	2009	2010	2011	2012	2013	2014	2015
Fonds d'investissement								
Actifs financiers	100.0	100.0	100.0	100.0	100.0	100.0	100.0	100.0
Numéraire et dépôts	8.6	9.4	6.4	10.8	8.3	11.0	15.7	19.6
Titres de dettes	84.1	81.9	83.3	72.4	71.3	60.9	52.2	43.0
Crédits	0.0	0.0	0.0	0.0	0.0	0.0	0.0	0.2
Actions et parts de fonds d'investissement	6.6	8.4	9.9	15.0	19.9	27.6	31.5	35.7
Systèmes d'assurance de pensions et garanties standard	0.0	0.0	0.0	0.0	0.0	0.0	0.0	0.0
Produits financiers dérivés et options sur titres des salariés	0.0	0.0	0.0	0.4	0.3	0.4	0.4	0.8
Autres comptes à recevoir	0.8	0.3	0.4	1.3	0.1	0.1	0.2	0.7
Passifs financiers	100.0	100.0	100.0	100.0	100.0	100.0	100.0	100.0
Numéraire et dépôts	0.0	0.0	0.0	0.0	0.0	0.0	0.0	0.0
Titres de dettes	0.0	0.0	0.0	1.2	6.2	6.9	11.2	9.7
Crédits	0.0	0.0	0.0	2.6	0.7	0.8	0.9	1.0
Actions et parts de fonds d'investissement	97.4	97.7	98.7	89.2	88.1	88.4	84.1	88.6
Systèmes d'assurance de pensions et garanties standard	0.0	0.0	0.0	0.0	0.0	0.0	0.0	0.0
Produits financiers dérivés et options sur titres des salariés	0.0	0.0	0.0	0.4	0.0	0.0	0.0	0.1
Autres comptes à recevoir	2.6	2.3	1.3	6.6	5.0	3.9	3.8	0.6
Sociétés d'assurance								
Actifs financiers	100.0	100.0	100.0	100.0	100.0	100.0	100.0	100.0
Numéraire et dépôts	14.2	10.2	9.3	9.1	10.5	9.4	5.2	6.2
Titres de dettes	20.0	35.2	40.2	42.3	44.4	45.4	46.4	41.5
Crédits	10.3	5.7	3.8	3.3	2.3	1.9	1.8	0.9
Actions et parts de fonds d'investissement	35.9	25.2	25.4	27.8	28.0	28.1	31.3	35.4
Systèmes d'assurance de pensions et garanties standard	19.6	21.0	20.5	16.9	13.3	13.7	14.0	14.6
Produits financiers dérivés et options sur titres des salariés	0.0	0.0	0.0	0.0	0.0	0.0	0.0	0.0
Autres comptes à recevoir	0.0	2.8	0.7	0.7	1.6	1.5	1.3	1.5
Passifs financiers	100.0	100.0	100.0	100.0	100.0	100.0	100.0	100.0
Numéraire et dépôts	0.0	0.0	0.0	0.0	0.0	0.0	0.0	0.0
Titres de dettes	0.0	3.0	3.0	0.0	0.0	0.0	0.0	1.2
Crédits	10.1	0.2	0.2	0.2	0.1	0.0	0.1	0.0
Actions et parts de fonds d'investissement	19.2	40.7	42.0	44.7	46.7	48.5	50.2	50.8
Systèmes d'assurance de pensions et garanties standard	58.5	53.0	52.0	52.2	50.1	48.7	46.7	44.0
Produits financiers dérivés et options sur titres des salariés	0.0	0.0	0.0	0.0	0.0	0.0	0.0	0.0
Autres comptes à recevoir	12.1	3.1	2.9	2.9	3.2	2.8	3.1	4.0
Fonds de pension								
Actifs financiers	..	100.0	100.0	100.0	100.0	100.0	100.0	100.0
Numéraire et dépôts	..	8.8	8.0	7.2	6.9	6.1	4.6	4.9
Titres de dettes	..	47.5	52.3	52.9	50.8	49.3	48.1	46.0
Crédits	..	9.4	8.6	8.4	7.4	6.7	6.0	5.5
Actions et parts de fonds d'investissement	..	33.3	30.1	30.9	34.3	37.2	40.8	43.1
Systèmes d'assurance de pensions et garanties standard	..	0.7	0.6	0.5	0.5	0.5	0.5	0.4
Produits financiers dérivés et options sur titres des salariés	..	0.0	0.0	0.0	0.0	0.0	0.0	0.0
Autres comptes à recevoir	..	0.2	0.3	0.1	0.1	0.1	0.1	0.1
Passifs financiers	..	100.0	100.0	100.0	100.0	100.0	100.0	100.0
Numéraire et dépôts	..	0.0	0.0	0.0	0.0	0.0	0.0	0.0
Titres de dettes	..	0.0	0.0	0.0	0.0	0.0	0.0	0.0
Crédits	..	0.0	0.0	0.0	0.0	0.0	0.0	0.0
Actions et parts de fonds d'investissement	..	0.0	0.0	0.0	0.0	0.0	0.0	0.0
Systèmes d'assurance de pensions et garanties standard	..	96.0	96.0	96.4	97.8	98.5	99.5	99.6
Produits financiers dérivés et options sur titres des salariés	..	3.8	3.6	2.8	1.3	0.8	0.1	0.0
Autres comptes à recevoir	..	0.2	0.3	0.8	0.8	0.7	0.5	0.4

Note : Voir les métadonnées détaillées sur : http://metalinks.oecd.org/instinv/20170516/e12c

IRLANDE

Tableau 1. Actifs et passifs financiers des investisseurs institutionnels, 2015

Millions EUR (1999 IEP euro)

	Total	Fonds d'investissement			
		Fonds d'investissement non-monétaire			Fonds d'investissement monétaires
		Total	Fonds d'investissement à capital variable, non monétaire	Fonds d'investissement à capital fixe, non monétaire	Total
Actifs financiers	..	1 799 366 e	..	..	..
Numéraire et dépôts	..	70 416 e	..	..	..
Titres de dette	..	615 838 e	..	..	..
Titres de dette à court terme	..	43 569 e	..	..	..
Titres de dette à long terme	..	572 269 e	..	..	..
Titres de dette émis par les résidents	..	..	..	..	..
Titres de dette émis par les non-résidents	..	..	..	..	..
Crédits	..	31 342 e	..	..	..
Crédits à court terme	..	..	..	..	..
Crédits à long terme	..	31 342 e	..	..	..
Crédits accordés aux résidents	..	..	..	..	..
Crédits accordés aux non-résidents	..	..	..	..	..
Actions et parts de fonds d'investissement	..	808 260 e	..	..	..
Actions et parts de fonds d'investissements émises par les résidents	..	..	..	..	..
Actions et part de fonds d'investissements émises par les non-résidents	..	..	..	..	..
Autres comptes à recevoir	..	105 132 e	..	..	..

	Total	Fonds d'investissement			
		Fonds d'investissement non-monétaire			Fonds d'investissement monétaires
		Total	Fonds d'investissement à capital variable, non monétaire	Fonds d'investissement à capital fixe, non monétaire	Total
Pasifs financiers	..	1 777 481 e	..	..	..
Numéraire et dépôts	..	..	..	..	..
Titres de dette	..	0 e	..	..	..
Titres de dette à court terme	..	0 e	..	..	..
Titres de dette à long terme	..	0 e	..	..	..
Crédits	..	95 623 e	..	..	..
Crédits à court terme	..	86 342 e	..	..	..
Crédits à long terme	..	9 281 e	..	..	..
Actions et parts de fonds d'investissement	..	1 419 740 e	..	..	..
Systèmes d'assurance, de pensions et garanties standard	..	0 e	..	..	..
Produits financiers dérivés et options sur titres des salariés	..	161 926 e	..	..	..
Autres comptes à payer	..	100 192 e	..	..	..

	Total	Sociétés d'assurance et fonds de pension autonomes			
		Sociétés d'assurance			Fonds de pension autonomes
		Total	Sociétés d'assurance vie	Sociétés d'assurance non-vie	Total
Actifs financiers	370 007 e	259 277 e	..	..	110 730 e
Numéraire et dépôts	27 160 e	22 433 e	..	..	4 727 e
Titres de dette	92 423 e	46 079 e	..	..	46 344 e
Titres de dette à court terme	9 718 e	6 359 e	..	..	3 359 e
Titres de dette à long terme	82 704 e	39 719 e	..	..	42 985 e
Titres de dette émis par les résidents	..	..	..	..	..
Titres de dette émis par les non-résidents	..	..	..	..	..
Crédits	1 349 e	1 349 e	..	..	0 e
Crédits à court terme	989 e	989 e	..	..	0 e
Crédits à long terme	360 e	360 e	..	..	0 e
Crédits accordés aux résidents	..	..	..	..	..
Crédits accordés aux non-résidents	..	..	..	..	..
Actions et parts de fonds d'investissement	191 024 e	133 682 e	..	..	57 342 e
Actions et parts de fonds d'investissement émises par les résidents	..	..	..	..	..
Actions et parts de fonds d'investissement émises par les non-résidents	..	..	..	..	..
Autrescomptes à recevoir	22 532 e	20 353 e	..	..	2 179 e

	Total	Sociétés d'assurance et fonds de pension autonomes			
		Sociétés d'assurance			Fonds de pension autonomes
		Total	Sociétés d'assurance vie	Sociétés d'assurance non-vie	Total
Pasifs financiers	380 082 e	269 463 e	..	..	110 619 e
Numéraire et dépôts	0 e	0 e	..	..	0 e
Titres de dette	1 710 e	1 710 e	..	..	0 e
Titres de dette à court terme	0 e	0 e	..	..	0 e
Titres de dette à long terme	1 710 e	1 710 e	..	..	0 e
Crédits	3 395 e	3 364 e	..	..	31 e
Crédits à court terme	197 e	184 e	..	..	13 e
Crédits à long terme	3 198 e	3 180 e	..	..	18 e
Actions et parts de fonds d'investissement	29 191 e	29 191 e	..	..	0 e
Systèmes d'assurance, de pensions et garanties standard	327 749 e	217 161 e	..	..	110 588 e
Produits financiers dérivés et options sur titres des salariés	0 e	0 e	..	..	0 e
Autres comptes à payer	18 037 e	18 037 e	..	..	0 e

Note : Voir les métadonnées détaillées sur : http://metalinks.oecd.org/instinv/20170516/5358

IRLANDE

Tableau 2. Actifs et passifs financiers des fonds d'investissement

Millions EUR

	2008	2009	2010	2011	2012	2013	2014	2015
Fonds d'investissement								
Valeur nette financière	..	..	..	..	..	..	..	..
Actifs financiers	..	..	..	..	..	..	..	..
Numéraire et dépôts	..	..	..	..	..	..	..	..
Titres de dette	..	..	..	..	..	..	..	..
Crédits	..	..	..	..	..	..	..	..
Actions et parts de fonds d'investissement	..	..	..	..	..	..	..	..
Actions	..	..	..	..	..	..	..	..
Parts de fonds d'investissement	..	..	..	..	..	..	..	..
Parts de fonds d'investissement monétaires	..	..	..	..	..	..	..	..
Parts de fonds d'investissement non monétaires	..	..	..	..	..	..	..	..
Systèmes d'assurance, de pensions et garanties standard	..	..	..	..	..	..	..	..
Produits financiers dérivés et options sur titres des salariés	..	..	..	..	..	..	..	..
Autres comptes à recevoir	..	..	..	..	..	..	..	..
Passifs financiers	..	..	..	..	..	..	..	..
Titres de dette	..	..	..	..	..	..	..	..
Titres de dette à court terme	..	..	..	..	..	..	..	..
Titres de dette à long terme	..	..	..	..	..	..	..	..
Crédits	..	..	..	..	..	..	..	..
Crédits à court terme	..	..	..	..	..	..	..	..
Crédits à long terme	..	..	..	..	..	..	..	..
Actions et parts de fonds d'investissement	..	..	..	..	..	..	..	..
Systèmes d'assurance, de pensions et garanties standard	..	..	..	..	..	..	..	..
Produits financiers dérivés et options sur titres des salariés	..	..	..	..	..	..	..	..
Autres comptes à payer	..	..	..	..	..	..	..	..
Actifs non financiers	..	..	..	..	..	..	..	..
Fonds d'investissement monéaires								
Valeur nette financière	..	..	..	..	..	..	..	..
Actifs financiers	..	..	..	..	..	..	..	..
Numéraire et dépôts	..	..	..	..	..	..	..	..
Titres de dette	..	..	..	..	..	..	..	..
Crédits	..	..	..	..	..	..	..	..
Actions et parts de fonds d'investissement	..	..	..	..	..	..	..	..
Actions	..	..	..	..	..	..	..	..
Parts de fonds d'investissement	..	..	..	..	..	..	..	..
Parts de fonds d'investissement monétaires	..	..	..	..	..	..	..	..
Parts de fonds d'investissement non monétaires	..	..	..	..	..	..	..	..
Systèmes d'assurance, de pensions et garanties standard	..	..	..	..	..	..	..	..
Produits financiers dérivés et options sur titres des salariés	..	..	..	..	..	..	..	..
Autres comptes à recevoir	..	..	..	..	..	..	..	..
Passifs financiers	..	..	..	..	..	..	..	..
Titres de dette	..	..	..	..	..	..	..	..
Titres de dette à court terme	..	..	..	..	..	..	..	..
Titres de dette à long terme	..	..	..	..	..	..	..	..
Crédits	..	..	..	..	..	..	..	..
Crédits à court terme	..	..	..	..	..	..	..	..
Crédits à long terme	..	..	..	..	..	..	..	..
Actions et parts de fonds d'investissement	..	..	..	..	..	..	..	..
Systèmes d'assurance, de pensions et garanties standard	..	..	..	..	..	..	..	..
Produits financiers dérivés et options sur titres des salariés	..	..	..	..	..	..	..	..
Autres comptes à payer	..	..	..	..	..	..	..	..
Actifs non financiers	..	..	..	..	..	..	..	..
Fonds d'investissement non monéaires								
Valeur nette financière	..	..	..	..	..	..	..	..
Actifs financiers	..	..	..	..	1 027 388 e	1 203 652 e	1 523 206 e	1 799 366 e
Numéraire et dépôts	..	..	..	..	49 293 e	52 075 e	55 251 e	70 416 e
Titres de dette	..	..	..	..	459 271 e	517 807 e	553 867 e	615 838 e
Crédits	..	..	..	..	31 131 e	23 290 e	15 114 e	31 342 e
Actions et parts de fonds d'investissement	..	..	..	..	417 650 e	523 363 e	686 494 e	808 260 e
Actions	..	..	..	..	330 884 e	412 859 e	500 825 e	589 875 e
Parts de fonds d'investissement	..	..	..	..	86 766 e	110 504 e	185 668 e	218 386 e
Parts de fonds d'investissement monétaires	..	..	..	..	1 356 e	1 670 e	17 786 e	27 097 e
Parts de fonds d'investissement non monétaires	..	..	..	..	85 410 e	108 834 e	167 883 e	191 289 e
Systèmes d'assurance, de pensions et garanties standard	..	..	..	..	0 e	0 e	0 e	..
Produits financiers dérivés et options sur titres des salariés	..	..	..	..	32 231 e	39 759 e	139 229 e	168 378 e
Autres comptes à recevoir	..	..	..	..	37 813 e	47 357 e	73 252 e	105 132 e
Passifs financiers	..	..	..	..	1 015 896 e	1 191 829 e	1 551 833 e	1 777 481 e
Titres de dette	..	..	..	..	0 e	0 e	0 e	0 e
Titres de dette à court terme	..	..	..	..	0 e	0 e	0 e	0 e
Titres de dette à long terme	..	..	..	..	0 e	0 e	0 e	0 e
Crédits	..	..	..	..	22 179 e	36 093 e	57 556 e	95 623 e
Crédits à court terme	..	..	..	..	21 744 e	33 183 e	52 446 e	86 342 e
Crédits à long terme	..	..	..	..	435 e	2 911 e	5 110 e	9 281 e
Actions et parts de fonds d'investissement	..	..	..	..	921 025 e	1 062 907 e	1 285 078 e	1 419 740 e
Systèmes d'assurance, de pensions et garanties standard	..	..	..	..	0 e	0 e	0 e	0 e
Produits financiers dérivés et options sur titres des salariés	..	..	..	..	34 873 e	40 270 e	131 161 e	161 926 e
Autres comptes à payer	..	..	..	..	37 819 e	52 559 e	78 039 e	100 192 e
Actifs non financiers	..	..	..	..	..	..	..	..
Fonds d'investissement non monéaires à capital variable								
Valeur nette financière	..	..	..	..	..	..	..	..
Actifs financiers	..	..	..	..	..	..	..	..

Tableau 2. Actifs et passifs financiers des fonds d'investissement *(suite)*

Millions EUR

	2008	2009	2010	2011	2012	2013	2014	2015
Numéraire et dépôts	..	..	..	..	..	..	..	..
Titres de dette	..	..	..	..	..	..	..	..
Crédits	..	..	..	..	..	..	..	..
Actions et parts de fonds d'investissement	..	..	..	..	..	..	..	..
Actions	..	..	..	..	..	..	..	..
Parts de fonds d'investissement	..	..	..	..	..	..	..	..
Parts de fonds d'investissement monétaires	..	..	..	..	..	..	..	..
Parts de fonds d'investissement non monétaires	..	..	..	..	..	..	..	..
Systèmes d'assurance, de pensions et garanties standard	..	..	..	..	..	..	..	..
Produits financiers dérivés et options sur titres des salariés	..	..	..	..	..	..	..	..
Autres comptes à recevoir	..	..	..	..	..	..	..	..
Passifs financiers	..	..	..	..	..	..	..	..
Titres de dette	..	..	..	..	..	..	..	..
Titres de dette à court terme	..	..	..	..	..	..	..	..
Titres de dette à long terme	..	..	..	..	..	..	..	..
Crédits	..	..	..	..	..	..	..	..
Crédits à court terme	..	..	..	..	..	..	..	..
Crédits à long terme	..	..	..	..	..	..	..	..
Actions et parts de fonds d'investissement	..	..	..	..	..	..	..	..
Systèmes d'assurance, de pensions et garanties standard	..	..	..	..	..	..	..	..
Produits financiers dérivés et options sur titres des salariés	..	..	..	..	..	..	..	..
Autres comptes à payer	..	..	..	..	..	..	..	..
Actifs non financiers	..	..	..	..	..	..	..	..
Fonds d'investissement à capital variable								
Valeur nette financière	..	..	..	..	..	..	..	..
Actifs financiers	..	..	..	..	..	..	..	..
Numéraire et dépôts	..	..	..	..	..	..	..	..
Titres de dette	..	..	..	..	..	..	..	..
Crédits	..	..	..	..	..	..	..	..
Actions et parts de fonds d'investissement	..	..	..	..	..	..	..	..
Actions	..	..	..	..	..	..	..	..
Parts de fonds d'investissement	..	..	..	..	..	..	..	..
Parts de fonds d'investissement monétaires	..	..	..	..	..	..	..	..
Parts de fonds d'investissement non monétaires	..	..	..	..	..	..	..	..
Systèmes d'assurance, de pensions et garanties standard	..	..	..	..	..	..	..	..
Produits financiers dérivés et options sur titres des salariés	..	..	..	..	..	..	..	..
Autres comptes à recevoir	..	..	..	..	..	..	..	..
Passifs financiers	..	..	..	..	..	..	..	..
Titres de dette	..	..	..	..	..	..	..	..
Titres de dette à court terme	..	..	..	..	..	..	..	..
Titres de dette à long terme	..	..	..	..	..	..	..	..
Crédits	..	..	..	..	..	..	..	..
Crédits à court terme	..	..	..	..	..	..	..	..
Crédits à long terme	..	..	..	..	..	..	..	..
Actions et parts de fonds d'investissement	..	..	..	..	..	..	..	..
Systèmes d'assurance, de pensions et garanties standard	..	..	..	..	..	..	..	..
Produits financiers dérivés et options sur titres des salariés	..	..	..	..	..	..	..	..
Autres comptes à payer	..	..	..	..	..	..	..	..
Actifs non financiers	..	..	..	..	..	..	..	..

Note : Voir les métadonnées détaillées sur : http://metalinks.oecd.org/instinv/20170516/5358

Tableau 3. Actifs et passifs financiers des sociétés d'assurance et fonds de pension

Millions EUR

	2008	2009	2010	2011	2012	2013	2014	2015
Sociétés d'assurance et fonds de pension								
Valeur nette financière	..	..	..	..	..	..	..	..
Actifs financiers	..	..	..	..	296 717 e	307 803 e	343 199 e	370 007 e
Numéraire et dépôts	..	..	..	..	25 444 e	24 061 e	24 091 e	27 160 e
Titres de dette	..	..	..	..	83 276 e	79 530 e	88 796 e	92 423 e
Crédits	..	..	..	..	2 785 e	1 290 e	1 515 e	1 349 e
Actions et parts de fonds d'investissement	..	..	..	..	138 204 e	152 008 e	176 131 e	191 024 e
Actions	..	..	..	..	67 598 e	70 048 e	76 673 e	76 362 e
Parts de fonds d'investissement	..	..	..	..	70 606 e	81 960 e	99 458 e	114 661 e
Parts de fonds d'investissement monétaires	..	..	..	..	4 305 e	3 211 e	1 550 e	1 467 e
Parts de fonds d'investissement non monétaires	..	..	..	..	66 301 e	78 748 e	97 908 e	113 195 e
Systèmes d'assurance, de pensions et garanties standard	..	..	..	..	28 352 e	26 698 e	31 991 e	33 734 e
Produits financiers dérivés et options sur titres des salariés	..	..	..	..	2 461 e	1 769 e	2 443 e	1 786 e
Autres comptes à recevoir	..	..	..	..	16 196 e	22 448 e	18 232 e	22 532 e
Passifs financiers	..	..	..	..	303 791 e	309 358 e	352 952 e	380 082 e
Titres de dette	..	..	..	..	1 152 e	634 e	1 126 e	1 710 e
Titres de dette à court terme	..	..	..	..	0 e	0 e	0 e	0 e
Titres de dette à long terme	..	..	..	..	1 152 e	634 e	1 126 e	1 710 e
Crédits	..	..	..	..	4 236 e	3 163 e	3 204 e	3 395 e
Crédits à court terme	..	..	..	..	887 e	207 e	143 e	197 e
Crédits à long terme	..	..	..	..	3 348 e	2 956 e	3 061 e	3 198 e
Actions et parts de fonds d'investissement	..	..	..	..	27 241 e	25 156 e	26 949 e	29 191 e
Systèmes d'assurance, de pensions et garanties standard	..	..	..	..	257 654 e	265 223 e	305 924 e	327 749 e
Produits financiers dérivés et options sur titres des salariés	..	..	..	..	0 e	0 e	0 e	0 e
Autres comptes à payer	..	..	..	..	13 508 e	15 184 e	15 748 e	18 037 e
Actifs non financiers	..	..	..	..	..	..	..	..
Sociétés d'assurance								
Valeur nette financière	..	..	..	..	..	..	..	..
Actifs financiers	..	..	..	..	219 876 e	217 800 e	242 516 e	259 277 e
Numéraire et dépôts	..	..	..	..	22 139 e	20 735 e	19 872 e	22 433 e
Titres de dette	..	..	..	..	55 247 e	47 534 e	48 649 e	46 079 e
Crédits	..	..	..	..	2 785 e	1 290 e	1 515 e	1 349 e
Actions et parts de fonds d'investissement	..	..	..	..	93 656 e	100 662 e	121 172 e	133 682 e
Actions	..	..	..	..	30 185 e	24 962 e	27 598 e	24 097 e
Parts de fonds d'investissement	..	..	..	..	63 471 e	75 700 e	93 574 e	109 584 e
Parts de fonds d'investissement monétaires	..	..	..	..	4 198 e	3 131 e	1 216 e	1 174 e
Parts de fonds d'investissement non monétaires	..	..	..	..	59 273 e	72 568 e	92 358 e	108 411 e
Systèmes d'assurance, de pensions et garanties standard	..	..	..	..	28 352 e	26 698 e	31 991 e	33 734 e
Produits financiers dérivés et options sur titres des salariés	..	..	..	..	2 235 e	1 619 e	2 316 e	1 649 e
Autres comptes à recevoir	..	..	..	..	15 462 e	19 262 e	17 001 e	20 353 e
Passifs financiers	..	..	..	..	226 701 e	221 685 e	252 371 e	269 463 e
Titres de dette	..	..	..	..	1 152 e	634 e	1 126 e	1 710 e
Titres de dette à court terme	..	..	..	..	0 e	0 e	0 e	0 e
Titres de dette à long terme	..	..	..	..	1 152 e	634 e	1 126 e	1 710 e
Crédits	..	..	..	..	3 987 e	3 017 e	3 184 e	3 364 e
Crédits à court terme	..	..	..	..	887 e	207 e	123 e	184 e
Crédits à long terme	..	..	..	..	3 099 e	2 810 e	3 061 e	3 180 e
Actions et parts de fonds d'investissement	..	..	..	..	27 241 e	25 137 e	26 930 e	29 191 e
Systèmes d'assurance, de pensions et garanties standard	..	..	..	..	180 813 e	177 714 e	205 382 e	217 161 e
Produits financiers dérivés et options sur titres des salariés	..	..	..	..	0 e	0 e	0 e	0 e
Autres comptes à payer	..	..	..	..	13 508 e	15 184 e	15 748 e	18 037 e
Actifs non financiers	..	..	..	..	..	..	..	..
Fonds de pension								
Valeur nette financière	..	..	..	..	..	..	..	..
Actifs financiers	..	..	..	..	76 841 e	90 003 e	100 683 e	110 730 e
Numéraire et dépôts	..	..	..	..	3 305 e	3 326 e	4 219 e	4 727 e
Titres de dette	..	..	..	..	28 029 e	31 996 e	40 147 e	46 344 e
Crédits	..	..	..	..	0 e	0 e	0 e	0 e
Actions et parts de fonds d'investissement	..	..	..	..	44 548 e	51 346 e	54 959 e	57 342 e
Actions	..	..	..	..	37 413 e	45 086 e	49 075 e	52 265 e
Parts de fonds d'investissement	..	..	..	..	7 135 e	6 260 e	5 884 e	5 077 e
Parts de fonds d'investissement monétaires	..	..	..	..	107 e	80 e	334 e	293 e
Parts de fonds d'investissement non monétaires	..	..	..	..	7 028 e	6 180 e	5 550 e	4 784 e
Systèmes d'assurance, de pensions et garanties standard	..	..	..	..	0 e	0 e	0 e	0 e
Produits financiers dérivés et options sur titres des salariés	..	..	..	..	226 e	150 e	127 e	137 e
Autres comptes à recevoir	..	..	..	..	734 e	3 186 e	1 231 e	2 179 e
Passifs financiers	..	..	..	..	77 090 e	87 673 e	100 581 e	110 619 e
Titres de dette	..	..	..	..	0 e	0 e	0 e	0 e
Titres de dette à court terme	..	..	..	..	0 e	0 e	0 e	0 e
Titres de dette à long terme	..	..	..	..	0 e	0 e	0 e	0 e
Crédits	..	..	..	..	249 e	146 e	20 e	31 e
Crédits à court terme	..	..	..	..	0 e	0 e	20 e	13 e
Crédits à long terme	..	..	..	..	249 e	146 e	0 e	18 e
Actions et parts de fonds d'investissement	..	..	..	..	0 e	19 e	19 e	0 e
Systèmes d'assurance, de pensions et garanties standard	..	..	..	..	76 841 e	87 509 e	100 542 e	110 588 e
Produits financiers dérivés et options sur titres des salariés	..	..	..	..	0 e	0 e	0 e	0 e
Autres comptes à payer	..	..	..	..	0 e	0 e	0 e	0 e
Actifs non financiers	..	..	..	..	..	..	..	..

Note : Voir les métadonnées détaillées sur : http://metalinks.oecd.org/instinv/20170516/5358

Tableau 4. Composition du portefeuille par type d'investisseur

En pourcentage des actifs financiers et des passifs financiers

Pour cent

	2008	2009	2010	2011	2012	2013	2014	2015
Fonds d'investissement								
Actifs financiers	..	..	..	..	..	..	..	..
Numéraire et dépôts	..	..	..	..	..	..	..	..
Titres de dettes	..	..	..	..	..	..	..	..
Crédits	..	..	..	..	..	..	..	..
Actions et parts de fonds d'investissement	..	..	..	..	..	..	..	..
Systèmes d'assurance de pensions et garanties standard	..	..	..	..	..	..	..	..
Produits financiers dérivés et options sur titres des salariés	..	..	..	..	..	..	..	..
Autres comptes à recevoir	..	..	..	..	..	..	..	..
Passifs financiers	..	..	..	..	..	..	..	..
Numéraire et dépôts	..	..	..	..	..	..	..	..
Titres de dettes	..	..	..	..	..	..	..	..
Crédits	..	..	..	..	..	..	..	..
Actions et parts de fonds d'investissement	..	..	..	..	..	..	..	..
Systèmes d'assurance de pensions et garanties standard	..	..	..	..	..	..	..	..
Produits financiers dérivés et options sur titres des salariés	..	..	..	..	..	..	..	..
Autres comptes à recevoir	..	..	..	..	..	..	..	..
Sociétés d'assurance								
Actifs financiers	..	..	..	..	100.0	100.0	100.0	100.0
Numéraire et dépôts	..	..	..	..	10.1	9.5	8.2	8.7
Titres de dettes	..	..	..	..	25.1	21.8	20.1	17.8
Crédits	..	..	..	..	1.3	0.6	0.6	0.5
Actions et parts de fonds d'investissement	..	..	..	..	42.6	46.2	50.0	51.6
Systèmes d'assurance de pensions et garanties standard	..	..	..	..	12.9	12.3	13.2	13.0
Produits financiers dérivés et options sur titres des salariés	..	..	..	..	1.0	0.7	1.0	0.6
Autres comptes à recevoir	..	..	..	..	7.0	8.8	7.0	7.8
Passifs financiers	..	..	..	..	100.0	100.0	100.0	100.0
Numéraire et dépôts	..	..	..	..	0.0	0.0	0.0	0.0
Titres de dettes	..	..	..	..	0.5	0.3	0.4	0.6
Crédits	..	..	..	..	1.8	1.4	1.3	1.2
Actions et parts de fonds d'investissement	..	..	..	..	12.0	11.3	10.7	10.8
Systèmes d'assurance de pensions et garanties standard	..	..	..	..	79.8	80.2	81.4	80.6
Produits financiers dérivés et options sur titres des salariés	..	..	..	..	0.0	0.0	0.0	0.0
Autres comptes à recevoir	..	..	..	..	6.0	6.8	6.2	6.7
Fonds de pension								
Actifs financiers	..	..	..	..	100.0	100.0	100.0	100.0
Numéraire et dépôts	..	..	..	..	4.3	3.7	4.2	4.3
Titres de dettes	..	..	..	..	36.5	35.5	39.9	41.9
Crédits	..	..	..	..	0.0	0.0	0.0	0.0
Actions et parts de fonds d'investissement	..	..	..	..	58.0	57.0	54.6	51.8
Systèmes d'assurance de pensions et garanties standard	..	..	..	..	0.0	0.0	0.0	0.0
Produits financiers dérivés et options sur titres des salariés	..	..	..	..	0.3	0.2	0.1	0.1
Autres comptes à recevoir	..	..	..	..	1.0	3.5	1.2	2.0
Passifs financiers	..	..	..	..	100.0	100.0	100.0	100.0
Numéraire et dépôts	..	..	..	..	0.0	0.0	0.0	0.0
Titres de dettes	..	..	..	..	0.0	0.0	0.0	0.0
Crédits	..	..	..	..	0.3	0.2	0.0	0.0
Actions et parts de fonds d'investissement	..	..	..	..	0.0	0.0	0.0	0.0
Systèmes d'assurance de pensions et garanties standard	..	..	..	..	99.7	99.8	100.0	100.0
Produits financiers dérivés et options sur titres des salariés	..	..	..	..	0.0	0.0	0.0	0.0
Autres comptes à recevoir	..	..	..	..	0.0	0.0	0.0	0.0

Note : Voir les métadonnées détaillées sur : http://metalinks.oecd.org/instinv/20170516/e12c

ISRAËL

Tableau 1. Actifs et passifs financiers des investisseurs institutionnels, 2015

Millions ILS

	Fonds d'investissement				
	Total	Fonds d'investissement non-monétaire			Fonds d'investissement monétaires
		Total	Fonds d'investissement à capital variable, non monétaire	Fonds d'investissement à capital fixe, non monétaire	Total
Actifs financiers	229 155	201 771	201 771	..	27 383
Numéraire et dépôts	28 026	13 197	13 197	..	14 830
Titres de dette	174 598	162 045	162 045	..	12 553
Titres de dette à court terme	25 877	16 019	16 019	..	9 858
Titres de dette à long terme	148 721	146 026	146 026	..	2 695
Titres de dette émis par les résidents	160 579	148 812	148 812	..	11 767
Titres de dette émis par les non-résidents	14 019	13 232	13 232	..	786
Crédits	0	0	0	..	0
Crédits à court terme	0	0	0	..	0
Crédits à long terme	0	0	0	..	0
Crédits accordés aux résidents	0	0	0	..	0
Crédits accordés aux non-résidents	0	0	0	..	0
Actions et parts de fonds d'investissement	26 690	26 690	26 690	..	0
Actions et parts de fonds d'investissements émises par les résidents	16 708	16 708	16 708	..	0
Actions et part de fonds d'investissements émises par les non-résidents	9 982	9 982	9 982	..	0
Autres comptes à recevoir	..	..	..	..	..

	Fonds d'investissement				
	Total	Fonds d'investissement non-monétaire			Fonds d'investissement monétaires
		Total	Fonds d'investissement à capital variable, non monétaire	Fonds d'investissement à capital fixe, non monétaire	Total
Pasifs financiers	..	..	..	..	..
Numéraire et dépôts	..	..	..	..	..
Titres de dette	..	..	..	..	..
Titres de dette à court terme	..	..	..	..	..
Titres de dette à long terme	..	..	..	..	..
Crédits	..	..	..	..	..
Crédits à court terme	..	..	..	..	..
Crédits à long terme	..	..	..	..	..
Actions et parts de fonds d'investissement	..	..	..	..	..
Systèmes d'assurance, de pensions et garanties standard	..	..	..	..	..
Produits financiers dérivés et options sur titres des salariés	..	..	..	..	..
Autres comptes à payer	..	..	..	..	..

	Sociétés d'assurance et fonds de pension autonomes				
	Total	Sociétés d'assurance			Fonds de pension autonomes
		Total	Sociétés d'assurance vie	Sociétés d'assurance non-vie	Total
Actifs financiers	1 302 591	419 748	..	..	882 843
Numéraire et dépôts	100 245	34 952	..	..	65 293
Titres de dette	722 299	200 576	..	..	521 723
Titres de dette à court terme	38 211	6 662	..	..	31 549
Titres de dette à long terme	684 088	193 914	..	..	490 173
Titres de dette émis par les résidents	666 581	183 006	..	..	483 575
Titres de dette émis par les non-résidents	55 718	17 570	..	..	38 148
Crédits	73 731	30 733	..	..	42 998
Crédits à court terme	..	..	..	..	..
Crédits à long terme	..	..	..	..	..
Crédits accordés aux résidents	68 857	28 537	..	..	40 319
Crédits accordés aux non-résidents	4 874	2 195	..	..	2 679
Actions et parts de fonds d'investissement	360 762	116 783	..	..	243 979
Actions et parts de fonds d'investissement émises par les résidents	165 555	55 814	..	..	109 740
Actions et parts de fonds d'investissement émises par les non-résidents	195 207	60 969	..	..	134 238
Autrescomptes à recevoir	29 682	21 628	..	..	8 053

	Sociétés d'assurance et fonds de pension autonomes				
	Total	Sociétés d'assurance			Fonds de pension autonomes
		Total	Sociétés d'assurance vie	Sociétés d'assurance non-vie	Total
Pasifs financiers	..	..	..	..	..
Numéraire et dépôts	..	..	..	..	..
Titres de dette	..	..	..	..	..
Titres de dette à court terme	..	..	..	..	..
Titres de dette à long terme	..	..	..	..	..
Crédits	..	..	..	..	..
Crédits à court terme	..	..	..	..	..
Crédits à long terme	..	..	..	..	..
Actions et parts de fonds d'investissement	..	..	..	..	..
Systèmes d'assurance, de pensions et garanties standard	..	..	..	..	..
Produits financiers dérivés et options sur titres des salariés	..	..	..	..	..
Autres comptes à payer	..	..	..	..	..

Note : Voir les métadonnées détaillées sur : http://metalinks.oecd.org/instinv/20170516/b099
Informations sur les données concernant Israël : http://oe.cd/israel-disclaimer

Tableau 2. Actifs et passifs financiers des fonds d'investissement

Millions ILS

	2008	2009	2010	2011	2012	2013	2014	2015
Fonds d'investissement								
Valeur nette financière	..	..	..	..	..	..	..	..
Actifs financiers	98 099	133 200	156 582	142 353	170 099	230 785	261 522	229 155
Numéraire et dépôts	23 194	13 932	14 926	17 173	23 524	42 730	42 192	28 026
Titres de dette	68 881	104 230	120 707	112 183	133 809	167 843	194 131	174 598
Crédits	0	0	0	0	0	0	0	0
Actions et parts de fonds d'investissement	6 274	15 020	21 079	13 198	12 863	20 295	25 218	26 690
Actions	6 218	14 726	19 958	12 469	12 028	19 845	24 395	26 130
Parts de fonds d'investissement	56	294	1 121	729	835	450	822	560
Parts de fonds d'investissement monétaires	..	..	..	..	..	..	..	..
Parts de fonds d'investissement non monétaires	..	..	..	..	..	..	..	..
Systèmes d'assurance, de pensions et garanties standard	..	..	..	..	..	..	..	..
Produits financiers dérivés et options sur titres des salariés	-251	18	-129	-201	-97	-83	-17	-160
Autres comptes à recevoir	..	..	..	..	..	..	..	..
Passifs financiers	..	..	..	..	..	..	..	..
Titres de dette	..	..	..	..	..	..	..	..
Titres de dette à court terme	..	..	..	..	..	..	..	..
Titres de dette à long terme	..	..	..	..	..	..	..	..
Crédits	..	..	..	..	..	..	..	..
Crédits à court terme	..	..	..	..	..	..	..	..
Crédits à long terme	..	..	..	..	..	..	..	..
Actions et parts de fonds d'investissement	..	..	..	..	..	..	..	..
Systèmes d'assurance, de pensions et garanties standard	..	..	..	..	..	..	..	..
Produits financiers dérivés et options sur titres des salariés	..	..	..	..	..	..	..	..
Autres comptes à payer	..	..	..	..	..	..	..	..
Actifs non financiers	0	0	0	0	0	0	0	0
Fonds d'investissement monéaires								
Valeur nette financière	..	..	..	..	..	..	..	..
Actifs financiers	31 773	16 959	17 941	34 076	35 688	61 079	54 035	27 383
Numéraire et dépôts	17 644	7 104	7 736	12 934	16 635	31 060	28 956	14 830
Titres de dette	14 130	9 855	10 204	21 141	19 053	30 019	25 078	12 553
Crédits	0	0	0	0	0	0	0	0
Actions et parts de fonds d'investissement	0	0	0	0	0	0	0	0
Actions	0	0	0	0	0	0	0	0
Parts de fonds d'investissement	0	0	0	0	0	0	0	0
Parts de fonds d'investissement monétaires	..	..	..	..	..	..	..	..
Parts de fonds d'investissement non monétaires	..	..	..	..	..	..	..	..
Systèmes d'assurance, de pensions et garanties standard	..	..	..	..	..	..	..	..
Produits financiers dérivés et options sur titres des salariés	0	0	0	0	0	0	0	0
Autres comptes à recevoir	..	..	..	..	..	..	..	..
Passifs financiers	..	..	..	..	..	..	..	..
Titres de dette	..	..	..	..	..	..	..	..
Titres de dette à court terme	..	..	..	..	..	..	..	..
Titres de dette à long terme	..	..	..	..	..	..	..	..
Crédits	..	..	..	..	..	..	..	..
Crédits à court terme	..	..	..	..	..	..	..	..
Crédits à long terme	..	..	..	..	..	..	..	..
Actions et parts de fonds d'investissement	..	..	..	..	..	..	..	..
Systèmes d'assurance, de pensions et garanties standard	..	..	..	..	..	..	..	..
Produits financiers dérivés et options sur titres des salariés	..	..	..	..	..	..	..	..
Autres comptes à payer	..	..	..	..	..	..	..	..
Actifs non financiers	0	0	0	0	0	0	0	0
Fonds d'investissement non monéaires								
Valeur nette financière	..	..	..	..	..	..	..	..
Actifs financiers	66 325	116 240	138 641	108 277	134 411	169 705	207 488	201 771
Numéraire et dépôts	5 551	6 828	7 189	4 239	6 889	11 670	13 235	13 197
Titres de dette	54 751	94 375	110 503	91 042	114 756	137 824	169 053	162 045
Crédits	0	0	0	0	0	0	0	0
Actions et parts de fonds d'investissement	6 274	15 020	21 079	13 198	12 863	20 295	25 218	26 690
Actions	6 218	14 726	19 958	12 469	12 028	19 845	24 395	26 130
Parts de fonds d'investissement	56	294	1 121	729	835	450	822	560
Parts de fonds d'investissement monétaires	..	..	..	..	..	..	..	..
Parts de fonds d'investissement non monétaires	..	..	..	..	..	..	..	..
Systèmes d'assurance, de pensions et garanties standard	..	..	..	..	..	..	..	..
Produits financiers dérivés et options sur titres des salariés	-251	18	-129	-201	-97	-83	-17	-160
Autres comptes à recevoir	..	..	..	..	..	..	..	..
Passifs financiers	..	..	..	..	..	..	..	..
Titres de dette	..	..	..	..	..	..	..	..
Titres de dette à court terme	..	..	..	..	..	..	..	..
Titres de dette à long terme	..	..	..	..	..	..	..	..
Crédits	..	..	..	..	..	..	..	..
Crédits à court terme	..	..	..	..	..	..	..	..
Crédits à long terme	..	..	..	..	..	..	..	..
Actions et parts de fonds d'investissement	..	..	..	..	..	..	..	..
Systèmes d'assurance, de pensions et garanties standard	..	..	..	..	..	..	..	..
Produits financiers dérivés et options sur titres des salariés	..	..	..	..	..	..	..	..
Autres comptes à payer	..	..	..	..	..	..	..	..
Actifs non financiers	0	0	0	0	0	0	0	0
Fonds d'investissement non monéaires à capital variable								
Valeur nette financière	..	..	..	..	..	..	..	..
Actifs financiers	66 325	116 240	138 641	108 277	134 411	169 705	207 488	201 771

Tableau 2. Actifs et passifs financiers des fonds d'investissement *(suite)*

Millions ILS

	2008	2009	2010	2011	2012	2013	2014	2015
Numéraire et dépôts	5 551	6 828	7 189	4 239	6 889	11 670	13 235	13 197
Titres de dette	54 751	94 375	110 503	91 042	114 756	137 824	169 053	162 045
Crédits	0	0	0	0	0	0	0	0
Actions et parts de fonds d'investissement	6 274	15 020	21 079	13 198	12 863	20 295	25 218	26 690
Actions	6 218	14 726	19 958	12 469	12 028	19 845	24 395	26 130
Parts de fonds d'investissement	56	294	1 121	729	835	450	822	560
Parts de fonds d'investissement monétaires	..	..	..	..	..	..	..	..
Parts de fonds d'investissement non monétaires	..	..	..	..	..	..	..	..
Systèmes d'assurance, de pensions et garanties standard	..	..	..	..	..	..	..	..
Produits financiers dérivés et options sur titres des salariés	-251	18	-129	-201	-97	-83	-17	-160
Autres comptes à recevoir	..	..	..	..	..	..	..	..
Passifs financiers	..	..	..	..	..	..	..	..
Titres de dette	..	..	..	..	..	..	..	..
Titres de dette à court terme	..	..	..	..	..	..	..	..
Titres de dette à long terme	..	..	..	..	..	..	..	..
Crédits	..	..	..	..	..	..	..	..
Crédits à court terme	..	..	..	..	..	..	..	..
Crédits à long terme	..	..	..	..	..	..	..	..
Actions et parts de fonds d'investissement	..	..	..	..	..	..	..	..
Systèmes d'assurance, de pensions et garanties standard	..	..	..	..	..	..	..	..
Produits financiers dérivés et options sur titres des salariés	..	..	..	..	..	..	..	..
Autres comptes à payer	..	..	..	..	..	..	..	..
Actifs non financiers	0	0	0	0	0	0	0	0
Fonds d'investissement à capital variable								
Valeur nette financière	..	..	..	..	..	..	..	..
Actifs financiers	98 099	133 200	156 582	142 353	170 099	230 785	261 522	229 155
Numéraire et dépôts	23 194	13 932	14 926	17 173	23 524	42 730	42 192	28 026
Titres de dette	68 881	104 230	120 707	112 183	133 809	167 843	194 131	174 598
Crédits	0	0	0	0	0	0	0	0
Actions et parts de fonds d'investissement	6 274	15 020	21 079	13 198	12 863	20 295	25 218	26 690
Actions	6 218	14 726	19 958	12 469	12 028	19 845	24 395	26 130
Parts de fonds d'investissement	56	294	1 121	729	835	450	822	560
Parts de fonds d'investissement monétaires	..	..	..	..	..	..	..	..
Parts de fonds d'investissement non monétaires	..	..	..	..	..	..	..	..
Systèmes d'assurance, de pensions et garanties standard	..	..	..	..	..	..	..	..
Produits financiers dérivés et options sur titres des salariés	-251	18	-129	-201	-97	-83	-17	-160
Autres comptes à recevoir	..	..	..	..	..	..	..	..
Passifs financiers	..	..	..	..	..	..	..	..
Titres de dette	..	..	..	..	..	..	..	..
Titres de dette à court terme	..	..	..	..	..	..	..	..
Titres de dette à long terme	..	..	..	..	..	..	..	..
Crédits	..	..	..	..	..	..	..	..
Crédits à court terme	..	..	..	..	..	..	..	..
Crédits à long terme	..	..	..	..	..	..	..	..
Actions et parts de fonds d'investissement	..	..	..	..	..	..	..	..
Systèmes d'assurance, de pensions et garanties standard	..	..	..	..	..	..	..	..
Produits financiers dérivés et options sur titres des salariés	..	..	..	..	..	..	..	..
Autres comptes à payer	..	..	..	..	..	..	..	..
Actifs non financiers	0	0	0	0	0	0	0	0

Note : Voir les métadonnées détaillées sur : http://metalinks.oecd.org/instinv/20170516/b099
Informations sur les données concernant Israël : http://oe.cd/israel-disclaimer

Tableau 3. Actifs et passifs financiers des sociétés d'assurance et fonds de pension

Millions ILS

	2008	2009	2010	2011	2012	2013	2014	2015
Sociétés d'assurance et fonds de pension								
Valeur nette financière	..	..	..	..	..	..	..	..
Actifs financiers	649 659	810 580	897 183	906 865	1 011 560	1 117 101	1 221 043	1 302 591
Numéraire et dépôts	62 736	74 364	75 010	68 910	73 576	78 134	82 003	100 245
Titres de dette	448 188	511 832	543 987	561 429	607 790	642 423	690 205	722 299
Crédits	15 381	19 789	23 405	31 599	41 079	51 951	60 459	73 731
Actions et parts de fonds d'investissement	88 217	168 253	217 104	208 026	247 784	300 937	343 806	360 762
Actions	66 872	133 935	166 584	149 408	181 334	221 469	250 003	259 311
Parts de fonds d'investissement	21 345	34 319	50 521	58 618	66 450	79 468	93 803	101 451
Parts de fonds d'investissement monétaires	..	..	..	..	..	..	..	..
Parts de fonds d'investissement non monétaires	..	..	..	..	..	..	..	..
Systèmes d'assurance, de pensions et garanties standard	10 980	12 521	13 704	14 386	14 639	14 997	14 819	14 015
Produits financiers dérivés et options sur titres des salariés	139	597	2 745	-504	2 358	4 691	2 154	1 857
Autres comptes à recevoir	24 018	23 225	21 228	23 018	24 334	23 968	27 597	29 682
Passifs financiers	..	..	..	..	..	..	..	..
Titres de dette	..	..	..	..	..	..	..	..
Titres de dette à court terme	..	..	..	..	..	..	..	..
Titres de dette à long terme	..	..	..	..	..	..	..	..
Crédits	..	..	..	..	..	..	..	..
Crédits à court terme	..	..	..	..	..	..	..	..
Crédits à long terme	..	..	..	..	..	..	..	..
Actions et parts de fonds d'investissement	..	..	..	..	..	..	..	..
Systèmes d'assurance, de pensions et garanties standard	..	..	..	..	..	..	..	..
Produits financiers dérivés et options sur titres des salariés	..	..	..	..	..	..	..	..
Autres comptes à payer	..	..	..	..	..	..	..	..
Actifs non financiers	10 463	10 814	12 396	15 151	17 111	19 996	22 771	24 408
Sociétés d'assurance								
Valeur nette financière	..	..	..	..	..	..	..	..
Actifs financiers	202 213	251 815	282 779	292 257	328 405	363 866	395 785	419 748
Numéraire et dépôts	21 522	22 041	22 201	24 361	25 111	26 780	25 346	34 952
Titres de dette	112 632	131 346	144 142	149 944	167 129	180 900	194 668	200 576
Crédits	10 692	12 598	13 503	16 885	19 832	23 579	25 704	30 733
Actions et parts de fonds d'investissement	30 630	57 384	72 661	69 613	82 930	97 803	113 666	116 783
Actions	21 298	43 062	52 716	50 347	61 276	71 969	83 613	83 647
Parts de fonds d'investissement	9 333	14 322	19 945	19 266	21 654	25 835	30 052	33 136
Parts de fonds d'investissement monétaires	..	..	..	..	..	..	..	..
Parts de fonds d'investissement non monétaires	..	..	..	..	..	..	..	..
Systèmes d'assurance, de pensions et garanties standard	10 980	12 521	13 704	14 386	14 639	14 997	14 819	14 015
Produits financiers dérivés et options sur titres des salariés	181	391	1 035	370	1 407	1 664	1 486	1 060
Autres comptes à recevoir	15 577	15 535	15 533	16 696	17 358	18 142	20 097	21 628
Passifs financiers	..	..	..	..	..	..	..	..
Titres de dette	..	..	..	..	..	..	..	..
Titres de dette à court terme	..	..	..	..	..	..	..	..
Titres de dette à long terme	..	..	..	..	..	..	..	..
Crédits	..	..	..	..	..	..	..	..
Crédits à court terme	..	..	..	..	..	..	..	..
Crédits à long terme	..	..	..	..	..	..	..	..
Actions et parts de fonds d'investissement	..	..	..	..	..	..	..	..
Systèmes d'assurance, de pensions et garanties standard	..	..	..	..	..	..	..	..
Produits financiers dérivés et options sur titres des salariés	..	..	..	..	..	..	..	..
Autres comptes à payer	..	..	..	..	..	..	..	..
Actifs non financiers	8 522	8 599	9 937	12 093	13 654	15 955	18 156	19 581
Fonds de pension								
Valeur nette financière	..	..	..	..	..	..	..	..
Actifs financiers	447 446	558 765	614 404	614 608	683 155	753 235	825 258	882 843
Numéraire et dépôts	41 214	52 322	52 809	44 550	48 465	51 354	56 657	65 293
Titres de dette	335 556	380 486	399 845	411 485	440 661	461 523	495 537	521 723
Crédits	4 689	7 191	9 901	14 715	21 247	28 372	34 755	42 998
Actions et parts de fonds d'investissement	57 587	110 870	144 443	138 413	164 854	203 134	230 140	243 979
Actions	45 574	90 873	113 867	99 061	120 058	149 501	166 389	175 664
Parts de fonds d'investissement	12 013	19 997	30 576	39 352	44 796	53 633	63 751	68 315
Parts de fonds d'investissement monétaires	..	..	..	..	..	..	..	..
Parts de fonds d'investissement non monétaires	..	..	..	..	..	..	..	..
Systèmes d'assurance, de pensions et garanties standard	0	0	0	0	0	0	0	0
Produits financiers dérivés et options sur titres des salariés	-42	206	1 710	-877	951	3 027	668	797
Autres comptes à recevoir	8 441	7 691	5 695	6 322	6 977	5 826	7 500	8 053
Passifs financiers	..	..	..	..	..	..	..	..
Titres de dette	..	..	..	..	..	..	..	..
Titres de dette à court terme	..	..	..	..	..	..	..	..
Titres de dette à long terme	..	..	..	..	..	..	..	..
Crédits	..	..	..	..	..	..	..	..
Crédits à court terme	..	..	..	..	..	..	..	..
Crédits à long terme	..	..	..	..	..	..	..	..
Actions et parts de fonds d'investissement	..	..	..	..	..	..	..	..
Systèmes d'assurance, de pensions et garanties standard	..	..	..	..	..	..	..	..
Produits financiers dérivés et options sur titres des salariés	..	..	..	..	..	..	..	..
Autres comptes à payer	..	..	..	..	..	..	..	..
Actifs non financiers	1 941	2 214	2 459	3 059	3 457	4 041	4 616	4 828

Note : Voir les métadonnées détaillées sur : http://metalinks.oecd.org/instinv/20170516/b099
Informations sur les données concernant Israël : http://oe.cd/israel-disclaimer

Tableau 4. Composition du portefeuille par type d'investisseur

En pourcentage des actifs financiers et des passifs financiers

Pour cent

	2008	2009	2010	2011	2012	2013	2014	2015
Fonds d'investissement								
Actifs financiers	100.0	100.0	100.0	100.0	100.0	100.0	100.0	100.0
Numéraire et dépôts	23.6	10.5	9.5	12.1	13.8	18.5	16.1	12.2
Titres de dettes	70.2	78.3	77.1	78.8	78.7	72.7	74.2	76.2
Crédits	0.0	0.0	0.0	0.0	0.0	0.0	0.0	0.0
Actions et parts de fonds d'investissement	6.4	11.3	13.5	9.3	7.6	8.8	9.6	11.6
Systèmes d'assurance de pensions et garanties standard	0.0	0.0	0.0	0.0	0.0	0.0	0.0	0.0
Produits financiers dérivés et options sur titres des salariés	-0.3	0.0	-0.1	-0.1	-0.1	0.0	0.0	-0.1
Autres comptes à recevoir	0.0	0.0	0.0	0.0	0.0	0.0	0.0	0.0
Passifs financiers	..	..	..	..	..	..	..	..
Numéraire et dépôts	..	..	..	..	..	..	..	..
Titres de dettes	..	..	..	..	..	..	..	..
Crédits	..	..	..	..	..	..	..	..
Actions et parts de fonds d'investissement	..	..	..	..	..	..	..	..
Systèmes d'assurance de pensions et garanties standard	..	..	..	..	..	..	..	..
Produits financiers dérivés et options sur titres des salariés	..	..	..	..	..	..	..	..
Autres comptes à recevoir	..	..	..	..	..	..	..	..
Sociétés d'assurance								
Actifs financiers	100.0	100.0	100.0	100.0	100.0	100.0	100.0	100.0
Numéraire et dépôts	10.6	8.8	7.9	8.3	7.6	7.4	6.4	8.3
Titres de dettes	55.7	52.2	51.0	51.3	50.9	49.7	49.2	47.8
Crédits	5.3	5.0	4.8	5.8	6.0	6.5	6.5	7.3
Actions et parts de fonds d'investissement	15.1	22.8	25.7	23.8	25.3	26.9	28.7	27.8
Systèmes d'assurance de pensions et garanties standard	5.4	5.0	4.8	4.9	4.5	4.1	3.7	3.3
Produits financiers dérivés et options sur titres des salariés	0.1	0.2	0.4	0.1	0.4	0.5	0.4	0.3
Autres comptes à recevoir	7.7	6.2	5.5	5.7	5.3	5.0	5.1	5.2
Passifs financiers	..	..	..	..	..	..	..	..
Numéraire et dépôts	..	..	..	..	..	..	..	..
Titres de dettes	..	..	..	..	..	..	..	..
Crédits	..	..	..	..	..	..	..	..
Actions et parts de fonds d'investissement	..	..	..	..	..	..	..	..
Systèmes d'assurance de pensions et garanties standard	..	..	..	..	..	..	..	..
Produits financiers dérivés et options sur titres des salariés	..	..	..	..	..	..	..	..
Autres comptes à recevoir	..	..	..	..	..	..	..	..
Fonds de pension								
Actifs financiers	100.0	100.0	100.0	100.0	100.0	100.0	100.0	100.0
Numéraire et dépôts	9.2	9.4	8.6	7.2	7.1	6.8	6.9	7.4
Titres de dettes	75.0	68.1	65.1	67.0	64.5	61.3	60.0	59.1
Crédits	1.0	1.3	1.6	2.4	3.1	3.8	4.2	4.9
Actions et parts de fonds d'investissement	12.9	19.8	23.5	22.5	24.1	27.0	27.9	27.6
Systèmes d'assurance de pensions et garanties standard	0.0	0.0	0.0	0.0	0.0	0.0	0.0	0.0
Produits financiers dérivés et options sur titres des salariés	0.0	0.0	0.3	-0.1	0.1	0.4	0.1	0.1
Autres comptes à recevoir	1.9	1.4	0.9	1.0	1.0	0.8	0.9	0.9
Passifs financiers	..	..	..	..	..	..	..	..
Numéraire et dépôts	..	..	..	..	..	..	..	..
Titres de dettes	..	..	..	..	..	..	..	..
Crédits	..	..	..	..	..	..	..	..
Actions et parts de fonds d'investissement	..	..	..	..	..	..	..	..
Systèmes d'assurance de pensions et garanties standard	..	..	..	..	..	..	..	..
Produits financiers dérivés et options sur titres des salariés	..	..	..	..	..	..	..	..
Autres comptes à recevoir	..	..	..	..	..	..	..	..

Note : Voir les métadonnées détaillées sur : http://metalinks.oecd.org/instinv/20170516/e12c

Informations sur les données concernant Israël : http://oe.cd/israel-disclaimer

ITALIE

Tableau 1. Actifs et passifs financiers des investisseurs institutionnels, 2015

Millions EUR (1999 ITL euro)

	Total	Fonds d'investissement			
		Fonds d'investissement non-monétaire			Fonds d'investissement monétaires
		Total	Fonds d'investissement à capital variable, non monétaire	Fonds d'investissement à capital fixe, non monétaire	Total
Actifs financiers	285 696	279 663	264 161	15 502	6 033
Numéraire et dépôts	..	22 305	18 131	4 174	..
Titres de dette	136 672	130 845	130 645	201	5 826
Titres de dette à court terme	6 390	6 390	6 237	153	0
Titres de dette à long terme	130 282	124 456	124 408	48	5 826
Titres de dette émis par les résidents	70 749	70 658	69 808	850	90
Titres de dette émis par les non-résidents	65 923	60 187	60 837	-649	5 736
Crédits	168	0	0	0	168
Crédits à court terme	168	0	0	0	168
Crédits à long terme	0	0	0	0	0
Crédits accordés aux résidents	168	0	0	0	168
Crédits accordés aux non-résidents	0	0	0	0	0
Actions et parts de fonds d'investissement	125 165	125 127	114 000	11 127	38
Actions et parts de fonds d'investissements émises par les résidents	28 962	28 962	20 262	8 700	0
Actions et part de fonds d'investissements émises par les non-résidents	96 203	96 165	93 738	2 427	38
Autres comptes à recevoir	0	0	0	0	0

	Total	Fonds d'investissement			
		Fonds d'investissement non-monétaire			Fonds d'investissement monétaires
		Total	Fonds d'investissement à capital variable, non monétaire	Fonds d'investissement à capital fixe, non monétaire	Total
Pasifs financiers	286 218	280 285	248 552	31 733	5 933
Numéraire et dépôts	0	0	0	0	0
Titres de dette	0	0	0	0	0
Titres de dette à court terme	0	0	0	0	0
Titres de dette à long terme	0	0	0	0	0
Crédits	0	0	0	0	0
Crédits à court terme	0	0	0	0	0
Crédits à long terme	0	0	0	0	0
Actions et parts de fonds d'investissement	286 218	280 285	248 552	31 733	5 933
Systèmes d'assurance, de pensions et garanties standard	0	0	0	0	0
Produits financiers dérivés et options sur titres des salariés	0	0	0	0	0
Autres comptes à payer	0	0	0	0	0

	Total	Sociétés d'assurance et fonds de pension autonomes			
		Sociétés d'assurance			Fonds de pension autonomes
		Total	Sociétés d'assurance vie	Sociétés d'assurance non-vie	Total
Actifs financiers	838 107	751 858	675 073	76 785	86 249
Numéraire et dépôts	29 038	24 750	22 222	2 528	4 287
Titres de dette	556 238	501 671	450 437	51 234	54 566
Titres de dette à court terme	8 825	8 602	7 723	878	224
Titres de dette à long terme	547 413	493 070	442 714	50 356	54 343
Titres de dette émis par les résidents	397 706	382 777	343 685	39 092	14 929
Titres de dette émis par les non-résidents	118 894	118 894	106 752	12 142	0
Crédits	8 304	8 304	7 456	848	0
Crédits à court terme	1	1	1	0	0
Crédits à long terme	8 303	8 303	7 455	848	0
Crédits accordés aux résidents	633	632	567	65	2
Crédits accordés aux non-résidents	7 671	7 673	6 889	784	-2
Actions et parts de fonds d'investissement	241 481	214 086	192 222	21 864	27 395
Actions et parts de fonds d'investissement émises par les résidents	39 581	22 850	20 517	2 334	16 731
Actions et parts de fonds d'investissement émises par les non-résidents	..	..	..	..	..
Autrescomptes à recevoir	14	14	13	1	0

	Total	Sociétés d'assurance et fonds de pension autonomes			
		Sociétés d'assurance			Fonds de pension autonomes
		Total	Sociétés d'assurance vie	Sociétés d'assurance non-vie	Total
Pasifs financiers	841 860	751 809	675 028	76 780	90 051
Numéraire et dépôts	0	0	0	0	0
Titres de dette	16 535	16 535	14 846	1 689	0
Titres de dette à court terme	0	0	0	0	0
Titres de dette à long terme	16 535	16 535	14 846	1 689	0
Crédits	11 607	11 605	10 420	1 185	2
Crédits à court terme	338	336	302	34	2
Crédits à long terme	11 270	11 269	10 118	1 151	1
Actions et parts de fonds d'investissement	69 827	69 827	62 696	7 131	0
Systèmes d'assurance, de pensions et garanties standard	741 540	651 491	584 956	66 535	90 049
Produits financiers dérivés et options sur titres des salariés	645	645	579	66	0
Autres comptes à payer	1 706	1 706	1 532	174	0

Note : Voir les métadonnées détaillées sur : http://metalinks.oecd.org/instinv/20170516/5358

Tableau 2. Actifs et passifs financiers des fonds d'investissement

Millions EUR

	2008	2009	2010	2011	2012	2013	2014	2015
Fonds d'investissement								
Valeur nette financière	-23 165	-21 411	-13 526	-16 742	-18 688	-11 163	-9 845	-523
Actifs financiers	217 062	221 063	210 872	170 013	164 439	190 901	243 800	285 696
Numéraire et dépôts	..	..	..	..	..	..	..	..
Titres de dette	143 248	142 552	126 711	98 563	94 549	102 404	130 241	136 672
Crédits	7 181	9 648	2 666	2 925	1 347	749	232	168
Actions et parts de fonds d'investissement	55 045	56 773	69 174	55 161	52 278	68 666	94 144	125 165
Actions	53 124	54 523	57 128	44 935	43 478	51 060	68 232	93 951
Parts de fonds d'investissement	1 922	2 250	12 046	10 226	8 800	17 606	25 912	31 213
Parts de fonds d'investissement monétaires	..	..	..	..	..	..	..	..
Parts de fonds d'investissement non monétaires	..	..	..	..	..	..	..	..
Systèmes d'assurance, de pensions et garanties standard	0	0	0	0	0	0	0	0
Produits financiers dérivés et options sur titres des salariés	565	464	361	335	449	884	1 266	1 385
Autres comptes à recevoir	0	0	0	0	0	0	0	0
Passifs financiers	240 227	242 474	224 398	186 755	183 127	202 064	253 645	286 218
Titres de dette	0	0	0	0	0	0	0	0
Titres de dette à court terme	0	0	0	0	0	0	0	0
Titres de dette à long terme	0	0	0	0	0	0	0	0
Crédits	0	0	0	0	0	0	0	0
Crédits à court terme	0	0	0	0	0	0	0	0
Crédits à long terme	0	0	0	0	0	0	0	0
Actions et parts de fonds d'investissement	240 227	242 474	224 398	186 755	183 127	202 064	253 645	286 218
Systèmes d'assurance, de pensions et garanties standard	0	0	0	0	0	0	0	0
Produits financiers dérivés et options sur titres des salariés	0	0	0	0	0	0	0	0
Autres comptes à payer	0	0	0	0	0	0	0	0
Actifs non financiers	..	..	..	..	..	..	..	..
Fonds d'investissement monéaires								
Valeur nette financière	-100	369	319	604	31	114	22	99
Actifs financiers	57 495	55 221	38 664	27 537	9 154	9 636	7 325	6 033
Numéraire et dépôts	..	..	..	..	..	..	..	..
Titres de dette	50 183	45 393	35 878	24 485	7 770	8 775	7 093	5 826
Crédits	7 181	9 648	2 666	2 925	1 347	749	232	168
Actions et parts de fonds d'investissement	131	180	120	127	36	112	0	38
Actions	73	154	86	116	36	37	0	38
Parts de fonds d'investissement	58	26	34	11	0	76	0	0
Parts de fonds d'investissement monétaires	..	..	..	..	..	..	..	..
Parts de fonds d'investissement non monétaires	..	..	..	..	..	..	..	..
Systèmes d'assurance, de pensions et garanties standard	0	0	0	0	0	0	0	0
Produits financiers dérivés et options sur titres des salariés	0	0	0	0	0	0	0	0
Autres comptes à recevoir	0	0	0	0	0	0	0	0
Passifs financiers	57 596	54 852	38 345	26 933	9 123	9 522	7 303	5 933
Titres de dette	0	0	0	0	0	0	0	0
Titres de dette à court terme	0	0	0	0	0	0	0	0
Titres de dette à long terme	0	0	0	0	0	0	0	0
Crédits	0	0	0	0	0	0	0	0
Crédits à court terme	0	0	0	0	0	0	0	0
Crédits à long terme	0	0	0	0	0	0	0	0
Actions et parts de fonds d'investissement	57 596	54 852	38 345	26 933	9 123	9 522	7 303	5 933
Systèmes d'assurance, de pensions et garanties standard	0	0	0	0	0	0	0	0
Produits financiers dérivés et options sur titres des salariés	0	0	0	0	0	0	0	0
Autres comptes à payer	0	0	0	0	0	0	0	0
Actifs non financiers	..	..	..	..	..	..	..	..
Fonds d'investissement non monéaires								
Valeur nette financière	-23 065	-21 780	-13 845	-17 346	-18 718	-11 277	-9 867	-622
Actifs financiers	159 567	165 842	172 208	142 475	155 285	181 265	236 475	279 663
Numéraire et dépôts	11 023	11 626	11 960	13 029	15 815	18 198	17 917	22 305
Titres de dette	93 065	97 159	90 833	74 078	86 779	93 630	123 148	130 845
Crédits	0	0	0	0	0	0	0	0
Actions et parts de fonds d'investissement	54 914	56 593	69 054	55 034	52 242	68 554	94 144	125 127
Actions	53 051	54 369	57 042	44 819	43 442	51 024	68 232	93 914
Parts de fonds d'investissement	1 863	2 224	12 013	10 215	8 800	17 530	25 912	31 213
Parts de fonds d'investissement monétaires	..	..	..	..	..	..	..	..
Parts de fonds d'investissement non monétaires	..	..	..	..	..	..	..	..
Systèmes d'assurance, de pensions et garanties standard	0	0	0	0	0	0	0	0
Produits financiers dérivés et options sur titres des salariés	565	464	361	335	449	884	1 266	1 385
Autres comptes à recevoir	0	0	0	0	0	0	0	0
Passifs financiers	182 632	187 622	186 054	159 822	174 004	192 543	246 342	280 285
Titres de dette	0	0	0	0	0	0	0	0
Titres de dette à court terme	0	0	0	0	0	0	0	0
Titres de dette à long terme	0	0	0	0	0	0	0	0
Crédits	0	0	0	0	0	0	0	0
Crédits à court terme	0	0	0	0	0	0	0	0
Crédits à long terme	0	0	0	0	0	0	0	0
Actions et parts de fonds d'investissement	182 632	187 622	186 054	159 822	174 004	192 543	246 342	280 285
Systèmes d'assurance, de pensions et garanties standard	0	0	0	0	0	0	0	0
Produits financiers dérivés et options sur titres des salariés	0	0	0	0	0	0	0	0
Autres comptes à payer	0	0	0	0	0	0	0	0
Actifs non financiers	..	..	..	..	..	..	..	..
Fonds d'investissement non monéaires à capital variable								
Valeur nette financière	-8 863	-4 640	5 384	1 534	-1 792	4 174	6 844	15 609
Actifs financiers	158 147	163 884	170 512	141 166	153 370	179 492	222 448	264 161

Tableau 2. Actifs et passifs financiers des fonds d'investissement *(suite)*

Millions EUR

	2008	2009	2010	2011	2012	2013	2014	2015
Numéraire et dépôts	11 023	11 626	11 960	13 029	15 815	18 198	14 232	18 131
Titres de dette	92 873	96 930	90 406	73 886	86 477	93 397	122 787	130 645
Crédits	0	0	0	0	0	0	0	0
Actions et parts de fonds d'investissement	53 686	54 865	67 785	53 916	50 629	67 013	84 163	114 000
Actions	53 051	54 369	57 042	44 819	43 442	51 024	61 554	86 569
Parts de fonds d'investissement	636	497	10 744	9 097	7 187	15 989	22 609	27 431
Parts de fonds d'investissement monétaires	..	..	..	..	..	..	..	..
Parts de fonds d'investissement non monétaires	..	..	..	..	..	..	..	..
Systèmes d'assurance, de pensions et garanties standard	0	0	0	0	0	0	0	0
Produits financiers dérivés et options sur titres des salariés	565	464	361	335	449	884	1 266	1 385
Autres comptes à recevoir	0	0	0	0	0	0	0	0
Passifs financiers	167 010	168 525	165 128	139 632	155 162	175 318	215 604	248 552
Titres de dette	0	0	0	0	0	0	0	0
Titres de dette à court terme	0	0	0	0	0	0	0	0
Titres de dette à long terme	0	0	0	0	0	0	0	0
Crédits	0	0	0	0	0	0	0	0
Crédits à court terme	0	0	0	0	0	0	0	0
Crédits à long terme	0	0	0	0	0	0	0	0
Actions et parts de fonds d'investissement	167 010	168 525	165 128	139 632	155 162	175 318	215 604	248 552
Systèmes d'assurance, de pensions et garanties standard	0	0	0	0	0	0	0	0
Produits financiers dérivés et options sur titres des salariés	0	0	0	0	0	0	0	0
Autres comptes à payer	0	0	0	0	0	0	0	0
Actifs non financiers	..	..	..	..	..	..	..	..
Fonds d'investissement à capital variable								
Valeur nette financière	-8 963	-4 271	5 703	2 138	-1 761	4 288	6 866	15 709
Actifs financiers	215 642	219 105	209 176	168 703	162 524	189 128	229 773	270 194
Numéraire et dépôts	11 023	11 626	11 960	13 029	15 815	18 198	14 232	18 131
Titres de dette	143 056	142 323	126 283	98 371	94 247	102 172	129 881	136 471
Crédits	7 181	9 648	2 666	2 925	1 347	749	232	168
Actions et parts de fonds d'investissement	53 818	55 045	67 905	54 043	50 665	67 125	84 163	114 038
Actions	53 124	54 523	57 128	44 935	43 478	51 060	61 554	86 607
Parts de fonds d'investissement	694	523	10 778	9 108	7 187	16 065	22 609	27 431
Parts de fonds d'investissement monétaires	..	..	..	..	..	..	..	..
Parts de fonds d'investissement non monétaires	..	..	..	..	..	..	..	..
Systèmes d'assurance, de pensions et garanties standard	0	0	0	0	0	0	0	0
Produits financiers dérivés et options sur titres des salariés	565	464	361	335	449	884	1 266	1 385
Autres comptes à recevoir	0	0	0	0	0	0	0	0
Passifs financiers	224 605	223 377	203 473	166 565	164 285	184 840	222 907	254 485
Titres de dette	0	0	0	0	0	0	0	0
Titres de dette à court terme	0	0	0	0	0	0	0	0
Titres de dette à long terme	0	0	0	0	0	0	0	0
Crédits	0	0	0	0	0	0	0	0
Crédits à court terme	0	0	0	0	0	0	0	0
Crédits à long terme	0	0	0	0	0	0	0	0
Actions et parts de fonds d'investissement	224 605	223 377	203 473	166 565	164 285	184 840	222 907	254 485
Systèmes d'assurance, de pensions et garanties standard	0	0	0	0	0	0	0	0
Produits financiers dérivés et options sur titres des salariés	0	0	0	0	0	0	0	0
Autres comptes à payer	0	0	0	0	0	0	0	0
Actifs non financiers	..	..	..	..	..	..	..	..

Note : Voir les métadonnées détaillées sur : http://metalinks.oecd.org/instinv/20170516/5358

ITALIE

Tableau 3. Actifs et passifs financiers des sociétés d'assurance et fonds de pension

Millions EUR

	2008	2009	2010	2011	2012	2013	2014	2015
Sociétés d'assurance et fonds de pension								
Valeur nette financière	-45 632	-38 700	-78 983	-82 626	-51 789	-45 251	-29 150	-3 753
Actifs financiers	505 892	559 538	543 486	534 948	588 169	643 006	739 876	838 107
Numéraire et dépôts	20 959	18 485	17 584	21 242	27 781	25 655	22 987	29 038
Titres de dette	324 624	365 238	356 160	351 523	392 597	431 410	502 791	556 238
Crédits	13 246	13 650	13 567	11 412	10 701	9 115	9 002	8 304
Actions et parts de fonds d'investissement	143 234	158 102	152 728	146 904	153 467	173 493	202 907	241 481
Actions	78 340	85 872	72 631	66 320	65 095	75 028	77 513	82 966
Parts de fonds d'investissement	64 894	72 230	80 097	80 584	88 372	98 465	125 394	158 515
Parts de fonds d'investissement monétaires	449	559	403	292	127	180	160	331
Parts de fonds d'investissement non monétaires	64 445	71 671	79 694	80 292	88 245	98 285	125 234	158 184
Systèmes d'assurance, de pensions et garanties standard	2 200	2 148	2 153	2 146	2 122	1 973	1 533	2 555
Produits financiers dérivés et options sur titres des salariés	1 340	1 689	1 085	1 567	1 391	1 321	653	477
Autres comptes à recevoir	289	226	208	154	110	38	2	14
Passifs financiers	551 524	598 239	622 469	617 574	639 958	688 257	769 026	841 860
Titres de dette	4 946	7 904	6 914	6 334	9 380	9 450	15 355	16 535
Titres de dette à court terme	0	0	0	0	0	0	0	0
Titres de dette à long terme	4 946	7 904	6 914	6 334	9 380	9 450	15 355	16 535
Crédits	16 785	17 402	15 852	14 080	13 502	7 350	11 009	11 607
Crédits à court terme	2 393	444	403	622	154	314	489	338
Crédits à long terme	14 393	16 958	15 449	13 458	13 349	7 036	10 520	11 270
Actions et parts de fonds d'investissement	65 947	59 415	46 770	39 538	41 082	60 330	60 520	69 827
Systèmes d'assurance, de pensions et garanties standard	460 516	510 644	550 216	554 283	572 492	608 065	678 910	741 540
Produits financiers dérivés et options sur titres des salariés	1 633	1 192	1 039	1 645	1 803	1 350	1 514	645
Autres comptes à payer	1 696	1 681	1 678	1 695	1 698	1 711	1 718	1 706
Actifs non financiers	..	..	..	..	..	..	..	..
Sociétés d'assurance								
Valeur nette financière	-24 246	-14 764	-53 221	-53 688	-44 129	-34 593	-22 838	50
Actifs financiers	484 928	533 622	512 825	503 318	526 152	576 840	660 208	751 858
Numéraire et dépôts	17 086	15 369	13 037	17 710	24 126	22 254	19 099	24 750
Titres de dette	316 690	355 269	345 598	339 906	353 113	388 515	452 235	501 671
Crédits	13 246	13 650	13 567	11 412	10 701	9 115	9 002	8 304
Actions et parts de fonds d'investissement	134 077	145 271	137 176	130 423	134 588	153 624	177 684	214 086
Actions	74 029	79 586	65 353	59 279	55 217	64 907	63 077	66 235
Parts de fonds d'investissement	60 048	65 685	71 823	71 144	79 371	88 717	114 607	147 851
Parts de fonds d'investissement monétaires	416	512	368	265	116	164	147	308
Parts de fonds d'investissement non monétaires	59 632	65 173	71 455	70 879	79 255	88 553	114 460	147 543
Systèmes d'assurance, de pensions et garanties standard	2 200	2 148	2 153	2 146	2 122	1 973	1 533	2 555
Produits financiers dérivés et options sur titres des salariés	1 340	1 689	1 085	1 567	1 391	1 321	653	477
Autres comptes à recevoir	289	226	208	154	110	38	2	14
Passifs financiers	509 174	548 387	566 046	557 006	570 280	611 434	683 045	751 809
Titres de dette	4 946	7 904	6 914	6 334	9 380	9 450	15 355	16 535
Titres de dette à court terme	0	0	0	0	0	0	0	0
Titres de dette à long terme	4 946	7 904	6 914	6 334	9 380	9 450	15 355	16 535
Crédits	16 564	17 399	15 847	14 072	13 477	7 348	11 005	11 605
Crédits à court terme	2 179	443	399	614	129	312	486	336
Crédits à long terme	14 385	16 956	15 448	13 458	13 348	7 035	10 519	11 269
Actions et parts de fonds d'investissement	65 947	59 415	46 770	39 538	41 082	60 330	60 520	69 827
Systèmes d'assurance, de pensions et garanties standard	418 387	460 795	493 798	493 723	502 839	531 244	592 933	651 491
Produits financiers dérivés et options sur titres des salariés	1 633	1 192	1 039	1 645	1 803	1 350	1 514	645
Autres comptes à payer	1 696	1 681	1 678	1 695	1 698	1 711	1 718	1 706
Actifs non financiers	..	..	..	..	..	..	..	..
Fonds de pension								
Valeur nette financière	-21 386	-23 936	-25 762	-28 938	-7 660	-10 658	-6 312	-3 803
Actifs financiers	20 964	25 916	30 661	31 630	62 018	66 166	79 668	86 249
Numéraire et dépôts	3 872	3 116	4 547	3 532	3 655	3 401	3 888	4 287
Titres de dette	7 935	9 969	10 562	11 616	39 483	42 895	50 557	54 566
Crédits	0	0	0	0	0	0	0	0
Actions et parts de fonds d'investissement	9 157	12 831	15 552	16 481	18 879	19 869	25 223	27 395
Actions	4 311	6 286	7 278	7 041	9 878	10 121	14 436	16 731
Parts de fonds d'investissement	4 846	6 545	8 274	9 440	9 001	9 748	10 787	10 664
Parts de fonds d'investissement monétaires	34	47	35	27	11	16	13	23
Parts de fonds d'investissement non monétaires	4 812	6 498	8 239	9 413	8 990	9 732	10 774	10 641
Systèmes d'assurance, de pensions et garanties standard	0	0	0	0	0	0	0	0
Produits financiers dérivés et options sur titres des salariés	0	0	0	0	0	0	0	0
Autres comptes à recevoir	0	0	0	0	0	0	0	0
Passifs financiers	42 351	49 852	56 423	60 568	69 678	76 823	85 981	90 051
Titres de dette	0	0	0	0	0	0	0	0
Titres de dette à court terme	0	0	0	0	0	0	0	0
Titres de dette à long terme	0	0	0	0	0	0	0	0
Crédits	222	3	5	8	25	2	4	2
Crédits à court terme	214	1	4	8	24	2	3	2
Crédits à long terme	7	2	1	1	0	1	0	1
Actions et parts de fonds d'investissement	0	0	0	0	0	0	0	0
Systèmes d'assurance, de pensions et garanties standard	42 129	49 849	56 418	60 560	69 653	76 821	85 977	90 049
Produits financiers dérivés et options sur titres des salariés	0	0	0	0	0	0	0	0
Autres comptes à payer	0	0	0	0	0	0	0	0
Actifs non financiers	..	..	..	..	..	..	..	..

Note : Voir les métadonnées détaillées sur : http://metalinks.oecd.org/instinv/20170516/5358

Tableau 4. Composition du portefeuille par type d'investisseur

En pourcentage des actifs financiers et des passifs financiers

Pour cent

	2008	2009	2010	2011	2012	2013	2014	2015
Fonds d'investissement								
Actifs financiers	100.0	100.0	100.0	100.0	100.0	100.0	100.0	100.0
Numéraire et dépôts	..	..	..	..	..	..	..	..
Titres de dettes	66.0	64.5	60.1	58.0	57.5	53.6	53.4	47.8
Crédits	3.3	4.4	1.3	1.7	0.8	0.4	0.1	0.1
Actions et parts de fonds d'investissement	25.4	25.7	32.8	32.4	31.8	36.0	38.6	43.8
Systèmes d'assurance de pensions et garanties standard	0.0	0.0	0.0	0.0	0.0	0.0	0.0	0.0
Produits financiers dérivés et options sur titres des salariés	0.3	0.2	0.2	0.2	0.3	0.5	0.5	0.5
Autres comptes à recevoir	0.0	0.0	0.0	0.0	0.0	0.0	0.0	0.0
Passifs financiers	100.0	100.0	100.0	100.0	100.0	100.0	100.0	100.0
Numéraire et dépôts	0.0	0.0	0.0	0.0	0.0	0.0	0.0	0.0
Titres de dettes	0.0	0.0	0.0	0.0	0.0	0.0	0.0	0.0
Crédits	0.0	0.0	0.0	0.0	0.0	0.0	0.0	0.0
Actions et parts de fonds d'investissement	100.0	100.0	100.0	100.0	100.0	100.0	100.0	100.0
Systèmes d'assurance de pensions et garanties standard	0.0	0.0	0.0	0.0	0.0	0.0	0.0	0.0
Produits financiers dérivés et options sur titres des salariés	0.0	0.0	0.0	0.0	0.0	0.0	0.0	0.0
Autres comptes à recevoir	0.0	0.0	0.0	0.0	0.0	0.0	0.0	0.0
Sociétés d'assurance								
Actifs financiers	100.0	100.0	100.0	100.0	100.0	100.0	100.0	100.0
Numéraire et dépôts	3.5	2.9	2.5	3.5	4.6	3.9	2.9	3.3
Titres de dettes	65.3	66.6	67.4	67.5	67.1	67.4	68.5	66.7
Crédits	2.7	2.6	2.6	2.3	2.0	1.6	1.4	1.1
Actions et parts de fonds d'investissement	27.6	27.2	26.7	25.9	25.6	26.6	26.9	28.5
Systèmes d'assurance de pensions et garanties standard	0.5	0.4	0.4	0.4	0.4	0.3	0.2	0.3
Produits financiers dérivés et options sur titres des salariés	0.3	0.3	0.2	0.3	0.3	0.2	0.1	0.1
Autres comptes à recevoir	0.1	0.0	0.0	0.0	0.0	0.0	0.0	0.0
Passifs financiers	100.0	100.0	100.0	100.0	100.0	100.0	100.0	100.0
Numéraire et dépôts	0.0	0.0	0.0	0.0	0.0	0.0	0.0	0.0
Titres de dettes	1.0	1.4	1.2	1.1	1.6	1.5	2.2	2.2
Crédits	3.3	3.2	2.8	2.5	2.4	1.2	1.6	1.5
Actions et parts de fonds d'investissement	13.0	10.8	8.3	7.1	7.2	9.9	8.9	9.3
Systèmes d'assurance de pensions et garanties standard	82.2	84.0	87.2	88.6	88.2	86.9	86.8	86.7
Produits financiers dérivés et options sur titres des salariés	0.3	0.2	0.2	0.3	0.3	0.2	0.2	0.1
Autres comptes à recevoir	0.3	0.3	0.3	0.3	0.3	0.3	0.3	0.2
Fonds de pension								
Actifs financiers	100.0	100.0	100.0	100.0	100.0	100.0	100.0	100.0
Numéraire et dépôts	18.5	12.0	14.8	11.2	5.9	5.1	4.9	5.0
Titres de dettes	37.9	38.5	31.1	36.7	63.7	64.8	63.5	63.3
Crédits	0.0	0.0	0.0	0.0	0.0	0.0	0.0	0.0
Actions et parts de fonds d'investissement	43.7	49.5	50.7	52.1	30.4	30.0	31.7	31.8
Systèmes d'assurance de pensions et garanties standard	0.0	0.0	0.0	0.0	0.0	0.0	0.0	0.0
Produits financiers dérivés et options sur titres des salariés	0.0	0.0	0.0	0.0	0.0	0.0	0.0	0.0
Autres comptes à recevoir	0.0	0.0	0.0	0.0	0.0	0.0	0.0	0.0
Passifs financiers	100.0	100.0	100.0	100.0	100.0	100.0	100.0	100.0
Numéraire et dépôts	0.0	0.0	0.0	0.0	0.0	0.0	0.0	0.0
Titres de dettes	0.0	0.0	0.0	0.0	0.0	0.0	0.0	0.0
Crédits	0.5	0.0	0.0	0.0	0.0	0.0	0.0	0.0
Actions et parts de fonds d'investissement	0.0	0.0	0.0	0.0	0.0	0.0	0.0	0.0
Systèmes d'assurance de pensions et garanties standard	99.5	100.0	100.0	100.0	100.0	100.0	100.0	100.0
Produits financiers dérivés et options sur titres des salariés	0.0	0.0	0.0	0.0	0.0	0.0	0.0	0.0
Autres comptes à recevoir	0.0	0.0	0.0	0.0	0.0	0.0	0.0	0.0

Note : Voir les métadonnées détaillées sur : http://metalinks.oecd.org/instinv/20170516/e12c

Tableau 1. Actifs et passifs financiers des investisseurs institutionnels, 2015

Milliards JPY

	Fonds d'investissement				
	Total	Fonds d'investissement non-monétaire			Fonds d'investissement monétaires
		Total	Fonds d'investissement à capital variable, non monétaire	Fonds d'investissement à capital fixe, non monétaire	Total
Actifs financiers	173 164	159 624	..	..	13 540
Numéraire et dépôts	829	829	..	..	0
Titres de dette	21 870	13 626	..	..	8 243
Titres de dette à court terme	..	..	..	..	..
Titres de dette à long terme	..	..	..	..	..
Titres de dette émis par les résidents	21 870	13 626	..	..	8 243
Titres de dette émis par les non-résidents	..	..	..	..	..
Crédits	13 389	9 393	..	..	3 997
Crédits à court terme	..	..	..	..	..
Crédits à long terme	..	..	..	..	..
Crédits accordés aux résidents	..	..	..	..	..
Crédits accordés aux non-résidents	..	..	..	..	..
Actions et parts de fonds d'investissement	38 358	38 358	..	..	0
Actions et parts de fonds d'investissements émises par les résidents	38 358	38 358	..	..	0
Actions et part de fonds d'investissements émises par les non-résidents	..	..	..	..	..
Autres comptes à recevoir	98 234	96 934	..	..	1 300

	Fonds d'investissement				
	Total	Fonds d'investissement non-monétaire			Fonds d'investissement monétaires
		Total	Fonds d'investissement à capital variable, non monétaire	Fonds d'investissement à capital fixe, non monétaire	Total
Pasifs financiers	173 164	159 624	..	..	13 540
Numéraire et dépôts	0	0	..	..	0
Titres de dette	0	0	..	..	0
Titres de dette à court terme	..	..	..	..	..
Titres de dette à long terme	..	..	..	..	..
Crédits	0	0	..	..	0
Crédits à court terme	..	..	..	..	..
Crédits à long terme	..	..	..	..	..
Actions et parts de fonds d'investissement	159 772	146 934	..	..	12 838
Systèmes d'assurance, de pensions et garanties standard	0	0	..	..	0
Produits financiers dérivés et options sur titres des salariés	720	720	..	..	0
Autres comptes à payer	12 672	11 970	..	..	702

	Sociétés d'assurance et fonds de pension autonomes				
	Total	Sociétés d'assurance			Fonds de pension autonomes
		Total	Sociétés d'assurance vie	Sociétés d'assurance non-vie	Total
Actifs financiers	627 964	468 383	421 468	46 916	159 581
Numéraire et dépôts	25 669	16 203	4 936	11 267	9 466
Titres de dette	303 341	260 317	248 290	12 027	43 024
Titres de dette à court terme	..	..	..	..	..
Titres de dette à long terme	..	..	..	..	..
Titres de dette émis par les résidents	303 341	260 317	248 290	12 027	43 024
Titres de dette émis par les non-résidents	..	..	..	..	..
Crédits	53 623	48 261	45 295	2 966	5 362
Crédits à court terme	..	..	..	..	..
Crédits à long terme	..	..	..	..	..
Crédits accordés aux résidents	..	..	..	..	..
Crédits accordés aux non-résidents	..	..	..	..	..
Actions et parts de fonds d'investissement	70 067	44 517	35 994	8 523	25 549
Actions et parts de fonds d'investissement émises par les résidents	70 067	44 517	35 994	8 523	25 549
Actions et parts de fonds d'investissement émises par les non-résidents	..	..	..	..	..
Autrescomptes à recevoir	143 664	96 576	86 169	10 407	47 088

	Sociétés d'assurance et fonds de pension autonomes				
	Total	Sociétés d'assurance			Fonds de pension autonomes
		Total	Sociétés d'assurance vie	Sociétés d'assurance non-vie	Total
Pasifs financiers	573 705	415 822	378 920	36 902	157 882
Numéraire et dépôts	0	0	0	0	0
Titres de dette	2 413	1 928	1 413	516	485
Titres de dette à court terme	..	..	..	..	..
Titres de dette à long terme	..	..	..	..	..
Crédits	13 585	13 495	12 034	1 461	90
Crédits à court terme	..	..	..	..	..
Crédits à long terme	..	..	..	..	..
Actions et parts de fonds d'investissement	20 616	20 600	8 554	12 046	16
Systèmes d'assurance, de pensions et garanties standard	525 294	370 618	351 005	19 613	154 676
Produits financiers dérivés et options sur titres des salariés	2 327	1 198	1 063	135	1 129
Autres comptes à payer	9 470	7 984	4 852	3 132	1 487

Note : Voir les métadonnées détaillées sur : http://metalinks.oecd.org/instinv/20170516/5358

Tableau 2. Actifs et passifs financiers des fonds d'investissement

Milliards JPY

	2008	2009	2010	2011	2012	2013	2014	2015
Fonds d'investissement								
Valeur nette financière	0	0	-65	0	0	0	0	0
Actifs financiers	85 333	93 953	98 618	90 631	102 456	131 673	151 055	173 164
Numéraire et dépôts	535	577	588	481	630	620	841	829
Titres de dette	14 296	13 656	14 443	13 752	14 242	18 219	21 226	21 870
Crédits	3 992	4 199	4 155	4 587	5 467	7 625	8 608	13 389
Actions et parts de fonds d'investissement	16 441	17 798	17 560	14 975	17 796	27 284	28 929	38 358
Actions	14 456	14 695	14 712	12 695	15 103	24 124	24 849	33 409
Parts de fonds d'investissement	1 985	3 103	2 849	2 281	2 693	3 160	4 080	4 949
Parts de fonds d'investissement monétaires	..	..	..	..	..	..	..	..
Parts de fonds d'investissement non monétaires	..	..	..	..	..	..	..	..
Systèmes d'assurance, de pensions et garanties standard	0	0	0	0	0	0	0	0
Produits financiers dérivés et options sur titres des salariés	233	192	173	141	264	355	424	485
Autres comptes à recevoir	49 837	57 532	61 699	56 695	64 057	77 570	91 027	98 234
Passifs financiers	85 333	93 953	98 683	90 631	102 457	131 674	151 055	173 164
Titres de dette	0	0	0	0	0	0	0	0
Titres de dette à court terme	..	..	..	..	..	..	..	..
Titres de dette à long terme	..	..	..	..	..	..	..	..
Crédits	0	0	0	0	0	0	0	0
Crédits à court terme	..	..	..	..	..	..	..	..
Crédits à long terme	..	..	..	..	..	..	..	..
Actions et parts de fonds d'investissement	77 767	91 099	94 407	85 930	95 944	122 003	140 435	159 772
Systèmes d'assurance, de pensions et garanties standard	0	0	0	0	0	0	0	0
Produits financiers dérivés et options sur titres des salariés	881	803	774	635	641	639	692	720
Autres comptes à payer	6 685	2 051	3 502	4 066	5 872	9 032	9 928	12 672
Actifs non financiers	..	..	..	..	..	..	..	..
Fonds d'investissement monéaires								
Valeur nette financière	0	0	0	0	0	0	0	0
Actifs financiers	8 647	8 543	8 639	8 075	8 610	14 237	13 888	13 540
Numéraire et dépôts	37	25	14	32	15	13	0	0
Titres de dette	6 340	6 562	6 933	6 002	6 628	9 498	9 946	8 243
Crédits	1 570	1 424	1 262	1 423	1 454	2 587	2 522	3 997
Actions et parts de fonds d'investissement	0	0	0	0	0	0	0	0
Actions	0	0	0	0	0	0	0	0
Parts de fonds d'investissement	0	0	0	0	0	0	0	0
Parts de fonds d'investissement monétaires	..	..	..	..	..	..	..	..
Parts de fonds d'investissement non monétaires	..	..	..	..	..	..	..	..
Systèmes d'assurance, de pensions et garanties standard	0	0	0	0	0	0	0	0
Produits financiers dérivés et options sur titres des salariés	0	0	0	0	0	0	0	0
Autres comptes à recevoir	700	533	430	618	514	2 138	1 420	1 300
Passifs financiers	8 647	8 543	8 639	8 075	8 610	14 237	13 888	13 540
Titres de dette	0	0	0	0	0	0	0	0
Titres de dette à court terme	..	..	..	..	..	..	..	..
Titres de dette à long terme	..	..	..	..	..	..	..	..
Crédits	0	0	0	0	0	0	0	0
Crédits à court terme	..	..	..	..	..	..	..	..
Crédits à long terme	..	..	..	..	..	..	..	..
Actions et parts de fonds d'investissement	8 338	8 207	8 241	7 624	8 254	13 105	13 100	12 838
Systèmes d'assurance, de pensions et garanties standard	0	0	0	0	0	0	0	0
Produits financiers dérivés et options sur titres des salariés	0	0	0	0	0	0	0	0
Autres comptes à payer	308	336	398	451	357	1 132	788	702
Actifs non financiers	..	..	..	..	..	..	..	..
Fonds d'investissement non monéaires								
Valeur nette financière	0	0	-65	0	0	0	0	0
Actifs financiers	76 686	85 411	89 979	82 556	93 846	117 437	137 167	159 624
Numéraire et dépôts	498	552	574	450	615	608	841	829
Titres de dette	7 956	7 094	7 510	7 750	7 614	8 721	11 280	13 626
Crédits	2 422	2 775	2 892	3 164	4 014	5 038	6 086	9 393
Actions et parts de fonds d'investissement	16 441	17 798	17 560	14 975	17 796	27 284	28 929	38 358
Actions	14 456	14 695	14 712	12 695	15 103	24 124	24 849	33 409
Parts de fonds d'investissement	1 985	3 103	2 849	2 281	2 693	3 160	4 080	4 949
Parts de fonds d'investissement monétaires	..	..	..	..	..	..	..	..
Parts de fonds d'investissement non monétaires	..	..	..	..	..	..	..	..
Systèmes d'assurance, de pensions et garanties standard	0	0	0	0	0	0	0	0
Produits financiers dérivés et options sur titres des salariés	233	192	173	141	264	355	424	485
Autres comptes à recevoir	49 136	56 999	61 269	56 076	63 543	75 432	89 608	96 934
Passifs financiers	76 687	85 411	90 044	82 556	93 846	117 437	137 167	159 624
Titres de dette	0	0	0	0	0	0	0	0
Titres de dette à court terme	..	..	..	..	..	..	..	..
Titres de dette à long terme	..	..	..	..	..	..	..	..
Crédits	0	0	0	0	0	0	0	0
Crédits à court terme	..	..	..	..	..	..	..	..
Crédits à long terme	..	..	..	..	..	..	..	..
Actions et parts de fonds d'investissement	69 429	82 892	86 166	78 307	87 690	108 898	127 335	146 934
Systèmes d'assurance, de pensions et garanties standard	0	0	0	0	0	0	0	0
Produits financiers dérivés et options sur titres des salariés	881	803	774	635	641	639	692	720
Autres comptes à payer	6 377	1 716	3 104	3 615	5 515	7 901	9 140	11 970
Actifs non financiers	..	..	..	..	..	..	..	..
Fonds d'investissement non monéaires à capital variable								
Valeur nette financière	..	..	..	..	..	..	..	..
Actifs financiers	..	..	..	..	..	..	..	..

Tableau 2. Actifs et passifs financiers des fonds d'investissement *(suite)*

Milliards JPY

	2008	2009	2010	2011	2012	2013	2014	2015
Numéraire et dépôts	..	..	..	..	..	..	..	..
Titres de dette	..	..	..	..	..	..	..	..
Crédits	..	..	..	..	..	..	..	..
Actions et parts de fonds d'investissement	..	..	..	..	..	..	..	..
Actions	..	..	..	..	..	..	..	..
Parts de fonds d'investissement	..	..	..	..	..	..	..	..
Parts de fonds d'investissement monétaires	..	..	..	..	..	..	..	..
Parts de fonds d'investissement non monétaires	..	..	..	..	..	..	..	..
Systèmes d'assurance, de pensions et garanties standard	..	..	..	..	..	..	..	..
Produits financiers dérivés et options sur titres des salariés	..	..	..	..	..	..	..	..
Autres comptes à recevoir	..	..	..	..	..	..	..	..
Passifs financiers	..	..	..	..	..	..	..	..
Titres de dette	..	..	..	..	..	..	..	..
Titres de dette à court terme	..	..	..	..	..	..	..	..
Titres de dette à long terme	..	..	..	..	..	..	..	..
Crédits	..	..	..	..	..	..	..	..
Crédits à court terme	..	..	..	..	..	..	..	..
Crédits à long terme	..	..	..	..	..	..	..	..
Actions et parts de fonds d'investissement	..	..	..	..	..	..	..	..
Systèmes d'assurance, de pensions et garanties standard	..	..	..	..	..	..	..	..
Produits financiers dérivés et options sur titres des salariés	..	..	..	..	..	..	..	..
Autres comptes à payer	..	..	..	..	..	..	..	..
Actifs non financiers	..	..	..	..	..	..	..	..
Fonds d'investissement à capital variable								
Valeur nette financière	..	..	..	..	..	..	..	..
Actifs financiers	..	..	..	..	..	..	..	..
Numéraire et dépôts	..	..	..	..	..	..	..	..
Titres de dette	..	..	..	..	..	..	..	..
Crédits	..	..	..	..	..	..	..	..
Actions et parts de fonds d'investissement	..	..	..	..	..	..	..	..
Actions	..	..	..	..	..	..	..	..
Parts de fonds d'investissement	..	..	..	..	..	..	..	..
Parts de fonds d'investissement monétaires	..	..	..	..	..	..	..	..
Parts de fonds d'investissement non monétaires	..	..	..	..	..	..	..	..
Systèmes d'assurance, de pensions et garanties standard	..	..	..	..	..	..	..	..
Produits financiers dérivés et options sur titres des salariés	..	..	..	..	..	..	..	..
Autres comptes à recevoir	..	..	..	..	..	..	..	..
Passifs financiers	..	..	..	..	..	..	..	..
Titres de dette	..	..	..	..	..	..	..	..
Titres de dette à court terme	..	..	..	..	..	..	..	..
Titres de dette à long terme	..	..	..	..	..	..	..	..
Crédits	..	..	..	..	..	..	..	..
Crédits à court terme	..	..	..	..	..	..	..	..
Crédits à long terme	..	..	..	..	..	..	..	..
Actions et parts de fonds d'investissement	..	..	..	..	..	..	..	..
Systèmes d'assurance, de pensions et garanties standard	..	..	..	..	..	..	..	..
Produits financiers dérivés et options sur titres des salariés	..	..	..	..	..	..	..	..
Autres comptes à payer	..	..	..	..	..	..	..	..
Actifs non financiers	..	..	..	..	..	..	..	..

Note : Voir les métadonnées détaillées sur : http://metalinks.oecd.org/instinv/20170516/5358

Tableau 3. Actifs et passifs financiers des sociétés d'assurance et fonds de pension

Milliards JPY

	2008	2009	2010	2011	2012	2013	2014	2015
Sociétés d'assurance et fonds de pension								
Valeur nette financière	12 247	18 089	22 589	24 318	26 164	39 779	52 410	54 260
Actifs financiers	509 717	516 935	526 330	527 755	552 861	589 576	619 526	627 964
Numéraire et dépôts	15 942	16 010	16 383	18 423	18 247	22 499	24 284	25 669
Titres de dette	244 676	249 765	262 045	272 037	283 854	296 570	307 270	303 341
Crédits	65 839	60 563	56 915	55 104	52 927	52 083	53 069	53 623
Actions et parts de fonds d'investissement	47 485	59 284	58 164	48 841	53 253	67 932	68 373	70 067
Actions	32 776	37 553	35 838	28 300	30 513	41 313	41 769	43 843
Parts de fonds d'investissement	14 709	21 732	22 326	20 541	22 740	26 619	26 604	26 223
Parts de fonds d'investissement monétaires	..	..	..	..	..	..	..	..
Parts de fonds d'investissement non monétaires	..	..	..	..	..	..	..	..
Systèmes d'assurance, de pensions et garanties standard	46 101	43 079	41 667	46 543	43 036	27 126	27 518	29 605
Produits financiers dérivés et options sur titres des salariés	1 277	1 242	1 238	1 788	2 088	1 134	1 650	1 995
Autres comptes à recevoir	88 397	86 993	89 919	85 019	99 457	122 233	137 361	143 664
Passifs financiers	497 469	498 846	503 741	503 437	526 697	549 797	567 116	573 705
Titres de dette	367	395	350	1 184	1 650	1 993	2 163	2 413
Titres de dette à court terme	..	..	..	..	..	..	..	..
Titres de dette à long terme	..	..	..	..	..	..	..	..
Crédits	7 700	7 463	8 561	7 189	12 677	14 835	14 932	13 585
Crédits à court terme	..	..	..	..	..	..	..	..
Crédits à long terme	..	..	..	..	..	..	..	..
Actions et parts de fonds d'investissement	11 953	11 340	13 326	11 401	13 137	17 110	18 029	20 616
Systèmes d'assurance, de pensions et garanties standard	469 577	472 110	472 487	474 669	489 646	503 660	519 251	525 294
Produits financiers dérivés et options sur titres des salariés	703	648	864	874	1 426	1 771	3 421	2 327
Autres comptes à payer	7 170	6 890	8 154	8 119	8 161	10 429	9 319	9 470
Actifs non financiers	..	..	..	..	..	..	..	..
Sociétés d'assurance								
Valeur nette financière	12 669	18 976	23 744	25 289	26 833	38 821	51 048	52 561
Actifs financiers	366 154	374 358	385 323	386 623	407 830	440 909	461 977	468 383
Numéraire et dépôts	8 930	9 894	10 903	12 225	11 790	14 718	15 875	16 203
Titres de dette	207 105	212 867	224 275	234 233	245 341	253 711	262 932	260 317
Crédits	63 192	57 968	54 402	51 591	49 422	47 913	48 183	48 261
Actions et parts de fonds d'investissement	28 765	39 063	37 710	31 922	34 388	42 727	43 476	44 517
Actions	20 209	23 665	22 315	17 808	18 746	25 775	27 699	29 686
Parts de fonds d'investissement	8 556	15 397	15 395	14 114	15 642	16 953	15 777	14 831
Parts de fonds d'investissement monétaires	..	..	..	..	..	..	..	..
Parts de fonds d'investissement non monétaires	..	..	..	..	..	..	..	..
Systèmes d'assurance, de pensions et garanties standard	0	0	1 440	1 811	1 727	1 623	1 371	1 480
Produits financiers dérivés et options sur titres des salariés	1 114	1 018	947	1 268	1 462	544	540	1 029
Autres comptes à recevoir	57 047	53 554	55 647	53 574	63 700	79 673	89 599	90 570
Passifs financiers	353 486	355 382	361 579	361 334	380 997	402 088	410 928	415 822
Titres de dette	367	395	350	514	980	1 386	1 614	1 928
Titres de dette à court terme	..	..	..	..	..	..	..	..
Titres de dette à long terme	..	..	..	..	..	..	..	..
Crédits	7 700	7 463	8 561	7 087	12 575	14 747	14 843	13 495
Crédits à court terme	..	..	..	..	..	..	..	..
Crédits à long terme	..	..	..	..	..	..	..	..
Actions et parts de fonds d'investissement	11 937	11 324	13 310	11 385	13 121	17 094	18 013	20 600
Systèmes d'assurance, de pensions et garanties standard	328 006	330 719	332 250	335 365	346 707	358 727	365 964	370 618
Produits financiers dérivés et options sur titres des salariés	264	328	483	277	721	1 080	2 131	1 198
Autres comptes à payer	5 211	5 152	6 625	6 706	6 894	9 054	8 363	7 984
Actifs non financiers	..	..	..	..	..	..	..	..
Fonds de pension								
Valeur nette financière	-421	-887	-1 155	-971	-668	958	1 362	1 699
Actifs financiers	143 562	142 577	141 007	141 132	145 031	148 668	157 549	159 581
Numéraire et dépôts	7 011	6 116	5 480	6 197	6 457	7 781	8 408	9 466
Titres de dette	37 571	36 898	37 770	37 804	38 514	42 858	44 337	43 024
Crédits	2 647	2 595	2 513	3 513	3 505	4 170	4 887	5 362
Actions et parts de fonds d'investissement	18 720	20 222	20 454	16 919	18 865	25 205	24 898	25 549
Actions	12 567	13 887	13 523	10 492	11 767	15 539	14 070	14 157
Parts de fonds d'investissement	6 153	6 334	6 931	6 427	7 098	9 666	10 828	11 392
Parts de fonds d'investissement monétaires	..	..	..	..	..	..	..	..
Parts de fonds d'investissement non monétaires	..	..	..	..	..	..	..	..
Systèmes d'assurance, de pensions et garanties standard	46 101	43 079	40 227	44 733	41 309	25 504	26 147	28 125
Produits financiers dérivés et options sur titres des salariés	163	229	291	520	626	590	1 110	967
Autres comptes à recevoir	31 350	33 439	34 272	31 445	35 756	42 560	47 763	47 088
Passifs financiers	143 984	143 464	142 162	142 103	145 700	147 710	156 187	157 882
Titres de dette	0	0	0	670	671	607	549	485
Titres de dette à court terme	..	..	..	..	..	..	..	..
Titres de dette à long terme	..	..	..	..	..	..	..	..
Crédits	0	0	0	102	102	88	90	90
Crédits à court terme	..	..	..	..	..	..	..	..
Crédits à long terme	..	..	..	..	..	..	..	..
Actions et parts de fonds d'investissement	16	16	16	16	16	16	16	16
Systèmes d'assurance, de pensions et garanties standard	141 570	141 391	140 236	139 304	142 939	144 934	153 287	154 676
Produits financiers dérivés et options sur titres des salariés	439	320	382	597	705	690	1 290	1 129
Autres comptes à payer	1 959	1 738	1 528	1 414	1 267	1 376	957	1 487
Actifs non financiers	..	..	..	..	..	..	..	..

Note : Voir les métadonnées détaillées sur : http://metalinks.oecd.org/instinv/20170516/5358

Tableau 4. Composition du portefeuille par type d'investisseur

En pourcentage des actifs financiers et des passifs financiers

Pour cent

	2008	2009	2010	2011	2012	2013	2014	2015
Fonds d'investissement								
Actifs financiers	100.0	100.0	100.0	100.0	100.0	100.0	100.0	100.0
Numéraire et dépôts	0.6	0.6	0.6	0.5	0.6	0.5	0.6	0.5
Titres de dettes	16.8	14.5	14.6	15.2	13.9	13.8	14.1	12.6
Crédits	4.7	4.5	4.2	5.1	5.3	5.8	5.7	7.7
Actions et parts de fonds d'investissement	19.3	18.9	17.8	16.5	17.4	20.7	19.2	22.2
Systèmes d'assurance de pensions et garanties standard	0.0	0.0	0.0	0.0	0.0	0.0	0.0	0.0
Produits financiers dérivés et options sur titres des salariés	0.3	0.2	0.2	0.2	0.3	0.3	0.3	0.3
Autres comptes à recevoir	58.4	61.2	62.6	62.6	62.5	58.9	60.3	56.7
Passifs financiers	100.0	100.0	100.0	100.0	100.0	100.0	100.0	100.0
Numéraire et dépôts	0.0	0.0	0.0	0.0	0.0	0.0	0.0	0.0
Titres de dettes	0.0	0.0	0.0	0.0	0.0	0.0	0.0	0.0
Crédits	0.0	0.0	0.0	0.0	0.0	0.0	0.0	0.0
Actions et parts de fonds d'investissement	91.1	97.0	95.7	94.8	93.6	92.7	93.0	92.3
Systèmes d'assurance de pensions et garanties standard	0.0	0.0	0.0	0.0	0.0	0.0	0.0	0.0
Produits financiers dérivés et options sur titres des salariés	1.0	0.9	0.8	0.7	0.6	0.5	0.5	0.4
Autres comptes à recevoir	7.8	2.2	3.5	4.5	5.7	6.9	6.6	7.3
Sociétés d'assurance								
Actifs financiers	100.0	100.0	100.0	100.0	100.0	100.0	100.0	100.0
Numéraire et dépôts	2.4	2.6	2.8	3.2	2.9	3.3	3.4	3.5
Titres de dettes	56.6	56.9	58.2	60.6	60.2	57.5	56.9	55.6
Crédits	17.3	15.5	14.1	13.3	12.1	10.9	10.4	10.3
Actions et parts de fonds d'investissement	7.9	10.4	9.8	8.3	8.4	9.7	9.4	9.5
Systèmes d'assurance de pensions et garanties standard	0.0	0.0	0.4	0.5	0.4	0.4	0.3	0.3
Produits financiers dérivés et options sur titres des salariés	0.3	0.3	0.2	0.3	0.4	0.1	0.1	0.2
Autres comptes à recevoir	15.6	14.3	14.4	13.9	15.6	18.1	19.4	20.6
Passifs financiers	100.0	100.0	100.0	100.0	100.0	100.0	100.0	100.0
Numéraire et dépôts	0.0	0.0	0.0	0.0	0.0	0.0	0.0	0.0
Titres de dettes	0.1	0.1	0.1	0.1	0.3	0.3	0.4	0.5
Crédits	2.2	2.1	2.4	2.0	3.3	3.7	3.6	3.2
Actions et parts de fonds d'investissement	3.4	3.2	3.7	3.2	3.4	4.3	4.4	5.0
Systèmes d'assurance de pensions et garanties standard	92.8	93.1	91.9	92.8	91.0	89.2	89.1	89.1
Produits financiers dérivés et options sur titres des salariés	0.1	0.1	0.1	0.1	0.2	0.3	0.5	0.3
Autres comptes à recevoir	1.5	1.4	1.8	1.9	1.8	2.3	2.0	1.9
Fonds de pension								
Actifs financiers	100.0	100.0	100.0	100.0	100.0	100.0	100.0	100.0
Numéraire et dépôts	4.9	4.3	3.9	4.4	4.5	5.2	5.3	5.9
Titres de dettes	26.2	25.9	26.8	26.8	26.6	28.8	28.1	27.0
Crédits	1.8	1.8	1.8	2.5	2.4	2.8	3.1	3.4
Actions et parts de fonds d'investissement	13.0	14.2	14.5	12.0	13.0	17.0	15.8	16.0
Systèmes d'assurance de pensions et garanties standard	32.1	30.2	28.5	31.7	28.5	17.2	16.6	17.6
Produits financiers dérivés et options sur titres des salariés	0.1	0.2	0.2	0.4	0.4	0.4	0.7	0.6
Autres comptes à recevoir	21.8	23.5	24.3	22.3	24.7	28.6	30.3	29.5
Passifs financiers	100.0	100.0	100.0	100.0	100.0	100.0	100.0	100.0
Numéraire et dépôts	0.0	0.0	0.0	0.0	0.0	0.0	0.0	0.0
Titres de dettes	0.0	0.0	0.0	0.5	0.5	0.4	0.4	0.3
Crédits	0.0	0.0	0.0	0.1	0.1	0.1	0.1	0.1
Actions et parts de fonds d'investissement	0.0	0.0	0.0	0.0	0.0	0.0	0.0	0.0
Systèmes d'assurance de pensions et garanties standard	98.3	98.6	98.6	98.0	98.1	98.1	98.1	98.0
Produits financiers dérivés et options sur titres des salariés	0.3	0.2	0.3	0.4	0.5	0.5	0.8	0.7
Autres comptes à recevoir	1.4	1.2	1.1	1.0	0.9	0.9	0.6	0.9

Note : Voir les métadonnées détaillées sur : http://metalinks.oecd.org/instinv/20170516/e12c

CORÉE

Tableau 1. Actifs et passifs financiers des investisseurs institutionnels, 2015

Milliards KRW

	Fonds d'investissement				
	Total	Fonds d'investissement non-monétaire			Fonds d'investissement monétaires
		Total	Fonds d'investissement à capital variable, non monétaire	Fonds d'investissement à capital fixe, non monétaire	Total
Actifs financiers	425 426	332 246	..	..	93 180
Numéraire et dépôts	37 432	12 778	..	..	24 654
Titres de dette	181 109	115 392	..	..	65 717
Titres de dette à court terme	60 808	9 557	..	..	51 251
Titres de dette à long terme	120 301	105 835	..	..	14 466
Titres de dette émis par les résidents	170 840	105 123	..	..	65 717
Titres de dette émis par les non-résidents	10 269	10 269	..	..	0
Crédits	17 052	14 796	..	..	2 256
Crédits à court terme	7 052	4 795	..	..	2 256
Crédits à long terme	10 001	10 001	..	..	0
Crédits accordés aux résidents	0	0	..	..	0
Crédits accordés aux non-résidents	0	0	..	..	0
Actions et parts de fonds d'investissement	119 215	118 872	..	..	343
Actions et parts de fonds d'investissements émises par les résidents	83 991	83 648	..	..	343
Actions et part de fonds d'investissements émises par les non-résidents	35 224	35 224	..	..	0
Autres comptes à recevoir	59 192	58 982	..	..	209

	Fonds d'investissement				
	Total	Fonds d'investissement non-monétaire			Fonds d'investissement monétaires
		Total	Fonds d'investissement à capital variable, non monétaire	Fonds d'investissement à capital fixe, non monétaire	Total
Pasifs financiers	427 925	333 794	..	..	94 131
Numéraire et dépôts	5 881	5 881	..	..	0
Titres de dette	257	257	..	..	0
Titres de dette à court terme	0	0	..	..	0
Titres de dette à long terme	257	257	..	..	0
Crédits	346	346	..	..	0
Crédits à court terme	216	216	..	..	0
Crédits à long terme	130	130	..	..	0
Actions et parts de fonds d'investissement	412 788	318 715	..	..	94 073
Systèmes d'assurance, de pensions et garanties standard	0	0	..	..	0
Produits financiers dérivés et options sur titres des salariés	0	0	..	..	0
Autres comptes à payer	8 652	8 594	..	..	58

	Sociétés d'assurance et fonds de pension autonomes				
	Total	Sociétés d'assurance			Fonds de pension autonomes
		Total	Sociétés d'assurance vie	Sociétés d'assurance non-vie	Total
Actifs financiers	1 157 167	1 020 739	748 178	272 561	136 428
Numéraire et dépôts	109 982	47 675	24 064	23 611	62 307
Titres de dette	582 146	555 002	456 999	98 003	27 144
Titres de dette à court terme	10 261	9 265	5 567	3 699	996
Titres de dette à long terme	571 885	545 737	451 432	94 305	26 148
Titres de dette émis par les résidents	533 637	506 493	416 768	89 725	27 144
Titres de dette émis par les non-résidents	48 509	48 509	40 231	8 278	0
Crédits	181 328	171 971	112 133	59 838	9 357
Crédits à court terme	17 794	14 141	11 444	2 698	3 653
Crédits à long terme	163 534	157 830	100 690	57 140	5 705
Crédits accordés aux résidents	0	0	0	0	0
Crédits accordés aux non-résidents	0	0	0	0	0
Actions et parts de fonds d'investissement	181 809	169 020	116 906	52 115	12 789
Actions et parts de fonds d'investissement émises par les résidents	168 138	155 349	104 791	50 559	12 789
Actions et parts de fonds d'investissement émises par les non-résidents	13 671	13 671	12 115	1 556	0
Autrescomptes à recevoir	86 788	69 539	37 249	32 290	17 249

	Sociétés d'assurance et fonds de pension autonomes				
	Total	Sociétés d'assurance			Fonds de pension autonomes
		Total	Sociétés d'assurance vie	Sociétés d'assurance non-vie	Total
Pasifs financiers	1 149 745	1 012 988	736 363	276 625	136 757
Numéraire et dépôts	60	60	0	60	0
Titres de dette	2 730	2 730	969	1 761	0
Titres de dette à court terme	370	370	0	370	0
Titres de dette à long terme	2 360	2 360	969	1 391	0
Crédits	792	792	138	655	0
Crédits à court terme	16	16	15	2	0
Crédits à long terme	776	776	123	653	0
Actions et parts de fonds d'investissement	71 653	71 653	36 584	35 069	0
Systèmes d'assurance, de pensions et garanties standard	1 021 266	887 977	663 105	224 872	133 289
Produits financiers dérivés et options sur titres des salariés	4 042	3 902	3 038	863	140
Autres comptes à payer	49 202	45 875	32 529	13 346	3 327

Note : Voir les métadonnées détaillées sur : http://metalinks.oecd.org/instinv/20170516/5358

CORÉE

Tableau 2. Actifs et passifs financiers des fonds d'investissement

Milliards KRW

	2008	2009	2010	2011	2012	2013	2014	2015
Fonds d'investissement								
Valeur nette financière	-10 465	-5 444	-2 721	-2 144	-1 723	-1 715	-2 711	-2 498
Actifs financiers	284 446	325 846	329 561	286 261	316 742	336 290	381 924	425 426
Numéraire et dépôts	51 882	36 214	33 132	27 305	24 937	22 391	30 627	37 432
Titres de dette	89 934	107 388	120 925	98 774	113 715	130 179	156 593	181 109
Crédits	14 554	18 067	20 733	18 412	23 138	21 280	15 997	17 052
Actions et parts de fonds d'investissement	92 883	132 223	125 010	109 094	114 341	118 247	116 741	119 215
Actions	92 153	131 097	121 928	107 167	112 499	115 279	114 730	117 804
Parts de fonds d'investissement	730	1 126	3 083	1 927	1 842	2 968	2 012	1 411
Parts de fonds d'investissement monétaires	111	98	73	120	204	291	440	350
Parts de fonds d'investissement non monétaires	619	1 029	3 010	1 807	1 638	2 677	1 572	1 061
Systèmes d'assurance, de pensions et garanties standard	0	0	0	0	0	0	0	0
Produits financiers dérivés et options sur titres des salariés	11 051	11 114	10 871	10 663	10 774	11 302	11 428	11 426
Autres comptes à recevoir	24 142	20 840	18 891	22 014	29 838	32 892	50 537	59 192
Passifs financiers	294 911	331 290	332 283	288 406	318 465	338 005	384 635	427 925
Titres de dette	0	0	0	239	282	343	258	257
Titres de dette à court terme	0	0	0	0	0	0	0	0
Titres de dette à long terme	0	0	0	239	282	343	258	257
Crédits	1 620	1 810	2 218	2 319	729	549	470	346
Crédits à court terme	0	27	203	171	214	276	291	216
Crédits à long terme	1 620	1 784	2 016	2 148	515	274	179	130
Actions et parts de fonds d'investissement	290 845	319 004	318 652	278 824	308 632	329 843	372 366	412 788
Systèmes d'assurance, de pensions et garanties standard	0	0	0	0	0	0	0	0
Produits financiers dérivés et options sur titres des salariés	158	160	1	0	0	0	0	0
Autres comptes à payer	965	7 031	8 429	4 917	8 163	5 401	7 385	8 652
Actifs non financiers	..	..	..	..	..	..	..	..
Fonds d'investissement monéaires								
Valeur nette financière	-6 683	-3 590	-1 146	-560	-240	-707	-1 091	-951
Actifs financiers	84 239	69 485	67 123	54 077	64 183	66 742	82 422	93 180
Numéraire et dépôts	34 525	23 782	22 768	16 709	17 059	14 159	20 087	24 654
Titres de dette	46 953	42 631	40 944	34 371	42 570	48 285	59 874	65 717
Crédits	2 176	2 436	2 670	1 636	3 732	2 118	966	2 256
Actions et parts de fonds d'investissement	37	50	156	169	252	1 430	568	343
Actions	0	0	0	0	0	0	0	0
Parts de fonds d'investissement	37	50	156	169	252	1 430	568	343
Parts de fonds d'investissement monétaires	37	50	54	94	185	267	418	343
Parts de fonds d'investissement non monétaires	0	0	102	75	67	1 163	150	0
Systèmes d'assurance, de pensions et garanties standard	0	0	0	0	0	0	0	0
Produits financiers dérivés et options sur titres des salariés	0	0	0	0	0	0	0	0
Autres comptes à recevoir	547	586	585	1 192	570	750	929	209
Passifs financiers	90 922	73 075	68 269	54 637	64 424	67 448	83 514	94 131
Titres de dette	0	0	0	0	0	0	0	0
Titres de dette à court terme	0	0	0	0	0	0	0	0
Titres de dette à long terme	0	0	0	0	0	0	0	0
Crédits	0	0	0	0	0	0	0	0
Crédits à court terme	0	0	0	0	0	0	0	0
Crédits à long terme	0	0	0	0	0	0	0	0
Actions et parts de fonds d'investissement	90 615	72 425	67 669	54 386	63 985	67 089	83 234	94 073
Systèmes d'assurance, de pensions et garanties standard	0	0	0	0	0	0	0	0
Produits financiers dérivés et options sur titres des salariés	0	0	0	0	0	0	0	0
Autres comptes à payer	306	606	600	251	439	359	280	58
Actifs non financiers	..	..	..	..	..	..	..	..
Fonds d'investissement non monéaires								
Valeur nette financière	-3 782	-1 854	-1 575	-1 584	-1 482	-1 008	-1 620	-1 548
Actifs financiers	200 207	256 360	262 439	232 185	252 559	269 548	299 501	332 246
Numéraire et dépôts	17 357	12 432	10 364	10 596	7 877	8 232	10 541	12 778
Titres de dette	42 982	64 758	79 981	64 403	71 145	81 895	96 720	115 392
Crédits	12 378	15 631	18 063	16 776	19 406	19 162	15 031	14 796
Actions et parts de fonds d'investissement	92 845	132 172	124 855	108 925	114 089	116 816	116 174	118 872
Actions	92 153	131 097	121 928	107 167	112 499	115 279	114 730	117 804
Parts de fonds d'investissement	693	1 076	2 927	1 759	1 591	1 537	1 444	1 068
Parts de fonds d'investissement monétaires	74	47	19	27	19	24	22	7
Parts de fonds d'investissement non monétaires	619	1 029	2 908	1 732	1 572	1 514	1 422	1 061
Systèmes d'assurance, de pensions et garanties standard	0	0	0	0	0	0	0	0
Produits financiers dérivés et options sur titres des salariés	11 051	11 114	10 871	10 663	10 774	11 302	11 428	11 426
Autres comptes à recevoir	23 595	20 254	18 306	20 822	29 268	32 143	49 608	58 982
Passifs financiers	203 989	258 215	264 014	233 769	254 041	270 556	301 121	333 794
Titres de dette	0	0	0	239	282	343	258	257
Titres de dette à court terme	0	0	0	0	0	0	0	0
Titres de dette à long terme	0	0	0	239	282	343	258	257
Crédits	1 620	1 810	2 218	2 319	729	549	470	346
Crédits à court terme	0	27	203	171	214	276	291	216
Crédits à long terme	1 620	1 784	2 016	2 148	515	274	179	130
Actions et parts de fonds d'investissement	200 230	246 579	250 984	224 438	244 647	262 754	289 132	318 715
Systèmes d'assurance, de pensions et garanties standard	0	0	0	0	0	0	0	0
Produits financiers dérivés et options sur titres des salariés	158	160	1	0	0	0	0	0
Autres comptes à payer	659	6 426	7 829	4 666	7 724	5 042	7 105	8 594
Actifs non financiers	..	..	..	..	..	..	..	..
Fonds d'investissement non monéaires à capital variable								
Valeur nette financière	..	..	..	..	..	..	..	..
Actifs financiers	..	..	..	..	..	..	..	..

Tableau 2. Actifs et passifs financiers des fonds d'investissement *(suite)*

Milliards KRW

	2008	2009	2010	2011	2012	2013	2014	2015
Numéraire et dépôts	..	..	..	..	..	..	..	..
Titres de dette	..	..	..	..	..	..	..	..
Crédits	..	..	..	..	..	..	..	..
Actions et parts de fonds d'investissement	..	..	..	..	..	..	..	..
Actions	..	..	..	..	..	..	..	..
Parts de fonds d'investissement	..	..	..	..	..	..	..	..
Parts de fonds d'investissement monétaires	..	..	..	..	..	..	..	..
Parts de fonds d'investissement non monétaires	..	..	..	..	..	..	..	..
Systèmes d'assurance, de pensions et garanties standard	..	..	..	..	..	..	..	..
Produits financiers dérivés et options sur titres des salariés	..	..	..	..	..	..	..	..
Autres comptes à recevoir	..	..	..	..	..	..	..	..
Passifs financiers	..	..	..	..	..	..	..	..
Titres de dette	..	..	..	..	..	..	..	..
Titres de dette à court terme	..	..	..	..	..	..	..	..
Titres de dette à long terme	..	..	..	..	..	..	..	..
Crédits	..	..	..	..	..	..	..	..
Crédits à court terme	..	..	..	..	..	..	..	..
Crédits à long terme	..	..	..	..	..	..	..	..
Actions et parts de fonds d'investissement	..	..	..	..	..	..	..	..
Systèmes d'assurance, de pensions et garanties standard	..	..	..	..	..	..	..	..
Produits financiers dérivés et options sur titres des salariés	..	..	..	..	..	..	..	..
Autres comptes à payer	..	..	..	..	..	..	..	..
Actifs non financiers	..	..	..	..	..	..	..	..
Fonds d'investissement à capital variable								
Valeur nette financière	..	..	..	..	..	..	..	..
Actifs financiers	..	..	..	..	..	..	..	..
Numéraire et dépôts	..	..	..	..	..	..	..	..
Titres de dette	..	..	..	..	..	..	..	..
Crédits	..	..	..	..	..	..	..	..
Actions et parts de fonds d'investissement	..	..	..	..	..	..	..	..
Actions	..	..	..	..	..	..	..	..
Parts de fonds d'investissement	..	..	..	..	..	..	..	..
Parts de fonds d'investissement monétaires	..	..	..	..	..	..	..	..
Parts de fonds d'investissement non monétaires	..	..	..	..	..	..	..	..
Systèmes d'assurance, de pensions et garanties standard	..	..	..	..	..	..	..	..
Produits financiers dérivés et options sur titres des salariés	..	..	..	..	..	..	..	..
Autres comptes à recevoir	..	..	..	..	..	..	..	..
Passifs financiers	..	..	..	..	..	..	..	..
Titres de dette	..		..	..	..	..	..	..
Titres de dette à court terme	..	..	..	..	..	..	..	..
Titres de dette à long terme	..	..	..	..	..	..	..	..
Crédits	..	..	..	..	..	..	..	..
Crédits à court terme	..	..	..	..	..	..	..	..
Crédits à long terme	..	..	..	..	..	..	..	..
Actions et parts de fonds d'investissement	..	..	..	..	..	..	..	..
Systèmes d'assurance, de pensions et garanties standard	..	..	..	..	..	..	..	..
Produits financiers dérivés et options sur titres des salariés	..	..	..	..	..	..	..	..
Autres comptes à payer	..	..	..	..	..	..	..	..
Actifs non financiers	..	..	..	..	..	..	..	..

Note : Voir les métadonnées détaillées sur : http://metalinks.oecd.org/instinv/20170516/5358

Tableau 3. Actifs et passifs financiers des sociétés d'assurance et fonds de pension

Milliards KRW

	2008	2009	2010	2011	2012	2013	2014	2015
Sociétés d'assurance et fonds de pension								
Valeur nette financière	-12 900	1 911	-15 454	-9 119	2 281	-7 160	6 354	7 422
Actifs financiers	473 817	549 333	628 681	711 787	834 819	920 938	1 048 004	1 157 167
Numéraire et dépôts	36 285	42 806	54 717	67 999	88 807	87 363	106 019	109 982
Titres de dette	221 879	251 965	297 930	344 326	397 271	450 172	513 366	582 146
Crédits	98 653	103 448	109 298	119 358	129 918	144 703	161 657	181 328
Actions et parts de fonds d'investissement	67 866	93 663	108 203	110 390	140 967	156 595	172 577	181 809
Actions	36 213	49 065	56 746	56 999	67 072	73 378	79 874	81 348
Parts de fonds d'investissement	31 654	44 598	51 457	53 391	73 895	83 217	92 703	100 461
Parts de fonds d'investissement monétaires	2 739	6 404	4 893	4 404	8 359	10 217	15 870	15 327
Parts de fonds d'investissement non monétaires	28 914	38 194	46 563	48 988	65 535	73 001	76 833	85 134
Systèmes d'assurance, de pensions et garanties standard	115	116	177	5 234	5 739	7 015	11 261	14 449
Produits financiers dérivés et options sur titres des salariés	508	840	1 159	609	1 844	2 326	808	666
Autres comptes à recevoir	48 512	56 496	57 198	63 872	70 273	72 764	82 317	86 788
Passifs financiers	486 717	547 422	644 135	720 906	832 538	928 097	1 041 650	1 149 745
Titres de dette	2 197	1 078	1 083	1 236	1 660	2 124	2 107	2 730
Titres de dette à court terme	1 457	669	548	686	611	296	386	370
Titres de dette à long terme	740	409	535	550	1 049	1 828	1 721	2 360
Crédits	2 311	2 089	1 657	1 448	1 345	805	857	792
Crédits à court terme	19	280	76	247	343	63	9	16
Crédits à long terme	2 292	1 809	1 581	1 202	1 003	742	849	776
Actions et parts de fonds d'investissement	27 305	31 471	58 791	56 521	62 221	65 835	69 200	71 653
Systèmes d'assurance, de pensions et garanties standard	425 893	481 235	548 088	624 517	725 519	820 437	920 289	1 021 266
Produits financiers dérivés et options sur titres des salariés	6 869	3 688	2 107	2 586	1 348	1 215	2 405	4 042
Autres comptes à payer	22 108	27 844	32 402	34 599	40 140	37 662	46 792	49 202
Actifs non financiers	..	..	..	..	..	..	..	..
Sociétés d'assurance								
Valeur nette financière	-12 989	1 753	-15 562	-9 511	2 618	-6 590	6 773	7 751
Actifs financiers	440 037	511 068	584 595	654 944	764 577	834 616	933 197	1 020 739
Numéraire et dépôts	25 624	29 529	35 099	36 934	47 676	40 385	49 670	47 675
Titres de dette	206 622	237 521	285 206	332 210	383 966	432 224	490 660	555 002
Crédits	97 059	102 103	108 082	118 248	128 313	142 015	156 647	171 971
Actions et parts de fonds d'investissement	65 475	89 349	104 253	106 331	136 005	150 112	164 439	169 020
Actions	35 998	48 776	56 463	56 721	66 909	73 301	79 755	81 204
Parts de fonds d'investissement	29 477	40 573	47 790	49 610	69 096	76 811	84 684	87 817
Parts de fonds d'investissement monétaires	2 725	5 319	3 041	4 145	7 919	9 569	15 186	13 487
Parts de fonds d'investissement non monétaires	26 752	35 254	44 749	45 465	61 177	67 242	69 498	74 330
Systèmes d'assurance, de pensions et garanties standard	115	116	177	5 025	5 429	5 831	6 527	6 878
Produits financiers dérivés et options sur titres des salariés	505	790	1 144	602	1 811	2 288	787	654
Autres comptes à recevoir	44 637	51 660	50 634	55 595	61 378	61 762	64 468	69 539
Passifs financiers	453 026	509 315	600 157	664 455	761 959	841 206	926 424	1 012 988
Titres de dette	2 197	1 078	1 083	1 236	1 660	2 124	2 107	2 730
Titres de dette à court terme	1 457	669	548	686	611	296	386	370
Titres de dette à long terme	740	409	535	550	1 049	1 828	1 721	2 360
Crédits	2 311	2 089	1 657	1 445	1 342	805	857	792
Crédits à court terme	19	280	76	247	343	63	9	16
Crédits à long terme	2 292	1 809	1 581	1 198	999	742	849	776
Actions et parts de fonds d'investissement	27 305	31 471	58 791	56 521	62 221	65 835	69 200	71 653
Systèmes d'assurance, de pensions et garanties standard	393 496	445 419	506 361	570 438	656 952	735 656	809 993	887 977
Produits financiers dérivés et options sur titres des salariés	6 865	3 688	2 104	2 582	1 348	1 210	2 351	3 902
Autres comptes à payer	20 818	25 553	30 154	32 235	38 131	35 556	41 917	45 875
Actifs non financiers	..	..	..	..	..	..	..	..
Fonds de pension								
Valeur nette financière	89	157	108	392	-337	-570	-419	-329
Actifs financiers	33 780	38 265	44 086	56 843	70 242	86 322	114 807	136 428
Numéraire et dépôts	10 660	13 277	19 618	31 064	41 131	46 978	56 349	62 307
Titres de dette	15 257	14 444	12 725	12 116	13 305	17 949	22 706	27 144
Crédits	1 594	1 345	1 216	1 110	1 606	2 688	5 011	9 357
Actions et parts de fonds d'investissement	2 392	4 314	3 950	4 060	4 962	6 483	8 138	12 789
Actions	215	289	283	279	163	77	119	144
Parts de fonds d'investissement	2 177	4 025	3 667	3 781	4 799	6 407	8 019	12 645
Parts de fonds d'investissement monétaires	15	1 085	1 853	259	440	648	684	1 840
Parts de fonds d'investissement non monétaires	2 162	2 940	1 814	3 522	4 359	5 759	7 335	10 804
Systèmes d'assurance, de pensions et garanties standard	0	0	0	209	310	1 184	4 734	7 571
Produits financiers dérivés et options sur titres des salariés	3	50	15	8	33	38	21	11
Autres comptes à recevoir	3 874	4 836	6 564	8 277	8 894	11 002	17 849	17 249
Passifs financiers	33 691	38 107	43 978	56 451	70 579	86 892	115 226	136 757
Titres de dette	0	0	0	0	0	0	0	0
Titres de dette à court terme	0	0	0	0	0	0	0	0
Titres de dette à long terme	0	0	0	0	0	0	0	0
Crédits	0	0	0	4	4	0	0	0
Crédits à court terme	0	0	0	0	0	0	0	0
Crédits à long terme	0	0	0	4	4	0	0	0
Actions et parts de fonds d'investissement	0	0	0	0	0	0	0	0
Systèmes d'assurance, de pensions et garanties standard	32 397	35 816	41 726	54 080	68 567	84 781	110 296	133 289
Produits financiers dérivés et options sur titres des salariés	4	0	3	4	0	5	55	140
Autres comptes à payer	1 290	2 292	2 249	2 364	2 009	2 106	4 875	3 327
Actifs non financiers	..	..	..	..	..	..	..	..

Note : Voir les métadonnées détaillées sur : http://metalinks.oecd.org/instinv/20170516/5358

Tableau 4. Composition du portefeuille par type d'investisseur

En pourcentage des actifs financiers et des passifs financiers

Pour cent

	2008	2009	2010	2011	2012	2013	2014	2015
Fonds d'investissement								
Actifs financiers	100.0	100.0	100.0	100.0	100.0	100.0	100.0	100.0
Numéraire et dépôts	18.2	11.1	10.1	9.5	7.9	6.7	8.0	8.8
Titres de dettes	31.6	33.0	36.7	34.5	35.9	38.7	41.0	42.6
Crédits	5.1	5.5	6.3	6.4	7.3	6.3	4.2	4.0
Actions et parts de fonds d'investissement	32.7	40.6	37.9	38.1	36.1	35.2	30.6	28.0
Systèmes d'assurance de pensions et garanties standard	0.0	0.0	0.0	0.0	0.0	0.0	0.0	0.0
Produits financiers dérivés et options sur titres des salariés	3.9	3.4	3.3	3.7	3.4	3.4	3.0	2.7
Autres comptes à recevoir	8.5	6.4	5.7	7.7	9.4	9.8	13.2	13.9
Passifs financiers	100.0	100.0	100.0	100.0	100.0	100.0	100.0	100.0
Numéraire et dépôts	0.4	1.0	0.9	0.7	0.2	0.6	1.1	1.4
Titres de dettes	0.0	0.0	0.0	0.1	0.1	0.1	0.1	0.1
Crédits	0.5	0.5	0.7	0.8	0.2	0.2	0.1	0.1
Actions et parts de fonds d'investissement	98.6	96.3	95.9	96.7	96.9	97.6	96.8	96.5
Systèmes d'assurance de pensions et garanties standard	0.0	0.0	0.0	0.0	0.0	0.0	0.0	0.0
Produits financiers dérivés et options sur titres des salariés	0.1	0.0	0.0	0.0	0.0	0.0	0.0	0.0
Autres comptes à recevoir	0.3	2.1	2.5	1.7	2.6	1.6	1.9	2.0
Sociétés d'assurance								
Actifs financiers	100.0	100.0	100.0	100.0	100.0	100.0	100.0	100.0
Numéraire et dépôts	5.8	5.8	6.0	5.6	6.2	4.8	5.3	4.7
Titres de dettes	47.0	46.5	48.8	50.7	50.2	51.8	52.6	54.4
Crédits	22.1	20.0	18.5	18.1	16.8	17.0	16.8	16.8
Actions et parts de fonds d'investissement	14.9	17.5	17.8	16.2	17.8	18.0	17.6	16.6
Systèmes d'assurance de pensions et garanties standard	0.0	0.0	0.0	0.8	0.7	0.7	0.7	0.7
Produits financiers dérivés et options sur titres des salariés	0.1	0.2	0.2	0.1	0.2	0.3	0.1	0.1
Autres comptes à recevoir	10.1	10.1	8.7	8.5	8.0	7.4	6.9	6.8
Passifs financiers	100.0	100.0	100.0	100.0	100.0	100.0	100.0	100.0
Numéraire et dépôts	0.0	0.0	0.0	0.0	0.0	0.0	0.0	0.0
Titres de dettes	0.5	0.2	0.2	0.2	0.2	0.3	0.2	0.3
Crédits	0.5	0.4	0.3	0.2	0.2	0.1	0.1	0.1
Actions et parts de fonds d'investissement	6.0	6.2	9.8	8.5	8.2	7.8	7.5	7.1
Systèmes d'assurance de pensions et garanties standard	86.9	87.5	84.4	85.9	86.2	87.5	87.4	87.7
Produits financiers dérivés et options sur titres des salariés	1.5	0.7	0.4	0.4	0.2	0.1	0.3	0.4
Autres comptes à recevoir	4.6	5.0	5.0	4.9	5.0	4.2	4.5	4.5
Fonds de pension								
Actifs financiers	100.0	100.0	100.0	100.0	100.0	100.0	100.0	100.0
Numéraire et dépôts	31.6	34.7	44.5	54.6	58.6	54.4	49.1	45.7
Titres de dettes	45.2	37.7	28.9	21.3	18.9	20.8	19.8	19.9
Crédits	4.7	3.5	2.8	2.0	2.3	3.1	4.4	6.9
Actions et parts de fonds d'investissement	7.1	11.3	9.0	7.1	7.1	7.5	7.1	9.4
Systèmes d'assurance de pensions et garanties standard	0.0	0.0	0.0	0.4	0.4	1.4	4.1	5.5
Produits financiers dérivés et options sur titres des salariés	0.0	0.1	0.0	0.0	0.0	0.0	0.0	0.0
Autres comptes à recevoir	11.5	12.6	14.9	14.6	12.7	12.7	15.5	12.6
Passifs financiers	100.0	100.0	100.0	100.0	100.0	100.0	100.0	100.0
Numéraire et dépôts	0.0	0.0	0.0	0.0	0.0	0.0	0.0	0.0
Titres de dettes	0.0	0.0	0.0	0.0	0.0	0.0	0.0	0.0
Crédits	0.0	0.0	0.0	0.0	0.0	0.0	0.0	0.0
Actions et parts de fonds d'investissement	0.0	0.0	0.0	0.0	0.0	0.0	0.0	0.0
Systèmes d'assurance de pensions et garanties standard	96.2	94.0	94.9	95.8	97.1	97.6	95.7	97.5
Produits financiers dérivés et options sur titres des salariés	0.0	0.0	0.0	0.0	0.0	0.0	0.0	0.1
Autres comptes à recevoir	3.8	6.0	5.1	4.2	2.8	2.4	4.2	2.4

Note : Voir les métadonnées détaillées sur : http://metalinks.oecd.org/instinv/20170516/e12c

LETTONIE

Tableau 1. Actifs et passifs financiers des investisseurs institutionnels, 2015

Millions EUR (2014)

	Total	Fonds d'investissement			
		Fonds d'investissement non-monétaire			Fonds d'investissement monétaires
		Total	Fonds d'investissement à capital variable, non monétaire	Fonds d'investissement à capital fixe, non monétaire	Total
Actifs financiers	..	..	..	..	..
Numéraire et dépôts	..	..	..	..	..
Titres de dette	..	..	..	..	..
Titres de dette à court terme	..	..	..	..	..
Titres de dette à long terme	..	..	..	..	..
Titres de dette émis par les résidents	..	..	..	..	..
Titres de dette émis par les non-résidents	..	..	..	..	..
Crédits	..	..	..	..	..
Crédits à court terme	..	..	..	..	..
Crédits à long terme	..	..	..	..	..
Crédits accordés aux résidents	..	..	..	..	..
Crédits accordés aux non-résidents	..	..	..	..	..
Actions et parts de fonds d'investissement	..	..	..	..	..
Actions et parts de fonds d'investissements émises par les résidents	..	..	..	..	..
Actions et part de fonds d'investissements émises par les non-résidents	..	..	..	..	..
Autres comptes à recevoir	..	..	..	..	..

	Total	Fonds d'investissement			
		Fonds d'investissement non-monétaire			Fonds d'investissement monétaires
		Total	Fonds d'investissement à capital variable, non monétaire	Fonds d'investissement à capital fixe, non monétaire	Total
Pasifs financiers	..	..	..	..	..
Numéraire et dépôts	..	..	..	..	..
Titres de dette	..	..	..	..	..
Titres de dette à court terme	..	..	..	..	..
Titres de dette à long terme	..	..	..	..	..
Crédits	..	..	..	..	..
Crédits à court terme	..	..	..	..	..
Crédits à long terme	..	..	..	..	..
Actions et parts de fonds d'investissement	..	..	..	..	..
Systèmes d'assurance, de pensions et garanties standard	..	..	..	..	..
Produits financiers dérivés et options sur titres des salariés	..	..	..	..	..
Autres comptes à payer	..	..	..	..	..

	Total	Sociétés d'assurance et fonds de pension autonomes			
		Sociétés d'assurance			Fonds de pension autonomes
		Total	Sociétés d'assurance vie	Sociétés d'assurance non-vie	Total
Actifs financiers	..	..	..	..	2 667
Numéraire et dépôts	..	..	..	..	519
Titres de dette	..	..	..	..	1 229
Titres de dette à court terme	..	..	..	..	1
Titres de dette à long terme	..	..	..	..	1 228
Titres de dette émis par les résidents	..	..	..	..	632
Titres de dette émis par les non-résidents	..	..	..	..	597
Crédits	..	..	..	..	0
Crédits à court terme	..	..	..	..	0
Crédits à long terme	..	..	..	..	0
Crédits accordés aux résidents	..	..	..	..	0
Crédits accordés aux non-résidents	..	..	..	..	0
Actions et parts de fonds d'investissement	..	..	..	..	919
Actions et parts de fonds d'investissement émises par les résidents	..	..	..	..	35
Actions et parts de fonds d'investissement émises par les non-résidents	..	..	..	..	885
Autrescomptes à recevoir	..	..	..	..	1

	Total	Sociétés d'assurance et fonds de pension autonomes			
		Sociétés d'assurance			Fonds de pension autonomes
		Total	Sociétés d'assurance vie	Sociétés d'assurance non-vie	Total
Pasifs financiers	..	..	..	..	2 672
Numéraire et dépôts	..	..	..	..	0
Titres de dette	..	..	..	..	0
Titres de dette à court terme	..	..	..	..	0
Titres de dette à long terme	..	..	..	..	0
Crédits	..	..	..	..	0
Crédits à court terme	..	..	..	..	0
Crédits à long terme	..	..	..	..	0
Actions et parts de fonds d'investissement	..	..	..	..	3
Systèmes d'assurance, de pensions et garanties standard	..	..	..	..	2 656
Produits financiers dérivés et options sur titres des salariés	..	..	..	..	0
Autres comptes à payer	..	..	..	..	13

Note : Voir les métadonnées détaillées sur : http://metalinks.oecd.org/instinv/20170516/7d1d

Tableau 3. Actifs et passifs financiers des sociétés d'assurance et fonds de pension

Millions EUR

	2008	2009	2010	2011	2012	2013	2014	2015
Sociétés d'assurance et fonds de pension								
Valeur nette financière	..	..	..	..	..	..	..	..
Actifs financiers	..	..	..	..	..	..	..	..
Numéraire et dépôts	..	..	..	..	..	..	..	..
Titres de dette	..	..	..	..	..	..	..	..
Crédits	..	..	..	..	..	..	..	..
Actions et parts de fonds d'investissement	..	..	..	..	..	..	..	..
Actions	..	..	..	..	..	..	..	..
Parts de fonds d'investissement	..	..	..	..	..	..	..	..
Parts de fonds d'investissement monétaires	..	..	..	..	..	..	..	..
Parts de fonds d'investissement non monétaires	..	..	..	..	..	..	..	..
Systèmes d'assurance, de pensions et garanties standard	..	..	..	..	..	..	..	..
Produits financiers dérivés et options sur titres des salariés	..	..	..	..	..	..	..	..
Autres comptes à recevoir	..	..	..	..	..	..	..	..
Passifs financiers	..	..	..	..	..	..	..	..
Titres de dette	..	..	..	..	..	..	..	..
Titres de dette à court terme	..	..	..	..	..	..	..	..
Titres de dette à long terme	..	..	..	..	..	..	..	..
Crédits	..	..	..	..	..	..	..	..
Crédits à court terme	..	..	..	..	..	..	..	..
Crédits à long terme	..	..	..	..	..	..	..	..
Actions et parts de fonds d'investissement	..	..	..	..	..	..	..	..
Systèmes d'assurance, de pensions et garanties standard	..	..	..	..	..	..	..	..
Produits financiers dérivés et options sur titres des salariés	..	..	..	..	..	..	..	..
Autres comptes à payer	..	..	..	..	..	..	..	..
Actifs non financiers	..	..	..	..	..	..	..	..
Sociétés d'assurance								
Valeur nette financière	..	..	..	..	..	..	..	..
Actifs financiers	..	..	..	..	..	..	..	..
Numéraire et dépôts	..	..	..	..	..	..	..	..
Titres de dette	..	..	..	..	..	..	..	..
Crédits	..	..	..	..	..	..	..	..
Actions et parts de fonds d'investissement	..	..	..	..	..	..	..	..
Actions	..	..	..	..	..	..	..	..
Parts de fonds d'investissement	..	..	..	..	..	..	..	..
Parts de fonds d'investissement monétaires	..	..	..	..	..	..	..	..
Parts de fonds d'investissement non monétaires	..	..	..	..	..	..	..	..
Systèmes d'assurance, de pensions et garanties standard	..	..	..	..	..	..	..	..
Produits financiers dérivés et options sur titres des salariés	..	..	..	..	..	..	..	..
Autres comptes à recevoir	..	..	..	..	..	..	..	..
Passifs financiers	..	..	..	..	..	..	..	..
Titres de dette	..	..	..	..	..	..	..	..
Titres de dette à court terme	..	..	..	..	..	..	..	..
Titres de dette à long terme	..	..	..	..	..	..	..	..
Crédits	..	..	..	..	..	..	..	..
Crédits à court terme	..	..	..	..	..	..	..	..
Crédits à long terme	..	..	..	..	..	..	..	..
Actions et parts de fonds d'investissement	..	..	..	..	..	..	..	..
Systèmes d'assurance, de pensions et garanties standard	..	..	..	..	..	..	..	..
Produits financiers dérivés et options sur titres des salariés	..	..	..	..	..	..	..	..
Autres comptes à payer	..	..	..	..	..	..	..	..
Actifs non financiers	..	..	..	..	..	..	..	..
Fonds de pension								
Valeur nette financière	-1	0	0	0	0	0	0	-4
Actifs financiers	776	1 147	1 343	1 425	1 669	1 907	2 320	2 667
Numéraire et dépôts	340	445	519	354	332	296	312	519
Titres de dette	288	444	410	580	686	839	1 090	1 229
Crédits	0	0	0	0	0	0	0	0
Actions et parts de fonds d'investissement	146	257	413	488	649	735	916	919
Actions	4	7	15	10	12	18	25	44
Parts de fonds d'investissement	142	249	397	478	637	718	891	875
Parts de fonds d'investissement monétaires	20	37	73	82	2	2	6	0
Parts de fonds d'investissement non monétaires	122	213	325	396	635	715	885	875
Systèmes d'assurance, de pensions et garanties standard	0	0	0	0	0	0	0	0
Produits financiers dérivés et options sur titres des salariés	1	0	0	0	0	0	0	0
Autres comptes à recevoir	1	1	1	3	2	37	1	1
Passifs financiers	777	1 147	1 343	1 426	1 670	1 907	2 320	2 672
Titres de dette	0	0	0	0	0	0	0	0
Titres de dette à court terme	0	0	0	0	0	0	0	0
Titres de dette à long terme	0	0	0	0	0	0	0	0
Crédits	0	0	0	0	0	0	0	0
Crédits à court terme	0	0	0	0	0	0	0	0
Crédits à long terme	0	0	0	0	0	0	0	0
Actions et parts de fonds d'investissement	2	2	2	2	3	2	3	3
Systèmes d'assurance, de pensions et garanties standard	773	1 137	1 338	1 417	1 664	1 899	2 289	2 656
Produits financiers dérivés et options sur titres des salariés	2	0	0	1	0	0	1	0
Autres comptes à payer	2	9	3	5	4	6	27	13
Actifs non financiers	..	..	..	..	..	..	..	..

Note : Voir les métadonnées détaillées sur : http://metalinks.oecd.org/instinv/20170516/7d1d

Tableau 4. Composition du portefeuille par type d'investisseur

En pourcentage des actifs financiers et des passifs financiers

Pour cent

	2008	2009	2010	2011	2012	2013	2014	2015
Fonds d'investissement								
Actifs financiers	100.0	100.0	100.0	100.0	100.0	100.0	100.0	..
Numéraire et dépôts	53.5	53.3	45.9	32.8	25.1	25.6	19.5	..
Titres de dettes	40.7	31.1	28.0	22.3	33.3	40.7	51.5	..
Crédits	0.0	0.0	0.0	6.4	7.6	3.0	5.9	..
Actions et parts de fonds d'investissement	4.8	8.2	19.5	37.6	33.4	20.2	21.3	..
Systèmes d'assurance de pensions et garanties standard	0.0	0.0	0.0	0.0	0.0	0.0	0.0	..
Produits financiers dérivés et options sur titres des salariés	0.2	0.0	0.0	0.0	0.1	0.1	0.0	..
Autres comptes à recevoir	0.9	7.4	6.5	0.9	0.6	10.3	1.7	..
Passifs financiers	100.0	100.0	100.0	100.0	100.0	100.0	100.0	..
Numéraire et dépôts	0.1	0.0	0.0	0.0	0.0	0.0	0.0	..
Titres de dettes	0.0	0.0	0.0	0.0	0.0	0.0	0.0	..
Crédits	0.1	0.1	0.1	0.0	1.5	0.0	0.0	..
Actions et parts de fonds d'investissement	98.8	99.3	99.3	99.1	98.1	90.9	96.0	..
Systèmes d'assurance de pensions et garanties standard	0.0	0.0	0.0	0.0	0.0	0.0	0.0	..
Produits financiers dérivés et options sur titres des salariés	0.6	0.2	0.1	0.2	0.0	0.0	0.3	..
Autres comptes à recevoir	0.6	0.4	0.6	0.7	0.4	9.1	3.6	..
Sociétés d'assurance								
Actifs financiers	..	..	..	..	..	..	..	..
Numéraire et dépôts	..	..	..	..	..	..	..	..
Titres de dettes	..	..	..	..	..	..	..	..
Crédits	..	..	..	..	..	..	..	..
Actions et parts de fonds d'investissement	..	..	..	..	..	..	..	..
Systèmes d'assurance de pensions et garanties standard	..	..	..	..	..	..	..	..
Produits financiers dérivés et options sur titres des salariés	..	..	..	..	..	..	..	..
Autres comptes à recevoir	..	..	..	..	..	..	..	..
Passifs financiers	..	..	..	..	..	..	..	..
Numéraire et dépôts	..	..	..	..	..	..	..	..
Titres de dettes	..	..	..	..	..	..	..	..
Crédits	..	..	..	..	..	..	..	..
Actions et parts de fonds d'investissement	..	..	..	..	..	..	..	..
Systèmes d'assurance de pensions et garanties standard	..	..	..	..	..	..	..	..
Produits financiers dérivés et options sur titres des salariés	..	..	..	..	..	..	..	..
Autres comptes à recevoir	..	..	..	..	..	..	..	..
Fonds de pension								
Actifs financiers	100.0	100.0	100.0	100.0	100.0	100.0	100.0	100.0
Numéraire et dépôts	43.9	38.8	38.6	24.9	19.9	15.5	13.5	19.4
Titres de dettes	37.1	38.7	30.5	40.7	41.1	44.0	47.0	46.1
Crédits	0.0	0.0	0.0	0.0	0.0	0.0	0.0	0.0
Actions et parts de fonds d'investissement	18.8	22.4	30.8	34.3	38.9	38.6	39.5	34.5
Systèmes d'assurance de pensions et garanties standard	0.0	0.0	0.0	0.0	0.0	0.0	0.0	0.0
Produits financiers dérivés et options sur titres des salariés	0.1	0.0	0.0	0.0	0.0	0.0	0.0	0.0
Autres comptes à recevoir	0.1	0.1	0.1	0.2	0.1	1.9	0.1	0.0
Passifs financiers	100.0	100.0	100.0	100.0	100.0	100.0	100.0	100.0
Numéraire et dépôts	0.0	0.0	0.0	0.0	0.0	0.0	0.0	0.0
Titres de dettes	0.0	0.0	0.0	0.0	0.0	0.0	0.0	0.0
Crédits	0.0	0.0	0.0	0.0	0.0	0.0	0.0	0.0
Actions et parts de fonds d'investissement	0.2	0.2	0.2	0.2	0.1	0.1	0.1	0.1
Systèmes d'assurance de pensions et garanties standard	99.4	99.1	99.6	99.4	99.6	99.6	98.7	99.4
Produits financiers dérivés et options sur titres des salariés	0.2	0.0	0.0	0.1	0.0	0.0	0.0	0.0
Autres comptes à recevoir	0.2	0.7	0.2	0.4	0.2	0.3	1.2	0.5

Note : Voir les métadonnées détaillées sur : http://metalinks.oecd.org/instinv/20170516/e12c

Tableau 1. Actifs et passifs financiers des investisseurs institutionnels, 2015

Millions EUR (1999 LUF euro)

	Fonds d'investissement				
	Total	Fonds d'investissement non-monétaire			Fonds d'investissement monétaires
		Total	Fonds d'investissement à capital variable, non monétaire	Fonds d'investissement à capital fixe, non monétaire	Total
Actifs financiers	3 834 829	3 578 730	3 517 762	60 968	256 099
Numéraire et dépôts	252 498	211 231	204 093	7 138	41 267
Titres de dette	1 611 200	1 404 253	1 396 331	7 922	206 947
Titres de dette à court terme	278 748	116 966	116 937	29	161 783
Titres de dette à long terme	1 332 452	1 287 287	1 279 394	7 893	45 165
Titres de dette émis par les résidents	60 903	57 425	51 011	6 415	3 478
Titres de dette émis par les non-résidents	1 550 297	1 346 827	1 345 320	1 507	203 469
Crédits	0	0	0	0	0
Crédits à court terme	0	0	0	0	0
Crédits à long terme	0	0	0	0	0
Crédits accordés aux résidents	0	0	0	0	0
Crédits accordés aux non-résidents	0	0	0	0	0
Actions et parts de fonds d'investissement	1 691 409	1 686 254	1 644 756	41 498	5 155
Actions et parts de fonds d'investissements émises par les résidents	290 744	286 842	269 407	17 435	3 902
Actions et part de fonds d'investissements émises par les non-résidents	1 400 665	1 399 412	1 375 348	24 063	1 254
Autres comptes à recevoir	112 551	109 936	106 169	3 767	2 615

	Fonds d'investissement				
	Total	Fonds d'investissement non-monétaire			Fonds d'investissement monétaires
		Total	Fonds d'investissement à capital variable, non monétaire	Fonds d'investissement à capital fixe, non monétaire	Total
Pasifs financiers	3 844 184	3 588 085	3 526 499	61 586	256 099
Numéraire et dépôts	0	0	0	0	0
Titres de dette	3 424	3 424	3 248	175	0
Titres de dette à court terme	0	0	0	0	0
Titres de dette à long terme	3 424	3 424	3 248	175	0
Crédits	48 082	47 559	44 813	2 746	523
Crédits à court terme	43 267	42 744	41 187	1 557	523
Crédits à long terme	4 815	4 815	3 625	1 189	0
Actions et parts de fonds d'investissement	3 540 757	3 288 985	3 232 989	55 996	251 772
Systèmes d'assurance, de pensions et garanties standard	0	0	0	0	0
Produits financiers dérivés et options sur titres des salariés	147 727	147 629	147 610	19	98
Autres comptes à payer	104 195	100 488	97 839	2 049	3 707

	Sociétés d'assurance et fonds de pension autonomes				
	Total	Sociétés d'assurance			Fonds de pension autonomes
		Total	Sociétés d'assurance vie	Sociétés d'assurance non-vie	Total
Actifs financiers	177 355	175 518	149 759	25 759	1 837
Numéraire et dépôts	15 577	15 507	11 262	4 245	70
Titres de dette	40 665	39 908	31 061	8 848	757
Titres de dette à court terme	548	548	265	283	0
Titres de dette à long terme	40 117	39 360	30 796	8 564	757
Titres de dette émis par les résidents	3 725	3 665	3 186	479	60
Titres de dette émis par les non-résidents	36 940	36 243	27 875	8 368	697
Crédits	9 621	9 620	6 616	3 005	1
Crédits à court terme	3 322	3 321	802	2 519	1
Crédits à long terme	6 299	6 299	5 813	486	0
Crédits accordés aux résidents	1 358	1 357	29	1 328	1
Crédits accordés aux non-résidents	8 264	8 264	6 587	1 677	0
Actions et parts de fonds d'investissement	87 517	86 549	80 425	6 124	968
Actions et parts de fonds d'investissement émises par les résidents	40 811	39 911	35 105	4 806	900
Actions et parts de fonds d'investissement émises par les non-résidents	46 706	46 638	45 320	1 318	68
Autrescomptes à recevoir	5 265	5 223	3 671	1 553	42

	Sociétés d'assurance et fonds de pension autonomes				
	Total	Sociétés d'assurance			Fonds de pension autonomes
		Total	Sociétés d'assurance vie	Sociétés d'assurance non-vie	Total
Pasifs financiers	177 528	175 696	149 824	25 873	1 832
Numéraire et dépôts	0	0	0	0	0
Titres de dette	267	267	262	4	0
Titres de dette à court terme	0	0	0	0	0
Titres de dette à long terme	267	267	262	4	0
Crédits	7 447	7 447	6 997	450	0
Crédits à court terme	7 447	7 447	6 997	450	0
Crédits à long terme	0	0	0	0	0
Actions et parts de fonds d'investissement	4 874	4 874	1 840	3 034	0
Systèmes d'assurance, de pensions et garanties standard	148 722	146 919	136 582	10 337	1 803
Produits financiers dérivés et options sur titres des salariés	55	55	55	0	0
Autres comptes à payer	16 163	16 134	4 087	12 047	29

Note : Voir les métadonnées détaillées sur : http://metalinks.oecd.org/instinv/20170516/1d4e

Tableau 2. Actifs et passifs financiers des fonds d'investissement

Millions EUR

	2008	2009	2010	2011	2012	2013	2014	2015
Fonds d'investissement								
Valeur nette financière	-7 851	-6 853	-11 742	-7 799	-7 776	-8 065	-10 528	-9 354
Actifs financiers	1 741 727	2 009 510	2 415 359	2 361 149	2 650 942	2 921 807	3 377 964	3 834 829
Numéraire et dépôts	238 715	159 614	181 513	216 250	204 793	230 406	263 317	252 498
Titres de dette	727 552	867 292	984 497	1 004 787	1 175 833	1 206 105	1 461 367	1 611 200
Crédits	0	0	0	0	0	0	0	0
Actions et parts de fonds d'investissement	597 483	803 280	1 014 274	871 707	993 919	1 196 586	1 455 169	1 691 409
Actions	420 027	607 711	763 939	635 878	724 696	876 831	1 056 323	1 227 746
Parts de fonds d'investissement	177 456	195 569	250 335	235 829	269 223	319 755	398 846	463 663
Parts de fonds d'investissement monétaires	25 431	16 653	16 333	23 391	11 651	17 142	21 891	33 783
Parts de fonds d'investissement non monétaires	152 025	178 916	234 002	212 438	257 572	302 614	376 956	429 880
Systèmes d'assurance, de pensions et garanties standard	0	0	0	0	0	0	0	0
Produits financiers dérivés et options sur titres des salariés	99 438	116 085	162 855	192 169	190 826	203 777	100 139	167 172
Autres comptes à recevoir	78 538	63 238	72 221	76 236	85 572	84 933	97 972	112 551
Passifs financiers	1 749 577	2 016 363	2 427 101	2 368 949	2 658 718	2 929 872	3 388 492	3 844 184
Titres de dette	538	1 277	1 243	1 691	1 582	2 449	3 303	3 424
Titres de dette à court terme	0	0	0	0	0	0	0	0
Titres de dette à long terme	538	1 277	1 243	1 691	1 582	2 449	3 303	3 424
Crédits	46 193	22 077	25 759	27 744	30 116	48 442	60 707	48 082
Crédits à court terme	41 426	18 074	22 112	24 599	27 255	45 167	57 154	43 267
Crédits à long terme	4 767	4 004	3 646	3 145	2 861	3 275	3 553	4 815
Actions et parts de fonds d'investissement	1 560 779	1 863 141	2 215 520	2 106 445	2 397 513	2 627 253	3 137 529	3 540 757
Systèmes d'assurance, de pensions et garanties standard	0	0	0	0	0	0	0	0
Produits financiers dérivés et options sur titres des salariés	75 742	55 274	110 672	148 761	142 402	161 744	63 948	147 727
Autres comptes à payer	66 325	74 594	73 907	84 306	87 103	89 984	123 005	104 195
Actifs non financiers	7 851	6 853	11 742	7 799	7 776	8 065	10 528	9 354
Fonds d'investissement monéaires								
Valeur nette financière	0	0	0	0	0	0	0	0
Actifs financiers	346 369	322 716	289 002	305 900	224 286	198 793	223 764	256 099
Numéraire et dépôts	109 380	55 024	57 535	75 450	52 086	43 604	34 372	41 267
Titres de dette	231 255	265 385	225 370	223 421	167 631	149 345	182 360	206 947
Crédits	0	0	0	0	0	0	0	0
Actions et parts de fonds d'investissement	97	486	786	858	647	3 555	4 157	5 155
Actions	42	0	44	20	0	5	0	0
Parts de fonds d'investissement	55	486	742	838	647	3 550	4 157	5 155
Parts de fonds d'investissement monétaires	44	391	505	782	549	3 547	4 157	5 155
Parts de fonds d'investissement non monétaires	11	95	237	56	98	3	0	0
Systèmes d'assurance, de pensions et garanties standard	0	0	0	0	0	0	0	0
Produits financiers dérivés et options sur titres des salariés	368	171	1 047	821	28	25	53	114
Autres comptes à recevoir	5 269	1 651	4 264	5 350	3 894	2 264	2 821	2 615
Passifs financiers	346 369	322 716	289 002	305 900	224 286	198 793	223 764	256 099
Titres de dette	0	0	0	0	0	0	0	0
Titres de dette à court terme	0	0	0	0	0	0	0	0
Titres de dette à long terme	0	0	0	0	0	0	0	0
Crédits	4 932	1 011	809	957	67	594	533	523
Crédits à court terme	4 932	1 011	809	957	67	594	533	523
Crédits à long terme	0	0	0	0	0	0	0	0
Actions et parts de fonds d'investissement	328 388	317 849	283 252	298 168	220 251	194 787	214 284	251 772
Systèmes d'assurance, de pensions et garanties standard	0	0	0	0	0	0	0	0
Produits financiers dérivés et options sur titres des salariés	832	209	1 147	845	32	5	13	98
Autres comptes à payer	12 217	3 647	3 794	5 930	3 937	3 407	8 934	3 707
Actifs non financiers	0	0	0	0	0	0	0	0
Fonds d'investissement non monéaires								
Valeur nette financière	-7 851	-6 853	-11 742	-7 799	-7 776	-8 065	-10 528	-9 354
Actifs financiers	1 395 358	1 686 793	2 126 357	2 055 249	2 426 656	2 723 014	3 154 200	3 578 730
Numéraire et dépôts	129 336	104 591	123 978	140 800	152 707	186 802	228 945	211 231
Titres de dette	496 297	601 908	759 126	781 366	1 008 202	1 056 760	1 279 007	1 404 253
Crédits	0	0	0	0	0	0	0	0
Actions et parts de fonds d'investissement	597 386	802 794	1 013 488	870 849	993 272	1 193 031	1 451 012	1 686 254
Actions	419 985	607 711	763 895	635 858	724 696	876 826	1 056 323	1 227 746
Parts de fonds d'investissement	177 401	195 083	249 593	234 991	268 576	316 205	394 689	458 508
Parts de fonds d'investissement monétaires	25 388	16 262	15 828	22 609	11 101	13 595	17 733	28 627
Parts de fonds d'investissement non monétaires	152 014	178 822	233 765	212 382	257 474	302 610	376 956	429 880
Systèmes d'assurance, de pensions et garanties standard	0	0	0	0	0	0	0	0
Produits financiers dérivés et options sur titres des salariés	99 070	115 914	161 807	191 347	190 798	203 752	100 086	167 057
Autres comptes à recevoir	73 269	61 587	67 957	70 887	81 678	82 669	95 150	109 936
Passifs financiers	1 403 209	1 693 647	2 138 099	2 063 048	2 434 432	2 731 079	3 164 728	3 588 085
Titres de dette	538	1 277	1 243	1 691	1 582	2 449	3 303	3 424
Titres de dette à court terme	0	0	0	0	0	0	0	0
Titres de dette à long terme	538	1 277	1 243	1 691	1 582	2 449	3 303	3 424
Crédits	41 262	21 066	24 949	26 787	30 050	47 848	60 174	47 559
Crédits à court terme	36 495	17 063	21 303	23 642	27 188	44 573	56 621	42 744
Crédits à long terme	4 767	4 004	3 646	3 145	2 861	3 275	3 553	4 815
Actions et parts de fonds d'investissement	1 232 391	1 545 291	1 932 269	1 808 277	2 177 262	2 432 465	2 923 244	3 288 985
Systèmes d'assurance, de pensions et garanties standard	0	0	0	0	0	0	0	0
Produits financiers dérivés et options sur titres des salariés	74 910	55 065	109 524	147 917	142 371	161 739	63 935	147 629
Autres comptes à payer	54 108	70 947	70 113	78 376	83 167	86 577	114 071	100 488
Actifs non financiers	7 851	6 853	11 742	7 799	7 776	8 065	10 528	9 354
Fonds d'investissement non monéaires à capital variable								
Valeur nette financière	-7 144	-6 528	-11 348	-7 691	-7 755	-8 037	-9 339	-8 736
Actifs financiers	1 390 355	1 680 418	2 118 365	2 042 949	2 412 370	2 706 977	3 099 713	3 517 762

Tableau 2. Actifs et passifs financiers des fonds d'investissement *(suite)*

Millions EUR

	2008	2009	2010	2011	2012	2013	2014	2015
Numéraire et dépôts	128 462	103 527	122 783	138 057	149 686	184 463	221 298	204 093
Titres de dette	495 944	601 089	756 885	779 035	1 005 479	1 054 245	1 272 404	1 396 331
Crédits	0	0	0	0	0	0	0	0
Actions et parts de fonds d'investissement	594 218	799 449	1 009 521	864 252	985 877	1 183 723	1 414 640	1 644 756
Actions	417 899	604 824	760 666	630 959	719 214	870 545	1 038 437	1 207 335
Parts de fonds d'investissement	176 319	194 625	248 854	233 293	266 663	313 179	376 203	437 421
Parts de fonds d'investissement monétaires	25 285	16 161	15 549	22 537	11 032	13 594	17 727	28 616
Parts de fonds d'investissement non monétaires	151 034	178 464	233 305	210 756	255 631	299 585	358 476	408 806
Systèmes d'assurance, de pensions et garanties standard	0	0	0	0	0	0	0	0
Produits financiers dérivés et options sur titres des salariés	99 066	115 904	161 793	191 339	190 796	203 752	99 801	166 413
Autres comptes à recevoir	72 664	60 449	67 383	70 267	80 531	80 794	91 570	106 169
Passifs financiers	1 397 499	1 686 946	2 129 713	2 050 640	2 420 124	2 715 014	3 109 052	3 526 499
Titres de dette	538	1 277	1 243	1 691	1 582	2 449	3 274	3 248
Titres de dette à court terme	0	0	0	0	0	0	0	0
Titres de dette à long terme	538	1 277	1 243	1 691	1 582	2 449	3 274	3 248
Crédits	40 608	20 518	24 436	26 437	29 135	47 282	58 190	44 813
Crédits à court terme	36 435	16 933	21 265	23 598	27 129	44 535	55 803	41 187
Crédits à long terme	4 172	3 585	3 171	2 839	2 006	2 747	2 386	3 625
Actions et parts de fonds d'investissement	1 227 824	1 539 704	1 924 978	1 796 830	2 164 687	2 417 568	2 872 004	3 232 989
Systèmes d'assurance, de pensions et garanties standard	0	0	0	0	0	0	0	0
Produits financiers dérivés et options sur titres des salariés	74 891	55 027	109 469	147 887	142 352	161 739	63 903	147 610
Autres comptes à payer	53 638	70 421	69 587	77 795	82 368	85 976	111 682	97 839
Actifs non financiers	7 144	6 528	11 348	7 691	7 755	8 037	9 339	8 736
Fonds d'investissement à capital variable								
Valeur nette financière	-7 144	-6 528	-11 348	-7 691	-7 755	-8 037	-9 339	-8 736
Actifs financiers	1 736 723	2 003 134	2 407 367	2 348 850	2 636 655	2 905 770	3 323 477	3 773 861
Numéraire et dépôts	237 842	158 551	180 318	213 507	201 772	228 067	255 670	245 360
Titres de dette	727 199	866 474	982 256	1 002 456	1 173 110	1 203 590	1 454 764	1 603 278
Crédits	0	0	0	0	0	0	0	0
Actions et parts de fonds d'investissement	594 315	799 935	1 010 306	865 111	986 524	1 187 279	1 418 797	1 649 911
Actions	417 942	604 824	760 710	630 980	719 214	870 550	1 038 437	1 207 335
Parts de fonds d'investissement	176 374	195 111	249 596	234 131	267 310	316 729	380 360	442 577
Parts de fonds d'investissement monétaires	25 329	16 552	16 055	23 319	11 581	17 140	21 884	33 771
Parts de fonds d'investissement non monétaires	151 045	178 559	233 542	210 812	255 729	299 589	358 476	408 806
Systèmes d'assurance, de pensions et garanties standard	0	0	0	0	0	0	0	0
Produits financiers dérivés et options sur titres des salariés	99 434	116 075	162 840	192 160	190 824	203 776	99 855	166 528
Autres comptes à recevoir	77 934	62 100	71 646	75 616	84 425	83 058	94 391	108 784
Passifs financiers	1 743 867	2 009 662	2 418 715	2 356 541	2 644 410	2 913 807	3 332 816	3 782 598
Titres de dette	538	1 277	1 243	1 691	1 582	2 449	3 274	3 248
Titres de dette à court terme	0	0	0	0	0	0	0	0
Titres de dette à long terme	538	1 277	1 243	1 691	1 582	2 449	3 274	3 248
Crédits	45 539	21 529	25 245	27 394	29 202	47 876	58 723	45 335
Crédits à court terme	41 367	17 944	22 074	24 555	27 196	45 129	56 337	41 710
Crédits à long terme	4 172	3 585	3 171	2 839	2 006	2 747	2 386	3 625
Actions et parts de fonds d'investissement	1 556 212	1 857 553	2 208 230	2 094 998	2 384 938	2 612 355	3 086 288	3 484 761
Systèmes d'assurance, de pensions et garanties standard	0	0	0	0	0	0	0	0
Produits financiers dérivés et options sur titres des salariés	75 723	55 236	110 616	148 732	142 383	161 744	63 915	147 708
Autres comptes à payer	65 855	74 068	73 381	83 726	86 305	89 383	120 617	101 546
Actifs non financiers	7 144	6 528	11 348	7 691	7 755	8 037	9 339	8 736

Note : Voir les métadonnées détaillées sur : http://metalinks.oecd.org/instinv/20170516/1d4e

Tableau 3. Actifs et passifs financiers des sociétés d'assurance et fonds de pension

Millions EUR

	2008	2009	2010	2011	2012	2013	2014	2015
Sociétés d'assurance et fonds de pension								
Valeur nette financière	349	341	174	626	913	880	2 094	-173
Actifs financiers	81 724	102 048	121 917	123 153	135 052	143 835	164 411	177 355
Numéraire et dépôts	8 086	9 457	9 385	10 830	11 748	12 210	12 993	15 577
Titres de dette	25 447	29 815	36 510	37 256	40 096	39 994	44 641	40 665
Crédits	1 884	1 504	1 625	1 786	2 076	1 739	1 982	9 621
Actions et parts de fonds d'investissement	36 706	47 335	56 215	55 832	62 269	67 364	77 162	87 517
Actions	7 021	11 331	12 557	12 653	12 925	14 308	13 820	16 887
Parts de fonds d'investissement	29 685	36 004	43 658	43 178	49 343	53 056	63 343	70 630
Parts de fonds d'investissement monétaires	5 802	5 123	4 283	5 500	3 968	3 087	3 602	3 910
Parts de fonds d'investissement non monétaires	23 883	30 881	39 375	37 679	45 375	49 969	59 740	66 720
Systèmes d'assurance, de pensions et garanties standard	8 469	12 928	16 982	16 312	17 514	21 250	26 212	18 386
Produits financiers dérivés et options sur titres des salariés	0	0	0	0	0	0	0	323
Autres comptes à recevoir	1 132	1 009	1 200	1 137	1 350	1 279	1 421	5 265
Passifs financiers	81 375	101 706	121 742	122 527	134 139	142 955	162 317	177 528
Titres de dette	9	8	4	6	6	3	3	267
Titres de dette à court terme	0	0	0	0	0	0	0	0
Titres de dette à long terme	9	8	4	6	6	3	3	267
Crédits	6 679	9 090	11 371	8 729	6 204	6 284	7 764	7 447
Crédits à court terme	6 653	9 028	11 300	8 655	6 152	6 231	7 702	7 447
Crédits à long terme	26	62	71	75	52	53	62	0
Actions et parts de fonds d'investissement	6 262	10 047	9 769	10 416	10 635	9 506	10 170	4 874
Systèmes d'assurance, de pensions et garanties standard	67 849	82 120	100 096	102 714	116 546	126 414	143 409	148 722
Produits financiers dérivés et options sur titres des salariés	0	0	0	0	0	0	0	55
Autres comptes à payer	577	440	503	662	748	747	971	16 163
Actifs non financiers	205	240	268	291	230	235	335	178
Sociétés d'assurance								
Valeur nette financière	348	341	174	626	913	880	2 093	-178
Actifs financiers	81 334	101 204	121 020	122 184	133 963	142 654	162 648	175 518
Numéraire et dépôts	8 040	9 200	9 312	10 789	11 707	12 164	12 909	15 507
Titres de dette	25 388	29 623	36 057	36 752	39 554	39 419	43 868	39 908
Crédits	1 880	1 502	1 623	1 784	2 075	1 737	1 981	9 620
Actions et parts de fonds d'investissement	36 430	46 947	55 857	55 425	61 776	66 820	76 274	86 549
Actions	7 020	11 329	12 555	12 652	12 924	14 260	13 820	16 887
Parts de fonds d'investissement	29 410	35 618	43 302	42 772	48 852	52 560	62 454	69 663
Parts de fonds d'investissement monétaires	5 748	5 068	4 249	5 448	3 929	3 058	3 552	3 849
Parts de fonds d'investissement non monétaires	23 662	30 550	39 053	37 324	44 923	49 502	58 902	65 813
Systèmes d'assurance, de pensions et garanties standard	8 469	12 928	16 982	16 312	17 514	21 250	26 212	18 386
Produits financiers dérivés et options sur titres des salariés	0	0	0	0	0	0	0	323
Autres comptes à recevoir	1 127	1 004	1 190	1 122	1 338	1 264	1 405	5 223
Passifs financiers	80 986	100 863	120 846	121 558	133 050	141 775	160 554	175 696
Titres de dette	9	8	4	6	6	3	3	267
Titres de dette à court terme	0	0	0	0	0	0	0	0
Titres de dette à long terme	9	8	4	6	6	3	3	267
Crédits	6 679	9 090	11 371	8 729	6 204	6 284	7 764	7 447
Crédits à court terme	6 653	9 028	11 300	8 655	6 152	6 231	7 702	7 447
Crédits à long terme	26	62	71	75	52	53	62	0
Actions et parts de fonds d'investissement	6 262	10 047	9 769	10 416	10 635	9 506	10 170	4 874
Systèmes d'assurance, de pensions et garanties standard	67 465	81 279	99 205	101 753	115 462	125 241	141 689	146 919
Produits financiers dérivés et options sur titres des salariés	0	0	0	0	0	0	0	55
Autres comptes à payer	571	437	498	654	743	740	928	16 134
Actifs non financiers	205	240	268	291	230	235	335	178
Fonds de pension								
Valeur nette financière	1	0	0	0	0	0	0	5
Actifs financiers	390	844	896	969	1 089	1 181	1 763	1 837
Numéraire et dépôts	47	256	73	41	41	46	84	70
Titres de dette	58	193	453	503	542	575	773	757
Crédits	4	2	2	2	1	1	1	1
Actions et parts de fonds d'investissement	276	388	359	407	493	544	889	968
Actions	1	2	2	1	2	48	0	0
Parts de fonds d'investissement	275	386	356	406	491	496	889	968
Parts de fonds d'investissement monétaires	54	55	35	52	40	29	51	61
Parts de fonds d'investissement non monétaires	221	331	321	355	452	467	838	907
Systèmes d'assurance, de pensions et garanties standard	0	0	0	0	0	0	0	0
Produits financiers dérivés et options sur titres des salariés	0	0	0	0	0	0	0	0
Autres comptes à recevoir	5	5	11	16	12	15	17	42
Passifs financiers	390	843	896	968	1 089	1 180	1 763	1 832
Titres de dette	0	0	0	0	0	0	0	0
Titres de dette à court terme	0	0	0	0	0	0	0	0
Titres de dette à long terme	0	0	0	0	0	0	0	0
Crédits	0	0	0	0	0	0	0	0
Crédits à court terme	0	0	0	0	0	0	0	0
Crédits à long terme	0	0	0	0	0	0	0	0
Actions et parts de fonds d'investissement	0	0	0	0	0	0	0	0
Systèmes d'assurance, de pensions et garanties standard	384	841	891	961	1 084	1 173	1 720	1 803
Produits financiers dérivés et options sur titres des salariés	0	0	0	0	0	0	0	0
Autres comptes à payer	5	2	5	8	5	7	43	29
Actifs non financiers	0	0	0	0	0	0	0	0

Note : Voir les métadonnées détaillées sur : http://metalinks.oecd.org/instinv/20170516/1d4e

Tableau 4. Composition du portefeuille par type d'investisseur

En pourcentage des actifs financiers et des passifs financiers

Pour cent

	2008	2009	2010	2011	2012	2013	2014	2015
Fonds d'investissement								
Actifs financiers	100.0	100.0	100.0	100.0	100.0	100.0	100.0	100.0
Numéraire et dépôts	13.7	7.9	7.5	9.2	7.7	7.9	7.8	6.6
Titres de dettes	41.8	43.2	40.8	42.6	44.4	41.3	43.3	42.0
Crédits	0.0	0.0	0.0	0.0	0.0	0.0	0.0	0.0
Actions et parts de fonds d'investissement	34.3	40.0	42.0	36.9	37.5	41.0	43.1	44.1
Systèmes d'assurance de pensions et garanties standard	0.0	0.0	0.0	0.0	0.0	0.0	0.0	0.0
Produits financiers dérivés et options sur titres des salariés	5.7	5.8	6.7	8.1	7.2	7.0	3.0	4.4
Autres comptes à recevoir	4.5	3.1	3.0	3.2	3.2	2.9	2.9	2.9
Passifs financiers	100.0	100.0	100.0	100.0	100.0	100.0	100.0	100.0
Numéraire et dépôts	0.0	0.0	0.0	0.0	0.0	0.0	0.0	0.0
Titres de dettes	0.0	0.1	0.1	0.1	0.1	0.1	0.1	0.1
Crédits	2.6	1.1	1.1	1.2	1.1	1.7	1.8	1.3
Actions et parts de fonds d'investissement	89.2	92.4	91.3	88.9	90.2	89.7	92.6	92.1
Systèmes d'assurance de pensions et garanties standard	0.0	0.0	0.0	0.0	0.0	0.0	0.0	0.0
Produits financiers dérivés et options sur titres des salariés	4.3	2.7	4.6	6.3	5.4	5.5	1.9	3.8
Autres comptes à recevoir	3.8	3.7	3.0	3.6	3.3	3.1	3.6	2.7
Sociétés d'assurance								
Actifs financiers	100.0	100.0	100.0	100.0	100.0	100.0	100.0	100.0
Numéraire et dépôts	9.9	9.1	7.7	8.8	8.7	8.5	7.9	8.8
Titres de dettes	31.2	29.3	29.8	30.1	29.5	27.6	27.0	22.7
Crédits	2.3	1.5	1.3	1.5	1.5	1.2	1.2	5.5
Actions et parts de fonds d'investissement	44.8	46.4	46.2	45.4	46.1	46.8	46.9	49.3
Systèmes d'assurance de pensions et garanties standard	10.4	12.8	14.0	13.4	13.1	14.9	16.1	10.5
Produits financiers dérivés et options sur titres des salariés	0.0	0.0	0.0	0.0	0.0	0.0	0.0	0.2
Autres comptes à recevoir	1.4	1.0	1.0	0.9	1.0	0.9	0.9	3.0
Passifs financiers	100.0	100.0	100.0	100.0	100.0	100.0	100.0	100.0
Numéraire et dépôts	0.0	0.0	0.0	0.0	0.0	0.0	0.0	0.0
Titres de dettes	0.0	0.0	0.0	0.0	0.0	0.0	0.0	0.2
Crédits	8.2	9.0	9.4	7.2	4.7	4.4	4.8	4.2
Actions et parts de fonds d'investissement	7.7	10.0	8.1	8.6	8.0	6.7	6.3	2.8
Systèmes d'assurance de pensions et garanties standard	83.3	80.6	82.1	83.7	86.8	88.3	88.2	83.6
Produits financiers dérivés et options sur titres des salariés	0.0	0.0	0.0	0.0	0.0	0.0	0.0	0.0
Autres comptes à recevoir	0.7	0.4	0.4	0.5	0.6	0.5	0.6	9.2
Fonds de pension								
Actifs financiers	100.0	100.0	100.0	100.0	100.0	100.0	100.0	100.0
Numéraire et dépôts	12.0	30.4	8.1	4.2	3.8	3.9	4.8	3.8
Titres de dettes	14.9	22.8	50.5	52.0	49.8	48.7	43.8	41.2
Crédits	1.0	0.2	0.2	0.2	0.1	0.1	0.1	0.1
Actions et parts de fonds d'investissement	70.7	46.0	40.0	42.0	45.3	46.1	50.4	52.7
Systèmes d'assurance de pensions et garanties standard	0.0	0.0	0.0	0.0	0.0	0.0	0.0	0.0
Produits financiers dérivés et options sur titres des salariés	0.0	0.0	0.0	0.0	0.0	0.0	0.0	0.0
Autres comptes à recevoir	1.3	0.6	1.2	1.6	1.1	1.3	0.9	2.3
Passifs financiers	100.0	100.0	100.0	100.0	100.0	100.0	100.0	100.0
Numéraire et dépôts	0.0	0.0	0.0	0.0	0.0	0.0	0.0	0.0
Titres de dettes	0.0	0.0	0.0	0.0	0.0	0.0	0.0	0.0
Crédits	0.0	0.0	0.0	0.0	0.0	0.0	0.0	0.0
Actions et parts de fonds d'investissement	0.0	0.0	0.0	0.0	0.0	0.0	0.0	0.0
Systèmes d'assurance de pensions et garanties standard	98.6	99.7	99.5	99.2	99.5	99.4	97.6	98.4
Produits financiers dérivés et options sur titres des salariés	0.0	0.0	0.0	0.0	0.0	0.0	0.0	0.0
Autres comptes à recevoir	1.4	0.3	0.5	0.8	0.5	0.6	2.4	1.6

Note : Voir les métadonnées détaillées sur : http://metalinks.oecd.org/instinv/20170516/e12c

Tableau 1. Actifs et passifs financiers des investisseurs institutionnels, 2015

Millions EUR (1999 NLD euro)

	Total	Fonds d'investissement			
		Fonds d'investissement non-monétaire			Fonds d'investissement monétaires
		Total	Fonds d'investissement à capital variable, non monétaire	Fonds d'investissement à capital fixe, non monétaire	Total
Actifs financiers	..	728 884	..	..	..
Numéraire et dépôts	..	12 920	..	..	..
Titres de dette	..	244 951	..	..	..
Titres de dette à court terme	..	1 291	..	..	..
Titres de dette à long terme	..	243 660	..	..	..
Titres de dette émis par les résidents	..	20 891	..	..	..
Titres de dette émis par les non-résidents	..	224 060	..	..	..
Crédits	..	55 880	..	..	..
Crédits à court terme	..	27 847	..	..	..
Crédits à long terme	..	28 033	..	..	..
Crédits accordés aux résidents	..	44 852	..	..	..
Crédits accordés aux non-résidents	..	11 028	..	..	..
Actions et parts de fonds d'investissement	..	408 837	..	..	..
Actions et parts de fonds d'investissements émises par les résidents	..	41 455	..	..	..
Actions et part de fonds d'investissements émises par les non-résidents	..	367 382	..	..	..
Autres comptes à recevoir	..	5 243	..	..	..

	Total	Fonds d'investissement			
		Fonds d'investissement non-monétaire			Fonds d'investissement monétaires
		Total	Fonds d'investissement à capital variable, non monétaire	Fonds d'investissement à capital fixe, non monétaire	Total
Pasifs financiers	..	758 357	..	..	..
Numéraire et dépôts	..	..	..	..	..
Titres de dette	..	1 300	..	..	..
Titres de dette à court terme	..	0	..	..	..
Titres de dette à long terme	..	1 300	..	..	..
Crédits	..	17 597	..	..	..
Crédits à court terme	..	8 869	..	..	..
Crédits à long terme	..	8 728	..	..	..
Actions et parts de fonds d'investissement	..	730 895	..	..	..
Systèmes d'assurance, de pensions et garanties standard	..	..	..	..	..
Produits financiers dérivés et options sur titres des salariés	..	308	..	..	..
Autres comptes à payer	..	8 257	..	..	..

	Sociétés d'assurance et fonds de pension autonomes				
	Total	Sociétés d'assurance			Fonds de pension autonomes
		Total	Sociétés d'assurance vie	Sociétés d'assurance non-vie	Total
Actifs financiers	1 712 896	472 619	..	..	1 240 277
Numéraire et dépôts	20 976	11 883	..	..	9 093
Titres de dette	514 313	196 694	..	..	317 619
Titres de dette à court terme	7 789	4 441	..	..	3 348
Titres de dette à long terme	506 524	192 253	..	..	314 271
Titres de dette émis par les résidents	116 587	52 522	..	..	64 065
Titres de dette émis par les non-résidents	397 726	144 172	..	..	253 554
Crédits	115 556	87 406	..	..	28 150
Crédits à court terme	16 695	5 783	..	..	10 912
Crédits à long terme	98 861	81 623	..	..	17 238
Crédits accordés aux résidents	109 191	82 535	..	..	26 656
Crédits accordés aux non-résidents	6 365	4 871	..	..	1 494
Actions et parts de fonds d'investissement	946 845	116 342	..	..	830 503
Actions et parts de fonds d'investissement émises par les résidents	691 639	94 368	..	..	597 271
Actions et parts de fonds d'investissement émises par les non-résidents	255 206	21 974	..	..	233 232
Autrescomptes à recevoir	33 943	30 030	..	..	3 913

	Sociétés d'assurance et fonds de pension autonomes				
	Total	Sociétés d'assurance			Fonds de pension autonomes
		Total	Sociétés d'assurance vie	Sociétés d'assurance non-vie	Total
Pasifs financiers	1 693 943	481 704	..	..	1 212 239
Numéraire et dépôts	..	..	..	..	..
Titres de dette	608	608	..	..	0
Titres de dette à court terme	0	0	..	..	0
Titres de dette à long terme	608	608	..	..	0
Crédits	37 266	16 149	..	..	21 117
Crédits à court terme	29 948	10 962	..	..	18 986
Crédits à long terme	7 318	5 187	..	..	2 131
Actions et parts de fonds d'investissement	63 305	63 305	..	..	0
Systèmes d'assurance, de pensions et garanties standard	1 513 483	359 637	..	..	1 153 846
Produits financiers dérivés et options sur titres des salariés	500	194	..	..	306
Autres comptes à payer	78 781	41 811	..	..	36 970

Note : Voir les métadonnées détaillées sur : http://metalinks.oecd.org/instinv/20170516/5358

Tableau 2. Actifs et passifs financiers des fonds d'investissement

Millions EUR

	2008	2009	2010	2011	2012	2013	2014	2015
Fonds d'investissement								
Valeur nette financière	..	..	..	..	..	..	..	..
Actifs financiers	..	..	..	..	..	..	..	..
Numéraire et dépôts	..	..	..	..	..	..	..	..
Titres de dette	..	..	..	..	..	..	..	..
Crédits	..	..	..	..	..	..	..	..
Actions et parts de fonds d'investissement	..	..	..	..	..	..	..	..
Actions	..	..	..	..	..	..	..	..
Parts de fonds d'investissement	..	..	..	..	..	..	..	..
Parts de fonds d'investissement monétaires	..	..	..	..	..	..	..	..
Parts de fonds d'investissement non monétaires	..	..	..	..	..	..	..	..
Systèmes d'assurance, de pensions et garanties standard	..	..	..	..	..	..	..	..
Produits financiers dérivés et options sur titres des salariés	..	..	..	..	..	..	..	..
Autres comptes à recevoir	..	..	..	..	..	..	..	..
Passifs financiers	..	..	..	..	..	..	..	..
Titres de dette	..	..	..	..	..	..	..	..
Titres de dette à court terme	..	..	..	..	..	..	..	..
Titres de dette à long terme	..	..	..	..	..	..	..	..
Crédits	..	..	..	..	..	..	..	..
Crédits à court terme	..	..	..	..	..	..	..	..
Crédits à long terme	..	..	..	..	..	..	..	..
Actions et parts de fonds d'investissement	..	..	..	..	..	..	..	..
Systèmes d'assurance, de pensions et garanties standard	..	..	..	..	..	..	..	..
Produits financiers dérivés et options sur titres des salariés	..	..	..	..	..	..	..	..
Autres comptes à payer	..	..	..	..	..	..	..	..
Actifs non financiers	..	..	..	..	..	..	..	..
Fonds d'investissement monéaires								
Valeur nette financière	..	..	..	..	..	..	..	..
Actifs financiers	..	..	..	..	..	..	..	..
Numéraire et dépôts	..	..	..	..	..	..	..	..
Titres de dette	..	..	..	..	..	..	..	..
Crédits	..	..	..	..	..	..	..	..
Actions et parts de fonds d'investissement	..	..	..	..	..	..	..	..
Actions	..	..	..	..	..	..	..	..
Parts de fonds d'investissement	..	..	..	..	..	..	..	..
Parts de fonds d'investissement monétaires	..	..	..	..	..	..	..	..
Parts de fonds d'investissement non monétaires	..	..	..	..	..	..	..	..
Systèmes d'assurance, de pensions et garanties standard	..	..	..	..	..	..	..	..
Produits financiers dérivés et options sur titres des salariés	..	..	..	..	..	..	..	..
Autres comptes à recevoir	..	..	..	..	..	..	..	..
Passifs financiers	..	..	..	..	..	..	..	..
Titres de dette	..	..	..	..	..	..	..	..
Titres de dette à court terme	..	..	..	..	..	..	..	..
Titres de dette à long terme	..	..	..	..	..	..	..	..
Crédits	..	..	..	..	..	..	..	..
Crédits à court terme	..	..	..	..	..	..	..	..
Crédits à long terme	..	..	..	..	..	..	..	..
Actions et parts de fonds d'investissement	..	..	..	..	..	..	..	..
Systèmes d'assurance, de pensions et garanties standard	..	..	..	..	..	..	..	..
Produits financiers dérivés et options sur titres des salariés	..	..	..	..	..	..	..	..
Autres comptes à payer	..	..	..	..	..	..	..	..
Actifs non financiers	..	..	..	..	..	..	..	..
Fonds d'investissement non monéaires								
Valeur nette financière	-24 638	-25 028	-31 127	-31 894	-31 167	-29 888	-28 414	-29 473
Actifs financiers	173 036	434 086	466 005	479 652	556 431	616 657	720 996	728 884
Numéraire et dépôts	4 169	16 323	11 486	8 789	9 820	9 270	12 929	12 920
Titres de dette	64 338	153 355	154 876	167 608	196 041	208 639	231 285	244 951
Crédits	15 254	39 180	31 593	32 776	43 026	50 466	52 544	55 880
Actions et parts de fonds d'investissement	85 121	218 215	258 366	264 236	300 387	331 791	412 865	408 837
Actions	49 083	171 162	187 927	195 746	229 323	255 922	310 486	297 629
Parts de fonds d'investissement	36 038	47 053	70 439	68 490	71 064	75 869	102 379	111 208
Parts de fonds d'investissement monétaires	187	203	957	1 111	1 182	1 144	5 608	6 696
Parts de fonds d'investissement non monétaires	35 851	46 850	69 482	67 379	69 882	74 725	96 771	104 512
Systèmes d'assurance, de pensions et garanties standard	0	0	0	0	0	0	0	0
Produits financiers dérivés et options sur titres des salariés	1 611	-883	-473	-356	2 312	584	72	1 053
Autres comptes à recevoir	2 543	7 896	10 157	6 599	4 845	15 907	11 301	5 243
Passifs financiers	197 674	459 114	497 132	511 546	587 598	646 545	749 410	758 357
Titres de dette	158	588	1 685	1 405	1 614	2 085	3 098	1 300
Titres de dette à court terme	0	0	0	0	0	0	271	0
Titres de dette à long terme	158	588	1 685	1 405	1 614	2 085	2 827	1 300
Crédits	9 403	37 149	19 237	17 995	19 036	14 793	20 225	17 597
Crédits à court terme	1 414	26 927	7 916	7 113	8 951	4 747	11 496	8 869
Crédits à long terme	7 989	10 222	11 321	10 882	10 085	10 046	8 729	8 728
Actions et parts de fonds d'investissement	185 375	410 455	464 002	486 282	560 157	613 143	713 411	730 895
Systèmes d'assurance, de pensions et garanties standard	..	..	..	..	..	..	..	..
Produits financiers dérivés et options sur titres des salariés	40	13	219	173	275	223	339	308
Autres comptes à payer	2 698	10 909	11 989	5 691	6 516	16 301	12 337	8 257
Actifs non financiers	25 719	24 197	30 307	31 088	30 374	29 106	27 731	29 149
Fonds d'investissement non monéaires à capital variable								
Valeur nette financière	..	..	..	..	..	..	..	..
Actifs financiers	..	..	..	..	..	..	..	..

Tableau 2. Actifs et passifs financiers des fonds d'investissement *(suite)*

Millions EUR

	2008	2009	2010	2011	2012	2013	2014	2015
Numéraire et dépôts	..	..	..	..	..	..	..	..
Titres de dette	..	..	..	..	..	..	..	..
Crédits	..	..	..	..	..	..	..	..
Actions et parts de fonds d'investissement	..	..	..	..	..	..	..	..
Actions	..	..	..	..	..	..	..	..
Parts de fonds d'investissement	..	..	..	..	..	..	..	..
Parts de fonds d'investissement monétaires	..	..	..	..	..	..	..	..
Parts de fonds d'investissement non monétaires	..	..	..	..	..	..	..	..
Systèmes d'assurance, de pensions et garanties standard	..	..	..	..	..	..	..	..
Produits financiers dérivés et options sur titres des salariés	..	..	..	..	..	..	..	..
Autres comptes à recevoir	..	..	..	..	..	..	..	..
Passifs financiers	..	..	..	..	..	..	..	..
Titres de dette	..	..	..	..	..	..	..	..
Titres de dette à court terme	..	..	..	..	..	..	..	..
Titres de dette à long terme	..	..	..	..	..	..	..	..
Crédits	..	..	..	..	..	..	..	..
Crédits à court terme	..	..	..	..	..	..	..	..
Crédits à long terme	..	..	..	..	..	..	..	..
Actions et parts de fonds d'investissement	..	..	..	..	..	..	..	..
Systèmes d'assurance, de pensions et garanties standard	..	..	..	..	..	..	..	..
Produits financiers dérivés et options sur titres des salariés	..	..	..	..	..	..	..	..
Autres comptes à payer	..	..	..	..	..	..	..	..
Actifs non financiers	..	..	..	..	..	..	..	..
Fonds d'investissement à capital variable								
Valeur nette financière	..	..	..	..	..	..	..	..
Actifs financiers	..	..	..	..	..	..	..	..
Numéraire et dépôts	..	..	..	..	..	..	..	..
Titres de dette	..	..	..	..	..	..	..	..
Crédits	..	..	..	..	..	..	..	..
Actions et parts de fonds d'investissement	..	..	..	..	..	..	..	..
Actions	..	..	..	..	..	..	..	..
Parts de fonds d'investissement	..	..	..	..	..	..	..	..
Parts de fonds d'investissement monétaires	..	..	..	..	..	..	..	..
Parts de fonds d'investissement non monétaires	..	..	..	..	..	..	..	..
Systèmes d'assurance, de pensions et garanties standard	..	..	..	..	..	..	..	..
Produits financiers dérivés et options sur titres des salariés	..	..	..	..	..	..	..	..
Autres comptes à recevoir	..	..	..	..	..	..	..	..
Passifs financiers	..	..	..	..	..	..	..	..
Titres de dette	..	..	..	..	..	..	..	..
Titres de dette à court terme	..	..	..	..	..	..	..	..
Titres de dette à long terme	..	..	..	..	..	..	..	..
Crédits	..	..	..	..	..	..	..	..
Crédits à court terme	..	..	..	..	..	..	..	..
Crédits à long terme	..	..	..	..	..	..	..	..
Actions et parts de fonds d'investissement	..	..	..	..	..	..	..	..
Systèmes d'assurance, de pensions et garanties standard	..	..	..	..	..	..	..	..
Produits financiers dérivés et options sur titres des salariés	..	..	..	..	..	..	..	..
Autres comptes à payer	..	..	..	..	..	..	..	..
Actifs non financiers	..	..	..	..	..	..	..	..

Note : Voir les métadonnées détaillées sur : http://metalinks.oecd.org/instinv/20170516/5358

Tableau 3. Actifs et passifs financiers des sociétés d'assurance et fonds de pension

Millions EUR

	2008	2009	2010	2011	2012	2013	2014	2015
Sociétés d'assurance et fonds de pension								
Valeur nette financière	-42 851	20 426	24 530	-34 753	-3 324	43 728	72 570	18 953
Actifs financiers	1 085 541	1 110 616	1 198 090	1 290 435	1 444 882	1 443 054	1 711 658	1 712 896
Numéraire et dépôts	43 692	30 792	27 527	26 869	29 745	17 227	23 324	20 976
Titres de dette	402 577	339 694	347 270	378 432	434 893	422 599	507 161	514 313
Crédits	104 949	89 054	99 308	97 792	95 803	96 156	115 844	115 556
Actions et parts de fonds d'investissement	392 564	560 044	624 944	648 782	739 563	800 546	922 556	946 845
Actions	186 465	128 802	145 984	133 442	151 114	161 211	181 504	202 718
Parts de fonds d'investissement	206 099	431 242	478 960	515 340	588 449	639 335	741 052	744 127
Parts de fonds d'investissement monétaires	10 746	9 401	6 357	5 183	8 682	7 666	8 903	8 185
Parts de fonds d'investissement non monétaires	195 353	421 841	472 603	510 157	579 767	631 669	732 149	735 942
Systèmes d'assurance, de pensions et garanties standard	34 442	29 359	29 720	34 077	34 058	35 123	30 539	30 101
Produits financiers dérivés et options sur titres des salariés	45 771	12 695	17 736	58 851	67 408	31 488	79 180	51 162
Autres comptes à recevoir	61 546	48 978	51 585	45 632	43 412	39 915	33 054	33 943
Passifs financiers	1 128 392	1 090 190	1 173 560	1 325 188	1 448 206	1 399 326	1 639 088	1 693 943
Titres de dette	0	0	0	419	553	705	850	608
Titres de dette à court terme	0	0	0	0	0	0	0	0
Titres de dette à long terme	0	0	0	419	553	705	850	608
Crédits	59 561	61 794	43 028	46 044	39 520	29 716	40 984	37 266
Crédits à court terme	43 494	52 472	34 041	39 084	32 244	24 760	35 552	29 948
Crédits à long terme	16 067	9 322	8 987	6 960	7 276	4 956	5 432	7 318
Actions et parts de fonds d'investissement	38 711	43 827	48 038	51 104	54 945	53 322	61 575	63 305
Systèmes d'assurance, de pensions et garanties standard	933 968	953 227	1 048 522	1 176 903	1 278 215	1 254 268	1 451 748	1 513 483
Produits financiers dérivés et options sur titres des salariés	1 234	403	593	556	677	812	806	500
Autres comptes à payer	94 918	30 939	33 379	50 162	74 296	60 503	83 125	78 781
Actifs non financiers	28 265	28 521	19 802	18 033	16 487	14 542	14 197	12 926
Sociétés d'assurance								
Valeur nette financière	-31 857	-18 449	-7 660	-7 480	-3 876	-2 465	-3 959	-9 085
Actifs financiers	372 374	379 091	407 224	432 714	453 513	434 998	486 687	472 619
Numéraire et dépôts	16 650	14 038	14 744	17 290	17 506	7 903	12 800	11 883
Titres de dette	151 532	164 012	170 892	177 957	200 514	180 434	204 124	196 694
Crédits	59 109	57 820	58 650	64 971	60 681	67 076	80 720	87 406
Actions et parts de fonds d'investissement	73 320	78 160	97 324	97 405	102 890	116 485	123 578	116 342
Actions	35 988	35 724	39 628	36 447	37 778	34 714	29 128	30 380
Parts de fonds d'investissement	37 332	42 436	57 696	60 958	65 112	81 771	94 450	85 962
Parts de fonds d'investissement monétaires	398	1 038	1 426	732	2 942	2 719	1 751	1 091
Parts de fonds d'investissement non monétaires	36 934	41 398	56 270	60 226	62 170	79 052	92 699	84 871
Systèmes d'assurance, de pensions et garanties standard	15 897	15 131	15 448	19 881	20 215	21 308	20 363	19 873
Produits financiers dérivés et options sur titres des salariés	9 302	4 004	6 216	14 216	13 548	6 909	17 146	10 391
Autres comptes à recevoir	46 564	45 566	43 950	40 994	38 159	34 883	27 956	30 000
Passifs financiers	404 231	397 540	414 884	440 194	457 389	437 463	490 646	481 704
Titres de dette	0	0	0	419	553	705	850	608
Titres de dette à court terme	0	0	0	0	0	0	0	0
Titres de dette à long terme	0	0	0	419	553	705	850	608
Crédits	35 068	29 385	26 525	22 591	18 739	14 287	16 496	16 149
Crédits à court terme	20 914	21 385	18 821	17 244	13 174	11 107	13 057	10 962
Crédits à long terme	14 154	8 000	7 704	5 347	5 565	3 180	3 439	5 187
Actions et parts de fonds d'investissement	38 711	43 827	48 038	51 104	54 945	53 322	61 575	63 305
Systèmes d'assurance, de pensions et garanties standard	303 855	301 504	311 613	328 874	341 879	330 685	368 228	359 637
Produits financiers dérivés et options sur titres des salariés	520	133	155	350	422	373	447	194
Autres comptes à payer	26 077	22 691	28 553	36 856	40 851	38 091	43 050	41 811
Actifs non financiers	11 588	12 471	10 250	8 525	7 474	5 807	5 578	4 939
Fonds de pension								
Valeur nette financière	-10 994	38 875	32 190	-27 273	552	46 193	76 529	28 038
Actifs financiers	713 167	731 525	790 866	857 721	991 369	1 008 056	1 224 971	1 240 277
Numéraire et dépôts	27 042	16 754	12 783	9 579	12 239	9 324	10 524	9 093
Titres de dette	251 045	175 682	176 378	200 475	234 379	242 165	303 037	317 619
Crédits	45 840	31 234	40 658	32 821	35 122	29 080	35 124	28 150
Actions et parts de fonds d'investissement	319 244	481 884	527 620	551 377	636 673	684 061	798 978	830 503
Actions	150 477	93 078	106 356	96 995	113 336	126 497	152 376	172 338
Parts de fonds d'investissement	168 767	388 806	421 264	454 382	523 337	557 564	646 602	658 165
Parts de fonds d'investissement monétaires	10 348	8 363	4 931	4 451	5 740	4 947	7 152	7 094
Parts de fonds d'investissement non monétaires	158 419	380 443	416 333	449 931	517 597	552 617	639 450	651 071
Systèmes d'assurance, de pensions et garanties standard	18 545	14 228	14 272	14 196	13 843	13 815	10 176	10 228
Produits financiers dérivés et options sur titres des salariés	36 469	8 331	11 520	44 635	53 860	24 579	62 034	40 771
Autres comptes à recevoir	14 982	3 412	7 635	4 638	5 253	5 032	5 098	3 913
Passifs financiers	724 161	692 650	758 676	884 994	990 817	961 863	1 148 442	1 212 239
Titres de dette	0	0	0	0	0	0	0	0
Titres de dette à court terme	0	0	0	0	0	0	0	0
Titres de dette à long terme	0	0	0	0	0	0	0	0
Crédits	24 493	32 409	16 503	23 453	20 781	15 429	24 488	21 117
Crédits à court terme	22 580	31 087	15 220	21 840	19 070	13 653	22 495	18 986
Crédits à long terme	1 913	1 322	1 283	1 613	1 711	1 776	1 993	2 131
Actions et parts de fonds d'investissement	0	0	0	0	0	0	0	0
Systèmes d'assurance, de pensions et garanties standard	630 113	651 723	736 909	848 029	936 336	923 583	1 083 520	1 153 846
Produits financiers dérivés et options sur titres des salariés	714	270	438	206	255	439	359	306
Autres comptes à payer	68 841	8 248	4 826	13 306	33 445	22 412	40 075	36 970
Actifs non financiers	16 677	16 050	9 552	9 508	9 013	8 735	8 619	7 987

Note : Voir les métadonnées détaillées sur : http://metalinks.oecd.org/instinv/20170516/5358

Tableau 4. Composition du portefeuille par type d'investisseur

En pourcentage des actifs financiers et des passifs financiers

Pour cent

	2008	2009	2010	2011	2012	2013	2014	2015
Fonds d'investissement								
Actifs financiers	..	..	..	..	..	..	..	..
Numéraire et dépôts	..	..	..	..	..	..	..	..
Titres de dettes	..	..	..	..	..	..	..	..
Crédits	..	..	..	..	..	..	..	..
Actions et parts de fonds d'investissement	..	..	..	..	..	..	..	..
Systèmes d'assurance de pensions et garanties standard	..	..	..	..	..	..	..	..
Produits financiers dérivés et options sur titres des salariés	..	..	..	..	..	..	..	..
Autres comptes à recevoir	..	..	..	..	..	..	..	..
Passifs financiers	..	..	..	..	..	..	..	..
Numéraire et dépôts	..	..	..	..	..	..	..	..
Titres de dettes	..	..	..	..	..	..	..	..
Crédits	..	..	..	..	..	..	..	..
Actions et parts de fonds d'investissement	..	..	..	..	..	..	..	..
Systèmes d'assurance de pensions et garanties standard	..	..	..	..	..	..	..	..
Produits financiers dérivés et options sur titres des salariés	..	..	..	..	..	..	..	..
Autres comptes à recevoir	..	..	..	..	..	..	..	..
Sociétés d'assurance								
Actifs financiers	100.0	100.0	100.0	100.0	100.0	100.0	100.0	100.0
Numéraire et dépôts	4.5	3.7	3.6	4.0	3.9	1.8	2.6	2.5
Titres de dettes	40.7	43.3	42.0	41.1	44.2	41.5	41.9	41.6
Crédits	15.9	15.3	14.4	15.0	13.4	15.4	16.6	18.5
Actions et parts de fonds d'investissement	19.7	20.6	23.9	22.5	22.7	26.8	25.4	24.6
Systèmes d'assurance de pensions et garanties standard	4.3	4.0	3.8	4.6	4.5	4.9	4.2	4.2
Produits financiers dérivés et options sur titres des salariés	2.5	1.2	1.5	3.3	3.0	1.6	3.5	2.2
Autres comptes à recevoir	12.5	12.0	10.8	9.5	8.4	8.0	5.7	6.4
Passifs financiers	100.0	100.0	100.0	100.0	100.0	100.0	100.0	100.0
Numéraire et dépôts	0.0	0.0	0.0	0.0	0.0	0.0	0.0	0.0
Titres de dettes	0.0	0.0	0.0	0.1	0.1	0.2	0.2	0.1
Crédits	8.7	7.4	6.4	5.1	4.1	3.3	3.4	3.4
Actions et parts de fonds d'investissement	9.6	11.0	11.6	11.6	12.0	12.2	12.5	13.1
Systèmes d'assurance de pensions et garanties standard	75.2	75.8	75.1	74.7	74.7	75.6	75.0	74.7
Produits financiers dérivés et options sur titres des salariés	0.1	0.0	0.0	0.1	0.1	0.1	0.1	0.0
Autres comptes à recevoir	6.5	5.7	6.9	8.4	8.9	8.7	8.8	8.7
Fonds de pension								
Actifs financiers	100.0	100.0	100.0	100.0	100.0	100.0	100.0	100.0
Numéraire et dépôts	3.8	2.3	1.6	1.1	1.2	0.9	0.9	0.7
Titres de dettes	35.2	24.0	22.3	23.4	23.6	24.0	24.7	25.6
Crédits	6.4	4.3	5.1	3.8	3.5	2.9	2.9	2.3
Actions et parts de fonds d'investissement	44.8	65.9	66.7	64.3	64.2	67.9	65.2	67.0
Systèmes d'assurance de pensions et garanties standard	2.6	1.9	1.8	1.7	1.4	1.4	0.8	0.8
Produits financiers dérivés et options sur titres des salariés	5.1	1.1	1.5	5.2	5.4	2.4	5.1	3.3
Autres comptes à recevoir	2.1	0.5	1.0	0.5	0.5	0.5	0.4	0.3
Passifs financiers	100.0	100.0	100.0	100.0	100.0	100.0	100.0	100.0
Numéraire et dépôts	0.0	0.0	0.0	0.0	0.0	0.0	0.0	0.0
Titres de dettes	0.0	0.0	0.0	0.0	0.0	0.0	0.0	0.0
Crédits	3.4	4.7	2.2	2.7	2.1	1.6	2.1	1.7
Actions et parts de fonds d'investissement	0.0	0.0	0.0	0.0	0.0	0.0	0.0	0.0
Systèmes d'assurance de pensions et garanties standard	87.0	94.1	97.1	95.8	94.5	96.0	94.3	95.2
Produits financiers dérivés et options sur titres des salariés	0.1	0.0	0.1	0.0	0.0	0.0	0.0	0.0
Autres comptes à recevoir	9.5	1.2	0.6	1.5	3.4	2.3	3.5	3.0

Note : Voir les métadonnées détaillées sur : http://metalinks.oecd.org/instinv/20170516/e12c

NOUVELLE-ZÉLANDE

Tableau 1. Actifs et passifs financiers des investisseurs institutionnels, 2015

Millions NZD

	Total	Fonds d'investissement			
		Fonds d'investissement non-monétaire			Fonds d'investissement monétaires
		Total	Fonds d'investissement à capital variable, non monétaire	Fonds d'investissement à capital fixe, non monétaire	Total
Actifs financiers	102 435	90 418	..	..	12 017
Numéraire et dépôts	22 092	13 721	..	..	8 370
Titres de dette	30 848	27 201	..	..	3 647
Titres de dette à court terme	6 987	3 790	..	..	3 197
Titres de dette à long terme	23 861	23 411	..	..	449
Titres de dette émis par les résidents	18 843	15 197	..	..	3 647
Titres de dette émis par les non-résidents	12 004	12 004	..	..	0
Crédits	47	47	..	..	0
Crédits à court terme	..	..	..	..	..
Crédits à long terme	..	..	..	..	..
Crédits accordés aux résidents	47	47	..	..	0
Crédits accordés aux non-résidents	0	0	..	..	0
Actions et parts de fonds d'investissement	48 401	48 401	..	..	0
Actions et parts de fonds d'investissements émises par les résidents	16 304	16 304	..	..	0
Actions et part de fonds d'investissements émises par les non-résidents	32 096	32 096	..	..	0
Autres comptes à recevoir	601	601	..	..	0

	Total	Fonds d'investissement			
		Fonds d'investissement non-monétaire			Fonds d'investissement monétaires
		Total	Fonds d'investissement à capital variable, non monétaire	Fonds d'investissement à capital fixe, non monétaire	Total
Pasifs financiers	..	..	..	..	..
Numéraire et dépôts	..	..	..	..	..
Titres de dette	..	..	..	..	..
Titres de dette à court terme	..	..	..	..	..
Titres de dette à long terme	..	..	..	..	..
Crédits	..	..	..	..	..
Crédits à court terme	..	..	..	..	..
Crédits à long terme	..	..	..	..	..
Actions et parts de fonds d'investissement	..	..	..	..	..
Systèmes d'assurance, de pensions et garanties standard	..	..	..	..	..
Produits financiers dérivés et options sur titres des salariés	..	..	..	..	..
Autres comptes à payer	..	..	..	..	..

	Total	Sociétés d'assurance et fonds de pension autonomes			
		Sociétés d'assurance			Fonds de pension autonomes
		Total	Sociétés d'assurance vie	Sociétés d'assurance non-vie	Total
Actifs financiers	..	..	..	..	57 612
Numéraire et dépôts	..	..	..	..	3 957
Titres de dette	..	..	..	..	12 781
Titres de dette à court terme	..	..	..	..	1 138
Titres de dette à long terme	..	..	..	..	11 642
Titres de dette émis par les résidents	..	..	..	..	5 926
Titres de dette émis par les non-résidents	..	..	..	..	6 854
Crédits	..	..	..	..	10
Crédits à court terme	..	..	..	..	..
Crédits à long terme	..	..	..	..	..
Crédits accordés aux résidents	..	..	..	..	10
Crédits accordés aux non-résidents	..	..	..	..	0
Actions et parts de fonds d'investissement	..	..	..	..	40 012
Actions et parts de fonds d'investissement émises par les résidents	..	..	..	..	19 720
Actions et parts de fonds d'investissement émises par les non-résidents	..	..	..	..	20 292
Autrescomptes à recevoir	..	..	..	..	268

	Total	Sociétés d'assurance et fonds de pension autonomes			
		Sociétés d'assurance			Fonds de pension autonomes
		Total	Sociétés d'assurance vie	Sociétés d'assurance non-vie	Total
Pasifs financiers	..	..	..	..	..
Numéraire et dépôts	..	..	..	..	..
Titres de dette	..	..	..	..	..
Titres de dette à court terme	..	..	..	..	..
Titres de dette à long terme	..	..	..	..	..
Crédits	..	..	..	..	..
Crédits à court terme	..	..	..	..	..
Crédits à long terme	..	..	..	..	..
Actions et parts de fonds d'investissement	..	..	..	..	..
Systèmes d'assurance, de pensions et garanties standard	..	..	..	..	..
Produits financiers dérivés et options sur titres des salariés	..	..	..	..	..
Autres comptes à payer	..	..	..	..	..

Note : Voir les métadonnées détaillées sur : http://metalinks.oecd.org/instinv/20170516/5358

NOUVELLE-ZÉLANDE

Tableau 2. Actifs et passifs financiers des fonds d'investissement

Millions NZD

	2008	2009	2010	2011	2012	2013	2014	2015
Fonds d'investissement								
Valeur nette financière	..	..	..	..	..	..	..	..
Actifs financiers	..	..	..	..	..	..	87 605	102 435
Numéraire et dépôts	..	..	..	..	..	..	20 519	22 092
Titres de dette	..	..	..	..	..	..	25 060	30 848
Crédits	..	..	..	..	..	..	75	47
Actions et parts de fonds d'investissement	..	..	..	..	..	..	41 110	48 401
Actions	..	..	..	..	..	..	22 496	26 504
Parts de fonds d'investissement	..	..	..	..	..	..	18 614	21 897
Parts de fonds d'investissement monétaires	..	..	..	..	..	..	..	..
Parts de fonds d'investissement non monétaires	..	..	..	..	..	..	..	..
Systèmes d'assurance, de pensions et garanties standard	..	..	..	..	..	..	..	..
Produits financiers dérivés et options sur titres des salariés	..	..	..	..	..	..	296	448
Autres comptes à recevoir	..	..	..	..	..	..	545	601
Passifs financiers	..	..	..	..	..	..	..	..
Titres de dette	..	..	..	..	..	..	..	..
Titres de dette à court terme	..	..	..	..	..	..	..	..
Titres de dette à long terme	..	..	..	..	..	..	..	..
Crédits	..	..	..	..	..	..	..	..
Crédits à court terme	..	..	..	..	..	..	..	..
Crédits à long terme	..	..	..	..	..	..	..	..
Actions et parts de fonds d'investissement	..	..	..	..	..	..	..	..
Systèmes d'assurance, de pensions et garanties standard	..	..	..	..	..	..	..	..
Produits financiers dérivés et options sur titres des salariés	..	..	..	..	..	..	..	..
Autres comptes à payer	..	..	..	..	..	..	..	..
Actifs non financiers	..	..	..	..	..	..	1	1
Fonds d'investissement monéaires								
Valeur nette financière	..	..	..	..	..	..	..	..
Actifs financiers	..	..	..	..	..	..	10 216	12 017
Numéraire et dépôts	..	..	..	..	..	..	7 994	8 370
Titres de dette	..	..	..	..	..	..	2 222	3 647
Crédits	..	..	..	..	..	..	0	0
Actions et parts de fonds d'investissement	..	..	..	..	..	..	0	0
Actions	..	..	..	..	..	..	0	0
Parts de fonds d'investissement	..	..	..	..	..	..	0	0
Parts de fonds d'investissement monétaires	..	..	..	..	..	..	..	..
Parts de fonds d'investissement non monétaires	..	..	..	..	..	..	..	..
Systèmes d'assurance, de pensions et garanties standard	..	..	..	..	..	..	..	..
Produits financiers dérivés et options sur titres des salariés	..	..	..	..	..	..	0	0
Autres comptes à recevoir	..	..	..	..	..	..	0	0
Passifs financiers	..	..	..	..	..	..	..	..
Titres de dette	..	..	..	..	..	..	..	..
Titres de dette à court terme	..	..	..	..	..	..	..	..
Titres de dette à long terme	..	..	..	..	..	..	..	..
Crédits	..	..	..	..	..	..	..	..
Crédits à court terme	..	..	..	..	..	..	..	..
Crédits à long terme	..	..	..	..	..	..	..	..
Actions et parts de fonds d'investissement	..	..	..	..	..	..	..	..
Systèmes d'assurance, de pensions et garanties standard	..	..	..	..	..	..	..	..
Produits financiers dérivés et options sur titres des salariés	..	..	..	..	..	..	..	..
Autres comptes à payer	..	..	..	..	..	..	..	..
Actifs non financiers	..	..	..	..	..	..	0	0
Fonds d'investissement non monéaires								
Valeur nette financière	..	..	..	..	..	..	..	..
Actifs financiers	..	..	..	..	..	..	77 389	90 418
Numéraire et dépôts	..	..	..	..	..	..	12 525	13 721
Titres de dette	..	..	..	..	..	..	22 838	27 201
Crédits	..	..	..	..	..	..	75	47
Actions et parts de fonds d'investissement	..	..	..	..	..	..	41 110	48 401
Actions	..	..	..	..	..	..	22 496	26 504
Parts de fonds d'investissement	..	..	..	..	..	..	18 614	21 897
Parts de fonds d'investissement monétaires	..	..	..	..	..	..	..	..
Parts de fonds d'investissement non monétaires	..	..	..	..	..	..	..	..
Systèmes d'assurance, de pensions et garanties standard	..	..	..	..	..	..	..	..
Produits financiers dérivés et options sur titres des salariés	..	..	..	..	..	..	296	448
Autres comptes à recevoir	..	..	..	..	..	..	545	601
Passifs financiers	..	..	..	..	..	..	..	..
Titres de dette	..	..	..	..	..	..	..	..
Titres de dette à court terme	..	..	..	..	..	..	..	..
Titres de dette à long terme	..	..	..	..	..	..	..	..
Crédits	..	..	..	..	..	..	..	..
Crédits à court terme	..	..	..	..	..	..	..	..
Crédits à long terme	..	..	..	..	..	..	..	..
Actions et parts de fonds d'investissement	..	..	..	..	..	..	..	..
Systèmes d'assurance, de pensions et garanties standard	..	..	..	..	..	..	..	..
Produits financiers dérivés et options sur titres des salariés	..	..	..	..	..	..	..	..
Autres comptes à payer	..	..	..	..	..	..	..	..
Actifs non financiers	..	..	..	..	..	..	1	1
Fonds d'investissement non monéaires à capital variable								
Valeur nette financière	..	..	..	..	..	..	..	..
Actifs financiers	..	..	..	..	..	..	..	..

Tableau 2. Actifs et passifs financiers des fonds d'investissement *(suite)*

Millions NZD

	2008	2009	2010	2011	2012	2013	2014	2015
Numéraire et dépôts	..	..	..	..	..	..	..	..
Titres de dette	..	..	..	..	..	..	..	..
Crédits	..	..	..	..	..	..	..	..
Actions et parts de fonds d'investissement	..	..	..	..	..	..	..	..
Actions	..	..	..	..	..	..	..	..
Parts de fonds d'investissement	..	..	..	..	..	..	..	..
Parts de fonds d'investissement monétaires	..	..	..	..	..	..	..	..
Parts de fonds d'investissement non monétaires	..	..	..	..	..	..	..	..
Systèmes d'assurance, de pensions et garanties standard	..	..	..	..	..	..	..	..
Produits financiers dérivés et options sur titres des salariés	..	..	..	..	..	..	..	..
Autres comptes à recevoir	..	..	..	..	..	..	..	..
Passifs financiers	..	..	..	..	..	..	..	..
Titres de dette	..	..	..	..	..	..	..	..
Titres de dette à court terme	..	..	..	..	..	..	..	..
Titres de dette à long terme	..	..	..	..	..	..	..	..
Crédits	..	..	..	..	..	..	..	..
Crédits à court terme	..	..	..	..	..	..	..	..
Crédits à long terme	..	..	..	..	..	..	..	..
Actions et parts de fonds d'investissement	..	..	..	..	..	..	..	..
Systèmes d'assurance, de pensions et garanties standard	..	..	..	..	..	..	..	..
Produits financiers dérivés et options sur titres des salariés	..	..	..	..	..	..	..	..
Autres comptes à payer	..	..	..	..	..	..	..	..
Actifs non financiers	..	..	..	..	..	..	..	..
Fonds d'investissement à capital variable								
Valeur nette financière	..	..	..	..	..	..	..	..
Actifs financiers	..	..	..	..	..	..	..	..
Numéraire et dépôts	..	..	..	..	..	..	..	..
Titres de dette	..	..	..	..	..	..	..	..
Crédits	..	..	..	..	..	..	..	..
Actions et parts de fonds d'investissement	..	..	..	..	..	..	..	..
Actions	..	..	..	..	..	..	..	..
Parts de fonds d'investissement	..	..	..	..	..	..	..	..
Parts de fonds d'investissement monétaires	..	..	..	..	..	..	..	..
Parts de fonds d'investissement non monétaires	..	..	..	..	..	..	..	..
Systèmes d'assurance, de pensions et garanties standard	..	..	..	..	..	..	..	..
Produits financiers dérivés et options sur titres des salariés	..	..	..	..	..	..	..	..
Autres comptes à recevoir	..	..	..	..	..	..	..	..
Passifs financiers	..	..	..	..	..	..	..	..
Titres de dette	..	..	..	..	..	..	..	..
Titres de dette à court terme	..	..	..	..	..	..	..	..
Titres de dette à long terme	..	..	..	..	..	..	..	..
Crédits	..	..	..	..	..	..	..	..
Crédits à court terme	..	..	..	..	..	..	..	..
Crédits à long terme	..	..	..	..	..	..	..	..
Actions et parts de fonds d'investissement	..	..	..	..	..	..	..	..
Systèmes d'assurance, de pensions et garanties standard	..	..	..	..	..	..	..	..
Produits financiers dérivés et options sur titres des salariés	..	..	..	..	..	..	..	..
Autres comptes à payer	..	..	..	..	..	..	..	..
Actifs non financiers	..	..	..	..	..	..	..	..

Note : Voir les métadonnées détaillées sur : http://metalinks.oecd.org/instinv/20170516/5358

Tableau 3. Actifs et passifs financiers des sociétés d'assurance et fonds de pension

Millions NZD

	2008	2009	2010	2011	2012	2013	2014	2015
Sociétés d'assurance et fonds de pension								
Valeur nette financière	..	..	..	..	..	..	..	..
Actifs financiers	..	..	..	..	..	..	..	..
Numéraire et dépôts	..	..	..	..	..	..	..	..
Titres de dette	..	..	..	..	..	..	..	..
Crédits	..	..	..	..	..	..	..	..
Actions et parts de fonds d'investissement	..	..	..	..	..	..	..	..
Actions	..	..	..	..	..	..	..	..
Parts de fonds d'investissement	..	..	..	..	..	..	..	..
Parts de fonds d'investissement monétaires	..	..	..	..	..	..	..	..
Parts de fonds d'investissement non monétaires	..	..	..	..	..	..	..	..
Systèmes d'assurance, de pensions et garanties standard	..	..	..	..	..	..	..	..
Produits financiers dérivés et options sur titres des salariés	..	..	..	..	..	..	..	..
Autres comptes à recevoir	..	..	..	..	..	..	..	..
Passifs financiers	..	..	..	..	..	..	..	..
Titres de dette	..	..	..	..	..	..	..	..
Titres de dette à court terme	..	..	..	..	..	..	..	..
Titres de dette à long terme	..	..	..	..	..	..	..	..
Crédits	..	..	..	..	..	..	..	..
Crédits à court terme	..	..	..	..	..	..	..	..
Crédits à long terme	..	..	..	..	..	..	..	..
Actions et parts de fonds d'investissement	..	..	..	..	..	..	..	..
Systèmes d'assurance, de pensions et garanties standard	..	..	..	..	..	..	..	..
Produits financiers dérivés et options sur titres des salariés	..	..	..	..	..	..	..	..
Autres comptes à payer	..	..	..	..	..	..	..	..
Actifs non financiers	..	..	..	..	..	..	..	..
Sociétés d'assurance								
Valeur nette financière	..	..	..	..	..	..	..	..
Actifs financiers	..	..	..	..	..	..	..	..
Numéraire et dépôts	..	..	..	..	..	..	..	..
Titres de dette	..	..	..	..	..	..	..	..
Crédits	..	..	..	..	..	..	..	..
Actions et parts de fonds d'investissement	..	..	..	..	..	..	..	..
Actions	..	..	..	..	..	..	..	..
Parts de fonds d'investissement	..	..	..	..	..	..	..	..
Parts de fonds d'investissement monétaires	..	..	..	..	..	..	..	..
Parts de fonds d'investissement non monétaires	..	..	..	..	..	..	..	..
Systèmes d'assurance, de pensions et garanties standard	..	..	..	..	..	..	..	..
Produits financiers dérivés et options sur titres des salariés	..	..	..	..	..	..	..	..
Autres comptes à recevoir	..	..	..	..	..	..	..	..
Passifs financiers	..	..	..	..	..	..	..	..
Titres de dette	..	..	..	..	..	..	..	..
Titres de dette à court terme	..	..	..	..	..	..	..	..
Titres de dette à long terme	..	..	..	..	..	..	..	..
Crédits	..	..	..	..	..	..	..	..
Crédits à court terme	..	..	..	..	..	..	..	..
Crédits à long terme	..	..	..	..	..	..	..	..
Actions et parts de fonds d'investissement	..	..	..	..	..	..	..	..
Systèmes d'assurance, de pensions et garanties standard	..	..	..	..	..	..	..	..
Produits financiers dérivés et options sur titres des salariés	..	..	..	..	..	..	..	..
Autres comptes à payer	..	..	..	..	..	..	..	..
Actifs non financiers	..	..	..	..	..	..	..	..
Fonds de pension								
Valeur nette financière	..	..	..	..	..	..	..	..
Actifs financiers	..	..	..	..	..	..	51 365	57 612
Numéraire et dépôts	..	..	..	..	..	..	3 775	3 957
Titres de dette	..	..	..	..	..	..	11 469	12 781
Crédits	..	..	..	..	..	..	22	10
Actions et parts de fonds d'investissement	..	..	..	..	..	..	35 550	40 012
Actions	..	..	..	..	..	..	14 110	15 486
Parts de fonds d'investissement	..	..	..	..	..	..	21 440	24 525
Parts de fonds d'investissement monétaires	..	..	..	..	..	..	..	..
Parts de fonds d'investissement non monétaires	..	..	..	..	..	..	..	..
Systèmes d'assurance, de pensions et garanties standard	..	..	..	..	..	..	..	..
Produits financiers dérivés et options sur titres des salariés	..	..	..	..	..	..	305	585
Autres comptes à recevoir	..	..	..	..	..	..	244	268
Passifs financiers	..	..	..	..	..	..	..	..
Titres de dette	..	..	..	..	..	..	..	..
Titres de dette à court terme	..	..	..	..	..	..	..	..
Titres de dette à long terme	..	..	..	..	..	..	..	..
Crédits	..	..	..	..	..	..	..	..
Crédits à court terme	..	..	..	..	..	..	..	..
Crédits à long terme	..	..	..	..	..	..	..	..
Actions et parts de fonds d'investissement	..	..	..	..	..	..	..	..
Systèmes d'assurance, de pensions et garanties standard	..	..	..	..	..	..	..	..
Produits financiers dérivés et options sur titres des salariés	..	..	..	..	..	..	..	..
Autres comptes à payer	..	..	..	..	..	..	..	..
Actifs non financiers	..	..	..	..	..	..	114	111

Note : Voir les métadonnées détaillées sur : http://metalinks.oecd.org/instinv/20170516/5358

Tableau 4. Composition du portefeuille par type d'investisseur

En pourcentage des actifs financiers et des passifs financiers

Pour cent

	2008	2009	2010	2011	2012	2013	2014	2015
Fonds d'investissement								
Actifs financiers	..	..	..	..	..	..	100.0	100.0
Numéraire et dépôts	..	..	..	..	..	..	23.4	21.6
Titres de dettes	..	..	..	..	..	..	28.6	30.1
Crédits	..	..	..	..	..	..	0.1	0.0
Actions et parts de fonds d'investissement	..	..	..	..	..	..	46.9	47.2
Systèmes d'assurance de pensions et garanties standard	..	..	..	..	..	..	0.0	0.0
Produits financiers dérivés et options sur titres des salariés	..	..	..	..	..	..	0.3	0.4
Autres comptes à recevoir	..	..	..	..	..	..	0.6	0.6
Passifs financiers	..	..	..	..	..	..	..	..
Numéraire et dépôts	..	..	..	..	..	..	..	..
Titres de dettes	..	..	..	..	..	..	..	..
Crédits	..	..	..	..	..	..	..	..
Actions et parts de fonds d'investissement	..	..	..	..	..	..	..	..
Systèmes d'assurance de pensions et garanties standard	..	..	..	..	..	..	..	..
Produits financiers dérivés et options sur titres des salariés	..	..	..	..	..	..	..	..
Autres comptes à recevoir	..	..	..	..	..	..	..	..
Sociétés d'assurance								
Actifs financiers	..	..	..	..	..	..	..	..
Numéraire et dépôts	..	..	..	..	..	..	..	..
Titres de dettes	..	..	..	..	..	..	..	..
Crédits	..	..	..	..	..	..	..	..
Actions et parts de fonds d'investissement	..	..	..	..	..	..	..	..
Systèmes d'assurance de pensions et garanties standard	..	..	..	..	..	..	..	..
Produits financiers dérivés et options sur titres des salariés	..	..	..	..	..	..	..	..
Autres comptes à recevoir	..	..	..	..	..	..	..	..
Passifs financiers	..	..	..	..	..	..	..	..
Numéraire et dépôts	..	..	..	..	..	..	..	..
Titres de dettes	..	..	..	..	..	..	..	..
Crédits	..	..	..	..	..	..	..	..
Actions et parts de fonds d'investissement	..	..	..	..	..	..	..	..
Systèmes d'assurance de pensions et garanties standard	..	..	..	..	..	..	..	..
Produits financiers dérivés et options sur titres des salariés	..	..	..	..	..	..	..	..
Autres comptes à recevoir	..	..	..	..	..	..	..	..
Fonds de pension								
Actifs financiers	..	..	..	..	..	..	100.0	100.0
Numéraire et dépôts	..	..	..	..	..	..	7.3	6.9
Titres de dettes	..	..	..	..	..	..	22.3	22.2
Crédits	..	..	..	..	..	..	0.0	0.0
Actions et parts de fonds d'investissement	..	..	..	..	..	..	69.2	69.5
Systèmes d'assurance de pensions et garanties standard	..	..	..	..	..	..	0.0	0.0
Produits financiers dérivés et options sur titres des salariés	..	..	..	..	..	..	0.6	1.0
Autres comptes à recevoir	..	..	..	..	..	..	0.5	0.5
Passifs financiers	..	..	..	..	..	..	..	..
Numéraire et dépôts	..	..	..	..	..	..	..	..
Titres de dettes	..	..	..	..	..	..	..	..
Crédits	..	..	..	..	..	..	..	..
Actions et parts de fonds d'investissement	..	..	..	..	..	..	..	..
Systèmes d'assurance de pensions et garanties standard	..	..	..	..	..	..	..	..
Produits financiers dérivés et options sur titres des salariés	..	..	..	..	..	..	..	..
Autres comptes à recevoir	..	..	..	..	..	..	..	..

Note : Voir les métadonnées détaillées sur : http://metalinks.oecd.org/instinv/20170516/e12c

NORVÈGE

Tableau 1. Actifs et passifs financiers des investisseurs institutionnels, 2015

Millions NOK

	Total	Fonds d'investissement – Fonds d'investissement non-monétaire – Total	Fonds d'investissement à capital variable, non monétaire	Fonds d'investissement à capital fixe, non monétaire	Fonds d'investissement monétaires – Total
Actifs financiers	..	891 262	884 689	..	..
Numéraire et dépôts	..	35 651	26 810	..	..
Titres de dette	..	314 769	314 650	..	..
Titres de dette à court terme	..	15 139	15 139	..	..
Titres de dette à long terme	..	299 630	299 511	..	..
Titres de dette émis par les résidents	..	..	195 132	..	..
Titres de dette émis par les non-résidents	..	..	119 518	..	..
Crédits	..	0	0	..	..
Crédits à court terme	..	..	..	..	..
Crédits à long terme	..	0	0	..	..
Crédits accordés aux résidents	..	..	0	..	..
Crédits accordés aux non-résidents	..	..	..	..	..
Actions et parts de fonds d'investissement	..	536 726	536 726	..	..
Actions et parts de fonds d'investissements émises par les résidents	..	..	199 571	..	..
Actions et part de fonds d'investissements émises par les non-résidents	..	..	337 155	..	..
Autres comptes à recevoir	..	9 639	12 026	..	..

	Total	Fonds d'investissement – Fonds d'investissement non-monétaire – Total	Fonds d'investissement à capital variable, non monétaire	Fonds d'investissement à capital fixe, non monétaire	Fonds d'investissement monétaires – Total
Pasifs financiers	..	887 225	883 906	..	..
Numéraire et dépôts	..	..	..	..	..
Titres de dette	..	..	..	..	..
Titres de dette à court terme	..	..	..	..	..
Titres de dette à long terme	..	..	..	..	..
Crédits	..	1 033	3 743	..	..
Crédits à court terme	..	1 033	3 743	..	..
Crédits à long terme	..	..	..	..	..
Actions et parts de fonds d'investissement	..	876 198	876 168	..	..
Systèmes d'assurance, de pensions et garanties standard	..	..	..	..	..
Produits financiers dérivés et options sur titres des salariés	..	0	..	..	..
Autres comptes à payer	..	9 994	3 995	..	..

	Total	Sociétés d'assurance et fonds de pension autonomes – Sociétés d'assurance – Total	Sociétés d'assurance vie	Sociétés d'assurance non-vie	Fonds de pension autonomes – Total
Actifs financiers	1 825 312	..	1 286 308	231 419	..
Numéraire et dépôts	49 513	..	33 518	9 254	..
Titres de dette	732 446	..	496 640	97 939	..
Titres de dette à court terme	34 351	..	16 259	11 636	..
Titres de dette à long terme	698 095	..	480 381	86 303	..
Titres de dette émis par les résidents	..	..	226 324	66 135	..
Titres de dette émis par les non-résidents	..	..	270 316	31 804	..
Crédits	95 304	..	91 135	2 049	..
Crédits à court terme	0	..	0	0	..
Crédits à long terme	95 304	..	91 135	2 049	..
Crédits accordés aux résidents	..	..	80 721	2 049	..
Crédits accordés aux non-résidents	..	..	10 414	0	..
Actions et parts de fonds d'investissement	862 344	..	653 287	48 932	..
Actions et parts de fonds d'investissement émises par les résidents	..	..	498 246	21 250	..
Actions et parts de fonds d'investissement émises par les non-résidents	..	..	155 041	27 682	..
Autrescomptes à recevoir	63 135	..	8 025	53 692	..

	Total	Sociétés d'assurance et fonds de pension autonomes – Sociétés d'assurance – Total	Sociétés d'assurance vie	Sociétés d'assurance non-vie	Fonds de pension autonomes – Total
Pasifs financiers	1 880 805	..	1 288 043	280 456	..
Numéraire et dépôts	..	..	..	..	..
Titres de dette	20 197	..	18 690	1 507	..
Titres de dette à court terme	..	..	..	..	..
Titres de dette à long terme	20 197	..	18 690	1 507	..
Crédits	11 281	..	10 635	222	..
Crédits à court terme	375	..	364	10	..
Crédits à long terme	10 906	..	10 271	212	..
Actions et parts de fonds d'investissement	260 159	..	84 859	144 078	..
Systèmes d'assurance, de pensions et garanties standard	1 551 625	..	1 152 042	121 074	..
Produits financiers dérivés et options sur titres des salariés	12 398	..	10 405	646	..
Autres comptes à payer	25 145	..	11 412	12 929	..

Note : Voir les métadonnées détaillées sur : http://metalinks.oecd.org/instinv/20170516/5358

NORVÈGE

Tableau 2. Actifs et passifs financiers des fonds d'investissement

Millions NOK

	2008	2009	2010	2011	2012	2013	2014	2015
Fonds d'investissement								
Valeur nette financière	..	..	..	..	..	..	..	..
Actifs financiers	..	..	..	..	..	..	..	..
Numéraire et dépôts	..	..	..	..	..	..	..	..
Titres de dette	..	..	..	..	..	..	..	..
Crédits	..	..	..	..	..	..	..	..
Actions et parts de fonds d'investissement	..	..	..	..	..	..	..	..
Actions	..	..	..	..	..	..	..	..
Parts de fonds d'investissement	..	..	..	..	..	..	..	..
Parts de fonds d'investissement monétaires	..	..	..	..	..	..	..	..
Parts de fonds d'investissement non monétaires	..	..	..	..	..	..	..	..
Systèmes d'assurance, de pensions et garanties standard	..	..	..	..	..	..	..	..
Produits financiers dérivés et options sur titres des salariés	..	..	..	..	..	..	..	..
Autres comptes à recevoir	..	..	..	..	..	..	..	..
Passifs financiers	..	..	..	..	..	..	..	..
Titres de dette	..	..	..	..	..	..	..	..
Titres de dette à court terme	..	..	..	..	..	..	..	..
Titres de dette à long terme	..	..	..	..	..	..	..	..
Crédits	..	..	..	..	..	..	..	..
Crédits à court terme	..	..	..	..	..	..	..	..
Crédits à long terme	..	..	..	..	..	..	..	..
Actions et parts de fonds d'investissement	..	..	..	..	..	..	..	..
Systèmes d'assurance, de pensions et garanties standard	..	..	..	..	..	..	..	..
Produits financiers dérivés et options sur titres des salariés	..	..	..	..	..	..	..	..
Autres comptes à payer	..	..	..	..	..	..	..	..
Actifs non financiers	..	..	..	..	..	..	..	..
Fonds d'investissement monéaires								
Valeur nette financière	..	..	..	..	..	..	..	..
Actifs financiers	..	..	..	..	..	..	..	..
Numéraire et dépôts	..	..	..	..	..	..	..	..
Titres de dette	..	..	..	..	..	..	..	..
Crédits	..	..	..	..	..	..	..	..
Actions et parts de fonds d'investissement	..	..	..	..	..	..	..	..
Actions	..	..	..	..	..	..	..	..
Parts de fonds d'investissement	..	..	..	..	..	..	..	..
Parts de fonds d'investissement monétaires	..	..	..	..	..	..	..	..
Parts de fonds d'investissement non monétaires	..	..	..	..	..	..	..	..
Systèmes d'assurance, de pensions et garanties standard	..	..	..	..	..	..	..	..
Produits financiers dérivés et options sur titres des salariés	..	..	..	..	..	..	..	..
Autres comptes à recevoir	..	..	..	..	..	..	..	..
Passifs financiers	..	..	..	..	..	..	..	..
Titres de dette	..	..	..	..	..	..	..	..
Titres de dette à court terme	..	..	..	..	..	..	..	..
Titres de dette à long terme	..	..	..	..	..	..	..	..
Crédits	..	..	..	..	..	..	..	..
Crédits à court terme	..	..	..	..	..	..	..	..
Crédits à long terme	..	..	..	..	..	..	..	..
Actions et parts de fonds d'investissement	..	..	..	..	..	..	..	..
Systèmes d'assurance, de pensions et garanties standard	..	..	..	..	..	..	..	..
Produits financiers dérivés et options sur titres des salariés	..	..	..	..	..	..	..	..
Autres comptes à payer	..	..	..	..	..	..	..	..
Actifs non financiers	..	..	..	..	..	..	..	..
Fonds d'investissement non monéaires								
Valeur nette financière	379	3 129	4 194	2 719	2 989	2 870	1 253	4 037
Actifs financiers	212 999	340 850	435 788	409 383	521 130	646 376	830 262	891 262
Numéraire et dépôts	6 780	16 142	13 080	16 470	18 760	19 301	30 979	35 651
Titres de dette	55 203	62 562	89 792	107 306	158 419	178 526	293 484	314 769
Crédits	0	0	0	0	0	0	0	0
Actions et parts de fonds d'investissement	148 032	258 601	327 629	282 251	330 722	438 402	498 837	536 726
Actions	121 737	212 733	273 308	232 679	260 330	342 826	379 600	399 051
Parts de fonds d'investissement	26 295	45 868	54 321	49 572	70 392	95 576	119 237	137 675
Parts de fonds d'investissement monétaires	0	0	0	0	6 274	4 895	5 977	6 372
Parts de fonds d'investissement non monétaires	26 295	45 868	54 321	49 572	64 118	90 681	113 260	131 303
Systèmes d'assurance, de pensions et garanties standard	..	..	..	..	..	..	..	..
Produits financiers dérivés et options sur titres des salariés	0	0	0	0	705	-190	-5 349	-5 523
Autres comptes à recevoir	2 984	3 545	5 287	3 356	12 524	10 337	12 311	9 639
Passifs financiers	212 620	337 721	431 594	406 664	518 141	643 506	829 009	887 225
Titres de dette	..	..	..	..	..	..	..	..
Titres de dette à court terme	..	..	..	..	..	..	..	..
Titres de dette à long terme	..	..	..	..	..	..	..	..
Crédits	0	0	0	0	0	47	1 027	1 033
Crédits à court terme	0	0	0	0	0	47	1 027	1 033
Crédits à long terme	..	..	..	..	..	..	..	..
Actions et parts de fonds d'investissement	212 552	337 661	431 521	406 598	513 940	636 335	818 548	876 198
Systèmes d'assurance, de pensions et garanties standard	..	..	..	..	..	..	..	..
Produits financiers dérivés et options sur titres des salariés	0	0	0	0	0	0	0	0
Autres comptes à payer	68	60	73	66	4 201	7 124	9 434	9 994
Actifs non financiers	..	..	..	..	..	..	..	..
Fonds d'investissement non monéaires à capital variable								
Valeur nette financière	379	3 129	4 194	2 719	539	526	13	783
Actifs financiers	212 999	340 850	435 788	409 383	518 095	641 172	824 695	884 689

NORVÈGE

Tableau 2. Actifs et passifs financiers des fonds d'investissement *(suite)*

Millions NOK

	2008	2009	2010	2011	2012	2013	2014	2015
Numéraire et dépôts	6 780	16 142	13 080	16 470	16 293	18 721	26 214	26 810
Titres de dette	55 203	62 562	89 792	107 306	158 407	178 526	293 483	314 650
Crédits	0	0	0	0	0	0	0	0
Actions et parts de fonds d'investissement	148 032	258 601	327 629	282 251	330 722	438 402	498 837	536 726
Actions	121 737	212 733	273 308	232 679	260 330	342 826	379 600	399 051
Parts de fonds d'investissement	26 295	45 868	54 321	49 572	70 392	95 576	119 237	137 675
Parts de fonds d'investissement monétaires	0	0	0	0	6 274	4 895	5 977	6 372
Parts de fonds d'investissement non monétaires	26 295	45 868	54 321	49 572	64 118	90 681	113 260	131 303
Systèmes d'assurance, de pensions et garanties standard	..	..	..	..	..	..	..	..
Produits financiers dérivés et options sur titres des salariés	0	0	0	0	705	-190	-5 349	-5 523
Autres comptes à recevoir	2 984	3 545	5 287	3 356	11 968	5 713	11 510	12 026
Passifs financiers	212 620	337 721	431 594	406 664	517 556	640 646	824 682	883 906
Titres de dette	..	..	..	..	..	..	..	..
Titres de dette à court terme	..	..	..	..	..	..	..	..
Titres de dette à long terme	..	..	..	..	..	..	..	..
Crédits	0	0	0	0	1 113	650	1 978	3 743
Crédits à court terme	0	0	0	0	1 113	650	1 978	3 743
Crédits à long terme	..	..	..	..	..	..	..	..
Actions et parts de fonds d'investissement	212 552	337 661	431 521	406 598	513 910	636 305	818 518	876 168
Systèmes d'assurance, de pensions et garanties standard	..	..	..	..	..	..	..	..
Produits financiers dérivés et options sur titres des salariés	..	..	..	..	..	..	..	..
Autres comptes à payer	68	60	73	66	2 533	3 691	4 186	3 995
Actifs non financiers	..	..	..	..	..	..	..	..
Fonds d'investissement à capital variable								
Valeur nette financière	1 984	3 214	2 876	2 984	497	564	61	841
Actifs financiers	320 796	452 666	544 951	529 658	613 813	731 818	911 412	967 002
Numéraire et dépôts	11 897	22 667	19 925	21 964	27 286	31 436	39 636	37 026
Titres de dette	143 004	152 299	175 667	205 375	234 919	246 526	359 828	380 034
Crédits	0	0	0	0	0	0	0	0
Actions et parts de fonds d'investissement	161 465	273 295	343 117	298 257	338 327	447 016	505 342	543 103
Actions	121 737	212 733	273 308	232 679	260 330	342 826	379 600	399 051
Parts de fonds d'investissement	39 728	60 562	69 809	65 578	77 997	104 190	125 742	144 052
Parts de fonds d'investissement monétaires	13 433	14 694	15 488	16 006	13 866	13 455	12 445	12 736
Parts de fonds d'investissement non monétaires	26 295	45 868	54 321	49 572	64 131	90 735	113 297	131 316
Systèmes d'assurance, de pensions et garanties standard	..	..	..	..	..	..	..	..
Produits financiers dérivés et options sur titres des salariés	0	0	0	0	705	-190	-5 349	-5 523
Autres comptes à recevoir	4 430	4 405	6 242	4 062	12 576	7 030	11 955	12 362
Passifs financiers	318 812	449 452	542 075	526 674	613 316	731 254	911 351	966 161
Titres de dette	..	..	..	..	..	..	..	..
Titres de dette à court terme	..	..	..	..	..	..	..	..
Titres de dette à long terme	..	..	..	..	..	..	..	..
Crédits	0	0	0	0	1 113	650	1 978	3 743
Crédits à court terme	0	0	0	0	1 113	650	1 978	3 743
Crédits à long terme	..	..	..	..	..	..	..	..
Actions et parts de fonds d'investissement	317 641	448 739	541 667	526 070	609 430	725 850	904 754	958 097
Systèmes d'assurance, de pensions et garanties standard	..	..	..	..	..	..	..	..
Produits financiers dérivés et options sur titres des salariés	..	..	..	..	..	..	..	..
Autres comptes à payer	1 171	713	408	604	2 773	4 754	4 619	4 321
Actifs non financiers	..	..	..	..	..	..	..	..

Note : Voir les métadonnées détaillées sur : http://metalinks.oecd.org/instinv/20170516/5358

NORVÈGE

Tableau 3. Actifs et passifs financiers des sociétés d'assurance et fonds de pension

Millions NOK

	2008	2009	2010	2011	2012	2013	2014	2015
Sociétés d'assurance et fonds de pension								
Valeur nette financière	36 209	28 110	26 183	19 050	-24 982	-40 314	-38 301	-55 493
Actifs financiers	1 036 247	1 107 812	1 209 650	1 273 579	1 406 359	1 549 334	1 711 608	1 825 312
Numéraire et dépôts	47 061	40 412	39 519	38 768	44 030	54 388	45 782	49 513
Titres de dette	528 930	543 148	550 608	615 902	670 544	731 358	702 241	732 446
Crédits	51 594	73 691	57 450	54 059	53 658	64 870	84 510	95 304
Actions et parts de fonds d'investissement	315 876	379 281	485 463	492 237	563 847	621 023	796 472	862 344
Actions	165 181	203 521	260 160	218 490	238 601	241 429	264 760	281 856
Parts de fonds d'investissement	150 695	175 760	225 303	273 747	325 246	379 594	531 712	580 488
Parts de fonds d'investissement monétaires	27 849	31 291	32 236	41 235	36 833	32 472	30 393	26 770
Parts de fonds d'investissement non monétaires	122 846	144 469	193 067	232 512	288 413	347 122	501 319	553 718
Systèmes d'assurance, de pensions et garanties standard	17 235	14 888	13 369	13 065	14 209	16 270	16 147	18 846
Produits financiers dérivés et options sur titres des salariés	6 387	1 844	3 856	1 509	5 541	3 829	4 928	3 724
Autres comptes à recevoir	69 164	54 548	59 385	58 039	54 530	57 596	61 528	63 135
Passifs financiers	1 000 038	1 079 702	1 183 467	1 254 529	1 431 341	1 589 648	1 749 909	1 880 805
Titres de dette	7 721	8 199	11 147	10 994	11 016	11 377	13 162	20 197
Titres de dette à court terme	..	..	..	..	..	..	..	..
Titres de dette à long terme	7 721	8 199	11 147	10 994	11 016	11 377	13 162	20 197
Crédits	11 413	9 619	4 320	4 393	4 775	3 859	4 565	11 281
Crédits à court terme	25	1	5	0	37	25	31	375
Crédits à long terme	11 388	9 618	4 315	4 393	4 738	3 834	4 534	10 906
Actions et parts de fonds d'investissement	36 424	40 988	71 243	90 483	175 478	208 510	227 550	260 159
Systèmes d'assurance, de pensions et garanties standard	904 691	991 606	1 076 188	1 120 210	1 213 998	1 336 448	1 460 754	1 551 625
Produits financiers dérivés et options sur titres des salariés	9 814	2 169	1 699	2 083	2 241	4 141	18 398	12 398
Autres comptes à payer	29 975	27 121	18 870	26 366	23 833	25 313	25 480	25 145
Actifs non financiers	..	..	..	..	..	..	..	..
Sociétés d'assurance								
Valeur nette financière	..	..	..	..	..	..	..	..
Actifs financiers	..	..	..	..	..	..	..	..
Numéraire et dépôts	..	..	..	..	..	..	..	..
Titres de dette	..	..	..	..	..	..	..	..
Crédits	..	..	..	..	..	..	..	..
Actions et parts de fonds d'investissement	..	..	..	..	..	..	..	..
Actions	..	..	..	..	..	..	..	..
Parts de fonds d'investissement	..	..	..	..	..	..	..	..
Parts de fonds d'investissement monétaires	..	..	..	..	..	..	..	..
Parts de fonds d'investissement non monétaires	..	..	..	..	..	..	..	..
Systèmes d'assurance, de pensions et garanties standard	..	..	..	..	..	..	..	..
Produits financiers dérivés et options sur titres des salariés	..	..	..	..	..	..	..	..
Autres comptes à recevoir	..	..	..	..	..	..	..	..
Passifs financiers	..	..	..	..	..	..	..	..
Titres de dette	..	..	..	..	..	..	..	..
Titres de dette à court terme	..	..	..	..	..	..	..	..
Titres de dette à long terme	..	..	..	..	..	..	..	..
Crédits	..	..	..	..	..	..	..	..
Crédits à court terme	..	..	..	..	..	..	..	..
Crédits à long terme	..	..	..	..	..	..	..	..
Actions et parts de fonds d'investissement	..	..	..	..	..	..	..	..
Systèmes d'assurance, de pensions et garanties standard	..	..	..	..	..	..	..	..
Produits financiers dérivés et options sur titres des salariés	..	..	..	..	..	..	..	..
Autres comptes à payer	..	..	..	..	..	..	..	..
Actifs non financiers	..	..	..	..	..	..	..	..
Fonds de pension								
Valeur nette financière	..	..	..	..	..	..	..	..
Actifs financiers	..	..	..	..	..	..	..	..
Numéraire et dépôts	..	..	..	..	..	..	..	..
Titres de dette	..	..	..	..	..	..	..	..
Crédits	..	..	..	..	..	..	..	..
Actions et parts de fonds d'investissement	..	..	..	..	..	..	..	..
Actions	..	..	..	..	..	..	..	..
Parts de fonds d'investissement	..	..	..	..	..	..	..	..
Parts de fonds d'investissement monétaires	..	..	..	..	..	..	..	..
Parts de fonds d'investissement non monétaires	..	..	..	..	..	..	..	..
Systèmes d'assurance, de pensions et garanties standard	..	..	..	..	..	..	..	..
Produits financiers dérivés et options sur titres des salariés	..	..	..	..	..	..	..	..
Autres comptes à recevoir	..	..	..	..	..	..	..	..
Passifs financiers	..	..	..	..	..	..	..	..
Titres de dette	..	..	..	..	..	..	..	..
Titres de dette à court terme	..	..	..	..	..	..	..	..
Titres de dette à long terme	..	..	..	..	..	..	..	..
Crédits	..	..	..	..	..	..	..	..
Crédits à court terme	..	..	..	..	..	..	..	..
Crédits à long terme	..	..	..	..	..	..	..	..
Actions et parts de fonds d'investissement	..	..	..	..	..	..	..	..
Systèmes d'assurance, de pensions et garanties standard	..	..	..	..	..	..	..	..
Produits financiers dérivés et options sur titres des salariés	..	..	..	..	..	..	..	..
Autres comptes à payer	..	..	..	..	..	..	..	..
Actifs non financiers	..	..	..	..	..	..	..	..

Note : Voir les métadonnées détaillées sur : http://metalinks.oecd.org/instinv/20170516/5358

Tableau 4. Composition du portefeuille par type d'investisseur

En pourcentage des actifs financiers et des passifs financiers

Pour cent

	2008	2009	2010	2011	2012	2013	2014	2015
Fonds d'investissement								
Actifs financiers	..	..	..	..	..	..	..	..
Numéraire et dépôts	..	..	..	..	..	..	..	..
Titres de dettes	..	..	..	..	..	..	..	..
Crédits	..	..	..	..	..	..	..	..
Actions et parts de fonds d'investissement	..	..	..	..	..	..	..	..
Systèmes d'assurance de pensions et garanties standard	..	..	..	..	..	..	..	..
Produits financiers dérivés et options sur titres des salariés	..	..	..	..	..	..	..	..
Autres comptes à recevoir	..	..	..	..	..	..	..	..
Passifs financiers	..	..	..	..	..	..	..	..
Numéraire et dépôts	..	..	..	..	..	..	..	..
Titres de dettes	..	..	..	..	..	..	..	..
Crédits	..	..	..	..	..	..	..	..
Actions et parts de fonds d'investissement	..	..	..	..	..	..	..	..
Systèmes d'assurance de pensions et garanties standard	..	..	..	..	..	..	..	..
Produits financiers dérivés et options sur titres des salariés	..	..	..	..	..	..	..	..
Autres comptes à recevoir	..	..	..	..	..	..	..	..
Sociétés d'assurance								
Actifs financiers	..	..	..	..	..	..	..	..
Numéraire et dépôts	..	..	..	..	..	..	..	..
Titres de dettes	..	..	..	..	..	..	..	..
Crédits	..	..	..	..	..	..	..	..
Actions et parts de fonds d'investissement	..	..	..	..	..	..	..	..
Systèmes d'assurance de pensions et garanties standard	..	..	..	..	..	..	..	..
Produits financiers dérivés et options sur titres des salariés	..	..	..	..	..	..	..	..
Autres comptes à recevoir	..	..	..	..	..	..	..	..
Passifs financiers	..	..	..	..	..	..	..	..
Numéraire et dépôts	..	..	..	..	..	..	..	..
Titres de dettes	..	..	..	..	..	..	..	..
Crédits	..	..	..	..	..	..	..	..
Actions et parts de fonds d'investissement	..	..	..	..	..	..	..	..
Systèmes d'assurance de pensions et garanties standard	..	..	..	..	..	..	..	..
Produits financiers dérivés et options sur titres des salariés	..	..	..	..	..	..	..	..
Autres comptes à recevoir	..	..	..	..	..	..	..	..
Fonds de pension								
Actifs financiers	..	..	..	..	..	..	..	..
Numéraire et dépôts	..	..	..	..	..	..	..	..
Titres de dettes	..	..	..	..	..	..	..	..
Crédits	..	..	..	..	..	..	..	..
Actions et parts de fonds d'investissement	..	..	..	..	..	..	..	..
Systèmes d'assurance de pensions et garanties standard	..	..	..	..	..	..	..	..
Produits financiers dérivés et options sur titres des salariés	..	..	..	..	..	..	..	..
Autres comptes à recevoir	..	..	..	..	..	..	..	..
Passifs financiers	..	..	..	..	..	..	..	..
Numéraire et dépôts	..	..	..	..	..	..	..	..
Titres de dettes	..	..	..	..	..	..	..	..
Crédits	..	..	..	..	..	..	..	..
Actions et parts de fonds d'investissement	..	..	..	..	..	..	..	..
Systèmes d'assurance de pensions et garanties standard	..	..	..	..	..	..	..	..
Produits financiers dérivés et options sur titres des salariés	..	..	..	..	..	..	..	..
Autres comptes à recevoir	..	..	..	..	..	..	..	..

Note : Voir les métadonnées détaillées sur : http://metalinks.oecd.org/instinv/20170516/e12c

POLOGNE

Tableau 1. Actifs et passifs financiers des investisseurs institutionnels, 2015

Millions PLN

	Total	Fonds d'investissement			
		Fonds d'investissement non-monétaire			Fonds d'investissement monétaires
		Total	Fonds d'investissement à capital variable, non monétaire	Fonds d'investissement à capital fixe, non monétaire	Total
Actifs financiers	..	290 227	144 289	145 938	..
Numéraire et dépôts	..	21 771	11 685	10 086	..
Titres de dette	..	109 602	84 718	24 884	..
Titres de dette à court terme	..	1 766	581	1 185	..
Titres de dette à long terme	..	107 836	84 137	23 699	..
Titres de dette émis par les résidents	..	94 661	74 402	20 259	..
Titres de dette émis par les non-résidents	..	14 939	10 315	4 624	..
Crédits	..	14 139	2	14 137	..
Crédits à court terme	..	126	2	124	..
Crédits à long terme	..	14 013	0	14 013	..
Crédits accordés aux résidents	..	3 621	2	3 619	..
Crédits accordés aux non-résidents	..	10 517	0	10 517	..
Actions et parts de fonds d'investissement	..	119 453	45 919	73 534	..
Actions et parts de fonds d'investissements émises par les résidents	..	52 178	27 193	24 985	..
Actions et part de fonds d'investissements émises par les non-résidents	..	67 275	18 726	48 549	..
Autres comptes à recevoir	..	24 902	1 783	23 119	..

	Total	Fonds d'investissement			
		Fonds d'investissement non-monétaire			Fonds d'investissement monétaires
		Total	Fonds d'investissement à capital variable, non monétaire	Fonds d'investissement à capital fixe, non monétaire	Total
Pasifs financiers	..	292 760	144 288	148 472	..
Numéraire et dépôts	..	..	..	..	..
Titres de dette	..	..	..	..	..
Titres de dette à court terme	..	..	..	..	..
Titres de dette à long terme	..	..	..	..	..
Crédits	..	9 777	8 392	1 385	..
Crédits à court terme	..	9 660	8 392	1 268	..
Crédits à long terme	..	117	0	117	..
Actions et parts de fonds d'investissement	..	269 914	129 829	140 085	..
Systèmes d'assurance, de pensions et garanties standard	..	..	..	..	..
Produits financiers dérivés et options sur titres des salariés	..	141	113	28	..
Autres comptes à payer	..	12 928	5 953	0 975	

	Total	Sociétés d'assurance et fonds de pension autonomes			
		Sociétés d'assurance			Fonds de pension autonomes
		Total	Sociétés d'assurance vie	Sociétés d'assurance non-vie	Total
Actifs financiers	329 381	186 680	102 716	83 964	142 701
Numéraire et dépôts	21 380	11 590	7 958	3 632	9 790
Titres de dette	79 760	65 008	36 074	28 934	14 752
Titres de dette à court terme	0 e	0 e	0 e	0 e	0 e
Titres de dette à long terme	79 760 e	65 008 e	36 074 e	28 934 e	14 752 e
Titres de dette émis par les résidents	75 068 e	60 858	34 086	26 772	14 210 e
Titres de dette émis par les non-résidents	4 693 e	4 151	1 989	2 162	542 e
Crédits	3 976	3 976	1 605	2 371	0
Crédits à court terme	..	..	..	..	0
Crédits à long terme	..	..	..	..	0
Crédits accordés aux résidents	3 838	3 838	1 605	2 233	0
Crédits accordés aux non-résidents	138	138 e	0	138	0
Actions et parts de fonds d'investissement	194 438	76 711	51 006	25 705	117 727
Actions et parts de fonds d'investissement émises par les résidents	175 643	68 623	44 272	24 351	107 020 e
Actions et parts de fonds d'investissement émises par les non-résidents	18 794	8 088	6 734	1 354	10 706 e
Autrescomptes à recevoir	19 259	18 827	4 816	14 011	432

	Total	Sociétés d'assurance et fonds de pension autonomes			
		Sociétés d'assurance			Fonds de pension autonomes
		Total	Sociétés d'assurance vie	Sociétés d'assurance non-vie	Total
Pasifs financiers	332 425	189 724	103 541	86 183	142 701
Numéraire et dépôts	1 407	1 407	147	1 260	0
Titres de dette	..	..	..	..	0
Titres de dette à court terme	..	..	..	..	0
Titres de dette à long terme	..	..	..	..	0
Crédits	..	..	..	..	0
Crédits à court terme	..	..	..	..	0
Crédits à long terme	..	..	..	..	0
Actions et parts de fonds d'investissement	..	..	..	..	0
Systèmes d'assurance, de pensions et garanties standard	279 398	137 107	86 552	50 555	142 291
Produits financiers dérivés et options sur titres des salariés	..	..	..	..	0
Autres comptes à payer	..	..	..	..	410

Note : Voir les métadonnées détaillées sur : http://metalinks.oecd.org/instinv/20170516/6114

POLOGNE

Tableau 2. Actifs et passifs financiers des fonds d'investissement

Millions PLN

	2008	2009	2010	2011	2012	2013	2014	2015
Fonds d'investissement								
Valeur nette financière	..	..	..	..	..	..	..	..
Actifs financiers	..	..	..	..	..	..	..	..
Numéraire et dépôts	..	..	..	..	..	..	..	..
Titres de dette	..	..	..	..	..	..	..	..
Crédits	..	..	..	..	..	..	..	..
Actions et parts de fonds d'investissement	..	..	..	..	..	..	..	..
Actions	..	..	..	..	..	..	..	..
Parts de fonds d'investissement	..	..	..	..	..	..	..	..
Parts de fonds d'investissement monétaires	..	..	..	..	..	..	..	..
Parts de fonds d'investissement non monétaires	..	..	..	..	..	..	..	..
Systèmes d'assurance, de pensions et garanties standard	..	..	..	..	..	..	..	..
Produits financiers dérivés et options sur titres des salariés	..	..	..	..	..	..	..	..
Autres comptes à recevoir	..	..	..	..	..	..	..	..
Passifs financiers	..	..	..	..	..	..	..	..
Titres de dette	..	..	..	..	..	..	..	..
Titres de dette à court terme	..	..	..	..	..	..	..	..
Titres de dette à long terme	..	..	..	..	..	..	..	..
Crédits	..	..	..	..	..	..	..	..
Crédits à court terme	..	..	..	..	..	..	..	..
Crédits à long terme	..	..	..	..	..	..	..	..
Actions et parts de fonds d'investissement	..	..	..	..	..	..	..	..
Systèmes d'assurance, de pensions et garanties standard	..	..	..	..	..	..	..	..
Produits financiers dérivés et options sur titres des salariés	..	..	..	..	..	..	..	..
Autres comptes à payer	..	..	..	..	..	..	..	..
Actifs non financiers	..	..	..	..	..	..	..	..
Fonds d'investissement monéaires								
Valeur nette financière	..	..	..	..	..	..	..	..
Actifs financiers	..	..	..	..	..	..	..	..
Numéraire et dépôts	..	..	..	..	..	..	..	..
Titres de dette	..	..	..	..	..	..	..	..
Crédits	..	..	..	..	..	..	..	..
Actions et parts de fonds d'investissement	..	..	..	..	..	..	..	..
Actions	..	..	..	..	..	..	..	..
Parts de fonds d'investissement	..	..	..	..	..	..	..	..
Parts de fonds d'investissement monétaires	..	..	..	..	..	..	..	..
Parts de fonds d'investissement non monétaires	..	..	..	..	..	..	..	..
Systèmes d'assurance, de pensions et garanties standard	..	..	..	..	..	..	..	..
Produits financiers dérivés et options sur titres des salariés	..	..	..	..	..	..	..	..
Autres comptes à recevoir	..	..	..	..	..	..	..	..
Passifs financiers	..	..	..	..	..	..	..	..
Titres de dette	..	..	..	..	..	..	..	..
Titres de dette à court terme	..	..	..	..	..	..	..	..
Titres de dette à long terme	..	..	..	..	..	..	..	..
Crédits	..	..	..	..	..	..	..	..
Crédits à court terme	..	..	..	..	..	..	..	..
Crédits à long terme	..	..	..	..	..	..	..	..
Actions et parts de fonds d'investissement	..	..	..	..	..	..	..	..
Systèmes d'assurance, de pensions et garanties standard	..	..	..	..	..	..	..	..
Produits financiers dérivés et options sur titres des salariés	..	..	..	..	..	..	..	..
Autres comptes à payer	..	..	..	..	..	..	..	..
Actifs non financiers	..	..	..	..	..	..	..	..
Fonds d'investissement non monéaires								
Valeur nette financière	..	..	-2	-4	-3	-749	-2 498	-2 533
Actifs financiers	..	..	133 201	123 794	158 821	209 923	237 992	290 227
Numéraire et dépôts	..	..	7 644	8 510	12 150	18 749	17 330	21 771
Titres de dette	..	..	54 247	52 946	66 395	86 207	107 560	109 602
Crédits	..	..	317	294	402	895	3 796	14 139
Actions et parts de fonds d'investissement	..	..	67 654	55 869	67 500	88 632	90 023	119 453
Actions	..	..	59 437	48 172	59 602	79 090	74 532	102 432
Parts de fonds d'investissement	..	..	8 217	7 697	7 898	9 542	15 491	17 021
Parts de fonds d'investissement monétaires	..	..	192	151	0	0	2	6
Parts de fonds d'investissement non monétaires	..	..	8 025	7 546	7 898	9 542	15 489	17 015
Systèmes d'assurance, de pensions et garanties standard	..	..	..	..	..	..	..	..
Produits financiers dérivés et options sur titres des salariés	..	..	172	144	119	279	297	360
Autres comptes à recevoir	..	..	3 167	6 031	12 255	15 161	18 986	24 902
Passifs financiers	..	..	133 203	123 798	158 824	210 672	240 490	292 760
Titres de dette	..	..	..	..	..	..	..	..
Titres de dette à court terme	..	..	..	..	..	..	..	..
Titres de dette à long terme	..	..	..	..	..	..	..	..
Crédits	..	..	9 179	4 023	3 627	6 240	11 106	9 777
Crédits à court terme	..	..	9 179	3 850	3 627	6 166	11 012	9 660
Crédits à long terme	..	..	0	173	0	74	94	117
Actions et parts de fonds d'investissement	..	..	121 013	116 991	150 428	192 273	216 134	269 914
Systèmes d'assurance, de pensions et garanties standard	..	..	..	..	..	..	..	..
Produits financiers dérivés et options sur titres des salariés	..	..	86	113	144	120	534	141
Autres comptes à payer	..	..	2 924	2 670	4 627	12 038	12 715	12 928
Actifs non financiers	..	..	1	1	0	748	2 496	2 535
Fonds d'investissement non monéaires à capital variable								
Valeur nette financière	..	..	-1	-2	-1	-1	-2	1
Actifs financiers	..	..	107 252	87 657	106 075	128 591	142 814	144 289

Tableau 2. Actifs et passifs financiers des fonds d'investissement *(suite)*

Millions PLN

	2008	2009	2010	2011	2012	2013	2014	2015
Numéraire et dépôts	..	..	6 062	5 781	8 777	13 373	12 328	11 685
Titres de dette	..	..	51 147	48 649	60 927	69 103	84 334	84 718
Crédits	..	..	0	0	2	3	2	2
Actions et parts de fonds d'investissement	..	..	48 734	31 334	34 143	44 069	43 700	45 919
Actions	..	..	42 528	25 657	28 172	35 747	32 304	30 991
Parts de fonds d'investissement	..	..	6 206	5 677	5 971	8 322	11 396	14 928
Parts de fonds d'investissement monétaires	..	..	191	150	0	0	2	6
Parts de fonds d'investissement non monétaires	..	..	6 015	5 527	5 971	8 322	11 394	14 922
Systèmes d'assurance, de pensions et garanties standard	..	..	..	..	..	..	..	..
Produits financiers dérivés et options sur titres des salariés	..	..	117	102	70	185	69	182
Autres comptes à recevoir	..	..	1 192	1 791	2 156	1 858	2 381	1 783
Passifs financiers	..	..	107 253	87 659	106 076	128 592	142 816	144 288
Titres de dette	..	..	..	..	..	..	..	..
Titres de dette à court terme	..	..	..	..	..	..	..	..
Titres de dette à long terme	..	..	..	..	..	..	..	..
Crédits	..	..	9 136	3 772	3 539	5 442	8 137	8 392
Crédits à court terme	..	..	9 136	3 676	3 539	5 416	8 137	8 392
Crédits à long terme	..	..	0	96	0	26	0	0
Actions et parts de fonds d'investissement	..	..	96 079	82 463	99 293	115 358	127 583	129 829
Systèmes d'assurance, de pensions et garanties standard	..	..	..	..	..	..	..	..
Produits financiers dérivés et options sur titres des salariés	..	..	12	42	67	55	420	113
Autres comptes à payer	..	..	2 025	1 381	3 178	7 737	6 675	5 953
Actifs non financiers	..	..	0	0	0	0	0	0
Fonds d'investissement à capital variable								
Valeur nette financière	..	..	..	..	..	..	..	..
Actifs financiers	..	..	..	..	..	..	..	..
Numéraire et dépôts	..	..	..	..	..	..	..	..
Titres de dette	..	..	..	..	..	..	..	..
Crédits	..	..	..	..	..	..	..	..
Actions et parts de fonds d'investissement	..	..	..	..	..	..	..	..
Actions	..	..	..	..	..	..	..	..
Parts de fonds d'investissement	..	..	..	..	..	..	..	..
Parts de fonds d'investissement monétaires	..	..	..	..	..	..	..	..
Parts de fonds d'investissement non monétaires	..	..	..	..	..	..	..	..
Systèmes d'assurance, de pensions et garanties standard	..	..	..	..	..	..	..	..
Produits financiers dérivés et options sur titres des salariés	..	..	..	..	..	..	..	..
Autres comptes à recevoir	..	..	..	..	..	..	..	..
Passifs financiers	..	..	..	..	..	..	..	..
Titres de dette	..	..	..	..	..	..	..	..
Titres de dette à court terme	..	..	..	..	..	..	..	..
Titres de dette à long terme	..	..	..	..	..	..	..	..
Crédits	..	..	..	..	..	..	..	..
Crédits à court terme	..	..	..	..	..	..	..	..
Crédits à long terme	..	..	..	..	..	..	..	..
Actions et parts de fonds d'investissement	..	..	..	..	..	..	..	..
Systèmes d'assurance, de pensions et garanties standard	..	..	..	..	..	..	..	..
Produits financiers dérivés et options sur titres des salariés	..	..	..	..	..	..	..	..
Autres comptes à payer	..	..	..	..	..	..	..	..
Actifs non financiers	..	..	..	..	..	..	..	..

Note : Voir les métadonnées détaillées sur : http://metalinks.oecd.org/instinv/20170516/6114

POLOGNE

Tableau 3. Actifs et passifs financiers des sociétés d'assurance et fonds de pension

Millions PLN

	2008	2009	2010	2011	2012	2013	2014	2015
Sociétés d'assurance et fonds de pension								
Valeur nette financière	-2 197	-2 166	-2 208	-2 253	-2 340	-2 496	-2 831	-3 045
Actifs financiers	280 058	323 133	373 247	378 542	441 731	474 234	334 184	329 381
Numéraire et dépôts	25 867	21 152	24 072	28 402	36 249	29 340	24 153	21 380
Titres de dette	175 376	189 378	198 804	211 036	223 591	222 296	80 118	79 760
Crédits	1 137	913	2 124	2 107	3 410	5 116	5 347	3 976
Actions et parts de fonds d'investissement	62 634	95 223	127 572	115 163	155 137	192 442	197 425	194 438
Actions	41 978	69 628	96 182	84 156	110 518	137 230	138 276	133 099
Parts de fonds d'investissement	20 656	25 595	31 390	31 007	44 620	55 212	59 150	61 339
Parts de fonds d'investissement monétaires	..	..	..	..	..	..	..	..
Parts de fonds d'investissement non monétaires	..	..	..	..	..	..	..	..
Systèmes d'assurance, de pensions et garanties standard	4 471	4 642	5 500	5 639	7 024	6 271	7 194	9 715
Produits financiers dérivés et options sur titres des salariés	99	165	313	443	641	653	915	853
Autres comptes à recevoir	10 474	11 660	14 861	15 749	15 678	18 118	19 030	19 259
Passifs financiers	282 255	325 300	375 455	380 795	444 071	476 730	337 015	332 425
Titres de dette	..	..	..	..	..	..	..	..
Titres de dette à court terme	..	..	..	..	..	..	..	..
Titres de dette à long terme	..	..	..	..	..	..	..	..
Crédits	..	..	..	..	..	..	..	..
Crédits à court terme	..	..	..	..	..	..	..	..
Crédits à long terme	..	..	..	..	..	..	..	..
Actions et parts de fonds d'investissement	..	..	..	..	..	..	..	..
Systèmes d'assurance, de pensions et garanties standard	237 171	280 047	332 570	335 563	392 259	428 089	283 800	279 398
Produits financiers dérivés et options sur titres des salariés	..	..	..	..	..	..	..	..
Autres comptes à payer	..	..	..	..	..	..	..	..
Actifs non financiers	2 197	2 166	2 208	2 253	2 340	2 496	2 839	3 045
Sociétés d'assurance								
Valeur nette financière	-2 197	-2 166	-2 208	-2 253	-2 340	-2 496	-2 831	-3 045
Actifs financiers	140 266	141 260	148 414	149 520	167 538	171 365	182 993	186 680
Numéraire et dépôts	23 582	16 943	15 086	16 103	16 575	12 995	13 281	11 590
Titres de dette	69 045	68 178	65 929	66 507	66 380	62 893	64 883	65 008
Crédits	1 137	913	2 124	2 107	3 410	5 116	5 347	3 976
Actions et parts de fonds d'investissement	31 647	39 279	45 206	43 821	58 074	66 157	72 842	76 711
Actions	11 957	14 836	15 104	13 988	14 520	11 575	13 992	15 587
Parts de fonds d'investissement	19 690	24 443	30 101	29 833	43 555	54 582	58 851	61 124
Parts de fonds d'investissement monétaires	..	..	..	..	..	..	..	..
Parts de fonds d'investissement non monétaires	..	..	..	..	..	..	..	..
Systèmes d'assurance, de pensions et garanties standard	4 471	4 642	5 500	5 639	7 024	6 271	7 194	9 715
Produits financiers dérivés et options sur titres des salariés	97	163	313	370	639	651	911	852
Autres comptes à recevoir	10 288	11 142	14 255	14 971	15 434	17 284	18 534	18 827
Passifs financiers	142 463	143 427	150 622	151 773	169 878	173 861	185 824	189 724
Titres de dette	..	..	..	..	..	..	..	..
Titres de dette à court terme	..	..	..	..	..	..	..	..
Titres de dette à long terme	..	..	..	..	..	..	..	..
Crédits	..	..	..	..	..	..	..	..
Crédits à court terme	..	..	..	..	..	..	..	..
Crédits à long terme	..	..	..	..	..	..	..	..
Actions et parts de fonds d'investissement	..	..	..	..	..	..	..	..
Systèmes d'assurance, de pensions et garanties standard	97 874	100 084	109 763	109 285	120 780	126 778	132 971	137 107
Produits financiers dérivés et options sur titres des salariés	..	..	..	..	..	..	..	..
Autres comptes à payer	..	..	..	..	..	..	..	..
Actifs non financiers	2 197	2 166	2 208	2 253	2 340	2 496	2 839	3 045
Fonds de pension								
Valeur nette financière	0	0	0	0	0	0	0	0
Actifs financiers	139 792	181 873	224 833	229 022	274 193	302 869	151 191	142 701
Numéraire et dépôts	2 285	4 209	8 986	12 299	19 674	16 345	10 872	9 790
Titres de dette	106 331	121 200	132 875	144 529	157 211	159 403	15 235	14 752
Crédits	0	0	0	0	0	0	0	0
Actions et parts de fonds d'investissement	30 987	55 944	82 366	71 342	97 063	126 285	124 583	117 727
Actions	30 021	54 792	81 078	70 168	95 998	125 655	124 284	117 512
Parts de fonds d'investissement	966	1 152	1 289	1 174	1 065	630	299	215
Parts de fonds d'investissement monétaires	..	..	..	..	..	..	..	..
Parts de fonds d'investissement non monétaires	..	..	..	..	..	..	..	..
Systèmes d'assurance, de pensions et garanties standard	0	0	0	0	0	0	0	0
Produits financiers dérivés et options sur titres des salariés	2	2	0	73	2	2	4	1
Autres comptes à recevoir	186	518	606	778	244	834	496	432
Passifs financiers	139 792	181 873	224 833	229 022	274 193	302 869	151 191	142 701
Titres de dette	0	0	0	0	0	0	0	0
Titres de dette à court terme	0	0	0	0	0	0	0	0
Titres de dette à long terme	0	0	0	0	0	0	0	0
Crédits	0	584	958	1 190	2 116	759	0	0
Crédits à court terme	0	..	..	..	..	..	0	0
Crédits à long terme	0	..	..	..	..	..	0	0
Actions et parts de fonds d'investissement	0	0	0	0	0	0	0	0
Systèmes d'assurance, de pensions et garanties standard	139 297	179 963	222 807	226 278	271 479	301 311	150 829	142 291
Produits financiers dérivés et options sur titres des salariés	0	0	0	0	0	0	0	0
Autres comptes à payer	494	1 326	1 069	1 554	598	798	362	410
Actifs non financiers	0	0	0	0	0	0	0	0

Note : Voir les métadonnées détaillées sur : http://metalinks.oecd.org/instinv/20170516/6114

Tableau 4. Composition du portefeuille par type d'investisseur

En pourcentage des actifs financiers et des passifs financiers

Pour cent

	2008	2009	2010	2011	2012	2013	2014	2015
Fonds d'investissement								
Actifs financiers	..	..	..	..	..	..	..	..
Numéraire et dépôts	..	..	..	..	..	..	..	..
Titres de dettes	..	..	..	..	..	..	..	..
Crédits	..	..	..	..	..	..	..	..
Actions et parts de fonds d'investissement	..	..	..	..	..	..	..	..
Systèmes d'assurance de pensions et garanties standard	..	..	..	..	..	..	..	..
Produits financiers dérivés et options sur titres des salariés	..	..	..	..	..	..	..	..
Autres comptes à recevoir	..	..	..	..	..	..	..	..
Passifs financiers	..	..	..	..	..	..	..	..
Numéraire et dépôts	..	..	..	..	..	..	..	..
Titres de dettes	..	..	..	..	..	..	..	..
Crédits	..	..	..	..	..	..	..	..
Actions et parts de fonds d'investissement	..	..	..	..	..	..	..	..
Systèmes d'assurance de pensions et garanties standard	..	..	..	..	..	..	..	..
Produits financiers dérivés et options sur titres des salariés	..	..	..	..	..	..	..	..
Autres comptes à recevoir	..	..	..	..	..	..	..	..
Sociétés d'assurance								
Actifs financiers	100.0	100.0	100.0	100.0	100.0	100.0	100.0	100.0
Numéraire et dépôts	16.8	12.0	10.2	10.8	9.9	7.6	7.3	6.2
Titres de dettes	49.2	48.3	44.4	44.5	39.6	36.7	35.5	34.8
Crédits	0.8	0.6	1.4	1.4	2.0	3.0	2.9	2.1
Actions et parts de fonds d'investissement	22.6	27.8	30.5	29.3	34.7	38.6	39.8	41.1
Systèmes d'assurance de pensions et garanties standard	3.2	3.3	3.7	3.8	4.2	3.7	3.9	5.2
Produits financiers dérivés et options sur titres des salariés	0.1	0.1	0.2	0.2	0.4	0.4	0.5	0.5
Autres comptes à recevoir	7.3	7.9	9.6	10.0	9.2	10.1	10.1	10.1
Passifs financiers	100.0	100.0	100.0	100.0	100.0	100.0	100.0	100.0
Numéraire et dépôts	1.2	1.2	1.4	1.3	1.5	1.1	0.8	0.7
Titres de dettes	..	..	..	..	..	..	..	..
Crédits	..	..	..	..	..	..	..	..
Actions et parts de fonds d'investissement	..	..	..	..	..	..	..	..
Systèmes d'assurance de pensions et garanties standard	68.7	69.8	72.9	72.0	71.1	72.9	71.6	72.3
Produits financiers dérivés et options sur titres des salariés	..	..	..	..	..	..	..	..
Autres comptes à recevoir	..	..	..	..	..	..	..	..
Fonds de pension								
Actifs financiers	100.0	100.0	100.0	100.0	100.0	100.0	100.0	100.0
Numéraire et dépôts	1.6	2.3	4.0	5.4	7.2	5.4	7.2	6.9
Titres de dettes	76.1	66.6	59.1	63.1	57.3	52.6	10.1	10.3
Crédits	0.0	0.0	0.0	0.0	0.0	0.0	0.0	0.0
Actions et parts de fonds d'investissement	22.2	30.8	36.6	31.2	35.4	41.7	82.4	82.5
Systèmes d'assurance de pensions et garanties standard	0.0	0.0	0.0	0.0	0.0	0.0	0.0	0.0
Produits financiers dérivés et options sur titres des salariés	0.0	0.0	0.0	0.0	0.0	0.0	0.0	0.0
Autres comptes à recevoir	0.1	0.3	0.3	0.3	0.1	0.3	0.3	0.3
Passifs financiers	100.0	100.0	100.0	100.0	100.0	100.0	100.0	100.0
Numéraire et dépôts	0.0	0.0	0.0	0.0	0.0	0.0	0.0	0.0
Titres de dettes	0.0	0.0	0.0	0.0	0.0	0.0	0.0	0.0
Crédits	0.0	0.3	0.4	0.5	0.8	0.3	0.0	0.0
Actions et parts de fonds d'investissement	0.0	0.0	0.0	0.0	0.0	0.0	0.0	0.0
Systèmes d'assurance de pensions et garanties standard	99.6	98.9	99.1	98.8	99.0	99.5	99.8	99.7
Produits financiers dérivés et options sur titres des salariés	0.0	0.0	0.0	0.0	0.0	0.0	0.0	0.0
Autres comptes à recevoir	0.4	0.7	0.5	0.7	0.2	0.3	0.2	0.3

Note : Voir les métadonnées détaillées sur : http://metalinks.oecd.org/instinv/20170516/e12c

PORTUGAL

Tableau 1. Actifs et passifs financiers des investisseurs institutionnels, 2015

Millions EUR (1999 PTE euro)

	Total	Fonds d'investissement			
		Fonds d'investissement non-monétaire			Fonds d'investissement monétaires
		Total	Fonds d'investissement à capital variable, non monétaire	Fonds d'investissement à capital fixe, non monétaire	Total
Actifs financiers	..	..	..	..	..
Numéraire et dépôts	..	..	..	..	..
Titres de dette	..	3 757	..	..	..
Titres de dette à court terme	..	..	..	..	..
Titres de dette à long terme	..	..	..	..	..
Titres de dette émis par les résidents	..	723	..	..	..
Titres de dette émis par les non-résidents	..	3 034	..	..	..
Crédits	..	..	..	..	..
Crédits à court terme	..	..	..	..	..
Crédits à long terme	..	..	..	..	..
Crédits accordés aux résidents	..	..	..	..	..
Crédits accordés aux non-résidents	..	..	..	..	..
Actions et parts de fonds d'investissement	..	..	..	..	..
Actions et parts de fonds d'investissements émises par les résidents	..	1 789	..	..	..
Actions et part de fonds d'investissements émises par les non-résidents	..	3 722	..	..	..
Autres comptes à recevoir	..	..	..	..	..

	Total	Fonds d'investissement			
		Fonds d'investissement non-monétaire			Fonds d'investissement monétaires
		Total	Fonds d'investissement à capital variable, non monétaire	Fonds d'investissement à capital fixe, non monétaire	Total
Pasifs financiers	..	..	..	..	..
Numéraire et dépôts	..	..	..	..	..
Titres de dette	..	..	..	..	..
Titres de dette à court terme	..	..	..	..	..
Titres de dette à long terme	..	..	..	..	..
Crédits	..	1 930	..	..	..
Crédits à court terme	..	..	..	..	..
Crédits à long terme	..	..	..	..	..
Actions et parts de fonds d'investissement	27 003	23 950	..	..	3 053
Systèmes d'assurance, de pensions et garanties standard	..	..	..	..	..
Produits financiers dérivés et options sur titres des salariés	..	..	..	..	..
Autres comptes à payer	..	..	..	..	..

	Total	Sociétés d'assurance et fonds de pension autonomes			
		Sociétés d'assurance			Fonds de pension autonomes
		Total	Sociétés d'assurance vie	Sociétés d'assurance non-vie	Total
Actifs financiers	..	..	..	..	..
Numéraire et dépôts	8 329	..	..	..	..
Titres de dette	49 719	..	..	..	..
Titres de dette à court terme	1 509	..	..	..	..
Titres de dette à long terme	48 210	..	..	..	..
Titres de dette émis par les résidents	..	..	..	..	..
Titres de dette émis par les non-résidents	..	..	..	..	..
Crédits	208	..	..	..	..
Crédits à court terme	91	..	..	..	..
Crédits à long terme	117	..	..	..	..
Crédits accordés aux résidents	..	..	..	..	..
Crédits accordés aux non-résidents	..	..	..	..	..
Actions et parts de fonds d'investissement	17 118	..	..	..	..
Actions et parts de fonds d'investissement émises par les résidents	..	..	..	..	..
Actions et parts de fonds d'investissement émises par les non-résidents	..	..	..	..	..
Autrescomptes à recevoir	2 953	..	..	..	..

	Total	Sociétés d'assurance et fonds de pension autonomes			
		Sociétés d'assurance			Fonds de pension autonomes
		Total	Sociétés d'assurance vie	Sociétés d'assurance non-vie	Total
Pasifs financiers	..	..	..	..	..
Numéraire et dépôts	..	..	..	..	..
Titres de dette	233	..	..	..	..
Titres de dette à court terme	0	..	..	..	..
Titres de dette à long terme	233	..	..	..	..
Crédits	481	..	..	..	..
Crédits à court terme	74	..	..	..	..
Crédits à long terme	407	..	..	..	..
Actions et parts de fonds d'investissement	5 922	..	..	..	..
Systèmes d'assurance, de pensions et garanties standard	71 699	..	..	..	..
Produits financiers dérivés et options sur titres des salariés	..	..	..	..	..
Autres comptes à payer	1 269	..	..	..	..

Note : Voir les métadonnées détaillées sur : http://metalinks.oecd.org/instinv/20170516/5358

Tableau 2. Actifs et passifs financiers des fonds d'investissement

Millions EUR

	2008	2009	2010	2011	2012	2013	2014	2015
Fonds d'investissement								
Valeur nette financière	..	..	..	..	..	..	..	..
Actifs financiers	..	..	..	..	..	..	..	..
Numéraire et dépôts	..	..	..	..	..	..	..	..
Titres de dette	..	..	..	..	..	..	..	..
Crédits	..	..	..	..	..	..	..	..
Actions et parts de fonds d'investissement	..	..	..	..	..	..	..	..
Actions	..	..	..	..	..	..	..	..
Parts de fonds d'investissement	..	..	..	..	..	..	..	..
Parts de fonds d'investissement monétaires	..	..	..	..	..	..	..	..
Parts de fonds d'investissement non monétaires	..	..	..	..	..	..	..	..
Systèmes d'assurance, de pensions et garanties standard	..	..	..	..	..	..	..	..
Produits financiers dérivés et options sur titres des salariés	..	..	..	..	..	..	..	..
Autres comptes à recevoir	..	..	..	..	..	..	..	..
Passifs financiers	..	..	..	..	..	..	..	..
Titres de dette	..	..	..	..	..	..	..	..
Titres de dette à court terme	..	..	..	..	..	..	..	..
Titres de dette à long terme	..	..	..	..	..	..	..	..
Crédits	..	..	..	..	..	..	..	..
Crédits à court terme	..	..	..	..	..	..	..	..
Crédits à long terme	..	..	..	..	..	..	..	..
Actions et parts de fonds d'investissement	26 485	30 290	28 078	24 731	26 914	28 398	27 117	27 003
Systèmes d'assurance, de pensions et garanties standard	..	..	..	..	..	..	..	..
Produits financiers dérivés et options sur titres des salariés	..	..	..	..	..	..	..	..
Autres comptes à payer	..	..	..	..	..	..	..	..
Actifs non financiers	..	..	..	..	..	..	..	..
Fonds d'investissement monéaires								
Valeur nette financière	..	..	..	..	..	..	..	..
Actifs financiers	..	..	..	..	..	..	..	..
Numéraire et dépôts	..	..	..	..	..	..	..	..
Titres de dette	..	..	..	..	..	..	..	..
Crédits	..	..	..	..	..	..	..	..
Actions et parts de fonds d'investissement	..	..	..	..	..	..	..	..
Actions	..	..	..	..	..	..	..	..
Parts de fonds d'investissement	..	..	..	..	..	..	..	..
Parts de fonds d'investissement monétaires	..	..	..	..	..	..	..	..
Parts de fonds d'investissement non monétaires	..	..	..	..	..	..	..	..
Systèmes d'assurance, de pensions et garanties standard	..	..	..	..	..	..	..	..
Produits financiers dérivés et options sur titres des salariés	..	..	..	..	..	..	..	..
Autres comptes à recevoir	..	..	..	..	..	..	..	..
Passifs financiers	..	..	..	..	..	..	..	..
Titres de dette	..	..	..	..	..	..	..	..
Titres de dette à court terme	..	..	..	..	..	..	..	..
Titres de dette à long terme	..	..	..	..	..	..	..	..
Crédits	..	..	..	..	..	..	..	..
Crédits à court terme	..	..	..	..	..	..	..	..
Crédits à long terme	..	..	..	..	..	..	..	..
Actions et parts de fonds d'investissement	15	12	46	65	1 308	2 383	2 497	3 053
Systèmes d'assurance, de pensions et garanties standard	..	..	..	..	..	..	..	..
Produits financiers dérivés et options sur titres des salariés	..	..	..	..	..	..	..	..
Autres comptes à payer	..	..	..	..	..	..	..	..
Actifs non financiers	..	..	..	..	..	..	..	..
Fonds d'investissement non monéaires								
Valeur nette financière	..	..	..	..	..	..	..	..
Actifs financiers	..	..	..	..	..	..	..	..
Numéraire et dépôts	..	..	..	..	..	..	..	..
Titres de dette	9 215	10 581	8 325	6 357	6 773	5 634	4 442	3 757
Crédits	..	..	..	..	..	..	..	..
Actions et parts de fonds d'investissement	..	..	..	..	..	..	..	..
Actions	2 588	3 662	3 877	2 663	2 576	2 484	2 597	2 584
Parts de fonds d'investissement	1 917	1 736	1 741	1 773	1 688	1 963	2 308	2 927
Parts de fonds d'investissement monétaires	..	..	..	..	..	..	..	..
Parts de fonds d'investissement non monétaires	..	..	..	..	..	..	..	..
Systèmes d'assurance, de pensions et garanties standard	..	..	..	..	..	..	..	..
Produits financiers dérivés et options sur titres des salariés	..	..	..	..	..	..	..	..
Autres comptes à recevoir	..	..	..	..	..	..	..	..
Passifs financiers	..	..	..	..	..	..	..	..
Titres de dette	..	..	..	..	..	..	..	..
Titres de dette à court terme	..	..	..	..	..	..	..	..
Titres de dette à long terme	..	..	..	..	..	..	..	..
Crédits	2 581	2 825	3 064	3 326	3 193	2 737	2 383	1 930
Crédits à court terme	..	..	..	..	..	..	..	..
Crédits à long terme	..	..	..	..	..	..	..	..
Actions et parts de fonds d'investissement	26 469	30 278	28 032	24 666	25 606	26 015	24 620	23 950
Systèmes d'assurance, de pensions et garanties standard	..	..	..	..	..	..	..	..
Produits financiers dérivés et options sur titres des salariés	..	..	..	..	..	..	..	..
Autres comptes à payer	..	..	..	..	..	..	..	..
Actifs non financiers	12 885	13 666	14 471	14 743	14 651	14 572	13 476	12 082
Fonds d'investissement non monéaires à capital variable								
Valeur nette financière	..	..	..	..	..	..	..	..
Actifs financiers	..	..	..	..	..	..	..	..

PORTUGAL

Tableau 2. Actifs et passifs financiers des fonds d'investissement *(suite)*

Millions EUR

	2008	2009	2010	2011	2012	2013	2014	2015
Numéraire et dépôts	..	..	..	..	..	..	..	..
Titres de dette	..	..	..	..	..	..	..	..
Crédits	..	..	..	..	..	..	..	..
Actions et parts de fonds d'investissement	..	..	..	..	..	..	..	..
Actions	..	..	..	..	..	..	..	..
Parts de fonds d'investissement	..	..	..	..	..	..	..	..
Parts de fonds d'investissement monétaires	..	..	..	..	..	..	..	..
Parts de fonds d'investissement non monétaires	..	..	..	..	..	..	..	..
Systèmes d'assurance, de pensions et garanties standard	..	..	..	..	..	..	..	..
Produits financiers dérivés et options sur titres des salariés	..	..	..	..	..	..	..	..
Autres comptes à recevoir	..	..	..	..	..	..	..	..
Passifs financiers	..	..	..	..	..	..	..	..
Titres de dette	..	..	..	..	..	..	..	..
Titres de dette à court terme	..	..	..	..	..	..	..	..
Titres de dette à long terme	..	..	..	..	..	..	..	..
Crédits	..	..	..	..	..	..	..	..
Crédits à court terme	..	..	..	..	..	..	..	..
Crédits à long terme	..	..	..	..	..	..	..	..
Actions et parts de fonds d'investissement	..	..	..	..	..	..	..	..
Systèmes d'assurance, de pensions et garanties standard	..	..	..	..	..	..	..	..
Produits financiers dérivés et options sur titres des salariés	..	..	..	..	..	..	..	..
Autres comptes à payer	..	..	..	..	..	..	..	..
Actifs non financiers	..	..	..	..	..	..	..	..
Fonds d'investissement à capital variable								
Valeur nette financière	..	..	..	..	..	..	..	..
Actifs financiers	..	..	..	..	..	..	..	..
Numéraire et dépôts	..	..	..	..	..	..	..	..
Titres de dette	..	..	..	..	..	..	..	..
Crédits	..	..	..	..	..	..	..	..
Actions et parts de fonds d'investissement	..	..	..	..	..	..	..	..
Actions	..	..	..	..	..	..	..	..
Parts de fonds d'investissement	..	..	..	..	..	..	..	..
Parts de fonds d'investissement monétaires	..	..	..	..	..	..	..	..
Parts de fonds d'investissement non monétaires	..	..	..	..	..	..	..	..
Systèmes d'assurance, de pensions et garanties standard	..	..	..	..	..	..	..	..
Produits financiers dérivés et options sur titres des salariés	..	..	..	..	..	..	..	..
Autres comptes à recevoir	..	..	..	..	..	..	..	..
Passifs financiers	..	..	..	..	..	..	..	..
Titres de dette	..	..	..	..	..	..	..	..
Titres de dette à court terme	..	..	..	..	..	..	..	..
Titres de dette à long terme	..	..	..	..	..	..	..	..
Crédits	..	..	..	..	..	..	..	..
Crédits à court terme	..	..	..	..	..	..	..	..
Crédits à long terme	..	..	..	..	..	..	..	..
Actions et parts de fonds d'investissement	..	..	..	..	..	..	..	..
Systèmes d'assurance, de pensions et garanties standard	..	..	..	..	..	..	..	..
Produits financiers dérivés et options sur titres des salariés	..	..	..	..	..	..	..	..
Autres comptes à payer	..	..	..	..	..	..	..	..
Actifs non financiers	..	..	..	..	..	..	..	..

Note : Voir les métadonnées détaillées sur : http://metalinks.oecd.org/instinv/20170516/5358

Tableau 3. Actifs et passifs financiers des sociétés d'assurance et fonds de pension

Millions EUR

	2008	2009	2010	2011	2012	2013	2014	2015
Sociétés d'assurance et fonds de pension								
Valeur nette financière	..	..	..	..	..	..	..	..
Actifs financiers	..	..	..	..	..	..	..	..
Numéraire et dépôts	8 942	7 171	8 499	8 603	9 753	8 909	9 491	8 329
Titres de dette	49 977	57 585	57 261	47 293	48 882	48 383	51 673	49 719
Crédits	293	346	354	436	396	117	162	208
Actions et parts de fonds d'investissement	13 297	14 691	14 559	12 892	12 375	13 957	15 708	17 118
Actions	4 599	5 788	5 425	4 344	4 364	4 908	6 041	7 588
Parts de fonds d'investissement	8 698	8 903	9 134	8 548	8 012	9 049	9 667	9 530
Parts de fonds d'investissement monétaires	5	10	16	10	16	30	30	54
Parts de fonds d'investissement non monétaires	8 693	8 892	9 118	8 538	7 996	9 019	9 637	9 476
Systèmes d'assurance, de pensions et garanties standard	1 768	1 666	964	920	856	804	771	795
Produits financiers dérivés et options sur titres des salariés	..	..	..	..	..	..	..	..
Autres comptes à recevoir	3 699	3 461	3 818	3 069	1 983	3 470	2 958	2 953
Passifs financiers	..	..	..	..	..	..	..	..
Titres de dette	198	210	204	211	196	196	203	233
Titres de dette à court terme	0	0	0	0	0	0	0	0
Titres de dette à long terme	198	210	204	211	196	196	203	233
Crédits	924	800	1 185	1 884	1 670	387	520	481
Crédits à court terme	681	674	1 066	1 698	1 458	84	103	74
Crédits à long terme	243	126	119	186	213	304	417	407
Actions et parts de fonds d'investissement	3 748	4 631	4 487	4 145	5 747	5 732	5 822	5 922
Systèmes d'assurance, de pensions et garanties standard	73 473	77 101	79 382	65 902	64 604	66 510	71 596	71 699
Produits financiers dérivés et options sur titres des salariés	..	..	..	..	..	..	..	..
Autres comptes à payer	1 477	1 558	1 308	3 918	1 612	1 775	1 504	1 269
Actifs non financiers	..	..	..	..	..	..	..	..
Sociétés d'assurance								
Valeur nette financière	..	..	..	..	..	..	..	..
Actifs financiers	..	..	..	..	..	..	..	..
Numéraire et dépôts	..	..	..	..	..	..	..	..
Titres de dette	..	..	..	..	..	..	..	..
Crédits	..	..	..	..	..	..	..	..
Actions et parts de fonds d'investissement	..	..	..	..	..	..	..	..
Actions	..	..	..	..	..	..	..	..
Parts de fonds d'investissement	..	..	..	..	..	..	..	..
Parts de fonds d'investissement monétaires	..	..	..	..	..	..	..	..
Parts de fonds d'investissement non monétaires	..	..	..	..	..	..	..	..
Systèmes d'assurance, de pensions et garanties standard	..	..	..	..	..	..	..	..
Produits financiers dérivés et options sur titres des salariés	..	..	..	..	..	..	..	..
Autres comptes à recevoir	..	..	..	..	..	..	..	..
Passifs financiers	..	..	..	..	..	..	..	..
Titres de dette	..	..	..	..	..	..	..	..
Titres de dette à court terme	..	..	..	..	..	..	..	..
Titres de dette à long terme	..	..	..	..	..	..	..	..
Crédits	..	..	..	..	..	..	..	..
Crédits à court terme	..	..	..	..	..	..	..	..
Crédits à long terme	..	..	..	..	..	..	..	..
Actions et parts de fonds d'investissement	..	..	..	..	..	..	..	..
Systèmes d'assurance, de pensions et garanties standard	..	..	..	..	..	..	..	..
Produits financiers dérivés et options sur titres des salariés	..	..	..	..	..	..	..	..
Autres comptes à payer	..	..	..	..	..	..	..	..
Actifs non financiers	..	..	..	..	..	..	..	..
Fonds de pension								
Valeur nette financière	..	..	..	..	..	..	..	..
Actifs financiers	..	..	..	..	..	..	..	..
Numéraire et dépôts	..	..	..	..	..	..	..	..
Titres de dette	..	..	..	..	..	..	..	..
Crédits	..	..	..	..	..	..	..	..
Actions et parts de fonds d'investissement	..	..	..	..	..	..	..	..
Actions	..	..	..	..	..	..	..	..
Parts de fonds d'investissement	..	..	..	..	..	..	..	..
Parts de fonds d'investissement monétaires	..	..	..	..	..	..	..	..
Parts de fonds d'investissement non monétaires	..	..	..	..	..	..	..	..
Systèmes d'assurance, de pensions et garanties standard	..	..	..	..	..	..	..	..
Produits financiers dérivés et options sur titres des salariés	..	..	..	..	..	..	..	..
Autres comptes à recevoir	..	..	..	..	..	..	..	..
Passifs financiers	..	..	..	..	..	..	..	..
Titres de dette	..	..	..	..	..	..	..	..
Titres de dette à court terme	..	..	..	..	..	..	..	..
Titres de dette à long terme	..	..	..	..	..	..	..	..
Crédits	..	..	..	..	..	..	..	..
Crédits à court terme	..	..	..	..	..	..	..	..
Crédits à long terme	..	..	..	..	..	..	..	..
Actions et parts de fonds d'investissement	..	..	..	..	..	..	..	..
Systèmes d'assurance, de pensions et garanties standard	..	..	..	..	..	..	..	..
Produits financiers dérivés et options sur titres des salariés	..	..	..	..	..	..	..	..
Autres comptes à payer	..	..	..	..	..	..	..	..
Actifs non financiers	..	..	..	..	..	..	..	..

Note : Voir les métadonnées détaillées sur : http://metalinks.oecd.org/instinv/20170516/5358

SLOVÉNIE

Tableau 1. Actifs et passifs financiers des investisseurs institutionnels, 2015

Millions EUR (2007 SIT euro)

	Fonds d'investissement				
	Total	Fonds d'investissement non-monétaire			Fonds d'investissement monétaires
		Total	Fonds d'investissement à capital variable, non monétaire	Fonds d'investissement à capital fixe, non monétaire	Total
Actifs financiers	2 319	2 261	2 261	..	58
Numéraire et dépôts	166	134	134	..	32
Titres de dette	351	326	326	..	25
Titres de dette à court terme	33	7	7	..	25
Titres de dette à long terme	318	318	318	..	0
Titres de dette émis par les résidents	66	62	62	..	3
Titres de dette émis par les non-résidents	286	263	263	..	22
Crédits	..	..	..	..	..
Crédits à court terme	..	..	..	..	..
Crédits à long terme	..	..	..	..	..
Crédits accordés aux résidents	..	..	..	..	..
Crédits accordés aux non-résidents	..	..	..	..	..
Actions et parts de fonds d'investissement	1 795	1 795	1 795	..	..
Actions et parts de fonds d'investissements émises par les résidents	143	143	143	..	..
Actions et part de fonds d'investissements émises par les non-résidents	1 652	1 652	1 652	..	..
Autres comptes à recevoir	5	5	5	..	0

	Fonds d'investissement				
	Total	Fonds d'investissement non-monétaire			Fonds d'investissement monétaires
		Total	Fonds d'investissement à capital variable, non monétaire	Fonds d'investissement à capital fixe, non monétaire	Total
Pasifs financiers	2 319	2 261	2 261	..	58
Numéraire et dépôts	..	..	..	..	..
Titres de dette	..	..	..	..	..
Titres de dette à court terme	..	..	..	..	..
Titres de dette à long terme	..	..	..	..	..
Crédits	0	0	0	..	..
Crédits à court terme	0	0	0	..	..
Crédits à long terme	..	..	..	..	..
Actions et parts de fonds d'investissement	2 309	2 253	2 253	..	56
Systèmes d'assurance, de pensions et garanties standard	..	..	..	..	..
Produits financiers dérivés et options sur titres des salariés	0	0	0	..	..
Autres comptes à payer	10	8	8	..	1

	Sociétés d'assurance et fonds de pension autonomes				
	Total	Sociétés d'assurance			Fonds de pension autonomes
		Total	Sociétés d'assurance vie	Sociétés d'assurance non-vie	Total
Actifs financiers	9 486	6 999	..	..	2 487
Numéraire et dépôts	669	314	..	..	356
Titres de dette	5 693	4 157	..	..	1 537
Titres de dette à court terme	171	22	..	..	149
Titres de dette à long terme	5 522	4 134	..	..	1 388
Titres de dette émis par les résidents	2 151	1 306	..	..	845
Titres de dette émis par les non-résidents	3 543	2 851	..	..	692
Crédits	113	86	..	..	27
Crédits à court terme	48	21	..	..	27
Crédits à long terme	65	65	..	..	0
Crédits accordés aux résidents	97	70	..	..	27
Crédits accordés aux non-résidents	16	16	..	..	0
Actions et parts de fonds d'investissement	2 580	2 016	..	..	565
Actions et parts de fonds d'investissement émises par les résidents	1 360	1 264	..	..	96
Actions et parts de fonds d'investissement émises par les non-résidents	1 220	752	..	..	469
Autrescomptes à recevoir	253	249	..	..	4

	Sociétés d'assurance et fonds de pension autonomes				
	Total	Sociétés d'assurance			Fonds de pension autonomes
		Total	Sociétés d'assurance vie	Sociétés d'assurance non-vie	Total
Pasifs financiers	9 444	6 965	..	..	2 479
Numéraire et dépôts	0	0	..	..	0
Titres de dette	35	35	..	..	0
Titres de dette à court terme	0	0	..	..	0
Titres de dette à long terme	35	35	..	..	0
Crédits	26	26	..	..	0
Crédits à court terme	0	0	..	..	0
Crédits à long terme	26	26	..	..	0
Actions et parts de fonds d'investissement	1 659	1 615	..	..	44
Systèmes d'assurance, de pensions et garanties standard	7 498	5 070	..	..	2 428
Produits financiers dérivés et options sur titres des salariés	0	0	..	..	0
Autres comptes à payer	227	220	..	..	7

Note : Voir les métadonnées détaillées sur : http://metalinks.oecd.org/instinv/20170516/b1a4

SLOVÉNIE

Tableau 2. Actifs et passifs financiers des fonds d'investissement

Millions EUR

	2008	2009	2010	2011	2012	2013	2014	2015
Fonds d'investissement								
Valeur nette financière	..	..	..	..	..	..	..	..
Actifs financiers	..	2 234	2 289	1 811	1 831	1 855	2 151	2 319
Numéraire et dépôts	..	190	163	147	136	110	136	166
Titres de dette	..	223	234	248	250	220	263	351
Crédits	..	..	..	..	..	..	..	..
Actions et parts de fonds d'investissement	..	1 814	1 881	1 407	1 433	1 516	1 746	1 795
Actions	..	1 632	1 700	1 250	1 280	1 348	1 598	1 641
Parts de fonds d'investissement	..	182	181	157	153	168	149	154
Parts de fonds d'investissement monétaires	..	0	0	0	0	0	0	0
Parts de fonds d'investissement non monétaires	..	182	181	157	153	168	149	154
Systèmes d'assurance, de pensions et garanties standard	..	..	..	..	..	..	..	..
Produits financiers dérivés et options sur titres des salariés	..	0	0	0	0	0	0	1
Autres comptes à recevoir	..	7	11	9	12	9	6	5
Passifs financiers	..	2 234	2 289	1 811	1 831	1 855	2 151	2 319
Titres de dette	..	..	..	..	..	..	..	..
Titres de dette à court terme	..	..	..	..	..	..	..	..
Titres de dette à long terme	..	..	..	..	..	..	..	..
Crédits	..	16	13	8	0	0	0	0
Crédits à court terme	..	16	13	8	0	0	0	0
Crédits à long terme	..	..	..	..	..	..	..	..
Actions et parts de fonds d'investissement	..	2 195	2 252	1 790	1 817	1 840	2 143	2 309
Systèmes d'assurance, de pensions et garanties standard	..	..	..	..	..	..	..	..
Produits financiers dérivés et options sur titres des salariés	..	0	0	0	0	0	0	0
Autres comptes à payer	..	22	24	13	13	16	8	10
Actifs non financiers	..	..	..	..	..	..	..	..
Fonds d'investissement monéaires								
Valeur nette financière	..	..	..	..	..	..	..	..
Actifs financiers	..	14	12	26	26	37	37	58
Numéraire et dépôts	..	14	12	20	15	23	24	32
Titres de dette	..	0	0	6	10	14	13	25
Crédits	..	..	..	..	..	..	..	..
Actions et parts de fonds d'investissement	..	..	..	..	..	..	..	..
Actions	..	..	..	..	..	..	..	..
Parts de fonds d'investissement	..	..	..	..	..	..	..	..
Parts de fonds d'investissement monétaires	..	..	..	..	..	..	..	..
Parts de fonds d'investissement non monétaires	..	..	..	..	..	..	..	..
Systèmes d'assurance, de pensions et garanties standard	..	..	..	..	..	..	..	..
Produits financiers dérivés et options sur titres des salariés	..	..	..	..	..	..	..	..
Autres comptes à recevoir	..	0	0	0	0	0	0	0
Passifs financiers	..	14	12	26	26	37	37	58
Titres de dette	..	..	..	..	..	..	..	..
Titres de dette à court terme	..	..	..	..	..	..	..	..
Titres de dette à long terme	..	..	..	..	..	..	..	..
Crédits	..	..	..	..	..	..	..	..
Crédits à court terme	..	..	..	..	..	..	..	..
Crédits à long terme	..	..	..	..	..	..	..	..
Actions et parts de fonds d'investissement	..	14	12	26	24	36	37	56
Systèmes d'assurance, de pensions et garanties standard	..	..	..	..	..	..	..	..
Produits financiers dérivés et options sur titres des salariés	..	..	..	..	..	..	..	..
Autres comptes à payer	..	0	0	0	2	0	1	1
Actifs non financiers	..	..	..	..	..	..	..	..
Fonds d'investissement non monéaires								
Valeur nette financière	..	..	..	..	..	..	..	..
Actifs financiers	..	2 220	2 276	1 785	1 805	1 819	2 113	2 261
Numéraire et dépôts	..	176	151	127	121	87	111	134
Titres de dette	..	223	234	242	239	206	250	326
Crédits	..	..	..	..	..	..	..	..
Actions et parts de fonds d'investissement	..	1 814	1 881	1 407	1 433	1 516	1 746	1 795
Actions	..	1 632	1 700	1 250	1 280	1 348	1 598	1 641
Parts de fonds d'investissement	..	182	181	157	153	168	149	154
Parts de fonds d'investissement monétaires	..	0	0	0	0	0	0	0
Parts de fonds d'investissement non monétaires	..	182	181	157	153	168	149	154
Systèmes d'assurance, de pensions et garanties standard	..	..	..	..	..	..	..	..
Produits financiers dérivés et options sur titres des salariés	..	0	0	0	0	0	0	1
Autres comptes à recevoir	..	7	11	9	12	9	6	5
Passifs financiers	..	2 220	2 276	1 785	1 805	1 819	2 113	2 261
Titres de dette	..	..	..	..	..	..	..	..
Titres de dette à court terme	..	..	..	..	..	..	..	..
Titres de dette à long terme	..	..	..	..	..	..	..	..
Crédits	..	16	13	8	0	0	0	0
Crédits à court terme	..	16	13	8	0	0	0	0
Crédits à long terme	..	..	..	..	..	..	..	..
Actions et parts de fonds d'investissement	..	2 182	2 239	1 764	1 794	1 803	2 106	2 253
Systèmes d'assurance, de pensions et garanties standard	..	..	..	..	..	..	..	..
Produits financiers dérivés et options sur titres des salariés	..	0	0	0	0	0	0	0
Autres comptes à payer	..	22	24	13	11	16	7	8
Actifs non financiers	..	..	..	..	..	..	..	..
Fonds d'investissement non monéaires à capital variable								
Valeur nette financière	..	..	..	..	..	..	..	..
Actifs financiers	..	1 842	2 036	1 785	1 805	1 819	2 113	2 261

SLOVÉNIE

Tableau 2. Actifs et passifs financiers des fonds d'investissement *(suite)*

Millions EUR

	2008	2009	2010	2011	2012	2013	2014	2015
Numéraire et dépôts	..	155	127	127	121	87	111	134
Titres de dette	..	197	222	242	239	206	250	326
Crédits	..	..	..	..	..	..	..	..
Actions et parts de fonds d'investissement	..	1 484	1 675	1 407	1 433	1 516	1 746	1 795
Actions	..	1 319	1 500	1 250	1 280	1 348	1 598	1 641
Parts de fonds d'investissement	..	165	176	157	153	168	149	154
Parts de fonds d'investissement monétaires	..	0	0	0	0	0	0	0
Parts de fonds d'investissement non monétaires	..	165	175	157	153	168	149	154
Systèmes d'assurance, de pensions et garanties standard	..	..	..	..	..	..	..	..
Produits financiers dérivés et options sur titres des salariés	..	0	0	0	0	0	0	1
Autres comptes à recevoir	..	6	11	9	12	9	6	5
Passifs financiers	..	1 842	2 036	1 785	1 805	1 819	2 113	2 261
Titres de dette	..	..	..	..	..	..	..	..
Titres de dette à court terme	..	..	..	..	..	..	..	..
Titres de dette à long terme	..	..	..	..	..	..	..	..
Crédits	..	0	0	8	0	0	0	0
Crédits à court terme	..	0	0	8	0	0	0	0
Crédits à long terme	..	..	..	..	..	..	..	..
Actions et parts de fonds d'investissement	..	1 828	2 017	1 764	1 794	1 803	2 106	2 253
Systèmes d'assurance, de pensions et garanties standard	..	..	..	..	..	..	..	..
Produits financiers dérivés et options sur titres des salariés	..	0	0	0	0	0	0	0
Autres comptes à payer	..	14	19	13	11	16	7	8
Actifs non financiers	..	..	..	..	..	..	..	..
Fonds d'investissement à capital variable								
Valeur nette financière	..	..	..	..	..	..	..	..
Actifs financiers	..	1 856	2 048	1 811	1 831	1 855	2 151	2 319
Numéraire et dépôts	..	169	140	147	136	110	136	166
Titres de dette	..	197	222	248	250	220	263	351
Crédits	..	..	..	..	..	..	..	..
Actions et parts de fonds d'investissement	..	1 484	1 675	1 407	1 433	1 516	1 746	1 795
Actions	..	1 319	1 500	1 250	1 280	1 348	1 598	1 641
Parts de fonds d'investissement	..	165	176	157	153	168	149	154
Parts de fonds d'investissement monétaires	..	0	0	0	0	0	0	0
Parts de fonds d'investissement non monétaires	..	165	175	157	153	168	149	154
Systèmes d'assurance, de pensions et garanties standard	..	..	..	..	..	..	..	..
Produits financiers dérivés et options sur titres des salariés	..	0	0	0	0	0	0	1
Autres comptes à recevoir	..	6	11	9	12	9	6	5
Passifs financiers	..	1 856	2 048	1 811	1 831	1 855	2 151	2 319
Titres de dette	..	..	..	..	..	..	..	..
Titres de dette à court terme	..	..	..	..	..	..	..	..
Titres de dette à long terme	..	..	..	..	..	..	..	..
Crédits	..	0	0	8	0	0	0	0
Crédits à court terme	..	0	0	8	0	0	0	0
Crédits à long terme	..	..	..	..	..	..	..	..
Actions et parts de fonds d'investissement	..	1 842	2 030	1 790	1 817	1 840	2 143	2 309
Systèmes d'assurance, de pensions et garanties standard	..	..	..	..	..	..	..	..
Produits financiers dérivés et options sur titres des salariés	..	0	0	0	0	0	0	0
Autres comptes à payer	..	14	19	13	13	16	8	10
Actifs non financiers	..	..	..	..	..	..	..	..

Note : Voir les métadonnées détaillées sur : http://metalinks.oecd.org/instinv/20170516/b1a4

Tableau 3. Actifs et passifs financiers des sociétés d'assurance et fonds de pension

Millions EUR

	2008	2009	2010	2011	2012	2013	2014	2015
Sociétés d'assurance et fonds de pension								
Valeur nette financière	..	-269	-78	-41	164	213	181	42
Actifs financiers	..	6 705	7 344	7 533	8 275	8 614	9 370	9 486
Numéraire et dépôts	..	739	967	1 151	950	686	781	669
Titres de dette	..	3 700	3 938	3 889	4 440	4 882	5 344	5 693
Crédits	..	145	151	196	174	166	150	113
Actions et parts de fonds d'investissement	..	1 634	1 830	1 841	2 153	2 307	2 597	2 580
Actions	..	826	761	779	827	858	929	840
Parts de fonds d'investissement	..	808	1 069	1 062	1 326	1 449	1 667	1 741
Parts de fonds d'investissement monétaires	..	..	..	..	..	..	..	..
Parts de fonds d'investissement non monétaires	..	..	..	..	..	..	..	..
Systèmes d'assurance, de pensions et garanties standard	..	218	184	183	225	201	216	177
Produits financiers dérivés et options sur titres des salariés	..	4	4	4	4	2	0	0
Autres comptes à recevoir	..	266	269	270	330	370	282	253
Passifs financiers	..	6 974	7 422	7 574	8 111	8 401	9 189	9 444
Titres de dette	..	56	49	49	45	37	38	35
Titres de dette à court terme	..	0	0	0	0	0	0	0
Titres de dette à long terme	..	56	49	49	45	37	38	35
Crédits	..	60	61	57	37	31	26	26
Crédits à court terme	..	14	11	20	3	5	0	0
Crédits à long terme	..	46	51	38	34	26	26	26
Actions et parts de fonds d'investissement	..	1 148	973	972	1 215	1 348	1 690	1 659
Systèmes d'assurance, de pensions et garanties standard	..	5 544	6 155	6 297	6 553	6 684	7 209	7 498
Produits financiers dérivés et options sur titres des salariés	..	0	0	0	0	0	0	0
Autres comptes à payer	..	166	184	200	262	301	226	227
Actifs non financiers	..	..	..	..	..	..	..	..
Sociétés d'assurance								
Valeur nette financière	..	-300	-69	-32	174	207	180	34
Actifs financiers	..	5 020	5 396	5 491	6 197	6 475	7 031	6 999
Numéraire et dépôts	..	374	488	594	488	365	327	314
Titres de dette	..	2 640	2 819	2 750	3 256	3 590	4 083	4 157
Crédits	..	96	105	129	121	112	112	86
Actions et parts de fonds d'investissement	..	1 424	1 529	1 563	1 779	1 852	2 019	2 016
Actions	..	706	647	703	754	794	830	775
Parts de fonds d'investissement	..	718	883	860	1 025	1 058	1 189	1 241
Parts de fonds d'investissement monétaires	..	..	..	..	..	..	..	..
Parts de fonds d'investissement non monétaires	..	..	..	..	..	..	..	..
Systèmes d'assurance, de pensions et garanties standard	..	218	184	183	225	201	216	177
Produits financiers dérivés et options sur titres des salariés	..	4	4	4	4	2	0	0
Autres comptes à recevoir	..	263	266	267	324	354	273	240
Passifs financiers	..	5 320	5 465	5 523	6 023	6 268	6 851	6 965
Titres de dette	..	56	49	49	45	37	38	35
Titres de dette à court terme	..	0	0	0	0	0	0	0
Titres de dette à long terme	..	56	49	49	45	37	38	35
Crédits	..	60	60	57	37	31	26	26
Crédits à court terme	..	14	11	20	3	5	0	0
Crédits à long terme	..	46	49	38	34	26	26	26
Actions et parts de fonds d'investissement	..	1 118	939	936	1 176	1 308	1 648	1 615
Systèmes d'assurance, de pensions et garanties standard	..	3 926	4 240	4 308	4 512	4 599	4 927	5 070
Produits financiers dérivés et options sur titres des salariés	..	0	0	0	0	0	0	0
Autres comptes à payer	..	160	177	173	252	293	213	220
Actifs non financiers	..	..	..	..	..	..	..	..
Fonds de pension								
Valeur nette financière	..	31	-9	-9	-11	6	2	8
Actifs financiers	..	1 685	1 948	2 042	2 078	2 139	2 339	2 487
Numéraire et dépôts	..	365	479	556	462	322	454	356
Titres de dette	..	1 059	1 119	1 139	1 184	1 292	1 261	1 537
Crédits	..	48	46	67	53	54	37	27
Actions et parts de fonds d'investissement	..	210	301	277	374	455	578	565
Actions	..	120	114	76	73	64	99	64
Parts de fonds d'investissement	..	90	186	201	301	391	479	500
Parts de fonds d'investissement monétaires	..	..	..	..	..	..	..	..
Parts de fonds d'investissement non monétaires	..	..	..	..	..	..	..	..
Systèmes d'assurance, de pensions et garanties standard	..	0	0	0	0	0	0	0
Produits financiers dérivés et options sur titres des salariés	..	0	0	0	0	0	0	0
Autres comptes à recevoir	..	3	3	3	6	15	9	4
Passifs financiers	..	1 654	1 957	2 052	2 089	2 133	2 337	2 479
Titres de dette	..	0	0	0	0	0	0	0
Titres de dette à court terme	..	0	0	0	0	0	0	0
Titres de dette à long terme	..	0	0	0	0	0	0	0
Crédits	..	0	2	0	0	0	0	0
Crédits à court terme	..	0	0	0	0	0	0	0
Crédits à long terme	..	0	2	0	0	0	0	0
Actions et parts de fonds d'investissement	..	30	34	36	39	40	43	44
Systèmes d'assurance, de pensions et garanties standard	..	1 618	1 914	1 989	2 041	2 085	2 281	2 428
Produits financiers dérivés et options sur titres des salariés	..	0	0	0	0	0	0	0
Autres comptes à payer	..	6	7	26	10	8	13	7
Actifs non financiers	..	..	..	..	..	..	..	..

Note : Voir les métadonnées détaillées sur : http://metalinks.oecd.org/instinv/20170516/b1a4

Tableau 4. Composition du portefeuille par type d'investisseur

En pourcentage des actifs financiers et des passifs financiers

Pour cent

	2008	2009	2010	2011	2012	2013	2014	2015
Fonds d'investissement								
Actifs financiers	..	100.0	100.0	100.0	100.0	100.0	100.0	100.0
Numéraire et dépôts	..	8.5	7.1	8.1	7.4	5.9	6.3	7.1
Titres de dettes	..	10.0	10.2	13.7	13.6	11.9	12.2	15.2
Crédits	..	0.0	0.0	0.0	0.0	0.0	0.0	0.0
Actions et parts de fonds d'investissement	..	81.2	82.2	77.7	78.3	81.7	81.2	77.4
Systèmes d'assurance de pensions et garanties standard	..	0.0	0.0	0.0	0.0	0.0	0.0	0.0
Produits financiers dérivés et options sur titres des salariés	..	0.0	0.0	0.0	0.0	0.0	0.0	0.0
Autres comptes à recevoir	..	0.3	0.5	0.5	0.7	0.5	0.3	0.2
Passifs financiers	..	100.0	100.0	100.0	100.0	100.0	100.0	100.0
Numéraire et dépôts	..	0.0	0.0	0.0	0.0	0.0	0.0	0.0
Titres de dettes	..	0.0	0.0	0.0	0.0	0.0	0.0	0.0
Crédits	..	0.7	0.6	0.4	0.0	0.0	0.0	0.0
Actions et parts de fonds d'investissement	..	98.3	98.4	98.8	99.3	99.1	99.6	99.6
Systèmes d'assurance de pensions et garanties standard	..	0.0	0.0	0.0	0.0	0.0	0.0	0.0
Produits financiers dérivés et options sur titres des salariés	..	0.0	0.0	0.0	0.0	0.0	0.0	0.0
Autres comptes à recevoir	..	1.0	1.1	0.7	0.7	0.9	0.4	0.4
Sociétés d'assurance								
Actifs financiers	..	100.0	100.0	100.0	100.0	100.0	100.0	100.0
Numéraire et dépôts	..	7.4	9.0	10.8	7.9	5.6	4.7	4.5
Titres de dettes	..	52.6	52.2	50.1	52.5	55.4	58.1	59.4
Crédits	..	1.9	1.9	2.4	2.0	1.7	1.6	1.2
Actions et parts de fonds d'investissement	..	28.4	28.3	28.5	28.7	28.6	28.7	28.8
Systèmes d'assurance de pensions et garanties standard	..	4.3	3.4	3.3	3.6	3.1	3.1	2.5
Produits financiers dérivés et options sur titres des salariés	..	0.1	0.1	0.1	0.1	0.0	0.0	0.0
Autres comptes à recevoir	..	5.2	4.9	4.9	5.2	5.5	3.9	3.6
Passifs financiers	..	100.0	100.0	100.0	100.0	100.0	100.0	100.0
Numéraire et dépôts	..	0.0	0.0	0.0	0.0	0.0	0.0	0.0
Titres de dettes	..	1.1	0.9	0.9	0.8	0.6	0.6	0.5
Crédits	..	1.1	1.1	1.0	0.6	0.5	0.4	0.4
Actions et parts de fonds d'investissement	..	21.0	17.2	16.9	19.5	20.9	24.0	23.2
Systèmes d'assurance de pensions et garanties standard	..	73.8	77.6	78.0	74.9	73.4	71.9	72.8
Produits financiers dérivés et options sur titres des salariés	..	0.0	0.0	0.0	0.0	0.0	0.0	0.0
Autres comptes à recevoir	..	3.0	3.2	3.1	4.2	4.7	3.1	3.2
Fonds de pension								
Actifs financiers	..	100.0	100.0	100.0	100.0	100.0	100.0	100.0
Numéraire et dépôts	..	21.7	24.6	27.2	22.2	15.0	19.4	14.3
Titres de dettes	..	62.9	57.4	55.8	57.0	60.4	53.9	61.8
Crédits	..	2.9	2.4	3.3	2.5	2.5	1.6	1.1
Actions et parts de fonds d'investissement	..	12.5	15.4	13.6	18.0	21.3	24.7	22.7
Systèmes d'assurance de pensions et garanties standard	..	0.0	0.0	0.0	0.0	0.0	0.0	0.0
Produits financiers dérivés et options sur titres des salariés	..	0.0	0.0	0.0	0.0	0.0	0.0	0.0
Autres comptes à recevoir	..	0.2	0.2	0.1	0.3	0.7	0.4	0.2
Passifs financiers	..	100.0	100.0	100.0	100.0	100.0	100.0	100.0
Numéraire et dépôts	..	0.0	0.0	0.0	0.0	0.0	0.0	0.0
Titres de dettes	..	0.0	0.0	0.0	0.0	0.0	0.0	0.0
Crédits	..	0.0	0.1	0.0	0.0	0.0	0.0	0.0
Actions et parts de fonds d'investissement	..	1.8	1.7	1.8	1.8	1.9	1.8	1.8
Systèmes d'assurance de pensions et garanties standard	..	97.8	97.8	97.0	97.7	97.7	97.6	97.9
Produits financiers dérivés et options sur titres des salariés	..	0.0	0.0	0.0	0.0	0.0	0.0	0.0
Autres comptes à recevoir	..	0.4	0.4	1.3	0.5	0.4	0.6	0.3

Note : Voir les métadonnées détaillées sur : http://metalinks.oecd.org/instinv/20170516/e12c

Tableau 1. Actifs et passifs financiers des investisseurs institutionnels, 2015

Millions EUR (1999 ESP euro)

	Fonds d'investissement				
	Total	Fonds d'investissement non-monétaire			Fonds d'investissement monétaires
		Total	Fonds d'investissement à capital variable, non monétaire	Fonds d'investissement à capital fixe, non monétaire	Total
Actifs financiers	259 583	251 254	2 078	249 177	8 328
Numéraire et dépôts	46 252	42 964	162	42 802	3 288
Titres de dette	110 939	106 155	304	105 851	4 784
Titres de dette à court terme	11 082	6 299	38	6 261	4 784
Titres de dette à long terme	99 856	99 856	266	99 590	0
Titres de dette émis par les résidents	66 239	63 877	163	63 715	2 362
Titres de dette émis par les non-résidents	44 700	42 278	141	42 136	2 422
Crédits	222	0	..	0	222
Crédits à court terme	222	0	..	0	222
Crédits à long terme	0	0	..	0	0
Crédits accordés aux résidents	222	..	..	..	222
Crédits accordés aux non-résidents	0	..	..	..	0
Actions et parts de fonds d'investissement	98 267	98 264	1 551	96 713	3
Actions et parts de fonds d'investissements émises par les résidents	19 136	19 133	358	18 775	3
Actions et part de fonds d'investissements émises par les non-résidents	79 131	79 131	1 193	77 938	0
Autres comptes à recevoir	2 780	2 748	59	2 689	32

	Fonds d'investissement				
	Total	Fonds d'investissement non-monétaire			Fonds d'investissement monétaires
		Total	Fonds d'investissement à capital variable, non monétaire	Fonds d'investissement à capital fixe, non monétaire	Total
Pasifs financiers	261 017	252 688	2 078	250 611	8 328
Numéraire et dépôts	..	..	..	..	..
Titres de dette	..	0	..	0	..
Titres de dette à court terme	..	0	..	0	..
Titres de dette à long terme	..	0	..	0	..
Crédits	529	520	0	520	8
Crédits à court terme	529	520	0	520	8
Crédits à long terme	0	0	..	0	0
Actions et parts de fonds d'investissement	258 847	250 527	2 046	248 481	8 320
Systèmes d'assurance, de pensions et garanties standard	..	0	..	0	..
Produits financiers dérivés et options sur titres des salariés	377	377	2	375	..
Autres comptes à payer	1 264	1 264	30	1 234	0

	Sociétés d'assurance et fonds de pension autonomes				
	Total	Sociétés d'assurance			Fonds de pension autonomes
		Total	Sociétés d'assurance vie	Sociétés d'assurance non-vie	Total
Actifs financiers	429 800	308 008	..	..	121 792
Numéraire et dépôts	60 003	43 562	..	..	16 441
Titres de dette	268 976	204 763	..	..	64 213
Titres de dette à court terme	4 113	1 793	..	..	2 320
Titres de dette à long terme	264 863	202 970	..	..	61 893
Titres de dette émis par les résidents	191 552	149 600	..	..	41 953
Titres de dette émis par les non-résidents	77 424	55 164	..	..	22 260
Crédits	2 977	2 965	..	..	12
Crédits à court terme	1 899	1 899	..	..	0
Crédits à long terme	1 077	1 065	..	..	12
Crédits accordés aux résidents	1 279	1 267	..	..	12
Crédits accordés aux non-résidents	1 698	1 698	..	..	..
Actions et parts de fonds d'investissement	65 183	33 130	..	..	32 053
Actions et parts de fonds d'investissement émises par les résidents	27 132	20 450	..	..	6 681
Actions et parts de fonds d'investissement émises par les non-résidents	38 051	12 680	..	..	25 371
Autrescomptes à recevoir	16 995	16 687	..	..	308

	Sociétés d'assurance et fonds de pension autonomes				
	Total	Sociétés d'assurance			Fonds de pension autonomes
		Total	Sociétés d'assurance vie	Sociétés d'assurance non-vie	Total
Pasifs financiers	431 536	302 913	..	..	128 623
Numéraire et dépôts	..	..	..	..	..
Titres de dette	0	0	..	..	0
Titres de dette à court terme	0	0	..	..	0
Titres de dette à long terme	0	0	..	..	0
Crédits	17 725	17 725	..	..	0
Crédits à court terme	16 323	16 323	..	..	0
Crédits à long terme	1 402	1 402	..	..	0
Actions et parts de fonds d'investissement	44 601	44 601	..	..	0
Systèmes d'assurance, de pensions et garanties standard	363 248	235 017	..	..	128 231
Produits financiers dérivés et options sur titres des salariés	0	0	..	..	0
Autres comptes à payer	5 963	5 571	..	..	392

Note : Voir les métadonnées détaillées sur : http://metalinks.oecd.org/instinv/20170516/6181

ESPAGNE

Tableau 2. Actifs et passifs financiers des fonds d'investissement

Millions EUR

	2008	2009	2010	2011	2012	2013	2014	2015
Fonds d'investissement								
Valeur nette financière	-8 626	-7 306	-7 036	-5 377	-5 029	-5 349	-1 478	-1 434
Actifs financiers	204 362	199 694	172 952	157 188	150 185	187 086	233 630	259 583
Numéraire et dépôts	49 730	41 083	35 177	27 535	26 810	39 133	43 301	46 252
Titres de dette	111 569	112 614	92 223	94 234	87 273	98 663	119 003	110 939
Crédits	6 380	3 622	2 032	802	600	368	226	222
Actions et parts de fonds d'investissement	32 409	38 339	40 417	32 259	32 811	45 427	67 410	98 267
Actions	14 168	18 927	18 997	15 769	16 440	23 661	30 372	37 315
Parts de fonds d'investissement	18 241	19 412	21 419	16 490	16 371	21 766	37 038	60 952
Parts de fonds d'investissement monétaires	2 611	1 310	999	1 112	874	719	563	1 330
Parts de fonds d'investissement non monétaires	15 630	18 102	20 420	15 378	15 497	21 047	36 475	59 621
Systèmes d'assurance, de pensions et garanties standard	..	..	..	..	..	..	..	..
Produits financiers dérivés et options sur titres des salariés	2 351	2 297	1 596	1 102	1 159	1 440	1 327	1 123
Autres comptes à recevoir	1 922	1 739	1 508	1 255	1 532	2 054	2 363	2 780
Passifs financiers	212 988	207 000	179 988	162 565	155 213	192 435	235 108	261 017
Titres de dette	..	..	..	..	..	..	..	..
Titres de dette à court terme	..	..	..	..	..	..	..	..
Titres de dette à long terme	..	..	..	..	..	..	..	..
Crédits	536	631	648	538	534	864	456	529
Crédits à court terme	536	631	648	538	534	864	456	529
Crédits à long terme	0	0	0	0	0	0	0	0
Actions et parts de fonds d'investissement	210 091	204 182	177 509	160 555	153 296	190 028	232 871	258 847
Systèmes d'assurance, de pensions et garanties standard	..	..	..	..	..	..	..	..
Produits financiers dérivés et options sur titres des salariés	1 101	958	671	637	521	363	417	377
Autres comptes à payer	1 260	1 229	1 160	835	863	1 180	1 363	1 264
Actifs non financiers	7 950	7 238	6 975	5 292	4 939	5 258	1 478	1 434
Fonds d'investissement monéaires								
Valeur nette financière	-677	-68	-61	-85	-90	-91	0	0
Actifs financiers	27 578	13 458	8 107	7 970	6 902	8 341	7 309	8 328
Numéraire et dépôts	2 860	1 543	1 987	2 064	1 247	2 328	2 333	3 288
Titres de dette	17 999	8 293	4 088	5 104	5 055	5 644	4 702	4 784
Crédits	6 380	3 622	2 032	802	600	368	226	222
Actions et parts de fonds d'investissement	338	0	0	0	0	0	6	3
Actions	0	0	0	0	0	0	0	0
Parts de fonds d'investissement	338	0	0	0	0	0	6	3
Parts de fonds d'investissement monétaires	338	0	0	0	0	0	4	3
Parts de fonds d'investissement non monétaires	0	0	0	0	0	0	2	0
Systèmes d'assurance, de pensions et garanties standard	..	..	..	..	..	..	..	..
Produits financiers dérivés et options sur titres des salariés	..	..	..	..	..	..	..	..
Autres comptes à recevoir	0	0	0	0	0	0	42	32
Passifs financiers	28 255	13 526	8 168	8 055	6 992	8 432	7 309	8 328
Titres de dette	..	..	..	..	..	..	..	..
Titres de dette à court terme	..	..	..	..	..	..	..	..
Titres de dette à long terme	..	..	..	..	..	..	..	..
Crédits	36	21	9	19	9	11	9	8
Crédits à court terme	36	21	9	19	9	11	9	8
Crédits à long terme	0	0	0	0	0	0	0	0
Actions et parts de fonds d'investissement	28 219	13 486	8 154	8 036	6 979	8 420	7 299	8 320
Systèmes d'assurance, de pensions et garanties standard	..	..	..	..	..	..	..	..
Produits financiers dérivés et options sur titres des salariés	..	..	..	..	..	..	..	..
Autres comptes à payer	0	19	5	0	4	1	1	0
Actifs non financiers	0	0	0	0	0	0	0	0
Fonds d'investissement non monéaires								
Valeur nette financière	-7 950	-7 238	-6 975	-5 292	-4 939	-5 258	-1 478	-1 434
Actifs financiers	176 783	186 236	164 845	149 218	143 282	178 745	226 321	251 254
Numéraire et dépôts	46 870	39 540	33 190	25 471	25 563	36 805	40 968	42 964
Titres de dette	93 570	104 321	88 135	89 130	82 218	93 019	114 301	106 155
Crédits	0	0	0	0	0	0	0	0
Actions et parts de fonds d'investissement	32 070	38 339	40 417	32 259	32 811	45 427	67 404	98 264
Actions	14 168	18 927	18 997	15 769	16 440	23 661	30 372	37 315
Parts de fonds d'investissement	17 903	19 412	21 419	16 490	16 371	21 766	37 032	60 949
Parts de fonds d'investissement monétaires	2 273	1 310	999	1 112	874	719	559	1 327
Parts de fonds d'investissement non monétaires	15 630	18 102	20 420	15 378	15 497	21 047	36 473	59 621
Systèmes d'assurance, de pensions et garanties standard	0	0	0	0	0	0	0	0
Produits financiers dérivés et options sur titres des salariés	2 351	2 297	1 596	1 102	1 159	1 440	1 327	1 123
Autres comptes à recevoir	1 922	1 739	1 508	1 255	1 532	2 054	2 321	2 748
Passifs financiers	184 733	193 474	171 820	154 510	148 221	184 003	227 799	252 688
Titres de dette	0	0	0	0	0	0	0	0
Titres de dette à court terme	0	0	0	0	0	0	0	0
Titres de dette à long terme	0	0	0	0	0	0	0	0
Crédits	500	610	639	520	525	853	447	520
Crédits à court terme	500	610	639	520	525	853	447	520
Crédits à long terme	0	0	0	0	0	0	0	0
Actions et parts de fonds d'investissement	181 872	190 696	169 355	152 519	146 316	181 608	225 573	250 527
Systèmes d'assurance, de pensions et garanties standard	0	0	0	0	0	0	0	0
Produits financiers dérivés et options sur titres des salariés	1 101	958	671	637	521	363	417	377
Autres comptes à payer	1 260	1 210	1 156	834	859	1 179	1 363	1 264
Actifs non financiers	7 950	7 238	6 975	5 292	4 939	5 258	1 478	1 434
Fonds d'investissement non monéaires à capital variable								
Valeur nette financière	0	0	0	0	0	0	0	0
Actifs financiers	2 079	1 537	1 432	1 275	1 376	1 432	1 785	2 078

Tableau 2. Actifs et passifs financiers des fonds d'investissement *(suite)*

Millions EUR

	2008	2009	2010	2011	2012	2013	2014	2015
Numéraire et dépôts	436	302	187	220	303	299	235	162
Titres de dette	68	84	73	72	93	110	229	304
Crédits	..	..	..	..	..	..	..	..
Actions et parts de fonds d'investissement	1 444	892	1 027	954	900	972	1 262	1 551
Actions	150	197	357	369	368	490	677	716
Parts de fonds d'investissement	1 294	695	670	585	532	483	585	835
Parts de fonds d'investissement monétaires	0	61	0	0	0	2	0	1
Parts de fonds d'investissement non monétaires	1 294	634	670	585	532	481	585	835
Systèmes d'assurance, de pensions et garanties standard	..	..	..	..	..	..	..	..
Produits financiers dérivés et options sur titres des salariés	0	33	15	2	9	8	7	1
Autres comptes à recevoir	130	227	130	26	71	42	52	59
Passifs financiers	2 079	1 537	1 432	1 275	1 376	1 432	1 785	2 078
Titres de dette	..	..	..	..	..	..	..	..
Titres de dette à court terme	..	..	..	..	..	..	..	..
Titres de dette à long terme	..	..	..	..	..	..	..	..
Crédits	0	0	0	0	0	0	0	0
Crédits à court terme	0	0	0	0	0	0	0	0
Crédits à long terme	..	..	..	..	..	..	..	..
Actions et parts de fonds d'investissement	1 955	1 440	1 362	1 232	1 352	1 341	1 720	2 046
Systèmes d'assurance, de pensions et garanties standard	..	..	..	..	..	..	..	..
Produits financiers dérivés et options sur titres des salariés	0	5	3	13	3	2	8	2
Autres comptes à payer	124	92	68	30	20	89	57	30
Actifs non financiers	0	0	0	0	0	0	0	0
Fonds d'investissement à capital variable								
Valeur nette financière	-677	-68	-61	-85	-90	-91	0	0
Actifs financiers	29 658	14 996	9 539	9 244	8 278	9 773	9 094	10 406
Numéraire et dépôts	3 297	1 845	2 174	2 284	1 550	2 628	2 568	3 450
Titres de dette	18 068	8 377	4 161	5 176	5 148	5 754	4 931	5 088
Crédits	6 380	3 622	2 032	802	600	368	226	222
Actions et parts de fonds d'investissement	1 783	892	1 027	954	900	972	1 268	1 554
Actions	150	197	357	369	368	490	677	716
Parts de fonds d'investissement	1 632	695	670	585	532	483	591	838
Parts de fonds d'investissement monétaires	338	61	0	0	0	2	4	4
Parts de fonds d'investissement non monétaires	1 294	634	670	585	532	481	587	835
Systèmes d'assurance, de pensions et garanties standard	0	0	0	0	0	0	0	0
Produits financiers dérivés et options sur titres des salariés	0	33	15	2	9	8	7	1
Autres comptes à recevoir	130	227	130	26	71	42	93	91
Passifs financiers	30 334	15 063	9 600	9 329	8 368	9 864	9 094	10 406
Titres de dette	0	0	0	0	0	0	0	0
Titres de dette à court terme	0	0	0	0	0	0	0	0
Titres de dette à long terme	0	0	0	0	0	0	0	0
Crédits	36	21	9	19	9	11	9	8
Crédits à court terme	36	21	9	19	9	11	9	8
Crédits à long terme	0	0	0	0	0	0	0	0
Actions et parts de fonds d'investissement	30 174	14 927	9 516	9 268	8 332	9 761	9 019	10 366
Systèmes d'assurance, de pensions et garanties standard	0	0	0	0	0	0	0	0
Produits financiers dérivés et options sur titres des salariés	0	5	3	13	3	2	8	2
Autres comptes à payer	125	111	72	30	24	90	57	30
Actifs non financiers	0	0	0	0	0	0	0	0

Note : Voir les métadonnées détaillées sur : http://metalinks.oecd.org/instinv/20170516/6181

Tableau 3. Actifs et passifs financiers des sociétés d'assurance et fonds de pension

Millions EUR

	2008	2009	2010	2011	2012	2013	2014	2015
Sociétés d'assurance et fonds de pension								
Valeur nette financière	..	..	..	..	..	..	..	..
Actifs financiers	330 639	349 184	349 659	357 430	371 806	384 435	414 060	429 800
Numéraire et dépôts	68 697	65 178	65 374	63 969	63 176	63 157	59 695	60 003
Titres de dette	180 945	200 339	194 794	204 283	217 165	223 990	256 346	268 976
Crédits	6 098	5 567	7 493	7 724	7 742	7 356	4 520	2 977
Actions et parts de fonds d'investissement	42 993	46 792	49 481	48 641	46 093	53 555	58 788	65 183
Actions	24 529	29 592	27 746	27 501	26 866	27 628	30 076	27 868
Parts de fonds d'investissement	18 464	17 199	21 735	21 141	19 227	25 927	28 714	37 314
Parts de fonds d'investissement monétaires	1 581	590	357	351	305	367	319	364
Parts de fonds d'investissement non monétaires	16 883	16 609	21 378	20 789	18 923	25 559	28 395	36 951
Systèmes d'assurance, de pensions et garanties standard	17 062	16 651	17 099	16 949	17 629	17 343	16 555	14 840
Produits financiers dérivés et options sur titres des salariés	0	0	0	0	1 247	915	936	826
Autres comptes à recevoir	14 845	14 659	15 417	15 863	18 754	18 120	17 219	16 995
Passifs financiers	328 183	347 402	351 675	363 682	375 339	398 441	430 753	431 536
Titres de dette	341	311	296	296	146	146	0	0
Titres de dette à court terme	0	0	0	0	0	0	0	0
Titres de dette à long terme	341	311	296	296	146	146	0	0
Crédits	10 971	10 969	12 366	19 248	17 579	17 320	19 171	17 725
Crédits à court terme	9 732	9 144	11 264	17 841	16 547	16 139	17 497	16 323
Crédits à long terme	1 239	1 824	1 102	1 408	1 031	1 181	1 674	1 402
Actions et parts de fonds d'investissement	27 818	31 412	30 967	31 925	34 835	41 173	44 335	44 601
Systèmes d'assurance, de pensions et garanties standard	283 952	299 754	300 553	305 456	315 767	333 118	360 548	363 248
Produits financiers dérivés et options sur titres des salariés	0	0	0	0	0	0	0	0
Autres comptes à payer	5 101	4 957	7 492	6 756	7 013	6 683	6 699	5 963
Actifs non financiers	..	..	..	..	..	..	..	..
Sociétés d'assurance								
Valeur nette financière	2 598	2 463	-1 436	-5 597	-2 839	-10 596	-10 191	5 095
Actifs financiers	234 000	245 667	244 235	253 512	263 514	271 946	295 984	308 008
Numéraire et dépôts	49 509	48 104	47 431	50 504	48 179	49 049	45 406	43 562
Titres de dette	128 098	140 805	137 215	141 880	155 979	158 374	188 945	204 763
Crédits	5 764	5 298	7 345	7 650	7 704	7 325	4 512	2 965
Actions et parts de fonds d'investissement	27 957	28 929	29 723	30 927	24 618	30 925	32 569	33 130
Actions	15 492	18 279	15 987	17 493	15 846	17 009	17 786	16 610
Parts de fonds d'investissement	12 465	10 650	13 736	13 435	8 772	13 916	14 784	16 520
Parts de fonds d'investissement monétaires	1 233	441	267	251	204	246	215	260
Parts de fonds d'investissement non monétaires	11 232	10 209	13 469	13 183	8 569	13 669	14 569	16 260
Systèmes d'assurance, de pensions et garanties standard	8 837	8 190	7 487	6 955	7 226	7 429	6 587	6 075
Produits financiers dérivés et options sur titres des salariés	0	0	0	0	1 247	915	936	826
Autres comptes à recevoir	13 835	14 342	15 033	15 595	18 561	17 930	17 029	16 687
Passifs financiers	231 402	243 204	245 671	259 108	266 353	282 542	306 175	302 913
Titres de dette	341	311	296	296	146	146	0	0
Titres de dette à court terme	0	0	0	0	0	0	0	0
Titres de dette à long terme	341	311	296	296	146	146	0	0
Crédits	10 971	10 969	12 366	19 248	17 579	17 320	19 171	17 725
Crédits à court terme	9 732	9 144	11 264	17 841	16 547	16 139	17 497	16 323
Crédits à long terme	1 239	1 824	1 102	1 408	1 031	1 181	1 674	1 402
Actions et parts de fonds d'investissement	27 818	31 412	30 967	31 925	34 835	41 173	44 335	44 601
Systèmes d'assurance, de pensions et garanties standard	187 447	195 787	195 005	201 149	206 997	217 466	236 371	235 017
Produits financiers dérivés et options sur titres des salariés	0	0	0	0	0	0	0	0
Autres comptes à payer	4 825	4 726	7 036	6 490	6 797	6 436	6 298	5 571
Actifs non financiers	..	..	..	..	..	..	..	..
Fonds de pension								
Valeur nette financière	-141	-681	-580	-656	-694	-3 410	-6 502	-6 831
Actifs financiers	96 639	103 517	105 424	103 918	108 292	112 489	118 076	121 792
Numéraire et dépôts	19 188	17 074	17 943	13 465	14 997	14 108	14 289	16 441
Titres de dette	52 847	59 534	57 579	62 403	61 186	65 616	67 401	64 213
Crédits	334	269	148	74	38	31	8	12
Actions et parts de fonds d'investissement	15 036	17 863	19 758	17 714	21 475	22 630	26 219	32 053
Actions	9 037	11 313	11 759	10 008	11 020	10 619	12 290	11 258
Parts de fonds d'investissement	5 999	6 549	7 999	7 706	10 455	12 011	13 930	20 794
Parts de fonds d'investissement monétaires	348	149	90	100	101	121	104	104
Parts de fonds d'investissement non monétaires	5 651	6 400	7 909	7 606	10 354	11 890	13 826	20 691
Systèmes d'assurance, de pensions et garanties standard	8 225	8 461	9 612	9 994	10 403	9 914	9 968	8 765
Produits financiers dérivés et options sur titres des salariés	0	0	0	0	0	0	0	0
Autres comptes à recevoir	1 010	317	384	268	193	190	190	308
Passifs financiers	96 781	104 198	106 004	104 574	108 986	115 899	124 578	128 623
Titres de dette	0	0	0	0	0	0	0	0
Titres de dette à court terme	0	0	0	0	0	0	0	0
Titres de dette à long terme	0	0	0	0	0	0	0	0
Crédits	0	0	0	0	0	0	0	0
Crédits à court terme	0	0	0	0	0	0	0	0
Crédits à long terme	0	0	0	0	0	0	0	0
Actions et parts de fonds d'investissement	0	0	0	0	0	0	0	0
Systèmes d'assurance, de pensions et garanties standard	96 505	103 967	105 548	104 307	108 770	115 652	124 177	128 231
Produits financiers dérivés et options sur titres des salariés	0	0	0	0	0	0	0	0
Autres comptes à payer	276	231	456	266	216	247	401	392
Actifs non financiers	..	..	..	..	..	..	..	..

Note : Voir les métadonnées détaillées sur : http://metalinks.oecd.org/instinv/20170516/6181

Tableau 4. Composition du portefeuille par type d'investisseur

En pourcentage des actifs financiers et des passifs financiers

Pour cent

	2008	2009	2010	2011	2012	2013	2014	2015
Fonds d'investissement								
Actifs financiers	100.0	100.0	100.0	100.0	100.0	100.0	100.0	100.0
Numéraire et dépôts	24.3	20.6	20.3	17.5	17.9	20.9	18.5	17.8
Titres de dettes	54.6	56.4	53.3	60.0	58.1	52.7	50.9	42.7
Crédits	3.1	1.8	1.2	0.5	0.4	0.2	0.1	0.1
Actions et parts de fonds d'investissement	15.9	19.2	23.4	20.5	21.8	24.3	28.9	37.9
Systèmes d'assurance de pensions et garanties standard	0.0	0.0	0.0	0.0	0.0	0.0	0.0	0.0
Produits financiers dérivés et options sur titres des salariés	1.2	1.2	0.9	0.7	0.8	0.8	0.6	0.4
Autres comptes à recevoir	0.9	0.9	0.9	0.8	1.0	1.1	1.0	1.1
Passifs financiers	100.0	100.0	100.0	100.0	100.0	100.0	100.0	100.0
Numéraire et dépôts	0.0	0.0	0.0	0.0	0.0	0.0	0.0	0.0
Titres de dettes	0.0	0.0	0.0	0.0	0.0	0.0	0.0	0.0
Crédits	0.3	0.3	0.4	0.3	0.3	0.4	0.2	0.2
Actions et parts de fonds d'investissement	98.6	98.6	98.6	98.8	98.8	98.7	99.0	99.2
Systèmes d'assurance de pensions et garanties standard	0.0	0.0	0.0	0.0	0.0	0.0	0.0	0.0
Produits financiers dérivés et options sur titres des salariés	0.5	0.5	0.4	0.4	0.3	0.2	0.2	0.1
Autres comptes à recevoir	0.6	0.6	0.6	0.5	0.6	0.6	0.6	0.5
Sociétés d'assurance								
Actifs financiers	100.0	100.0	100.0	100.0	100.0	100.0	100.0	100.0
Numéraire et dépôts	21.2	19.6	19.4	19.9	18.3	18.0	15.3	14.1
Titres de dettes	54.7	57.3	56.2	56.0	59.2	58.2	63.8	66.5
Crédits	2.5	2.2	3.0	3.0	2.9	2.7	1.5	1.0
Actions et parts de fonds d'investissement	11.9	11.8	12.2	12.2	9.3	11.4	11.0	10.8
Systèmes d'assurance de pensions et garanties standard	3.8	3.3	3.1	2.7	2.7	2.7	2.2	2.0
Produits financiers dérivés et options sur titres des salariés	0.0	0.0	0.0	0.0	0.5	0.3	0.3	0.3
Autres comptes à recevoir	5.9	5.8	6.2	6.2	7.0	6.6	5.8	5.4
Passifs financiers	100.0	100.0	100.0	100.0	100.0	100.0	100.0	100.0
Numéraire et dépôts	0.0	0.0	0.0	0.0	0.0	0.0	0.0	0.0
Titres de dettes	0.1	0.1	0.1	0.1	0.1	0.1	0.0	0.0
Crédits	4.7	4.5	5.0	7.4	6.6	6.1	6.3	5.9
Actions et parts de fonds d'investissement	12.0	12.9	12.6	12.3	13.1	14.6	14.5	14.7
Systèmes d'assurance de pensions et garanties standard	81.0	80.5	79.4	77.6	77.7	77.0	77.2	77.6
Produits financiers dérivés et options sur titres des salariés	0.0	0.0	0.0	0.0	0.0	0.0	0.0	0.0
Autres comptes à recevoir	2.1	1.9	2.9	2.5	2.6	2.3	2.1	1.8
Fonds de pension								
Actifs financiers	100.0	100.0	100.0	100.0	100.0	100.0	100.0	100.0
Numéraire et dépôts	19.9	16.5	17.0	13.0	13.8	12.5	12.1	13.5
Titres de dettes	54.7	57.5	54.6	60.1	56.5	58.3	57.1	52.7
Crédits	0.3	0.3	0.1	0.1	0.0	0.0	0.0	0.0
Actions et parts de fonds d'investissement	15.6	17.3	18.7	17.0	19.8	20.1	22.2	26.3
Systèmes d'assurance de pensions et garanties standard	8.5	8.2	9.1	9.6	9.6	8.8	8.4	7.2
Produits financiers dérivés et options sur titres des salariés	0.0	0.0	0.0	0.0	0.0	0.0	0.0	0.0
Autres comptes à recevoir	1.0	0.3	0.4	0.3	0.2	0.2	0.2	0.3
Passifs financiers	100.0	100.0	100.0	100.0	100.0	100.0	100.0	100.0
Numéraire et dépôts	0.0	0.0	0.0	0.0	0.0	0.0	0.0	0.0
Titres de dettes	0.0	0.0	0.0	0.0	0.0	0.0	0.0	0.0
Crédits	0.0	0.0	0.0	0.0	0.0	0.0	0.0	0.0
Actions et parts de fonds d'investissement	0.0	0.0	0.0	0.0	0.0	0.0	0.0	0.0
Systèmes d'assurance de pensions et garanties standard	99.7	99.8	99.6	99.7	99.8	99.8	99.7	99.7
Produits financiers dérivés et options sur titres des salariés	0.0	0.0	0.0	0.0	0.0	0.0	0.0	0.0
Autres comptes à recevoir	0.3	0.2	0.4	0.3	0.2	0.2	0.3	0.3

Note : Voir les métadonnées détaillées sur : http://metalinks.oecd.org/instinv/20170516/e12c

SUÈDE

Tableau 1. Actifs et passifs financiers des investisseurs institutionnels, 2015

Millions SEK

	Fonds d'investissement				
	Total	Fonds d'investissement non-monétaire			Fonds d'investissement monétaires
		Total	Fonds d'investissement à capital variable, non monétaire	Fonds d'investissement à capital fixe, non monétaire	Total
Actifs financiers	3 201 560	3 177 924	..	..	23 636
Numéraire et dépôts	94 600	93 807	..	..	793
Titres de dette	747 892	725 119	..	..	22 773
Titres de dette à court terme	46 654	43 548	..	..	3 106
Titres de dette à long terme	701 238	681 571	..	..	19 667
Titres de dette émis par les résidents	613 728	591 047	..	..	22 681
Titres de dette émis par les non-résidents	134 164	134 072	..	..	92
Crédits	..	..	..	..	..
Crédits à court terme	..	..	..	..	..
Crédits à long terme	..	..	..	..	..
Crédits accordés aux résidents	..	..	..	..	..
Crédits accordés aux non-résidents	..	..	..	..	..
Actions et parts de fonds d'investissement	2 256 773	2 256 773	..	..	..
Actions et parts de fonds d'investissements émises par les résidents	849 280	849 280	..	..	..
Actions et part de fonds d'investissements émises par les non-résidents	1 407 493	1 407 493	..	..	..
Autres comptes à recevoir	71 159	71 089	..	..	70

	Fonds d'investissement				
	Total	Fonds d'investissement non-monétaire			Fonds d'investissement monétaires
		Total	Fonds d'investissement à capital variable, non monétaire	Fonds d'investissement à capital fixe, non monétaire	Total
Pasifs financiers	3 201 560	3 177 924	..	..	23 636
Numéraire et dépôts	..	..	..	..	..
Titres de dette	..	..	..	..	..
Titres de dette à court terme	..	..	..	..	..
Titres de dette à long terme	..	..	..	..	..
Crédits	9 649	9 649	..	..	..
Crédits à court terme	9 639	9 639	..	..	..
Crédits à long terme	10	10	..	..	..
Actions et parts de fonds d'investissement	3 039 287	3 015 715	..	..	23 572
Systèmes d'assurance, de pensions et garanties standard	..	..	..	..	..
Produits financiers dérivés et options sur titres des salariés	27 826	27 826	..	..	..
Autres comptes à payer	124 798	124 734	..	..	64

	Sociétés d'assurance et fonds de pension autonomes				
	Total	Sociétés d'assurance			Fonds de pension autonomes
		Total	Sociétés d'assurance vie	Sociétés d'assurance non-vie	Total
Actifs financiers	5 104 381	1 368 176	..	..	3 736 205
Numéraire et dépôts	147 280	56 710	..	..	90 570
Titres de dette	1 470 003	393 450	..	..	1 076 553
Titres de dette à court terme	25 020	13 951	..	..	11 069
Titres de dette à long terme	1 444 983	379 499	..	..	1 065 484
Titres de dette émis par les résidents	1 090 248	327 385	..	..	762 863
Titres de dette émis par les non-résidents	379 755	66 065	..	..	313 690
Crédits	63 468	25 678	..	..	37 790
Crédits à court terme	0	0	..	..	0
Crédits à long terme	63 468	25 678	..	..	37 790
Crédits accordés aux résidents	53 135	18 679	..	..	34 456
Crédits accordés aux non-résidents	10 333	6 999	..	..	3 334
Actions et parts de fonds d'investissement	3 324 208	846 878	..	..	2 477 330
Actions et parts de fonds d'investissement émises par les résidents	2 064 584	517 187	..	..	1 547 397
Actions et parts de fonds d'investissement émises par les non-résidents	1 259 624	329 691	..	..	929 933
Autrescomptes à recevoir	42 931	14 622	..	..	28 309

	Sociétés d'assurance et fonds de pension autonomes				
	Total	Sociétés d'assurance			Fonds de pension autonomes
		Total	Sociétés d'assurance vie	Sociétés d'assurance non-vie	Total
Pasifs financiers	4 682 019	1 094 285	..	..	3 587 734
Numéraire et dépôts	..	..	..	..	..
Titres de dette	3 231	2 433	..	..	798
Titres de dette à court terme	0	0	..	..	..
Titres de dette à long terme	3 231	2 433	..	..	798
Crédits	52 580	33 591	..	..	18 989
Crédits à court terme	47 218	32 699	..	..	14 519
Crédits à long terme	5 362	892	..	..	4 470
Actions et parts de fonds d'investissement	377 082	118 646	..	..	258 436
Systèmes d'assurance, de pensions et garanties standard	4 221 348	931 746	..	..	3 289 602
Produits financiers dérivés et options sur titres des salariés	14 741	1 298	..	..	13 443
Autres comptes à payer	13 037	6 571	..	..	6 466

Note : Voir les métadonnées détaillées sur : http://metalinks.oecd.org/instinv/20170516/6039

Tableau 2. Actifs et passifs financiers des fonds d'investissement

Millions SEK

	2008	2009	2010	2011	2012	2013	2014	2015
Fonds d'investissement								
Valeur nette financière	0	0	0	0	0	0	0	0
Actifs financiers	1 092 824	1 529 605	1 790 498	1 641 931	1 898 888	2 370 648	3 013 996	3 201 560
Numéraire et dépôts	46 289	49 109	47 935	56 495	64 412	68 292	83 751	94 600
Titres de dette	300 961	343 160	369 068	395 474	401 403	488 305	756 278	747 892
Crédits	..	..	..	..	..	..	..	..
Actions et parts de fonds d'investissement	696 382	1 065 120	1 285 368	1 119 224	1 327 329	1 698 569	2 062 603	2 256 773
Actions	600 596	922 813	1 095 259	919 966	1 053 080	1 315 861	1 588 209	1 729 009
Parts de fonds d'investissement	95 786	142 307	190 109	199 258	274 249	382 708	474 394	527 764
Parts de fonds d'investissement monétaires	529	621	658	8 814	5 591	5 478	17 058	13 130
Parts de fonds d'investissement non monétaires	95 257	141 686	189 451	190 444	268 658	377 230	457 336	514 634
Systèmes d'assurance, de pensions et garanties standard	..	..	..	..	..	..	..	..
Produits financiers dérivés et options sur titres des salariés	16 919	8 927	9 773	16 227	14 974	20 993	28 746	31 136
Autres comptes à recevoir	32 273	63 289	78 354	54 511	90 770	94 489	82 618	71 159
Passifs financiers	1 092 824	1 529 605	1 790 498	1 641 931	1 898 888	2 370 648	3 013 996	3 201 560
Titres de dette	..	..	..	..	..	..	..	..
Titres de dette à court terme	..	..	..	..	..	..	..	..
Titres de dette à long terme	..	..	..	..	..	..	..	..
Crédits	12 884	20 066	19 486	10 775	6 623	6 543	15 106	9 649
Crédits à court terme	12 833	15 774	19 440	10 728	6 600	6 528	15 087	9 639
Crédits à long terme	51	4 292	46	47	23	15	19	10
Actions et parts de fonds d'investissement	1 017 159	1 393 334	1 635 074	1 534 584	1 737 409	2 158 151	2 769 988	3 039 287
Systèmes d'assurance, de pensions et garanties standard	..	..	..	..	..	..	..	..
Produits financiers dérivés et options sur titres des salariés	16 980	7 472	5 717	13 540	13 204	14 892	29 678	27 826
Autres comptes à payer	45 801	108 733	130 221	83 032	141 652	191 062	199 224	124 798
Actifs non financiers	..	..	..	..	..	..	..	..
Fonds d'investissement monéaires								
Valeur nette financière	0	0	0	0	0	0	0	0
Actifs financiers	90 073	70 245	70 983	99 680	22 192	19 439	22 983	23 636
Numéraire et dépôts	2 293	1 397	1 105	2 236	167	237	563	793
Titres de dette	87 451	68 758	69 585	97 335	21 580	18 759	22 346	22 773
Crédits	..	..	..	..	..	..	..	..
Actions et parts de fonds d'investissement	..	..	..	..	..	..	..	..
Actions	..	..	..	..	..	..	..	..
Parts de fonds d'investissement	..	..	..	..	..	..	..	..
Parts de fonds d'investissement monétaires	..	..	..	..	..	..	..	..
Parts de fonds d'investissement non monétaires	..	..	..	..	..	..	..	..
Systèmes d'assurance, de pensions et garanties standard	..	..	..	..	..	..	..	..
Produits financiers dérivés et options sur titres des salariés	1	..	21	..	6	..	1	..
Autres comptes à recevoir	328	90	272	109	439	443	73	70
Passifs financiers	90 073	70 245	70 983	99 680	22 192	19 439	22 983	23 636
Titres de dette	..	..	..	..	..	..	..	..
Titres de dette à court terme	..	..	..	..	..	..	..	..
Titres de dette à long terme	..	..	..	..	..	..	..	..
Crédits	54	164	138	2	..	..	..	..
Crédits à court terme	54	164	138	2	..	..	..	..
Crédits à long terme	0	0	0	0	..	..	..	..
Actions et parts de fonds d'investissement	89 718	69 632	70 578	99 456	22 103	19 349	22 715	23 572
Systèmes d'assurance, de pensions et garanties standard	..	..	..	..	..	..	..	..
Produits financiers dérivés et options sur titres des salariés	8	..	..	1	5	..	1	..
Autres comptes à payer	293	449	267	221	84	90	267	64
Actifs non financiers	..	..	..	..	..	..	..	..
Fonds d'investissement non monéaires								
Valeur nette financière	0	0	0	0	0	0	0	0
Actifs financiers	1 002 751	1 459 360	1 719 515	1 542 251	1 876 696	2 351 209	2 991 013	3 177 924
Numéraire et dépôts	43 996	47 712	46 830	54 259	64 245	68 055	83 188	93 807
Titres de dette	213 510	274 402	299 483	298 139	379 823	469 546	733 932	725 119
Crédits	..	..	..	..	..	..	..	..
Actions et parts de fonds d'investissement	696 382	1 065 120	1 285 368	1 119 224	1 327 329	1 698 569	2 062 603	2 256 773
Actions	600 596	922 813	1 095 259	919 966	1 053 080	1 315 861	1 588 209	1 729 009
Parts de fonds d'investissement	95 786	142 307	190 109	199 258	274 249	382 708	474 394	527 764
Parts de fonds d'investissement monétaires	529	621	658	8 814	5 591	5 478	17 058	13 130
Parts de fonds d'investissement non monétaires	95 257	141 686	189 451	190 444	268 658	377 230	457 336	514 634
Systèmes d'assurance, de pensions et garanties standard	..	..	..	..	..	..	..	..
Produits financiers dérivés et options sur titres des salariés	16 918	8 927	9 752	16 227	14 968	20 993	28 745	31 136
Autres comptes à recevoir	31 945	63 199	78 082	54 402	90 331	94 046	82 545	71 089
Passifs financiers	1 002 751	1 459 360	1 719 515	1 542 251	1 876 696	2 351 209	2 991 013	3 177 924
Titres de dette	..	..	..	..	..	..	..	..
Titres de dette à court terme	..	..	..	..	..	..	..	..
Titres de dette à long terme	..	..	..	..	..	..	..	..
Crédits	12 830	19 902	19 348	10 773	6 623	6 543	15 106	9 649
Crédits à court terme	12 779	15 610	19 302	10 726	6 600	6 528	15 087	9 639
Crédits à long terme	51	4 292	46	47	23	15	19	10
Actions et parts de fonds d'investissement	927 441	1 323 702	1 564 496	1 435 128	1 715 306	2 138 802	2 747 273	3 015 715
Systèmes d'assurance, de pensions et garanties standard	..	..	..	..	..	..	..	..
Produits financiers dérivés et options sur titres des salariés	16 972	7 472	5 717	13 539	13 199	14 892	29 677	27 826
Autres comptes à payer	45 508	108 284	129 954	82 811	141 568	190 972	198 957	124 734
Actifs non financiers	..	..	..	..	..	..	..	..
Fonds d'investissement non monéaires à capital variable								
Valeur nette financière	..	..	..	..	..	..	..	..
Actifs financiers	..	..	..	..	..	..	..	..

Tableau 2. Actifs et passifs financiers des fonds d'investissement *(suite)*

Millions SEK

	2008	2009	2010	2011	2012	2013	2014	2015
Numéraire et dépôts	..	..	..	..	..	..	..	..
Titres de dette	..	..	..	..	..	..	..	..
Crédits	..	..	..	..	..	..	..	..
Actions et parts de fonds d'investissement	..	..	..	..	..	..	..	..
Actions	..	..	..	..	..	..	..	..
Parts de fonds d'investissement	..	..	..	..	..	..	..	..
Parts de fonds d'investissement monétaires	..	..	..	..	..	..	..	..
Parts de fonds d'investissement non monétaires	..	..	..	..	..	..	..	..
Systèmes d'assurance, de pensions et garanties standard	..	..	..	..	..	..	..	..
Produits financiers dérivés et options sur titres des salariés	..	..	..	..	..	..	..	..
Autres comptes à recevoir	..	..	..	..	..	..	..	..
Passifs financiers								
Titres de dette	..	..	..	..	..	..	..	..
Titres de dette à court terme	..	..	..	..	..	..	..	..
Titres de dette à long terme	..	..	..	..	..	..	..	..
Crédits	..	..	..	..	..	..	..	..
Crédits à court terme	..	..	..	..	..	..	..	..
Crédits à long terme	..	..	..	..	..	..	..	..
Actions et parts de fonds d'investissement	..	..	..	..	..	..	..	..
Systèmes d'assurance, de pensions et garanties standard	..	..	..	..	..	..	..	..
Produits financiers dérivés et options sur titres des salariés	..	..	..	..	..	..	..	..
Autres comptes à payer	..	..	..	..	..	..	..	..
Actifs non financiers	..	..	..	..	..	..	..	..
Fonds d'investissement à capital variable								
Valeur nette financière	..	..	..	..	..	..	..	..
Actifs financiers	..	..	..	..	..	..	..	..
Numéraire et dépôts	..	..	..	..	..	..	..	..
Titres de dette	..	..	..	..	..	..	..	..
Crédits	..	..	..	..	..	..	..	..
Actions et parts de fonds d'investissement	..	..	..	..	..	..	..	..
Actions	..	..	..	..	..	..	..	..
Parts de fonds d'investissement	..	..	..	..	..	..	..	..
Parts de fonds d'investissement monétaires	..	..	..	..	..	..	..	..
Parts de fonds d'investissement non monétaires	..	..	..	..	..	..	..	..
Systèmes d'assurance, de pensions et garanties standard	..	..	..	..	..	..	..	..
Produits financiers dérivés et options sur titres des salariés	..	..	..	..	..	..	..	..
Autres comptes à recevoir	..	..	..	..	..	..	..	..
Passifs financiers	..	..	..	..	..	..	..	..
Titres de dette	..	..	..	..	..	..	..	..
Titres de dette à court terme	..	..	..	..	..	..	..	..
Titres de dette à long terme	..	..	..	..	..	..	..	..
Crédits	..	..	..	..	..	..	..	..
Crédits à court terme	..	..	..	..	..	..	..	..
Crédits à long terme	..	..	..	..	..	..	..	..
Actions et parts de fonds d'investissement	..	..	..	..	..	..	..	..
Systèmes d'assurance, de pensions et garanties standard	..	..	..	..	..	..	..	..
Produits financiers dérivés et options sur titres des salariés	..	..	..	..	..	..	..	..
Autres comptes à payer	..	..	..	..	..	..	..	..
Actifs non financiers	..	..	..	..	..	..	..	..

Note : Voir les métadonnées détaillées sur : http://metalinks.oecd.org/instinv/20170516/6039

Tableau 3. Actifs et passifs financiers des sociétés d'assurance et fonds de pension

Millions SEK

	2008	2009	2010	2011	2012	2013	2014	2015
Sociétés d'assurance et fonds de pension								
Valeur nette financière	-330 353	229 256	180 362	-69 089	228 507	404 526	457 282	422 362
Actifs financiers	2 791 402	3 228 484	3 560 107	3 508 654	3 823 335	4 215 022	4 872 501	5 104 381
Numéraire et dépôts	121 801	98 109	124 813	143 986	133 180	132 335	146 807	147 280
Titres de dette	1 299 579	1 244 521	1 211 861	1 340 473	1 381 949	1 349 994	1 452 043	1 470 003
Crédits	50 355	54 080	58 899	63 628	71 319	82 548	74 275	63 468
Actions et parts de fonds d'investissement	1 208 071	1 743 293	2 069 281	1 847 381	2 120 623	2 556 520	3 077 624	3 324 208
Actions	586 101	705 212	864 567	714 543	839 000	980 463	1 125 674	1 190 459
Parts de fonds d'investissement	621 970	1 038 081	1 204 714	1 132 838	1 281 623	1 576 057	1 951 950	2 133 749
Parts de fonds d'investissement monétaires	48 202	32 847	33 906	46 980	36 738	44 151	49 105	52 980
Parts de fonds d'investissement non monétaires	573 768	1 005 234	1 170 808	1 085 858	1 244 885	1 531 906	1 902 845	2 080 769
Systèmes d'assurance, de pensions et garanties standard	35 710	33 600	31 643	33 570	32 157	29 225	31 228	27 618
Produits financiers dérivés et options sur titres des salariés	35 191	16 393	24 268	29 166	36 975	16 279	28 363	28 873
Autres comptes à recevoir	40 695	38 488	39 342	50 450	47 132	48 121	62 161	42 931
Passifs financiers	3 121 755	2 999 228	3 379 745	3 577 743	3 594 828	3 810 496	4 415 219	4 682 019
Titres de dette	7 323	7 678	6 260	5 431	5 347	5 422	4 659	3 231
Titres de dette à court terme	0	0	0	0	0	0	0	0
Titres de dette à long terme	7 323	7 678	6 260	5 431	5 347	5 422	4 659	3 231
Crédits	73 058	56 240	81 376	88 679	71 631	47 056	48 807	52 580
Crédits à court terme	27 593	20 622	42 846	43 148	37 911	20 012	37 546	47 218
Crédits à long terme	45 465	35 618	38 530	45 531	33 720	27 044	11 261	5 362
Actions et parts de fonds d'investissement	358 478	368 786	373 410	363 708	368 208	377 082	377 082	377 082
Systèmes d'assurance, de pensions et garanties standard	2 636 063	2 542 586	2 901 250	3 094 655	3 125 615	3 359 611	3 940 024	4 221 348
Produits financiers dérivés et options sur titres des salariés	36 143	11 279	6 484	14 029	13 345	11 117	33 361	14 741
Autres comptes à payer	10 690	12 659	10 965	11 241	10 682	10 208	11 286	13 037
Actifs non financiers	..	..	..	..	..	..	..	..
Sociétés d'assurance								
Valeur nette financière	-292 524	100 339	71 232	39 336	154 174	213 506	250 345	273 891
Actifs financiers	2 429 233	973 533	1 045 699	1 020 870	1 100 174	1 180 104	1 325 459	1 368 176
Numéraire et dépôts	109 886	43 234	37 509	41 521	52 663	48 929	62 392	56 710
Titres de dette	1 223 554	396 288	382 809	408 873	393 959	372 587	393 474	393 450
Crédits	48 873	17 482	18 151	25 602	34 252	41 162	32 581	25 678
Actions et parts de fonds d'investissement	936 433	463 041	556 014	490 880	565 854	668 184	782 154	846 878
Actions	567 790	196 456	227 682	187 208	210 507	251 027	282 608	297 369
Parts de fonds d'investissement	368 643	266 585	328 332	303 672	355 347	417 157	499 546	549 509
Parts de fonds d'investissement monétaires	37 567	12 335	12 221	17 684	13 231	15 825	17 398	17 908
Parts de fonds d'investissement non monétaires	331 076	254 250	316 111	285 988	342 116	401 332	482 148	531 601
Systèmes d'assurance, de pensions et garanties standard	35 710	33 600	31 643	33 570	32 157	29 225	31 228	27 618
Produits financiers dérivés et options sur titres des salariés	35 191	5 577	5 497	6 002	6 213	2 428	5 130	3 220
Autres comptes à recevoir	39 586	14 311	14 076	14 422	15 076	17 589	18 500	14 022
Passifs financiers	2 721 757	873 194	974 467	981 534	946 000	966 598	1 075 114	1 094 285
Titres de dette	7 323	5 978	4 560	3 731	3 647	3 722	3 862	2 433
Titres de dette à court terme	0	0	0	0	0	0	0	0
Titres de dette à long terme	7 323	5 978	4 560	3 731	3 647	3 722	3 862	2 433
Crédits	71 676	50 749	77 897	79 542	64 398	44 508	45 796	33 591
Crédits à court terme	26 661	19 500	41 740	41 712	34 726	18 216	36 384	32 699
Crédits à long terme	45 015	31 249	36 157	37 830	29 672	26 292	9 412	892
Actions et parts de fonds d'investissement	351 407	118 646	118 646	118 646	118 646	118 646	118 646	118 646
Systèmes d'assurance, de pensions et garanties standard	2 245 941	686 563	764 252	769 460	751 452	792 700	897 879	931 746
Produits financiers dérivés et options sur titres des salariés	36 143	4 497	2 151	3 521	1 340	969	2 806	1 298
Autres comptes à payer	9 267	6 761	6 961	6 634	6 517	6 053	6 125	6 571
Actifs non financiers	..	..	..	..	..	..	..	..
Fonds de pension								
Valeur nette financière	-37 829	128 917	109 130	-108 425	74 333	191 020	206 937	148 471
Actifs financiers	362 169	2 254 951	2 514 408	2 487 784	2 723 161	3 034 918	3 547 042	3 736 205
Numéraire et dépôts	11 915	54 875	87 304	102 465	80 517	83 406	84 415	90 570
Titres de dette	76 025	848 233	829 052	931 600	987 990	977 407	1 058 569	1 076 553
Crédits	1 482	36 598	40 748	38 026	37 067	41 386	41 694	37 790
Actions et parts de fonds d'investissement	271 638	1 280 252	1 513 267	1 356 501	1 554 769	1 888 336	2 295 470	2 477 330
Actions	18 311	508 756	636 885	527 335	628 493	729 436	843 066	893 090
Parts de fonds d'investissement	253 327	771 496	876 382	829 166	926 276	1 158 900	1 452 404	1 584 240
Parts de fonds d'investissement monétaires	10 635	20 512	21 685	29 296	23 507	28 326	31 707	35 072
Parts de fonds d'investissement non monétaires	242 692	750 984	854 697	799 870	902 769	1 130 574	1 420 697	1 549 168
Systèmes d'assurance, de pensions et garanties standard	..	..	..	..	..	..	..	..
Produits financiers dérivés et options sur titres des salariés	..	10 816	18 771	23 164	30 762	13 851	23 233	25 653
Autres comptes à recevoir	1 109	24 177	25 266	36 028	32 056	30 532	43 661	28 309
Passifs financiers	399 998	2 126 034	2 405 278	2 596 209	2 648 828	2 843 898	3 340 105	3 587 734
Titres de dette	..	1 700	1 700	1 700	1 700	1 700	797	798
Titres de dette à court terme	..	..	..	..	..	..	..	..
Titres de dette à long terme	..	1 700	1 700	1 700	1 700	1 700	797	798
Crédits	1 382	5 491	3 479	9 137	7 233	2 548	3 011	18 989
Crédits à court terme	932	1 122	1 106	1 436	3 185	1 796	1 162	14 519
Crédits à long terme	450	4 369	2 373	7 701	4 048	752	1 849	4 470
Actions et parts de fonds d'investissement	7 071	250 140	254 764	245 062	249 562	258 436	258 436	258 436
Systèmes d'assurance, de pensions et garanties standard	390 122	1 856 023	2 136 998	2 325 195	2 374 163	2 566 911	3 042 145	3 289 602
Produits financiers dérivés et options sur titres des salariés	..	6 782	4 333	10 508	12 005	10 148	30 555	13 443
Autres comptes à payer	1 423	5 898	4 004	4 607	4 165	4 155	5 161	6 466
Actifs non financiers	..	..	..	..	..	..	..	..

Note : Voir les métadonnées détaillées sur : http://metalinks.oecd.org/instinv/20170516/6039

Tableau 4. Composition du portefeuille par type d'investisseur

En pourcentage des actifs financiers et des passifs financiers

Pour cent

	2008	2009	2010	2011	2012	2013	2014	2015
Fonds d'investissement								
Actifs financiers	100.0	100.0	100.0	100.0	100.0	100.0	100.0	100.0
Numéraire et dépôts	4.2	3.2	2.7	3.4	3.4	2.9	2.8	3.0
Titres de dettes	27.5	22.4	20.6	24.1	21.1	20.6	25.1	23.4
Crédits	0.0	0.0	0.0	0.0	0.0	0.0	0.0	0.0
Actions et parts de fonds d'investissement	63.7	69.6	71.8	68.2	69.9	71.6	68.4	70.5
Systèmes d'assurance de pensions et garanties standard	0.0	0.0	0.0	0.0	0.0	0.0	0.0	0.0
Produits financiers dérivés et options sur titres des salariés	1.5	0.6	0.5	1.0	0.8	0.9	1.0	1.0
Autres comptes à recevoir	3.0	4.1	4.4	3.3	4.8	4.0	2.7	2.2
Passifs financiers	100.0	100.0	100.0	100.0	100.0	100.0	100.0	100.0
Numéraire et dépôts	0.0	0.0	0.0	0.0	0.0	0.0	0.0	0.0
Titres de dettes	0.0	0.0	0.0	0.0	0.0	0.0	0.0	0.0
Crédits	1.2	1.3	1.1	0.7	0.3	0.3	0.5	0.3
Actions et parts de fonds d'investissement	93.1	91.1	91.3	93.5	91.5	91.0	91.9	94.9
Systèmes d'assurance de pensions et garanties standard	0.0	0.0	0.0	0.0	0.0	0.0	0.0	0.0
Produits financiers dérivés et options sur titres des salariés	1.6	0.5	0.3	0.8	0.7	0.6	1.0	0.9
Autres comptes à recevoir	4.2	7.1	7.3	5.1	7.5	8.1	6.6	3.9
Sociétés d'assurance								
Actifs financiers	100.0	100.0	100.0	100.0	100.0	100.0	100.0	100.0
Numéraire et dépôts	4.5	4.4	3.6	4.1	4.8	4.1	4.7	4.1
Titres de dettes	50.4	40.7	36.6	40.1	35.8	31.6	29.7	28.8
Crédits	2.0	1.8	1.7	2.5	3.1	3.5	2.5	1.9
Actions et parts de fonds d'investissement	38.5	47.6	53.2	48.1	51.4	56.6	59.0	61.9
Systèmes d'assurance de pensions et garanties standard	1.5	3.5	3.0	3.3	2.9	2.5	2.4	2.0
Produits financiers dérivés et options sur titres des salariés	1.4	0.6	0.5	0.6	0.6	0.2	0.4	0.2
Autres comptes à recevoir	1.6	1.5	1.3	1.4	1.4	1.5	1.4	1.1
Passifs financiers	100.0	100.0	100.0	100.0	100.0	100.0	100.0	100.0
Numéraire et dépôts	0.0	0.0	0.0	0.0	0.0	0.0	0.0	0.0
Titres de dettes	0.3	0.7	0.5	0.4	0.4	0.4	0.4	0.2
Crédits	2.6	5.8	8.0	8.1	6.8	4.6	4.3	3.1
Actions et parts de fonds d'investissement	12.9	13.6	12.2	12.1	12.5	12.3	11.0	10.8
Systèmes d'assurance de pensions et garanties standard	82.5	78.6	78.4	78.4	79.4	82.0	83.5	85.1
Produits financiers dérivés et options sur titres des salariés	1.3	0.5	0.2	0.4	0.1	0.1	0.3	0.1
Autres comptes à recevoir	0.3	0.8	0.7	0.7	0.7	0.6	0.6	0.6
Fonds de pension								
Actifs financiers	100.0	100.0	100.0	100.0	100.0	100.0	100.0	100.0
Numéraire et dépôts	3.3	2.4	3.5	4.1	3.0	2.7	2.4	2.4
Titres de dettes	21.0	37.6	33.0	37.4	36.3	32.2	29.8	28.8
Crédits	0.4	1.6	1.6	1.5	1.4	1.4	1.2	1.0
Actions et parts de fonds d'investissement	75.0	56.8	60.2	54.5	57.1	62.2	64.7	66.3
Systèmes d'assurance de pensions et garanties standard	0.0	0.0	0.0	0.0	0.0	0.0	0.0	0.0
Produits financiers dérivés et options sur titres des salariés	0.0	0.5	0.7	0.9	1.1	0.5	0.7	0.7
Autres comptes à recevoir	0.3	1.1	1.0	1.4	1.2	1.0	1.2	0.8
Passifs financiers	100.0	100.0	100.0	100.0	100.0	100.0	100.0	100.0
Numéraire et dépôts	0.0	0.0	0.0	0.0	0.0	0.0	0.0	0.0
Titres de dettes	0.0	0.1	0.1	0.1	0.1	0.1	0.0	0.0
Crédits	0.3	0.3	0.1	0.4	0.3	0.1	0.1	0.5
Actions et parts de fonds d'investissement	1.8	11.8	10.6	9.4	9.4	9.1	7.7	7.2
Systèmes d'assurance de pensions et garanties standard	97.5	87.3	88.8	89.6	89.6	90.3	91.1	91.7
Produits financiers dérivés et options sur titres des salariés	0.0	0.3	0.2	0.4	0.5	0.4	0.9	0.4
Autres comptes à recevoir	0.4	0.3	0.2	0.2	0.2	0.1	0.2	0.2

Note : Voir les métadonnées détaillées sur : http://metalinks.oecd.org/instinv/20170516/e12c

Tableau 1. Actifs et passifs financiers des investisseurs institutionnels, 2015

Millions CHF

	Fonds d'investissement				
	Total	Fonds d'investissement non-monétaire			Fonds d'investissement monétaires
		Total	Fonds d'investissement à capital variable, non monétaire	Fonds d'investissement à capital fixe, non monétaire	Total
Actifs financiers	..	..	648 819	..	30 548
Numéraire et dépôts	..	..	16 215	..	2 234
Titres de dette	..	..	313 460	..	28 245
Titres de dette à court terme	..	..	1 985	..	14 874
Titres de dette à long terme	..	..	311 475	..	13 371
Titres de dette émis par les résidents	..	..	100 440	..	4 198
Titres de dette émis par les non-résidents	..	..	213 020	..	24 047
Crédits	..	..	..	..	..
Crédits à court terme	..	..	..	..	..
Crédits à long terme	..	..	..	..	..
Crédits accordés aux résidents	..	..	..	..	..
Crédits accordés aux non-résidents	..	..	..	..	..
Actions et parts de fonds d'investissement	..	..	319 144	..	69
Actions et parts de fonds d'investissements émises par les résidents	..	..	159 226	..	60
Actions et part de fonds d'investissements émises par les non-résidents	..	..	159 918	..	9
Autres comptes à recevoir	..	..	..	..	..

	Fonds d'investissement				
	Total	Fonds d'investissement non-monétaire			Fonds d'investissement monétaires
		Total	Fonds d'investissement à capital variable, non monétaire	Fonds d'investissement à capital fixe, non monétaire	Total
Pasifs financiers	..	..	717 922	..	32 313
Numéraire et dépôts	..	..	..	..	..
Titres de dette	..	..	..	..	..
Titres de dette à court terme	..	..	..	..	..
Titres de dette à long terme	..	..	..	..	..
Crédits	..	..	10 948	..	259
Crédits à court terme	..	..	..	..	..
Crédits à long terme	..	..	..	..	..
Actions et parts de fonds d'investissement	..	..	706 974	..	32 054
Systèmes d'assurance, de pensions et garanties standard	..	..	..	..	..
Produits financiers dérivés et options sur titres des salariés	..	..	..	..	..
Autres comptes à payer	..	..	..	..	..

	Sociétés d'assurance et fonds de pension autonomes				
	Total	Sociétés d'assurance			Fonds de pension autonomes
		Total	Sociétés d'assurance vie	Sociétés d'assurance non-vie	Total
Actifs financiers	1 277 057	561 105	..	..	715 952
Numéraire et dépôts	76 508	33 318	..	..	43 190
Titres de dette	298 471	171 906	..	..	126 565
Titres de dette à court terme	10 908	9 244	..	..	1 664
Titres de dette à long terme	287 563	162 662	..	..	124 901
Titres de dette émis par les résidents	130 736	65 292	..	..	65 444
Titres de dette émis par les non-résidents	167 735	106 614	..	..	61 121
Crédits	65 638	53 227	..	..	12 411
Crédits à court terme	..	..	..	..	..
Crédits à long terme	..	..	..	..	..
Crédits accordés aux résidents	46 338	33 927	..	..	12 411
Crédits accordés aux non-résidents	19 300	19 300	..	..	..
Actions et parts de fonds d'investissement	833 198	302 654	..	..	530 544
Actions et parts de fonds d'investissement émises par les résidents	575 826	137 227	..	..	438 599
Actions et parts de fonds d'investissement émises par les non-résidents	257 372	165 427	..	..	91 945
Autrescomptes à recevoir	..	..	..	..	..

	Sociétés d'assurance et fonds de pension autonomes				
	Total	Sociétés d'assurance			Fonds de pension autonomes
		Total	Sociétés d'assurance vie	Sociétés d'assurance non-vie	Total
Pasifs financiers	..	..	..	..	734 721
Numéraire et dépôts	..	..	..	..	..
Titres de dette	13 482	13 482	..	..	..
Titres de dette à court terme	..	..	..	..	..
Titres de dette à long terme	13 482	13 482	..	..	..
Crédits	12 917	11 416	..	..	1 501
Crédits à court terme	..	..	..	..	..
Crédits à long terme	..	..	..	..	..
Actions et parts de fonds d'investissement	..	..	..	..	..
Systèmes d'assurance, de pensions et garanties standard	1 113 837	380 617	..	..	733 220
Produits financiers dérivés et options sur titres des salariés	..	..	..	..	..
Autres comptes à payer	..	..	..	..	..

Note : Voir les métadonnées détaillées sur : http://metalinks.oecd.org/instinv/20170516/5358

SUISSE

Tableau 2. Actifs et passifs financiers des fonds d'investissement

Millions CHF

	2008	2009	2010	2011	2012	2013	2014	2015
Fonds d'investissement								
Valeur nette financière	..	..	..	..	..	..	..	..
Actifs financiers	..	..	..	..	..	..	..	..
Numéraire et dépôts	..	..	..	..	..	..	..	..
Titres de dette	..	..	..	..	..	..	..	..
Crédits	..	..	..	..	..	..	..	..
Actions et parts de fonds d'investissement	..	..	..	..	..	..	..	..
Actions	..	..	..	..	..	..	..	..
Parts de fonds d'investissement	..	..	..	..	..	..	..	..
Parts de fonds d'investissement monétaires	..	..	..	..	..	..	..	..
Parts de fonds d'investissement non monétaires	..	..	..	..	..	..	..	..
Systèmes d'assurance, de pensions et garanties standard	..	..	..	..	..	..	..	..
Produits financiers dérivés et options sur titres des salariés	..	..	..	..	..	..	..	..
Autres comptes à recevoir	..	..	..	..	..	..	..	..
Passifs financiers	..	..	..	..	..	..	..	..
Titres de dette	..	..	..	..	..	..	..	..
Titres de dette à court terme	..	..	..	..	..	..	..	..
Titres de dette à long terme	..	..	..	..	..	..	..	..
Crédits	..	..	..	..	..	..	..	..
Crédits à court terme	..	..	..	..	..	..	..	..
Crédits à long terme	..	..	..	..	..	..	..	..
Actions et parts de fonds d'investissement	..	..	..	..	..	..	..	..
Systèmes d'assurance, de pensions et garanties standard	..	..	..	..	..	..	..	..
Produits financiers dérivés et options sur titres des salariés	..	..	..	..	..	..	..	..
Autres comptes à payer	..	..	..	..	..	..	..	..
Actifs non financiers	..	..	..	..	..	..	..	..
Fonds d'investissement monéaires								
Valeur nette financière	-309	-3 020	-1 850	-823	-2 372	-236	-272	-1 765
Actifs financiers	44 532	37 474	32 021	35 724	33 845	36 075	36 595	30 548
Numéraire et dépôts	2 510	1 901	1 436	2 583	2 514	2 562	2 630	2 234
Titres de dette	41 132	34 889	30 106	32 899	31 120	33 284	33 783	28 245
Crédits	..	..	..	..	..	..	..	..
Actions et parts de fonds d'investissement	890	684	479	242	211	229	182	69
Actions	508	528	34	18	22	29	34	34
Parts de fonds d'investissement	382	156	445	224	189	200	148	35
Parts de fonds d'investissement monétaires	..	..	..	..	..	..	..	..
Parts de fonds d'investissement non monétaires	..	..	..	..	..	..	..	..
Systèmes d'assurance, de pensions et garanties standard	..	..	..	..	..	..	..	..
Produits financiers dérivés et options sur titres des salariés	..	..	..	..	..	..	..	..
Autres comptes à recevoir	..	..	..	..	..	..	..	..
Passifs financiers	44 841	40 494	33 871	36 547	36 217	36 311	36 867	32 313
Titres de dette	..	..	..	..	..	..	..	..
Titres de dette à court terme	..	..	..	..	..	..	..	..
Titres de dette à long terme	..	..	..	..	..	..	..	..
Crédits	18	20	153	25	89	64	37	259
Crédits à court terme	..	..	..	..	..	..	..	..
Crédits à long terme	..	..	..	..	..	..	..	..
Actions et parts de fonds d'investissement	44 823	40 474	33 718	36 522	36 128	36 247	36 830	32 054
Systèmes d'assurance, de pensions et garanties standard	..	..	..	..	..	..	..	..
Produits financiers dérivés et options sur titres des salariés	..	..	..	..	..	..	..	..
Autres comptes à payer	..	..	..	..	..	..	..	..
Actifs non financiers	..	..	..	..	..	..	..	..
Fonds d'investissement non monéaires								
Valeur nette financière	..	..	..	..	..	..	..	..
Actifs financiers	..	..	..	..	..	..	..	..
Numéraire et dépôts	..	..	..	..	..	..	..	..
Titres de dette	..	..	..	..	..	..	..	..
Crédits	..	..	..	..	..	..	..	..
Actions et parts de fonds d'investissement	..	..	..	..	..	..	..	..
Actions	..	..	..	..	..	..	..	..
Parts de fonds d'investissement	..	..	..	..	..	..	..	..
Parts de fonds d'investissement monétaires	..	..	..	..	..	..	..	..
Parts de fonds d'investissement non monétaires	..	..	..	..	..	..	..	..
Systèmes d'assurance, de pensions et garanties standard	..	..	..	..	..	..	..	..
Produits financiers dérivés et options sur titres des salariés	..	..	..	..	..	..	..	..
Autres comptes à recevoir	..	..	..	..	..	..	..	..
Passifs financiers	..	..	..	..	..	..	..	..
Titres de dette	..	..	..	..	..	..	..	..
Titres de dette à court terme	..	..	..	..	..	..	..	..
Titres de dette à long terme	..	..	..	..	..	..	..	..
Crédits	..	..	..	..	..	..	..	..
Crédits à court terme	..	..	..	..	..	..	..	..
Crédits à long terme	..	..	..	..	..	..	..	..
Actions et parts de fonds d'investissement	..	..	..	..	..	..	..	..
Systèmes d'assurance, de pensions et garanties standard	..	..	..	..	..	..	..	..
Produits financiers dérivés et options sur titres des salariés	..	..	..	..	..	..	..	..
Autres comptes à payer	..	..	..	..	..	..	..	..
Actifs non financiers	..	..	..	..	..	..	..	..
Fonds d'investissement non monéaires à capital variable								
Valeur nette financière	-36 686	-45 130	-55 329	-59 111	-72 780	-57 435	-59 601	-69 103
Actifs financiers	277 297	351 402	390 382	402 174	455 825	512 309	598 344	648 819

Tableau 2. Actifs et passifs financiers des fonds d'investissement *(suite)*

Millions CHF

	2008	2009	2010	2011	2012	2013	2014	2015
Numéraire et dépôts	9 968	8 959	10 505	13 916	14 426	13 337	14 041	16 215
Titres de dette	146 927	182 935	205 504	220 250	236 940	247 866	290 117	313 460
Crédits	..	..	..	..	..	..	..	..
Actions et parts de fonds d'investissement	120 402	159 508	174 373	168 008	204 459	251 106	294 186	319 144
Actions	84 495	120 413	132 979	126 558	149 956	180 666	207 476	219 330
Parts de fonds d'investissement	35 907	39 095	41 394	41 450	54 503	70 440	86 710	99 814
Parts de fonds d'investissement monétaires	..	..	..	..	..	..	..	..
Parts de fonds d'investissement non monétaires	..	..	..	..	..	..	..	..
Systèmes d'assurance, de pensions et garanties standard	..	..	..	..	..	..	..	..
Produits financiers dérivés et options sur titres des salariés	..	..	..	..	..	..	..	..
Autres comptes à recevoir	..	..	..	..	..	..	..	..
Passifs financiers	313 983	396 532	445 711	461 285	528 605	569 744	657 945	717 922
Titres de dette	..	..	..	..	..	..	..	..
Titres de dette à court terme	..	..	..	..	..	..	..	..
Titres de dette à long terme	..	..	..	..	..	..	..	..
Crédits	2 850	2 737	4 004	6 374	8 171	7 440	10 672	10 948
Crédits à court terme	..	..	..	..	..	..	..	..
Crédits à long terme	..	..	..	..	..	..	..	..
Actions et parts de fonds d'investissement	311 133	393 795	441 707	454 911	520 434	562 304	647 273	706 974
Systèmes d'assurance, de pensions et garanties standard	..	..	..	..	..	..	..	..
Produits financiers dérivés et options sur titres des salariés	..	..	..	..	..	..	..	..
Autres comptes à payer	..	..	..	..	..	..	..	..
Actifs non financiers	25 300	26 756	29 022	31 853	36 202	39 884	45 811	49 340
Fonds d'investissement à capital variable								
Valeur nette financière	-36 995	-48 150	-57 179	-59 934	-75 152	-57 671	-59 873	-70 868
Actifs financiers	321 829	388 876	422 403	437 898	489 670	548 384	634 939	679 367
Numéraire et dépôts	12 478	10 860	11 941	16 499	16 940	15 899	16 671	18 449
Titres de dette	188 059	217 824	235 610	253 149	268 060	281 150	323 900	341 705
Crédits	..	..	..	..	..	..	..	..
Actions et parts de fonds d'investissement	121 292	160 192	174 852	168 250	204 670	251 335	294 368	319 213
Actions	85 003	120 941	133 013	126 576	149 978	180 695	207 510	219 364
Parts de fonds d'investissement	36 289	39 251	41 839	41 674	54 692	70 640	86 858	99 849
Parts de fonds d'investissement monétaires	..	..	..	..	..	..	..	..
Parts de fonds d'investissement non monétaires	..	..	..	..	..	..	..	..
Systèmes d'assurance, de pensions et garanties standard	..	..	..	..	..	..	..	..
Produits financiers dérivés et options sur titres des salariés	..	..	..	..	..	..	..	..
Autres comptes à recevoir	..	..	..	..	..	..	..	..
Passifs financiers	358 824	437 026	479 582	497 832	564 822	606 055	694 812	750 235
Titres de dette	..	..	..	..	..	..	..	..
Titres de dette à court terme	..	..	..	..	..	..	..	..
Titres de dette à long terme	..	..	..	..	..	..	..	..
Crédits	2 868	2 757	4 157	6 399	8 260	7 504	10 709	11 207
Crédits à court terme	..	..	..	..	..	..	..	..
Crédits à long terme	..	..	..	..	..	..	..	..
Actions et parts de fonds d'investissement	355 956	434 269	475 425	491 433	556 562	598 551	684 103	739 028
Systèmes d'assurance, de pensions et garanties standard	..	..	..	..	..	..	..	..
Produits financiers dérivés et options sur titres des salariés	..	..	..	..	..	..	..	..
Autres comptes à payer	..	..	..	..	..	..	..	..
Actifs non financiers	25 300	26 756	29 022	31 853	36 202	39 884	45 811	49 340

Note : Voir les métadonnées détaillées sur : http://metalinks.oecd.org/instinv/20170516/5358

SUISSE

Tableau 3. Actifs et passifs financiers des sociétés d'assurance et fonds de pension

Millions CHF

	2008	2009	2010	2011	2012	2013	2014	2015
Sociétés d'assurance et fonds de pension								
Valeur nette financière	..	..	..	..	..	..	..	..
Actifs financiers	916 608	1 008 231	1 050 094	1 080 959	1 154 128	1 189 102	1 268 077	1 277 057
Numéraire et dépôts	63 649	64 400	65 307	74 287	81 377	84 221	84 171	76 508
Titres de dette	341 524	329 455	324 772	327 333	338 092	319 496	322 738	298 471
Crédits	60 604	63 109	62 012	61 588	61 727	63 787	63 290	65 638
Actions et parts de fonds d'investissement	436 080	542 475	590 811	608 081	665 506	712 469	794 636	833 198
Actions	179 277	216 758	220 355	224 408	245 542	240 710	231 908	229 260
Parts de fonds d'investissement	256 803	325 717	370 456	383 673	419 964	471 759	562 728	603 938
Parts de fonds d'investissement monétaires	..	..	..	..	..	..	..	..
Parts de fonds d'investissement non monétaires	..	..	..	..	..	..	..	..
Systèmes d'assurance, de pensions et garanties standard	14 751	8 792	7 192	9 670	7 426	9 129	3 242	3 242
Produits financiers dérivés et options sur titres des salariés	..	..	..	..	..	..	..	..
Autres comptes à recevoir	..	..	..	..	..	..	..	..
Passifs financiers	..	..	..	..	..	..	..	..
Titres de dette	3 635	4 932	6 052	7 455	9 255	9 258	13 447	13 482
Titres de dette à court terme	..	..	..	..	..	..	..	..
Titres de dette à long terme	3 635	4 932	6 052	7 455	9 255	9 258	13 447	13 482
Crédits	16 430	14 087	20 877	13 885	14 306	15 574	13 191	12 917
Crédits à court terme	..	..	..	..	..	..	..	..
Crédits à long terme	..	..	..	..	..	..	..	..
Actions et parts de fonds d'investissement	..	..	..	..	..	..	..	..
Systèmes d'assurance, de pensions et garanties standard	898 330	923 597	941 309	969 376	1 008 677	1 044 038	1 085 336	1 113 837
Produits financiers dérivés et options sur titres des salariés	..	..	..	..	..	..	..	..
Autres comptes à payer	..	..	..	..	..	..	..	..
Actifs non financiers	95 902	95 398	98 566	102 753	107 523	110 279	115 227	..
Sociétés d'assurance								
Valeur nette financière	..	..	..	..	..	..	..	..
Actifs financiers	436 822	474 006	489 213	513 601	545 714	535 032	563 029	561 105
Numéraire et dépôts	30 024	29 758	29 238	34 109	36 395	31 130	33 072	33 318
Titres de dette	187 823	176 539	182 548	186 009	198 874	188 201	188 597	171 906
Crédits	46 425	49 679	49 591	49 740	51 221	52 922	51 498	53 227
Actions et parts de fonds d'investissement	172 550	218 030	227 836	243 743	259 224	262 779	289 862	302 654
Actions	114 271	133 583	135 689	147 002	155 613	152 351	156 230	159 437
Parts de fonds d'investissement	58 279	84 447	92 147	96 741	103 611	110 428	133 632	143 217
Parts de fonds d'investissement monétaires	..	..	..	..	..	..	..	..
Parts de fonds d'investissement non monétaires	..	..	..	..	..	..	..	..
Systèmes d'assurance, de pensions et garanties standard	..	..	..	..	..	..	..	..
Produits financiers dérivés et options sur titres des salariés	..	..	..	..	..	..	..	..
Autres comptes à recevoir	..	..	..	..	..	..	..	..
Passifs financiers	..	..	..	..	..	..	..	..
Titres de dette	3 635	4 932	6 052	7 455	9 255	9 258	13 447	13 482
Titres de dette à court terme	..	..	..	..	..	..	..	..
Titres de dette à long terme	3 635	4 932	6 052	7 455	9 255	9 258	13 447	13 482
Crédits	14 211	12 052	17 786	11 508	12 444	12 661	11 291	11 416
Crédits à court terme	..	..	..	..	..	..	..	..
Crédits à long terme	..	..	..	..	..	..	..	..
Actions et parts de fonds d'investissement	..	..	..	..	..	..	..	..
Systèmes d'assurance, de pensions et garanties standard	321 021	327 636	332 113	340 506	353 635	360 938	371 332	380 617
Produits financiers dérivés et options sur titres des salariés	..	..	..	..	..	..	..	..
Autres comptes à payer	..	..	..	..	..	..	..	..
Actifs non financiers	35 997	36 554	37 988	38 610	40 792	41 703	43 111	44 933
Fonds de pension								
Valeur nette financière	-99 742	-63 771	-51 406	-63 889	-48 490	-31 943	-10 856	-18 769
Actifs financiers	479 786	534 225	560 881	567 358	608 414	654 070	705 048	715 952
Numéraire et dépôts	33 625	34 642	36 069	40 178	44 982	53 091	51 099	43 190
Titres de dette	153 701	152 916	142 224	141 324	139 218	131 295	134 141	126 565
Crédits	14 179	13 430	12 421	11 848	10 506	10 865	11 792	12 411
Actions et parts de fonds d'investissement	263 530	324 445	362 975	364 338	406 282	449 690	504 774	530 544
Actions	65 006	83 175	84 666	77 406	89 929	88 359	75 678	69 823
Parts de fonds d'investissement	198 524	241 270	278 309	286 932	316 353	361 331	429 096	460 721
Parts de fonds d'investissement monétaires	..	..	..	..	..	..	..	..
Parts de fonds d'investissement non monétaires	..	..	..	..	..	..	..	..
Systèmes d'assurance, de pensions et garanties standard	14 751	8 792	7 192	9 670	7 426	9 129	3 242	3 242
Produits financiers dérivés et options sur titres des salariés	..	..	..	..	..	..	..	..
Autres comptes à recevoir	..	..	..	..	..	..	..	..
Passifs financiers	579 528	597 996	612 287	631 247	656 904	686 013	715 904	734 721
Titres de dette	..	..	..	..	..	..	..	..
Titres de dette à court terme	..	..	..	..	..	..	..	..
Titres de dette à long terme	..	..	..	..	..	..	..	..
Crédits	2 219	2 035	3 091	2 377	1 862	2 913	1 900	1 501
Crédits à court terme	..	..	..	..	..	..	..	..
Crédits à long terme	..	..	..	..	..	..	..	..
Actions et parts de fonds d'investissement	..	..	..	..	..	..	..	..
Systèmes d'assurance, de pensions et garanties standard	577 309	595 961	609 196	628 870	655 042	683 100	714 004	733 220
Produits financiers dérivés et options sur titres des salariés	..	..	..	..	..	..	..	..
Autres comptes à payer	..	..	..	..	..	..	..	..
Actifs non financiers	59 905	58 844	60 578	64 143	66 731	68 576	72 116	..

Note : Voir les métadonnées détaillées sur : http://metalinks.oecd.org/instinv/20170516/5358

Tableau 4. Composition du portefeuille par type d'investisseur

En pourcentage des actifs financiers et des passifs financiers

Pour cent

	2008	2009	2010	2011	2012	2013	2014	2015
Fonds d'investissement								
Actifs financiers	..	..	..	..	..	..	..	..
Numéraire et dépôts	..	..	..	..	..	..	..	..
Titres de dettes	..	..	..	..	..	..	..	..
Crédits	..	..	..	..	..	..	..	..
Actions et parts de fonds d'investissement	..	..	..	..	..	..	..	..
Systèmes d'assurance de pensions et garanties standard	..	..	..	..	..	..	..	..
Produits financiers dérivés et options sur titres des salariés	..	..	..	..	..	..	..	..
Autres comptes à recevoir	..	..	..	..	..	..	..	..
Passifs financiers	..	..	..	..	..	..	..	..
Numéraire et dépôts	..	..	..	..	..	..	..	..
Titres de dettes	..	..	..	..	..	..	..	..
Crédits	..	..	..	..	..	..	..	..
Actions et parts de fonds d'investissement	..	..	..	..	..	..	..	..
Systèmes d'assurance de pensions et garanties standard	..	..	..	..	..	..	..	..
Produits financiers dérivés et options sur titres des salariés	..	..	..	..	..	..	..	..
Autres comptes à recevoir	..	..	..	..	..	..	..	..
Sociétés d'assurance								
Actifs financiers	100.0	100.0	100.0	100.0	100.0	100.0	100.0	100.0
Numéraire et dépôts	6.9	6.3	6.0	6.6	6.7	5.8	5.9	5.9
Titres de dettes	43.0	37.2	37.3	36.2	36.4	35.2	33.5	30.6
Crédits	10.6	10.5	10.1	9.7	9.4	9.9	9.1	9.5
Actions et parts de fonds d'investissement	39.5	46.0	46.6	47.5	47.5	49.1	51.5	53.9
Systèmes d'assurance de pensions et garanties standard	0.0	0.0	0.0	0.0	0.0	0.0	0.0	0.0
Produits financiers dérivés et options sur titres des salariés	0.0	0.0	0.0	0.0	0.0	0.0	0.0	0.0
Autres comptes à recevoir	0.0	0.0	0.0	0.0	0.0	0.0	0.0	0.0
Passifs financiers	..	..	..	..	..	..	..	..
Numéraire et dépôts	..	..	..	..	..	..	..	..
Titres de dettes	..	..	..	..	..	..	..	..
Crédits	..	..	..	..	..	..	..	..
Actions et parts de fonds d'investissement	..	..	..	..	..	..	..	..
Systèmes d'assurance de pensions et garanties standard	..	..	..	..	..	..	..	..
Produits financiers dérivés et options sur titres des salariés	..	..	..	..	..	..	..	..
Autres comptes à recevoir	..	..	..	..	..	..	..	..
Fonds de pension								
Actifs financiers	100.0	100.0	100.0	100.0	100.0	100.0	100.0	100.0
Numéraire et dépôts	7.0	6.5	6.4	7.1	7.4	8.1	7.2	6.0
Titres de dettes	32.0	28.6	25.4	24.9	22.9	20.1	19.0	17.7
Crédits	3.0	2.6	2.2	2.1	1.7	1.7	1.7	1.7
Actions et parts de fonds d'investissement	54.9	60.7	64.7	64.2	66.8	68.8	71.6	74.1
Systèmes d'assurance de pensions et garanties standard	3.1	1.6	1.3	1.7	1.2	1.4	0.5	0.5
Produits financiers dérivés et options sur titres des salariés	0.0	0.0	0.0	0.0	0.0	0.0	0.0	0.0
Autres comptes à recevoir	0.0	0.0	0.0	0.0	0.0	0.0	0.0	0.0
Passifs financiers	100.0	100.0	100.0	100.0	100.0	100.0	100.0	100.0
Numéraire et dépôts	0.0	0.0	0.0	0.0	0.0	0.0	0.0	0.0
Titres de dettes	0.0	0.0	0.0	0.0	0.0	0.0	0.0	0.0
Crédits	0.4	0.3	0.5	0.4	0.3	0.4	0.3	0.2
Actions et parts de fonds d'investissement	0.0	0.0	0.0	0.0	0.0	0.0	0.0	0.0
Systèmes d'assurance de pensions et garanties standard	99.6	99.7	99.5	99.6	99.7	99.6	99.7	99.8
Produits financiers dérivés et options sur titres des salariés	0.0	0.0	0.0	0.0	0.0	0.0	0.0	0.0
Autres comptes à recevoir	0.0	0.0	0.0	0.0	0.0	0.0	0.0	0.0

Note : Voir les métadonnées détaillées sur : http://metalinks.oecd.org/instinv/20170516/e12c

TURQUIE

Tableau 1. Actifs et passifs financiers des investisseurs institutionnels, 2015

Millions TRY

	Total	Fonds d'investissement			
		Fonds d'investissement non-monétaire			Fonds d'investissement monétaires
		Total	Fonds d'investissement à capital variable, non monétaire	Fonds d'investissement à capital fixe, non monétaire	Total
Actifs financiers	40 267	28 334	26 822	1 512	11 933
Numéraire et dépôts	11 524	4 145	3 920	225	7 378
Titres de dette	25 353	20 798	20 072	726	4 555
Titres de dette à court terme	13 688	9 627	9 480	147	4 061
Titres de dette à long terme	11 665	11 171	10 593	579	494
Titres de dette émis par les résidents	25 258	20 703	19 977	726	4 555
Titres de dette émis par les non-résidents	96	96	96	0	0
Crédits	..	..	..	..	..
Crédits à court terme	..	..	..	..	..
Crédits à long terme	..	..	..	..	..
Crédits accordés aux résidents	..	..	..	..	..
Crédits accordés aux non-résidents	..	..	..	..	..
Actions et parts de fonds d'investissement	3 390	3 390	2 829	561	0
Actions et parts de fonds d'investissements émises par les résidents	2 827	2 827	2 266	561	0
Actions et part de fonds d'investissements émises par les non-résidents	564	564	564	0	0
Autres comptes à recevoir	..	..	..	..	..

	Total	Fonds d'investissement			
		Fonds d'investissement non-monétaire			Fonds d'investissement monétaires
		Total	Fonds d'investissement à capital variable, non monétaire	Fonds d'investissement à capital fixe, non monétaire	Total
Pasifs financiers	..	..	..	..	..
Numéraire et dépôts	..	..	..	..	..
Titres de dette	..	..	..	..	..
Titres de dette à court terme	..	..	..	..	..
Titres de dette à long terme	..	..	..	..	..
Crédits	..	..	..	..	..
Crédits à court terme	..	..	..	..	..
Crédits à long terme	..	..	..	..	..
Actions et parts de fonds d'investissement	..	..	..	..	..
Systèmes d'assurance, de pensions et garanties standard	..	..	..	..	..
Produits financiers dérivés et options sur titres des salariés	..	..	..	..	..
Autres comptes à payer	..	..	..	..	..

	Total	Sociétés d'assurance et fonds de pension autonomes			
		Sociétés d'assurance			Fonds de pension autonomes
		Total	Sociétés d'assurance vie	Sociétés d'assurance non-vie	Total
Actifs financiers	96 721	49 141	12 586	36 554	47 581
Numéraire et dépôts	24 537	20 572	6 126	14 446	3 965
Titres de dette	38 900	12 843	4 879	7 965	26 057
Titres de dette à court terme	..	..	4 877	7 962	..
Titres de dette à long terme	..	..	2	2	..
Titres de dette émis par les résidents	..	..	..	..	..
Titres de dette émis par les non-résidents	..	..	..	..	..
Crédits	..	175	175	0	..
Crédits à court terme	..	50	50	..	..
Crédits à long terme	..	125	125	..	..
Crédits accordés aux résidents	..	0	..	..	..
Crédits accordés aux non-résidents	..	0	..	..	..
Actions et parts de fonds d'investissement	12 706	3 162	398	2 764	9 544
Actions et parts de fonds d'investissement émises par les résidents	..	0	..	..	..
Actions et parts de fonds d'investissement émises par les non-résidents	..	0	..	..	..
Autrescomptes à recevoir	20 404	12 388	1 009	11 380	8 015

	Total	Sociétés d'assurance et fonds de pension autonomes			
		Sociétés d'assurance			Fonds de pension autonomes
		Total	Sociétés d'assurance vie	Sociétés d'assurance non-vie	Total
Pasifs financiers	..	98 608	62 023	36 585	..
Numéraire et dépôts	..	0	..	..	..
Titres de dette	..	0	0	..	..
Titres de dette à court terme	..	0	..	..	..
Titres de dette à long terme	..	0	..	..	..
Crédits	..	993	213	780	..
Crédits à court terme	..	993	213	780	..
Crédits à long terme	..	0	0	0	..
Actions et parts de fonds d'investissement	..	13 281	4 863	8 418	..
Systèmes d'assurance, de pensions et garanties standard	..	79 702	56 322	23 380	..
Produits financiers dérivés et options sur titres des salariés	..	0	..	..	..
Autres comptes à payer	..	4 632	626	4 007	..

Note : Voir les métadonnées détaillées sur : http://metalinks.oecd.org/instinv/20170516/5358

Tableau 2. Actifs et passifs financiers des fonds d'investissement

Millions TRY

	2008	2009	2010	2011	2012	2013	2014	2015
Fonds d'investissement								
Valeur nette financière	..	..	..	..	..	..	..	..
Actifs financiers	..	..	..	..	..	..	45 383	40 267
Numéraire et dépôts	..	..	..	..	..	..	23 058	11 524
Titres de dette	..	..	..	..	..	..	19 979	25 353
Crédits	..	..	..	..	..	..	..	..
Actions et parts de fonds d'investissement	..	..	..	..	..	..	2 346	3 390
Actions	..	..	..	..	..	..	2 244	3 250
Parts de fonds d'investissement	..	..	..	..	..	..	102	140
Parts de fonds d'investissement monétaires	..	..	..	..	..	..	56	30
Parts de fonds d'investissement non monétaires	..	..	..	..	..	..	46	110
Systèmes d'assurance, de pensions et garanties standard	..	..	..	..	..	..	..	..
Produits financiers dérivés et options sur titres des salariés	..	..	..	..	..	..	..	..
Autres comptes à recevoir	..	..	..	..	..	..	..	..
Passifs financiers	..	..	..	..	..	..	..	..
Titres de dette	..	..	..	..	..	..	..	..
Titres de dette à court terme	..	..	..	..	..	..	..	..
Titres de dette à long terme	..	..	..	..	..	..	..	..
Crédits	..	..	..	..	..	..	..	..
Crédits à court terme	..	..	..	..	..	..	..	..
Crédits à long terme	..	..	..	..	..	..	..	..
Actions et parts de fonds d'investissement	..	..	..	..	..	..	..	..
Systèmes d'assurance, de pensions et garanties standard	..	..	..	..	..	..	..	..
Produits financiers dérivés et options sur titres des salariés	..	..	..	..	..	..	..	..
Autres comptes à payer	..	..	..	..	..	..	..	..
Actifs non financiers	..	..	..	..	..	..	32 264	41 236
Fonds d'investissement monéaires								
Valeur nette financière	..	..	..	..	..	..	..	..
Actifs financiers	..	..	..	..	..	..	12 622	11 933
Numéraire et dépôts	..	..	..	..	..	..	8 901	7 378
Titres de dette	..	..	..	..	..	..	3 721	4 555
Crédits	..	..	..	..	..	..	..	..
Actions et parts de fonds d'investissement	..	..	..	..	..	..	0	0
Actions	..	..	..	..	..	..	0	0
Parts de fonds d'investissement	..	..	..	..	..	..	0	0
Parts de fonds d'investissement monétaires	..	..	..	..	..	..	0	0
Parts de fonds d'investissement non monétaires	..	..	..	..	..	..	0	0
Systèmes d'assurance, de pensions et garanties standard	..	..	..	..	..	..	..	..
Produits financiers dérivés et options sur titres des salariés	..	..	..	..	..	..	..	..
Autres comptes à recevoir	..	..	..	..	..	..	..	..
Passifs financiers	..	..	..	..	..	..	..	..
Titres de dette	..	..	..	..	..	..	..	..
Titres de dette à court terme	..	..	..	..	..	..	..	..
Titres de dette à long terme	..	..	..	..	..	..	..	..
Crédits	..	..	..	..	..	..	..	..
Crédits à court terme	..	..	..	..	..	..	..	..
Crédits à long terme	..	..	..	..	..	..	..	..
Actions et parts de fonds d'investissement	..	..	..	..	..	..	..	..
Systèmes d'assurance, de pensions et garanties standard	..	..	..	..	..	..	..	..
Produits financiers dérivés et options sur titres des salariés	..	..	..	..	..	..	..	..
Autres comptes à payer	..	..	..	..	..	..	..	..
Actifs non financiers	..	..	..	..	..	..	0	0
Fonds d'investissement non monéaires								
Valeur nette financière	..	..	..	..	..	..	..	..
Actifs financiers	..	..	..	..	..	..	32 761	28 334
Numéraire et dépôts	..	..	..	..	..	..	14 157	4 145
Titres de dette	..	..	..	..	..	..	16 258	20 798
Crédits	..	..	..	..	..	..	..	..
Actions et parts de fonds d'investissement	..	..	..	..	..	..	2 346	3 390
Actions	..	..	..	..	..	..	2 244	3 250
Parts de fonds d'investissement	..	..	..	..	..	..	102	140
Parts de fonds d'investissement monétaires	..	..	..	..	..	..	56	30
Parts de fonds d'investissement non monétaires	..	..	..	..	..	..	46	110
Systèmes d'assurance, de pensions et garanties standard	..	..	..	..	..	..	..	..
Produits financiers dérivés et options sur titres des salariés	..	..	..	..	..	..	..	..
Autres comptes à recevoir	..	..	..	..	..	..	..	..
Passifs financiers	..	..	..	..	..	..	..	..
Titres de dette	..	..	..	..	..	..	..	..
Titres de dette à court terme	..	..	..	..	..	..	..	..
Titres de dette à long terme	..	..	..	..	..	..	..	..
Crédits	..	..	..	..	..	..	..	..
Crédits à court terme	..	..	..	..	..	..	..	..
Crédits à long terme	..	..	..	..	..	..	..	..
Actions et parts de fonds d'investissement	..	..	..	..	..	..	..	..
Systèmes d'assurance, de pensions et garanties standard	..	..	..	..	..	..	..	..
Produits financiers dérivés et options sur titres des salariés	..	..	..	..	..	..	..	..
Autres comptes à payer	..	..	..	..	..	..	..	..
Actifs non financiers	..	..	..	..	..	..	32 264	41 236
Fonds d'investissement non monéaires à capital variable								
Valeur nette financière	..	..	..	..	..	..	..	..
Actifs financiers	..	..	..	..	..	..	31 676	26 822

Tableau 2. Actifs et passifs financiers des fonds d'investissement *(suite)*

Millions TRY

	2008	2009	2010	2011	2012	2013	2014	2015
Numéraire et dépôts	..	..	..	..	..	..	13 983	3 920
Titres de dette	..	..	..	..	..	..	15 509	20 072
Crédits	..	..	..	..	..	..	..	..
Actions et parts de fonds d'investissement	..	..	..	..	..	..	2 184	2 829
Actions	..	..	..	..	..	..	2 138	2 719
Parts de fonds d'investissement	..	..	..	..	..	..	46	110
Parts de fonds d'investissement monétaires	..	..	..	..	..	..	0	0
Parts de fonds d'investissement non monétaires	..	..	..	..	..	..	46	110
Systèmes d'assurance, de pensions et garanties standard	..	..	..	..	..	..	..	..
Produits financiers dérivés et options sur titres des salariés	..	..	..	..	..	..	..	..
Autres comptes à recevoir	..	..	..	..	..	..	..	..
Passifs financiers	..	..	..	..	..	..	..	..
Titres de dette	..	..	..	..	..	..	..	..
Titres de dette à court terme	..	..	..	..	..	..	..	..
Titres de dette à long terme	..	..	..	..	..	..	..	..
Crédits	..	..	..	..	..	..	..	..
Crédits à court terme	..	..	..	..	..	..	..	..
Crédits à long terme	..	..	..	..	..	..	..	..
Actions et parts de fonds d'investissement	..	..	..	..	..	..	..	..
Systèmes d'assurance, de pensions et garanties standard	..	..	..	..	..	..	..	..
Produits financiers dérivés et options sur titres des salariés	..	..	..	..	..	..	..	..
Autres comptes à payer	..	..	..	..	..	..	..	..
Actifs non financiers	..	..	..	..	..	..	0	0
Fonds d'investissement à capital variable								
Valeur nette financière	..	..	..	..	..	..	..	..
Actifs financiers	..	..	..	..	..	..	44 298	38 755
Numéraire et dépôts	..	..	..	..	..	..	22 884	11 299
Titres de dette	..	..	..	..	..	..	19 230	24 627
Crédits	..	..	..	..	..	..	..	..
Actions et parts de fonds d'investissement	..	..	..	..	..	..	2 184	2 829
Actions	..	..	..	..	..	..	2 138	2 719
Parts de fonds d'investissement	..	..	..	..	..	..	46	110
Parts de fonds d'investissement monétaires	..	..	..	..	..	..	0	0
Parts de fonds d'investissement non monétaires	..	..	..	..	..	..	46	110
Systèmes d'assurance, de pensions et garanties standard	..	..	..	..	..	..	..	..
Produits financiers dérivés et options sur titres des salariés	..	..	..	..	..	..	..	..
Autres comptes à recevoir	..	..	..	..	..	..	..	..
Passifs financiers	..	..	..	..	..	..	..	..
Titres de dette	..	..	..	..	..	..	..	..
Titres de dette à court terme	..	..	..	..	..	..	..	..
Titres de dette à long terme	..	..	..	..	..	..	..	..
Crédits	..	..	..	..	..	..	..	..
Crédits à court terme	..	..	..	..	..	..	..	..
Crédits à long terme	..	..	..	..	..	..	..	..
Actions et parts de fonds d'investissement	..	..	..	..	..	..	..	..
Systèmes d'assurance, de pensions et garanties standard	..	..	..	..	..	..	..	..
Produits financiers dérivés et options sur titres des salariés	..	..	..	..	..	..	..	..
Autres comptes à payer	..	..	..	..	..	..	..	..
Actifs non financiers	..	..	..	..	..	..	0	0

Note : Voir les métadonnées détaillées sur : http://metalinks.oecd.org/instinv/20170516/5358

Tableau 3. Actifs et passifs financiers des sociétés d'assurance et fonds de pension

Millions TRY

	2008	2009	2010	2011	2012	2013	2014	2015
Sociétés d'assurance et fonds de pension								
Valeur nette financière	..	..	..	..	..	..	-77 726	..
Actifs financiers	..	..	..	..	..	..	53 389	96 721
Numéraire et dépôts	..	..	..	..	..	..	21 967	24 537
Titres de dette	..	..	..	..	..	..	17 273	38 900
Crédits	..	..	..	..	..	..	334	..
Actions et parts de fonds d'investissement	..	..	..	..	..	..	2 751	12 706
Actions	..	..	..	..	..	..	2 035	..
Parts de fonds d'investissement	..	..	..	..	..	..	716	..
Parts de fonds d'investissement monétaires	..	..	..	..	..	..	..	..
Parts de fonds d'investissement non monétaires	..	..	..	..	..	..	..	..
Systèmes d'assurance, de pensions et garanties standard	..	..	..	..	..	..	0	..
Produits financiers dérivés et options sur titres des salariés	..	..	..	..	..	..	0	..
Autres comptes à recevoir	..	..	..	..	..	..	11 065	20 404
Passifs financiers	..	..	..	..	..	..	131 116	..
Titres de dette	..	..	..	..	..	..	0	..
Titres de dette à court terme	..	..	..	..	..	..	..	..
Titres de dette à long terme	..	..	..	..	..	..	..	..
Crédits	..	..	..	..	..	..	471	..
Crédits à court terme	..	..	..	..	..	..	471	..
Crédits à long terme	..	..	..	..	..	..	1	..
Actions et parts de fonds d'investissement	..	..	..	..	..	..	17 264	..
Systèmes d'assurance, de pensions et garanties standard	..	..	..	..	..	..	109 642	..
Produits financiers dérivés et options sur titres des salariés	..	..	..	..	..	..	0	..
Autres comptes à payer	..	..	..	..	..	..	3 738	..
Actifs non financiers	..	..	..	..	..	..	77 726	..
Sociétés d'assurance								
Valeur nette financière	..	..	..	..	..	..	-38 781	-49 467
Actifs financiers	..	..	..	..	..	..	42 239	49 141
Numéraire et dépôts	..	..	..	..	..	..	17 277	20 572
Titres de dette	..	..	..	..	..	..	12 058	12 843
Crédits	..	..	..	..	..	..	166	175
Actions et parts de fonds d'investissement	..	..	..	..	..	..	2 376	3 162
Actions	..	..	..	..	..	..	1 792	2 516
Parts de fonds d'investissement	..	..	..	..	..	..	584	646
Parts de fonds d'investissement monétaires	..	..	..	..	..	..	0	0
Parts de fonds d'investissement non monétaires	..	..	..	..	..	..	0	0
Systèmes d'assurance, de pensions et garanties standard	..	..	..	..	..	..	0	0
Produits financiers dérivés et options sur titres des salariés	..	..	..	..	..	..	0	0
Autres comptes à recevoir	..	..	..	..	..	..	10 362	12 388
Passifs financiers	..	..	..	..	..	..	81 019	98 608
Titres de dette	..	..	..	..	..	..	0	0
Titres de dette à court terme	..	..	..	..	..	..	0	0
Titres de dette à long terme	..	..	..	..	..	..	0	0
Crédits	..	..	..	..	..	..	352	993
Crédits à court terme	..	..	..	..	..	..	351	993
Crédits à long terme	..	..	..	..	..	..	1	0
Actions et parts de fonds d'investissement	..	..	..	..	..	..	13 187	13 281
Systèmes d'assurance, de pensions et garanties standard	..	..	..	..	..	..	64 015	79 702
Produits financiers dérivés et options sur titres des salariés	..	..	..	..	..	..	0	0
Autres comptes à payer	..	..	..	..	..	..	3 465	4 632
Actifs non financiers	..	..	..	..	..	..	38 780	49 286
Fonds de pension								
Valeur nette financière	..	..	..	..	..	..	-38 946	..
Actifs financiers	..	..	..	..	..	..	11 151	47 581
Numéraire et dépôts	..	..	..	..	..	..	4 690	3 965
Titres de dette	..	..	..	..	..	..	5 215	26 057
Crédits	..	..	..	..	..	..	168	..
Actions et parts de fonds d'investissement	..	..	..	..	..	..	374	9 544
Actions	..	..	..	..	..	..	243	..
Parts de fonds d'investissement	..	..	..	..	..	..	132	..
Parts de fonds d'investissement monétaires	..	..	..	..	..	..	..	..
Parts de fonds d'investissement non monétaires	..	..	..	..	..	..	..	..
Systèmes d'assurance, de pensions et garanties standard	..	..	..	..	..	..	0	..
Produits financiers dérivés et options sur titres des salariés	..	..	..	..	..	..	0	..
Autres comptes à recevoir	..	..	..	..	..	..	704	8 015
Passifs financiers	..	..	..	..	..	..	50 097	..
Titres de dette	..	..	..	..	..	..	0	..
Titres de dette à court terme	..	..	..	..	..	..	..	..
Titres de dette à long terme	..	..	..	..	..	..	..	..
Crédits	..	..	..	..	..	..	120	..
Crédits à court terme	..	..	..	..	..	..	120	..
Crédits à long terme	..	..	..	..	..	..	0	..
Actions et parts de fonds d'investissement	..	..	..	..	..	..	4 077	..
Systèmes d'assurance, de pensions et garanties standard	..	..	..	..	..	..	45 627	..
Produits financiers dérivés et options sur titres des salariés	..	..	..	..	..	..	0	..
Autres comptes à payer	..	..	..	..	..	..	273	..
Actifs non financiers	..	..	..	..	..	..	38 946	..

Note : Voir les métadonnées détaillées sur : http://metalinks.oecd.org/instinv/20170516/5358

Tableau 4. Composition du portefeuille par type d'investisseur

En pourcentage des actifs financiers et des passifs financiers

Pour cent

	2008	2009	2010	2011	2012	2013	2014	2015
Fonds d'investissement								
Actifs financiers	..	..	..	..	..	..	100.0	100.0
Numéraire et dépôts	..	..	..	..	..	..	50.8	28.6
Titres de dettes	..	..	..	..	..	..	44.0	63.0
Crédits	..	..	..	..	..	..	0.0	0.0
Actions et parts de fonds d'investissement	..	..	..	..	..	..	5.2	8.4
Systèmes d'assurance de pensions et garanties standard	..	..	..	..	..	..	0.0	0.0
Produits financiers dérivés et options sur titres des salariés	..	..	..	..	..	..	0.0	0.0
Autres comptes à recevoir	..	..	..	..	..	..	0.0	0.0
Passifs financiers	..	..	..	..	..	..	..	..
Numéraire et dépôts	..	..	..	..	..	..	..	..
Titres de dettes	..	..	..	..	..	..	..	..
Crédits	..	..	..	..	..	..	..	..
Actions et parts de fonds d'investissement	..	..	..	..	..	..	..	..
Systèmes d'assurance de pensions et garanties standard	..	..	..	..	..	..	..	..
Produits financiers dérivés et options sur titres des salariés	..	..	..	..	..	..	..	..
Autres comptes à recevoir	..	..	..	..	..	..	..	..
Sociétés d'assurance								
Actifs financiers	..	..	..	..	..	..	100.0	100.0
Numéraire et dépôts	..	..	..	..	..	..	40.9	41.9
Titres de dettes	..	..	..	..	..	..	28.5	26.1
Crédits	..	..	..	..	..	..	0.4	0.4
Actions et parts de fonds d'investissement	..	..	..	..	..	..	5.6	6.4
Systèmes d'assurance de pensions et garanties standard	..	..	..	..	..	..	0.0	0.0
Produits financiers dérivés et options sur titres des salariés	..	..	..	..	..	..	0.0	0.0
Autres comptes à recevoir	..	..	..	..	..	..	24.5	25.2
Passifs financiers	..	..	..	..	..	..	100.0	100.0
Numéraire et dépôts	..	..	..	..	..	..	0.0	0.0
Titres de dettes	..	..	..	..	..	..	0.0	0.0
Crédits	..	..	..	..	..	..	0.4	1.0
Actions et parts de fonds d'investissement	..	..	..	..	..	..	16.3	13.5
Systèmes d'assurance de pensions et garanties standard	..	..	..	..	..	..	79.0	80.8
Produits financiers dérivés et options sur titres des salariés	..	..	..	..	..	..	0.0	0.0
Autres comptes à recevoir	..	..	..	..	..	..	4.3	4.7
Fonds de pension								
Actifs financiers	..	..	..	..	..	..	100.0	100.0
Numéraire et dépôts	..	..	..	..	..	..	42.1	8.3
Titres de dettes	..	..	..	..	..	..	46.8	54.8
Crédits	..	..	..	..	..	..	1.5	0.0
Actions et parts de fonds d'investissement	..	..	..	..	..	..	3.4	20.1
Systèmes d'assurance de pensions et garanties standard	..	..	..	..	..	..	0.0	0.0
Produits financiers dérivés et options sur titres des salariés	..	..	..	..	..	..	0.0	0.0
Autres comptes à recevoir	..	..	..	..	..	..	6.3	16.8
Passifs financiers	..	..	..	..	..	..	100.0	..
Numéraire et dépôts	..	..	..	..	..	..	0.0	..
Titres de dettes	..	..	..	..	..	..	0.0	..
Crédits	..	..	..	..	..	..	0.2	..
Actions et parts de fonds d'investissement	..	..	..	..	..	..	8.1	..
Systèmes d'assurance de pensions et garanties standard	..	..	..	..	..	..	91.1	..
Produits financiers dérivés et options sur titres des salariés	..	..	..	..	..	..	0.0	..
Autres comptes à recevoir	..	..	..	..	..	..	0.5	..

Note : Voir les métadonnées détaillées sur : http://metalinks.oecd.org/instinv/20170516/e12c

Tableau 1. Actifs et passifs financiers des investisseurs institutionnels, 2015

Millions GBP

	Total	Fonds d'investissement – Fonds d'investissement non-monétaire – Total	Fonds d'investissement à capital variable, non monétaire	Fonds d'investissement à capital fixe, non monétaire	Fonds d'investissement monétaires – Total
Actifs financiers	..	..	..	..	..
Numéraire et dépôts	..	..	..	..	..
Titres de dette	..	..	..	..	..
Titres de dette à court terme	..	..	..	..	..
Titres de dette à long terme	..	..	..	..	..
Titres de dette émis par les résidents	..	..	..	..	..
Titres de dette émis par les non-résidents	..	..	..	..	..
Crédits	..	..	..	..	..
Crédits à court terme	..	..	..	..	..
Crédits à long terme	..	..	..	..	..
Crédits accordés aux résidents	..	..	..	..	..
Crédits accordés aux non-résidents	..	..	..	..	..
Actions et parts de fonds d'investissement	..	..	..	..	..
Actions et parts de fonds d'investissements émises par les résidents	..	..	..	..	..
Actions et part de fonds d'investissements émises par les non-résidents	..	..	..	..	..
Autres comptes à recevoir	..	..	..	..	..

	Total	Fonds d'investissement – Fonds d'investissement non-monétaire – Total	Fonds d'investissement à capital variable, non monétaire	Fonds d'investissement à capital fixe, non monétaire	Fonds d'investissement monétaires – Total
Pasifs financiers	..	..	..	..	..
Numéraire et dépôts	..	..	..	..	..
Titres de dette	..	..	..	..	..
Titres de dette à court terme	..	..	..	..	..
Titres de dette à long terme	..	..	..	..	..
Crédits	..	..	..	..	..
Crédits à court terme	..	..	..	..	..
Crédits à long terme	..	..	..	..	..
Actions et parts de fonds d'investissement	..	..	..	..	..
Systèmes d'assurance, de pensions et garanties standard	..	..	..	..	..
Produits financiers dérivés et options sur titres des salariés	..	..	..	..	..
Autres comptes à payer	..	..	..	..	..

	Total	Sociétés d'assurance et fonds de pension autonomes – Sociétés d'assurance – Total	Sociétés d'assurance vie	Sociétés d'assurance non-vie	Fonds de pension autonomes – Total
Actifs financiers	4 212 347	..	..	..	..
Numéraire et dépôts	144 147	..	..	..	..
Titres de dette	1 075 301	..	..	..	..
Titres de dette à court terme	18 488	..	..	..	..
Titres de dette à long terme	1 056 813	..	..	..	..
Titres de dette émis par les résidents	740 552	..	..	..	..
Titres de dette émis par les non-résidents	334 749	..	..	..	..
Crédits	173 835	..	..	..	..
Crédits à court terme	..	..	..	..	..
Crédits à long terme	..	..	..	..	..
Crédits accordés aux résidents	..	..	..	..	..
Crédits accordés aux non-résidents	..	..	..	..	..
Actions et parts de fonds d'investissement	1 572 022	..	..	..	..
Actions et parts de fonds d'investissement émises par les résidents	890 167	..	..	..	..
Actions et parts de fonds d'investissement émises par les non-résidents	681 855	..	..	..	..
Autrescomptes à recevoir	31 094	..	..	..	..

	Total	Sociétés d'assurance et fonds de pension autonomes – Sociétés d'assurance – Total	Sociétés d'assurance vie	Sociétés d'assurance non-vie	Fonds de pension autonomes – Total
Pasifs financiers	4 027 780	..	..	..	..
Numéraire et dépôts	..	..	..	..	..
Titres de dette	24 740	..	..	..	..
Titres de dette à court terme	..	..	..	..	..
Titres de dette à long terme	..	..	..	..	..
Crédits	60 284	..	..	..	..
Crédits à court terme	41 915	..	..	..	..
Crédits à long terme	18 369	..	..	..	..
Actions et parts de fonds d'investissement	124 170	..	..	..	..
Systèmes d'assurance, de pensions et garanties standard	3 638 043	..	..	..	..
Produits financiers dérivés et options sur titres des salariés	98 871	..	..	..	..
Autres comptes à payer	81 672	..	..	..	..

Note : Voir les métadonnées détaillées sur : http://metalinks.oecd.org/instinv/20170516/5358

Tableau 3. Actifs et passifs financiers des sociétés d'assurance et fonds de pension

Millions GBP

	2008	2009	2010	2011	2012	2013	2014	2015
Sociétés d'assurance et fonds de pension								
Valeur nette financière	130 025	184 790	181 428	135 828	160 010	136 790	143 467	184 567
Actifs financiers	2 887 079	2 951 455	3 092 101	3 498 198	3 693 798	3 680 454	4 342 756	4 212 347
Numéraire et dépôts	131 941	126 488	121 646	132 249	133 141	148 751	149 574	144 147
Titres de dette	724 054	781 222	820 621	913 525	969 101	969 521	1 073 515	1 075 301
Crédits	92 800	86 489	128 072	144 811	176 481	205 884	168 102	173 835
Actions et parts de fonds d'investissement	1 012 500	1 187 705	1 287 062	1 218 545	1 371 315	1 427 865	1 469 498	1 572 022
Actions	641 285	682 551	670 114	577 998	607 181	615 396	631 210	616 362
Parts de fonds d'investissement	371 215	505 154	616 948	640 547	764 134	812 469	838 288	955 660
Parts de fonds d'investissement monétaires	..	..	..	..	..	..	..	..
Parts de fonds d'investissement non monétaires	..	..	..	..	..	..	..	..
Systèmes d'assurance, de pensions et garanties standard	724 057	622 890	602 550	916 977	886 210	767 983	1 296 356	1 115 396
Produits financiers dérivés et options sur titres des salariés	148 534	96 580	95 112	141 106	126 284	126 134	151 268	100 552
Autres comptes à recevoir	53 193	50 081	37 038	30 985	31 266	34 316	34 443	31 094
Passifs financiers	2 757 054	2 766 665	2 910 673	3 362 370	3 533 788	3 543 664	4 199 289	4 027 780
Titres de dette	22 794	26 113	24 120	24 065	26 222	23 878	27 997	24 740
Titres de dette à court terme	..	..	..	..	..	..	..	..
Titres de dette à long terme	..	..	..	..	..	..	..	..
Crédits	45 260	39 732	35 655	43 764	66 165	72 834	61 493	60 284
Crédits à court terme	34 419	30 570	27 561	37 687	41 227	47 256	42 127	41 915
Crédits à long terme	10 841	9 162	8 094	6 077	24 938	25 578	19 366	18 369
Actions et parts de fonds d'investissement	57 191	58 532	64 639	55 474	74 313	95 947	114 139	124 170
Systèmes d'assurance, de pensions et garanties standard	2 413 939	2 475 831	2 624 580	3 030 431	3 162 075	3 143 797	3 749 493	3 638 043
Produits financiers dérivés et options sur titres des salariés	147 301	93 633	92 064	135 695	124 780	124 802	148 331	98 871
Autres comptes à payer	70 569	72 824	69 615	72 941	80 233	82 406	97 836	81 672
Actifs non financiers	..	..	..	..	..	..	..	..
Sociétés d'assurance								
Valeur nette financière	..	..	..	..	..	..	..	..
Actifs financiers	..	..	..	..	..	..	..	..
Numéraire et dépôts	..	..	..	..	..	..	..	..
Titres de dette	..	..	..	..	..	..	..	..
Crédits	..	..	..	..	..	..	..	..
Actions et parts de fonds d'investissement	..	..	..	..	..	..	..	..
Actions	..	..	..	..	..	..	..	..
Parts de fonds d'investissement	..	..	..	..	..	..	..	..
Parts de fonds d'investissement monétaires	..	..	..	..	..	..	..	..
Parts de fonds d'investissement non monétaires	..	..	..	..	..	..	..	..
Systèmes d'assurance, de pensions et garanties standard	..	..	..	..	..	..	..	..
Produits financiers dérivés et options sur titres des salariés	..	..	..	..	..	..	..	..
Autres comptes à recevoir	..	..	..	..	..	..	..	..
Passifs financiers	..	..	..	..	..	..	..	..
Titres de dette	..	..	..	..	..	..	..	..
Titres de dette à court terme	..	..	..	..	..	..	..	..
Titres de dette à long terme	..	..	..	..	..	..	..	..
Crédits	..	..	..	..	..	..	..	..
Crédits à court terme	..	..	..	..	..	..	..	..
Crédits à long terme	..	..	..	..	..	..	..	..
Actions et parts de fonds d'investissement	..	..	..	..	..	..	..	..
Systèmes d'assurance, de pensions et garanties standard	..	..	..	..	..	..	..	..
Produits financiers dérivés et options sur titres des salariés	..	..	..	..	..	..	..	..
Autres comptes à payer	..	..	..	..	..	..	..	..
Actifs non financiers	..	..	..	..	..	..	..	..
Fonds de pension								
Valeur nette financière	..	..	..	..	..	..	..	..
Actifs financiers	..	..	..	..	..	..	..	..
Numéraire et dépôts	..	..	..	..	..	..	..	..
Titres de dette	..	..	..	..	..	..	..	..
Crédits	..	..	..	..	..	..	..	..
Actions et parts de fonds d'investissement	..	..	..	..	..	..	..	..
Actions	..	..	..	..	..	..	..	..
Parts de fonds d'investissement	..	..	..	..	..	..	..	..
Parts de fonds d'investissement monétaires	..	..	..	..	..	..	..	..
Parts de fonds d'investissement non monétaires	..	..	..	..	..	..	..	..
Systèmes d'assurance, de pensions et garanties standard	..	..	..	..	..	..	..	..
Produits financiers dérivés et options sur titres des salariés	..	..	..	..	..	..	..	..
Autres comptes à recevoir	..	..	..	..	..	..	..	..
Passifs financiers	..	..	..	..	..	..	..	..
Titres de dette	..	..	..	..	..	..	..	..
Titres de dette à court terme	..	..	..	..	..	..	..	..
Titres de dette à long terme	..	..	..	..	..	..	..	..
Crédits	..	..	..	..	..	..	..	..
Crédits à court terme	..	..	..	..	..	..	..	..
Crédits à long terme	..	..	..	..	..	..	..	..
Actions et parts de fonds d'investissement	..	..	..	..	..	..	..	..
Systèmes d'assurance, de pensions et garanties standard	..	..	..	..	..	..	..	..
Produits financiers dérivés et options sur titres des salariés	..	..	..	..	..	..	..	..
Autres comptes à payer	..	..	..	..	..	..	..	..
Actifs non financiers	..	..	..	..	..	..	..	..

Note : Voir les métadonnées détaillées sur : http://metalinks.oecd.org/instinv/20170516/5358

ÉTATS-UNIS

Tableau 1. Actifs et passifs financiers des investisseurs institutionnels, 2015

Milliards USD

	Total	Fonds d'investissement – Fonds d'investissement non-monétaire – Total	Fonds d'investissement – Fonds d'investissement non-monétaire – Fonds d'investissement à capital variable, non monétaire	Fonds d'investissement – Fonds d'investissement non-monétaire – Fonds d'investissement à capital fixe, non monétaire	Fonds d'investissement – Fonds d'investissement monétaires – Total
Actifs financiers	18 672	15 917	14 998	920	2 755
Numéraire et dépôts	499	36	..	36	464
Titres de dette	6 186	4 604	4 176	428	1 582
Titres de dette à court terme	661	126	126	..	535
Titres de dette à long terme	5 525	4 478	4 050	428	1 047
Titres de dette émis par les résidents	..	..	..	..	..
Titres de dette émis par les non-résidents	..	..	..	..	..
Crédits	1 138	438	221	218	699
Crédits à court terme	920	221	221	..	699
Crédits à long terme	218	218	..	218	..
Crédits accordés aux résidents	..	..	..	..	..
Crédits accordés aux non-résidents	..	..	..	..	..
Actions et parts de fonds d'investissement	10 436	10 436	10 335	101	..
Actions et parts de fonds d'investissements émises par les résidents	..	..	..	..	..
Actions et part de fonds d'investissements émises par les non-résidents	..	..	..	..	..
Autres comptes à recevoir	413	403	266	137	10

	Total	Fonds d'investissement – Fonds d'investissement non-monétaire – Total	Fonds d'investissement – Fonds d'investissement non-monétaire – Fonds d'investissement à capital variable, non monétaire	Fonds d'investissement – Fonds d'investissement non-monétaire – Fonds d'investissement à capital fixe, non monétaire	Fonds d'investissement – Fonds d'investissement monétaires – Total
Pasifs financiers	19 009	16 254	14 998	1 256	2 755
Numéraire et dépôts	..	..	..	..	..
Titres de dette	396	396	..	396	..
Titres de dette à court terme	0	0	..	0	..
Titres de dette à long terme	396	396	..	396	..
Crédits	520	520	..	520	..
Crédits à court terme	284	284	..	284	..
Crédits à long terme	235	235	..	235	..
Actions et parts de fonds d'investissement	18 013	15 259	14 998	261	2 755
Systèmes d'assurance, de pensions et garanties standard	..	..	..	..	..
Produits financiers dérivés et options sur titres des salariés	..	..	..	..	..
Autres comptes à payer	80	80	..	80	..

	Total	Sociétés d'assurance et fonds de pension autonomes – Sociétés d'assurance – Total	Sociétés d'assurance et fonds de pension autonomes – Sociétés d'assurance – Sociétés d'assurance vie	Sociétés d'assurance et fonds de pension autonomes – Sociétés d'assurance – Sociétés d'assurance non-vie	Sociétés d'assurance et fonds de pension autonomes – Fonds de pension autonomes – Total
Actifs financiers	26 515	8 298	6 450	1 849	18 216
Numéraire et dépôts	190	91	58	33	99
Titres de dette	7 996	4 191	3 197	994	3 806
Titres de dette à court terme	167	79	48	32	88
Titres de dette à long terme	7 829	4 111	3 149	962	3 718
Titres de dette émis par les résidents	..	..	..	..	..
Titres de dette émis par les non-résidents	..	..	..	..	..
Crédits	640	603	589	14	37
Crédits à court terme	172	166	164	2	6
Crédits à long terme	468	437	425	12	31
Crédits accordés aux résidents	..	..	..	..	..
Crédits accordés aux non-résidents	..	..	..	..	..
Actions et parts de fonds d'investissement	11 044	2 537	2 062	475	8 508
Actions et parts de fonds d'investissement émises par les résidents	..	..	..	..	..
Actions et parts de fonds d'investissement émises par les non-résidents	..	..	..	..	..
Autrescomptes à recevoir	1 724	846	513	333	878

	Total	Sociétés d'assurance et fonds de pension autonomes – Sociétés d'assurance – Total	Sociétés d'assurance et fonds de pension autonomes – Sociétés d'assurance – Sociétés d'assurance vie	Sociétés d'assurance et fonds de pension autonomes – Sociétés d'assurance – Sociétés d'assurance non-vie	Sociétés d'assurance et fonds de pension autonomes – Fonds de pension autonomes – Total
Pasifs financiers	25 879	7 479	6 093	1 386	18 401
Numéraire et dépôts	72	72	72	..	..
Titres de dette	..	..	..	..	..
Titres de dette à court terme	..	..	..	..	..
Titres de dette à long terme	..	..	..	..	..
Crédits	85	85	81	4	..
Crédits à court terme	85	85	81	4	..
Crédits à long terme	..	..	..	..	..
Actions et parts de fonds d'investissement	667	667	311	357	..
Systèmes d'assurance, de pensions et garanties standard	24 529	6 129	5 291	838	18 401
Produits financiers dérivés et options sur titres des salariés	..	..	..	..	..
Autres comptes à payer	526	526	339	187	..

Note : Voir les métadonnées détaillées sur : http://metalinks.oecd.org/instinv/20170516/5358

Tableau 2. Actifs et passifs financiers des fonds d'investissement

Milliards USD

	2008	2009	2010	2011	2012	2013	2014	2015
Fonds d'investissement								
Valeur nette financière	-261	-227	-222	-221	-224	-264	-297	-337
Actifs financiers	10 587	12 375	13 366	13 356	15 252	17 667	18 864	18 672
Numéraire et dépôts	519	726	616	503	540	585	582	499
Titres de dette	4 808	4 907	5 062	5 456	6 147	5 980	6 124	6 186
Crédits	761	654	649	706	787	946	1 150	1 138
Actions et parts de fonds d'investissement	4 247	5 777	6 722	6 360	7 372	9 706	10 539	10 436
Actions	4 247	5 777	6 722	6 360	7 372	9 706	10 539	10 436
Parts de fonds d'investissement	..	..	..	..	..	..	..	..
Parts de fonds d'investissement monétaires	..	..	..	..	..	..	..	..
Parts de fonds d'investissement non monétaires	..	..	..	..	..	..	..	..
Systèmes d'assurance, de pensions et garanties standard	..	..	..	..	..	..	..	..
Produits financiers dérivés et options sur titres des salariés	..	..	..	..	..	..	..	..
Autres comptes à recevoir	251	311	316	331	407	451	469	413
Passifs financiers	10 848	12 603	13 587	13 577	15 475	17 931	19 160	19 009
Titres de dette	171	144	145	153	179	355	403	396
Titres de dette à court terme	0	0	0	0	0	0	0	0
Titres de dette à long terme	171	144	145	153	179	355	403	396
Crédits	276	286	315	431	542	497	536	520
Crédits à court terme	112	111	139	241	348	282	304	284
Crédits à long terme	164	175	176	190	194	214	231	235
Actions et parts de fonds d'investissement	10 336	12 113	13 063	12 923	14 657	17 005	18 139	18 013
Systèmes d'assurance, de pensions et garanties standard	..	..	..	..	..	..	..	..
Produits financiers dérivés et options sur titres des salariés	..	..	..	..	..	..	..	..
Autres comptes à payer	65	60	64	71	96	74	82	80
Actifs non financiers	261	227	222	221	224	264	297	337
Fonds d'investissement monéaires								
Valeur nette financière	..	..	..	..	..	..	..	..
Actifs financiers	3 832	3 316	2 804	2 691	2 693	2 718	2 725	2 755
Numéraire et dépôts	501	695	591	475	504	551	544	464
Titres de dette	2 740	2 103	1 700	1 692	1 605	1 634	1 510	1 582
Crédits	555	490	489	501	555	502	654	699
Actions et parts de fonds d'investissement	..	..	..	..	..	..	..	..
Actions	..	..	..	..	..	..	..	..
Parts de fonds d'investissement	..	..	..	..	..	..	..	..
Parts de fonds d'investissement monétaires	..	..	..	..	..	..	..	..
Parts de fonds d'investissement non monétaires	..	..	..	..	..	..	..	..
Systèmes d'assurance, de pensions et garanties standard	..	..	..	..	..	..	..	..
Produits financiers dérivés et options sur titres des salariés	..	..	..	..	..	..	..	..
Autres comptes à recevoir	36	27	24	23	29	32	17	10
Passifs financiers	3 832	3 316	2 804	2 691	2 693	2 718	2 725	2 755
Titres de dette	..	..	..	..	..	..	..	..
Titres de dette à court terme	..	..	..	..	..	..	..	..
Titres de dette à long terme	..	..	..	..	..	..	..	..
Crédits	..	..	..	..	..	..	..	..
Crédits à court terme	..	..	..	..	..	..	..	..
Crédits à long terme	..	..	..	..	..	..	..	..
Actions et parts de fonds d'investissement	3 832	3 316	2 804	2 691	2 693	2 718	2 725	2 755
Systèmes d'assurance, de pensions et garanties standard	..	..	..	..	..	..	..	..
Produits financiers dérivés et options sur titres des salariés	..	..	..	..	..	..	..	..
Autres comptes à payer	..	..	..	..	..	..	..	..
Actifs non financiers	..	..	..	..	..	..	..	..
Fonds d'investissement non monéaires								
Valeur nette financière	-261	-227	-222	-221	-224	-264	-297	-337
Actifs financiers	6 754	9 060	10 562	10 665	12 558	14 950	16 139	15 917
Numéraire et dépôts	18	31	25	28	35	34	39	36
Titres de dette	2 068	2 804	3 362	3 764	4 542	4 346	4 614	4 604
Crédits	206	165	160	205	232	444	496	438
Actions et parts de fonds d'investissement	4 247	5 777	6 722	6 360	7 372	9 706	10 539	10 436
Actions	4 247	5 777	6 722	6 360	7 372	9 706	10 539	10 436
Parts de fonds d'investissement	..	..	..	..	..	..	..	..
Parts de fonds d'investissement monétaires	..	..	..	..	..	..	..	..
Parts de fonds d'investissement non monétaires	..	..	..	..	..	..	..	..
Systèmes d'assurance, de pensions et garanties standard	..	..	..	..	..	..	..	..
Produits financiers dérivés et options sur titres des salariés	..	..	..	..	..	..	..	..
Autres comptes à recevoir	215	284	293	308	378	419	452	403
Passifs financiers	7 015	9 287	10 784	10 886	12 782	15 213	16 436	16 254
Titres de dette	171	144	145	153	179	355	403	396
Titres de dette à court terme	0	0	0	0	0	0	0	0
Titres de dette à long terme	171	144	145	153	179	355	403	396
Crédits	276	286	315	431	542	497	536	520
Crédits à court terme	112	111	139	241	348	282	304	284
Crédits à long terme	164	175	176	190	194	214	231	235
Actions et parts de fonds d'investissement	6 504	8 797	10 260	10 232	11 964	14 287	15 414	15 259
Systèmes d'assurance, de pensions et garanties standard	..	..	..	..	..	..	..	..
Produits financiers dérivés et options sur titres des salariés	..	..	..	..	..	..	..	..
Autres comptes à payer	65	60	64	71	96	74	82	80
Actifs non financiers	261	227	222	221	224	264	297	337
Fonds d'investissement non monéaires à capital variable								
Valeur nette financière	..	..	..	..	..	..	..	..
Actifs financiers	6 320	8 574	10 022	9 990	11 701	14 008	15 125	14 998

Tableau 2. Actifs et passifs financiers des fonds d'investissement *(suite)*

Milliards USD

	2008	2009	2010	2011	2012	2013	2014	2015
Numéraire et dépôts	..	..	..	..	..	..	..	..
Titres de dette	1 854	2 547	3 054	3 342	3 985	3 877	4 132	4 176
Crédits	130	119	115	149	168	229	249	221
Actions et parts de fonds d'investissement	4 175	5 689	6 626	6 265	7 271	9 592	10 419	10 335
Actions	4 175	5 689	6 626	6 265	7 271	9 592	10 419	10 335
Parts de fonds d'investissement	..	..	..	..	..	..	..	..
Parts de fonds d'investissement monétaires	..	..	..	..	..	..	..	..
Parts de fonds d'investissement non monétaires	..	..	..	..	..	..	..	..
Systèmes d'assurance, de pensions et garanties standard	..	..	..	..	..	..	..	..
Produits financiers dérivés et options sur titres des salariés	..	..	..	..	..	..	..	..
Autres comptes à recevoir	161	219	227	234	277	310	325	266
Passifs financiers	6 320	8 574	10 022	9 990	11 701	14 008	15 125	14 998
Titres de dette	..	..	..	..	..	..	..	..
Titres de dette à court terme	..	..	..	..	..	..	..	..
Titres de dette à long terme	..	..	..	..	..	..	..	..
Crédits	..	..	..	..	..	..	..	..
Crédits à court terme	..	..	..	..	..	..	..	..
Crédits à long terme	..	..	..	..	..	..	..	..
Actions et parts de fonds d'investissement	6 320	8 574	10 022	9 990	11 701	14 008	15 125	14 998
Systèmes d'assurance, de pensions et garanties standard	..	..	..	..	..	..	..	..
Produits financiers dérivés et options sur titres des salariés	..	..	..	..	..	..	..	..
Autres comptes à payer	..	..	..	..	..	..	..	..
Actifs non financiers	..	..	..	..	..	..	..	..
Fonds d'investissement à capital variable								
Valeur nette financière	..	..	..	..	..	..	..	..
Actifs financiers	10 152	11 890	12 825	12 680	14 394	16 725	17 850	17 753
Numéraire et dépôts	501	695	591	475	504	551	544	464
Titres de dette	4 595	4 650	4 755	5 034	5 590	5 510	5 642	5 758
Crédits	685	608	604	650	722	731	903	920
Actions et parts de fonds d'investissement	4 175	5 689	6 626	6 265	7 271	9 592	10 419	10 335
Actions	4 175	5 689	6 626	6 265	7 271	9 592	10 419	10 335
Parts de fonds d'investissement	..	..	..	..	..	..	..	..
Parts de fonds d'investissement monétaires	..	..	..	..	..	..	..	..
Parts de fonds d'investissement non monétaires	..	..	..	..	..	..	..	..
Systèmes d'assurance, de pensions et garanties standard	..	..	..	..	..	..	..	..
Produits financiers dérivés et options sur titres des salariés	..	..	..	..	..	..	..	..
Autres comptes à recevoir	197	246	250	256	306	342	342	276
Passifs financiers	10 152	11 890	12 825	12 680	14 394	16 725	17 850	17 753
Titres de dette	..	..	..	..	..	..	..	..
Titres de dette à court terme	..	..	..	..	..	..	..	..
Titres de dette à long terme	..	..	..	..	..	..	..	..
Crédits	..	..	..	..	..	..	..	..
Crédits à court terme	..	..	..	..	..	..	..	..
Crédits à long terme	..	..	..	..	..	..	..	..
Actions et parts de fonds d'investissement	10 152	11 890	12 825	12 680	14 394	16 725	17 850	17 753
Systèmes d'assurance, de pensions et garanties standard	..	..	..	..	..	..	..	..
Produits financiers dérivés et options sur titres des salariés	..	..	..	..	..	..	..	..
Autres comptes à payer	..	..	..	..	..	..	..	..
Actifs non financiers	..	..	..	..	..	..	..	..

Note : Voir les métadonnées détaillées sur : http://metalinks.oecd.org/instinv/20170516/5358

ÉTATS-UNIS

Tableau 3. Actifs et passifs financiers des sociétés d'assurance et fonds de pension

Milliards USD

	2008	2009	2010	2011	2012	2013	2014	2015
Sociétés d'assurance et fonds de pension								
Valeur nette financière	99	412	556	777	821	589	724	635
Actifs financiers	17 930	19 610	21 474	22 190	23 413	24 907	26 006	26 515
Numéraire et dépôts	183	151	165	168	174	165	183	190
Titres de dette	5 624	6 104	6 591	7 039	7 353	7 551	7 900	7 996
Crédits	573	528	522	534	549	568	602	640
Actions et parts de fonds d'investissement	6 148	7 570	8 516	8 243	9 128	10 872	11 310	11 044
Actions	3 098	3 755	4 237	4 078	4 534	5 417	5 595	5 347
Parts de fonds d'investissement	3 050	3 815	4 279	4 165	4 593	5 454	5 715	5 697
Parts de fonds d'investissement monétaires	350	310	277	296	271	273	279	280
Parts de fonds d'investissement non monétaires	2 699	3 505	4 002	3 870	4 323	5 181	5 436	5 417
Systèmes d'assurance, de pensions et garanties standard	4 113	4 023	4 377	4 785	4 740	4 226	4 372	4 920
Produits financiers dérivés et options sur titres des salariés	..	..	..	..	..	..	..	..
Autres comptes à recevoir	1 290	1 234	1 304	1 422	1 468	1 526	1 639	1 724
Passifs financiers	17 831	19 198	20 918	21 413	22 592	24 318	25 282	25 879
Titres de dette	..	..	..	..	..	..	..	..
Titres de dette à court terme	..	..	..	..	..	..	..	..
Titres de dette à long terme	..	..	..	..	..	..	..	..
Crédits	67	61	56	61	66	75	77	85
Crédits à court terme	67	61	56	61	66	75	77	85
Crédits à long terme	..	..	..	..	..	..	..	..
Actions et parts de fonds d'investissement	495	570	639	587	584	646	707	667
Systèmes d'assurance, de pensions et garanties standard	16 695	18 110	19 781	20 339	21 407	23 015	23 890	24 529
Produits financiers dérivés et options sur titres des salariés	..	..	..	..	..	..	..	..
Autres comptes à payer	451	369	363	356	465	521	539	526
Actifs non financiers	257	248	243	247	249	257	262	267
Sociétés d'assurance								
Valeur nette financière	229	553	699	925	982	772	917	820
Actifs financiers	5 823	6 448	6 941	7 284	7 667	7 935	8 365	8 298
Numéraire et dépôts	111	78	84	78	93	77	86	91
Titres de dette	2 970	3 459	3 730	4 002	4 120	4 030	4 251	4 191
Crédits	526	487	478	495	511	530	562	603
Actions et parts de fonds d'investissement	1 509	1 801	1 986	1 975	2 197	2 533	2 626	2 537
Actions	512	567	589	607	685	795	834	807
Parts de fonds d'investissement	997	1 233	1 397	1 368	1 512	1 737	1 792	1 730
Parts de fonds d'investissement monétaires	133	109	85	88	83	70	72	78
Parts de fonds d'investissement non monétaires	864	1 124	1 313	1 280	1 429	1 668	1 720	1 652
Systèmes d'assurance, de pensions et garanties standard	28	23	25	25	26	29	30	32
Produits financiers dérivés et options sur titres des salariés	..	..	..	..	..	..	..	..
Autres comptes à recevoir	680	601	637	708	721	736	810	846
Passifs financiers	5 595	5 895	6 242	6 359	6 685	7 163	7 449	7 479
Titres de dette	..	..	..	..	..	..	..	..
Titres de dette à court terme	..	..	..	..	..	..	..	..
Titres de dette à long terme	..	..	..	..	..	..	..	..
Crédits	67	61	56	61	66	75	77	85
Crédits à court terme	67	61	56	61	66	75	77	85
Crédits à long terme	..	..	..	..	..	..	..	..
Actions et parts de fonds d'investissement	495	570	639	587	584	646	707	667
Systèmes d'assurance, de pensions et garanties standard	4 460	4 807	5 106	5 285	5 501	5 860	6 056	6 129
Produits financiers dérivés et options sur titres des salariés	..	..	..	..	..	..	..	..
Autres comptes à payer	451	369	363	356	465	521	539	526
Actifs non financiers	250	242	237	240	243	251	255	260
Fonds de pension								
Valeur nette financière	-129	-141	-143	-147	-161	-183	-193	-184
Actifs financiers	12 107	13 162	14 533	14 906	15 745	16 972	17 641	18 216
Numéraire et dépôts	72	73	80	90	81	88	97	99
Titres de dette	2 654	2 645	2 861	3 037	3 233	3 520	3 649	3 806
Crédits	46	41	44	39	39	38	41	37
Actions et parts de fonds d'investissement	4 639	5 770	6 530	6 267	6 931	8 339	8 684	8 508
Actions	2 587	3 187	3 648	3 470	3 850	4 622	4 761	4 540
Parts de fonds d'investissement	2 053	2 582	2 882	2 797	3 081	3 717	3 923	3 968
Parts de fonds d'investissement monétaires	217	202	192	208	187	203	207	203
Parts de fonds d'investissement non monétaires	1 836	2 381	2 690	2 589	2 894	3 513	3 716	3 765
Systèmes d'assurance, de pensions et garanties standard	4 085	4 000	4 351	4 760	4 715	4 198	4 342	4 888
Produits financiers dérivés et options sur titres des salariés	..	..	..	..	..	..	..	..
Autres comptes à recevoir	610	634	667	714	747	790	829	878
Passifs financiers	12 236	13 303	14 676	15 054	15 906	17 155	17 834	18 401
Titres de dette	..	..	..	..	..	..	..	..
Titres de dette à court terme	..	..	..	..	..	..	..	..
Titres de dette à long terme	..	..	..	..	..	..	..	..
Crédits	..	..	..	..	..	..	..	..
Crédits à court terme	..	..	..	..	..	..	..	..
Crédits à long terme	..	..	..	..	..	..	..	..
Actions et parts de fonds d'investissement	..	..	..	..	..	..	..	..
Systèmes d'assurance, de pensions et garanties standard	12 236	13 303	14 676	15 054	15 906	17 155	17 834	18 401
Produits financiers dérivés et options sur titres des salariés	..	..	..	..	..	..	..	..
Autres comptes à payer	..	..	..	..	..	..	..	..
Actifs non financiers	7	6	6	6	7	7	7	7

Note : Voir les métadonnées détaillées sur : http://metalinks.oecd.org/instinv/20170516/5358

Tableau 4. Composition du portefeuille par type d'investisseur

En pourcentage des actifs financiers et des passifs financiers

Pour cent

	2008	2009	2010	2011	2012	2013	2014	2015
Fonds d'investissement								
Actifs financiers	100.0	100.0	100.0	100.0	100.0	100.0	100.0	100.0
Numéraire et dépôts	4.9	5.9	4.6	3.8	3.5	3.3	3.1	2.7
Titres de dettes	45.4	39.7	37.9	40.9	40.3	33.8	32.5	33.1
Crédits	7.2	5.3	4.9	5.3	5.2	5.4	6.1	6.1
Actions et parts de fonds d'investissement	40.1	46.7	50.3	47.6	48.3	54.9	55.9	55.9
Systèmes d'assurance de pensions et garanties standard	0.0	0.0	0.0	0.0	0.0	0.0	0.0	0.0
Produits financiers dérivés et options sur titres des salariés	0.0	0.0	0.0	0.0	0.0	0.0	0.0	0.0
Autres comptes à recevoir	2.4	2.5	2.4	2.5	2.7	2.6	2.5	2.2
Passifs financiers	100.0	100.0	100.0	100.0	100.0	100.0	100.0	100.0
Numéraire et dépôts	0.0	0.0	0.0	0.0	0.0	0.0	0.0	0.0
Titres de dettes	1.6	1.1	1.1	1.1	1.2	2.0	2.1	2.1
Crédits	2.5	2.3	2.3	3.2	3.5	2.8	2.8	2.7
Actions et parts de fonds d'investissement	95.3	96.1	96.1	95.2	94.7	94.8	94.7	94.8
Systèmes d'assurance de pensions et garanties standard	0.0	0.0	0.0	0.0	0.0	0.0	0.0	0.0
Produits financiers dérivés et options sur titres des salariés	0.0	0.0	0.0	0.0	0.0	0.0	0.0	0.0
Autres comptes à recevoir	0.6	0.5	0.5	0.5	0.6	0.4	0.4	0.4
Sociétés d'assurance								
Actifs financiers	100.0	100.0	100.0	100.0	100.0	100.0	100.0	100.0
Numéraire et dépôts	1.9	1.2	1.2	1.1	1.2	1.0	1.0	1.1
Titres de dettes	51.0	53.6	53.7	54.9	53.7	50.8	50.8	50.5
Crédits	9.0	7.5	6.9	6.8	6.7	6.7	6.7	7.3
Actions et parts de fonds d'investissement	25.9	27.9	28.6	27.1	28.7	31.9	31.4	30.6
Systèmes d'assurance de pensions et garanties standard	0.5	0.4	0.4	0.3	0.3	0.4	0.4	0.4
Produits financiers dérivés et options sur titres des salariés	0.0	0.0	0.0	0.0	0.0	0.0	0.0	0.0
Autres comptes à recevoir	11.7	9.3	9.2	9.7	9.4	9.3	9.7	10.2
Passifs financiers	100.0	100.0	100.0	100.0	100.0	100.0	100.0	100.0
Numéraire et dépôts	2.2	1.5	1.3	1.1	1.0	0.9	0.9	1.0
Titres de dettes	0.0	0.0	0.0	0.0	0.0	0.0	0.0	0.0
Crédits	1.2	1.0	0.9	1.0	1.0	1.0	1.0	1.1
Actions et parts de fonds d'investissement	8.9	9.7	10.2	9.2	8.7	9.0	9.5	8.9
Systèmes d'assurance de pensions et garanties standard	79.7	81.5	81.8	83.1	82.3	81.8	81.3	81.9
Produits financiers dérivés et options sur titres des salariés	0.0	0.0	0.0	0.0	0.0	0.0	0.0	0.0
Autres comptes à recevoir	8.1	6.3	5.8	5.6	7.0	7.3	7.2	7.0
Fonds de pension								
Actifs financiers	100.0	100.0	100.0	100.0	100.0	100.0	100.0	100.0
Numéraire et dépôts	0.6	0.6	0.6	0.6	0.5	0.5	0.5	0.5
Titres de dettes	21.9	20.1	19.7	20.4	20.5	20.7	20.7	20.9
Crédits	0.4	0.3	0.3	0.3	0.2	0.2	0.2	0.2
Actions et parts de fonds d'investissement	38.3	43.8	44.9	42.0	44.0	49.1	49.2	46.7
Systèmes d'assurance de pensions et garanties standard	33.7	30.4	29.9	31.9	29.9	24.7	24.6	26.8
Produits financiers dérivés et options sur titres des salariés	0.0	0.0	0.0	0.0	0.0	0.0	0.0	0.0
Autres comptes à recevoir	5.0	4.8	4.6	4.8	4.7	4.7	4.7	4.8
Passifs financiers	100.0	100.0	100.0	100.0	100.0	100.0	100.0	100.0
Numéraire et dépôts	0.0	0.0	0.0	0.0	0.0	0.0	0.0	0.0
Titres de dettes	0.0	0.0	0.0	0.0	0.0	0.0	0.0	0.0
Crédits	0.0	0.0	0.0	0.0	0.0	0.0	0.0	0.0
Actions et parts de fonds d'investissement	0.0	0.0	0.0	0.0	0.0	0.0	0.0	0.0
Systèmes d'assurance de pensions et garanties standard	100.0	100.0	100.0	100.0	100.0	100.0	100.0	100.0
Produits financiers dérivés et options sur titres des salariés	0.0	0.0	0.0	0.0	0.0	0.0	0.0	0.0
Autres comptes à recevoir	0.0	0.0	0.0	0.0	0.0	0.0	0.0	0.0

Note : Voir les métadonnées détaillées sur : http://metalinks.oecd.org/instinv/20170516/e12c

Tableau 1. Actifs et passifs financiers des investisseurs institutionnels, 2015

Millions EUR (2015)

	Total	Fonds d'investissement – Fonds d'investissement non-monétaire – Total	Fonds d'investissement à capital variable, non monétaire	Fonds d'investissement à capital fixe, non monétaire	Fonds d'investissement monétaires – Total
Actifs financiers	354	354	180	175	0
Numéraire et dépôts	44	44	31	14	0
Titres de dette	113	113	21	92	0
Titres de dette à court terme	18	18	3	14	0
Titres de dette à long terme	95	95	18	78	0
Titres de dette émis par les résidents	97	97	18	79	0
Titres de dette émis par les non-résidents	16	16	3	13	0
Crédits	11	11	0	11	0
Crédits à court terme	0	0	0	0	0
Crédits à long terme	11	11	0	11	0
Crédits accordés aux résidents	8	8	0	8	0
Crédits accordés aux non-résidents	3	3	0	3	0
Actions et parts de fonds d'investissement	178	178	126	52	0
Actions et parts de fonds d'investissements émises par les résidents	49	49	34	14	0
Actions et part de fonds d'investissements émises par les non-résidents	130	130	92	38	0
Autres comptes à recevoir	6	6	1	5	0

	Total	Fonds d'investissement – Fonds d'investissement non-monétaire – Total	Fonds d'investissement à capital variable, non monétaire	Fonds d'investissement à capital fixe, non monétaire	Fonds d'investissement monétaires – Total
Pasifs financiers	401	401	183	218	0
Numéraire et dépôts	0	0	..	..	0
Titres de dette	0	0	0	0	0
Titres de dette à court terme	0	0	..	..	0
Titres de dette à long terme	0	0	..	..	0
Crédits	5	5	0	5	0
Crédits à court terme	0	0	0	0	0
Crédits à long terme	5	5	0	5	0
Actions et parts de fonds d'investissement	390	390	181	209	0
Systèmes d'assurance, de pensions et garanties standard	0	0	..	..	0
Produits financiers dérivés et options sur titres des salariés	0	0	0	0	0
Autres comptes à payer	5	5	2	3	0

	Total	Sociétés d'assurance et fonds de pension autonomes – Sociétés d'assurance – Total	Sociétés d'assurance vie	Sociétés d'assurance non-vie	Fonds de pension autonomes – Total
Actifs financiers	3 254	1 068	..	..	2 186
Numéraire et dépôts	275	71	..	..	204
Titres de dette	1 342	463	..	..	879
Titres de dette à court terme	0	0	..	..	0
Titres de dette à long terme	1 342	463	..	..	879
Titres de dette émis par les résidents	798	313	..	..	484
Titres de dette émis par les non-résidents	544	149	..	..	395
Crédits	1	1	..	..	0
Crédits à court terme	0	0	..	..	0
Crédits à long terme	1	1	..	..	0
Crédits accordés aux résidents	1	1	..	..	0
Crédits accordés aux non-résidents	0	0	..	..	0
Actions et parts de fonds d'investissement	1 498	397	..	..	1 101
Actions et parts de fonds d'investissement émises par les résidents	101	82	..	..	19
Actions et parts de fonds d'investissement émises par les non-résidents	1 397	315	..	..	1 082
Autrescomptes à recevoir	120	119	..	..	2

	Total	Sociétés d'assurance et fonds de pension autonomes – Sociétés d'assurance – Total	Sociétés d'assurance vie	Sociétés d'assurance non-vie	Fonds de pension autonomes – Total
Pasifs financiers	3 690	1 504	..	..	2 186
Numéraire et dépôts	0	0	..	..	0
Titres de dette	0	0	..	..	0
Titres de dette à court terme	0	0	..	..	0
Titres de dette à long terme	0	0	..	..	0
Crédits	83	83	..	..	0
Crédits à court terme	13	13	..	..	0
Crédits à long terme	70	70	..	..	0
Actions et parts de fonds d'investissement	197	197	..	..	0
Systèmes d'assurance, de pensions et garanties standard	3 324	1 145	..	..	2 179
Produits financiers dérivés et options sur titres des salariés	1	1	..	..	0
Autres comptes à payer	85	78	..	..	6

Note : Voir les métadonnées détaillées sur : http://metalinks.oecd.org/instinv/20170516/42d2

Tableau 2. Actifs et passifs financiers des fonds d'investissement

Millions EUR

	2008	2009	2010	2011	2012	2013	2014	2015
Fonds d'investissement								
Valeur nette financière	0	0	0	0	-4	-4	-16	-47
Actifs financiers	113	133	181	151	182	240	292	354
Numéraire et dépôts	17	20	13	10	11	27	36	44
Titres de dette	22	21	36	34	42	81	99	113
Crédits	0	0	0	0	1	4	11	11
Actions et parts de fonds d'investissement	73	92	132	106	126	129	143	178
Actions	37	33	50	36	47	52	61	86
Parts de fonds d'investissement	36	60	83	70	80	77	82	92
Parts de fonds d'investissement monétaires	0	0	2	0	0	0	0	0
Parts de fonds d'investissement non monétaires	36	59	81	70	80	77	82	92
Systèmes d'assurance, de pensions et garanties standard	0	0	0	0	0	0	0	0
Produits financiers dérivés et options sur titres des salariés	1	0	0	0	0	0	0	1
Autres comptes à recevoir	0	0	0	0	1	0	4	6
Passifs financiers	113	133	181	151	186	244	309	401
Titres de dette	0	0	0	0	0	0	0	0
Titres de dette à court terme	0	0	0	0	0	0	0	0
Titres de dette à long terme	0	0	0	0	0	0	0	0
Crédits	2	0	3	2	1	5	17	5
Crédits à court terme	2	0	3	1	0	5	0	0
Crédits à long terme	0	0	0	1	0	0	16	5
Actions et parts de fonds d'investissement	110	133	177	148	184	237	285	390
Systèmes d'assurance, de pensions et garanties standard	0	0	0	0	0	0	0	0
Produits financiers dérivés et options sur titres des salariés	1	0	0	0	0	0	0	0
Autres comptes à payer	0	0	1	0	2	2	7	5
Actifs non financiers	..	..	..	..	..	4	19	47
Fonds d'investissement monéaires								
Valeur nette financière	0	0	0	0	0	0	0	0
Actifs financiers	10	18	23	15	12	0	0	0
Numéraire et dépôts	3	5	3	4	4	0	0	0
Titres de dette	7	12	20	11	7	0	0	0
Crédits	0	0	0	0	0	0	0	0
Actions et parts de fonds d'investissement	0	0	0	0	0	0	0	0
Actions	0	0	0	0	0	0	0	0
Parts de fonds d'investissement	0	0	0	0	0	0	0	0
Parts de fonds d'investissement monétaires	0	0	0	0	0	0	0	0
Parts de fonds d'investissement non monétaires	0	0	0	0	0	0	0	0
Systèmes d'assurance, de pensions et garanties standard	0	0	0	0	0	0	0	0
Produits financiers dérivés et options sur titres des salariés	0	0	0	0	0	0	0	0
Autres comptes à recevoir	0	0	0	0	0	0	0	0
Passifs financiers	10	18	23	15	12	0	0	0
Titres de dette	0	0	0	0	0	0	0	0
Titres de dette à court terme	0	0	0	0	0	0	0	0
Titres de dette à long terme	0	0	0	0	0	0	0	0
Crédits	0	0	0	0	0	0	0	0
Crédits à court terme	0	0	0	0	0	0	0	0
Crédits à long terme	0	0	0	0	0	0	0	0
Actions et parts de fonds d'investissement	10	18	23	15	12	0	0	0
Systèmes d'assurance, de pensions et garanties standard	0	0	0	0	0	0	0	0
Produits financiers dérivés et options sur titres des salariés	0	0	0	0	0	0	0	0
Autres comptes à payer	0	0	0	0	0	0	0	0
Actifs non financiers	..	..	..	..	..	..	..	..
Fonds d'investissement non monéaires								
Valeur nette financière	0	0	0	0	-4	-4	-16	-47
Actifs financiers	103	116	158	136	170	240	292	354
Numéraire et dépôts	13	15	10	6	7	27	36	44
Titres de dette	15	8	16	24	35	81	99	113
Crédits	0	0	0	0	1	4	11	11
Actions et parts de fonds d'investissement	73	92	132	106	126	129	143	178
Actions	37	33	50	36	47	52	61	86
Parts de fonds d'investissement	36	59	82	70	80	77	82	92
Parts de fonds d'investissement monétaires	0	0	2	0	0	0	0	0
Parts de fonds d'investissement non monétaires	36	59	80	70	80	77	82	92
Systèmes d'assurance, de pensions et garanties standard	0	0	0	0	0	0	0	0
Produits financiers dérivés et options sur titres des salariés	1	0	0	0	0	0	0	1
Autres comptes à recevoir	0	0	0	0	1	0	4	6
Passifs financiers	103	116	158	136	174	244	309	401
Titres de dette	0	0	0	0	0	0	0	0
Titres de dette à court terme	0	0	0	0	0	0	0	0
Titres de dette à long terme	0	0	0	0	0	0	0	0
Crédits	2	0	3	2	1	5	17	5
Crédits à court terme	2	0	3	1	0	5	0	0
Crédits à long terme	0	0	0	1	0	0	16	5
Actions et parts de fonds d'investissement	100	115	154	133	172	237	285	390
Systèmes d'assurance, de pensions et garanties standard	0	0	0	0	0	0	0	0
Produits financiers dérivés et options sur titres des salariés	1	0	0	0	0	0	0	0
Autres comptes à payer	0	0	1	0	2	2	7	5
Actifs non financiers	0	0	0	0	4	4	19	47
Fonds d'investissement non monéaires à capital variable								
Valeur nette financière	..	..	..	..	0	0	0	-3
Actifs financiers	..	..	..	..	128	155	158	180

Tableau 2. Actifs et passifs financiers des fonds d'investissement *(suite)*

Millions EUR

	2008	2009	2010	2011	2012	2013	2014	2015
Numéraire et dépôts	..	..	..	..	4	22	24	31
Titres de dette	..	..	..	..	16	24	24	21
Crédits	..	..	..	..	0	0	0	0
Actions et parts de fonds d'investissement	..	..	..	..	107	109	110	126
Actions	..	..	..	..	40	44	47	61
Parts de fonds d'investissement	..	..	..	..	68	65	63	65
Parts de fonds d'investissement monétaires	..	..	..	..	0	0	0	0
Parts de fonds d'investissement non monétaires	..	..	..	..	68	65	63	65
Systèmes d'assurance, de pensions et garanties standard	..	..	..	..	..	..	..	..
Produits financiers dérivés et options sur titres des salariés	..	..	..	..	0	0	0	0
Autres comptes à recevoir	..	..	..	..	0	0	1	1
Passifs financiers	..	..	..	..	128	155	159	183
Titres de dette	..	..	..	..	0	0	0	0
Titres de dette à court terme	..	..	..	..	..	..	..	..
Titres de dette à long terme	..	..	..	..	..	..	..	..
Crédits	..	..	..	..	0	0	0	0
Crédits à court terme	..	..	..	..	0	0	0	0
Crédits à long terme	..	..	..	..	0	0	0	0
Actions et parts de fonds d'investissement	..	..	..	..	126	154	158	181
Systèmes d'assurance, de pensions et garanties standard	..	..	..	..	..	..	..	..
Produits financiers dérivés et options sur titres des salariés	..	..	..	..	0	0	0	0
Autres comptes à payer	..	..	..	..	2	1	0	2
Actifs non financiers	..	..	..	..	0	0	0	3
Fonds d'investissement à capital variable								
Valeur nette financière	0	0	0	0	..	0	0	-3
Actifs financiers	112	124	161	129	..	155	158	180
Numéraire et dépôts	17	20	9	10	..	22	24	31
Titres de dette	22	17	29	24	..	24	24	21
Crédits	0	0	0	0	..	0	0	0
Actions et parts de fonds d'investissement	72	87	122	95	..	109	110	126
Actions	37	31	46	32	..	44	47	61
Parts de fonds d'investissement	35	56	76	63	..	65	63	65
Parts de fonds d'investissement monétaires	0	0	2	0	..	0	0	0
Parts de fonds d'investissement non monétaires	35	56	74	63	..	65	63	65
Systèmes d'assurance, de pensions et garanties standard	..	..	..	..	..	..	..	..
Produits financiers dérivés et options sur titres des salariés	1	0	0	0	..	0	0	0
Autres comptes à recevoir	0	0	0	0	..	0	1	1
Passifs financiers	112	124	161	129	..	155	159	183
Titres de dette	0	0	0	0	..	0	0	0
Titres de dette à court terme	..	..	..	..	..	..	..	..
Titres de dette à long terme	..	..	..	..	..	..	..	..
Crédits	2	0	3	2	..	0	0	0
Crédits à court terme	2	0	3	1	..	0	0	0
Crédits à long terme	0	0	0	1	..	0	0	0
Actions et parts de fonds d'investissement	109	124	157	126	..	154	158	181
Systèmes d'assurance, de pensions et garanties standard	..	..	..	..	..	..	..	..
Produits financiers dérivés et options sur titres des salariés	1	0	0	0	..	0	0	0
Autres comptes à payer	0	0	1	0	..	1	0	2
Actifs non financiers	0	0	0	0	..	0	0	3

Note : Voir les métadonnées détaillées sur : http://metalinks.oecd.org/instinv/20170516/42d2

Tableau 3. Actifs et passifs financiers des sociétés d'assurance et fonds de pension

Millions EUR

	2008	2009	2010	2011	2012	2013	2014	2015
Sociétés d'assurance et fonds de pension								
Valeur nette financière	-105	-3	18	-152	-63	-149	-349	-436
Actifs financiers	1 625	1 960	2 017	2 093	2 482	2 576	2 909	3 254
Numéraire et dépôts	148	177	139	123	139	107	205	275
Titres de dette	953	1 035	882	937	1 109	1 131	1 188	1 342
Crédits	4	4	3	1	2	3	4	1
Actions et parts de fonds d'investissement	336	633	879	915	1 113	1 219	1 387	1 498
Actions	29	19	30	22	19	27	27	34
Parts de fonds d'investissement	306	614	849	893	1 094	1 193	1 359	1 464
Parts de fonds d'investissement monétaires	9	1	4	5	2	1	5	1
Parts de fonds d'investissement non monétaires	298	612	845	888	1 092	1 191	1 354	1 463
Systèmes d'assurance, de pensions et garanties standard	25	16	15	15	16	16	16	18
Produits financiers dérivés et options sur titres des salariés	4	1	0	0	0	0	0	0
Autres comptes à recevoir	155	95	98	101	103	98	109	120
Passifs financiers	1 730	1 964	1 999	2 245	2 545	2 724	3 258	3 690
Titres de dette	0	0	0	0	0	0	0	0
Titres de dette à court terme	0	0	0	0	0	0	0	0
Titres de dette à long terme	0	0	0	0	0	0	0	0
Crédits	5	5	15	7	9	14	62	83
Crédits à court terme	0	0	12	0	0	0	0	13
Crédits à long terme	4	4	3	7	9	14	62	70
Actions et parts de fonds d'investissement	222	216	185	184	192	175	209	197
Systèmes d'assurance, de pensions et garanties standard	1 394	1 672	1 709	1 994	2 285	2 468	2 914	3 324
Produits financiers dérivés et options sur titres des salariés	3	0	0	1	0	0	1	1
Autres comptes à payer	107	71	91	59	58	67	71	85
Actifs non financiers	..	..	..	..	..	..	..	..
Sociétés d'assurance								
Valeur nette financière	-105	-3	18	-152	-63	-149	-349	-436
Actifs financiers	955	992	862	883	1 058	958	991	1 068
Numéraire et dépôts	49	62	76	44	85	56	87	71
Titres de dette	639	589	458	484	556	491	458	463
Crédits	4	4	3	1	2	3	4	1
Actions et parts de fonds d'investissement	82	225	212	238	297	296	321	397
Actions	17	7	9	9	7	9	12	20
Parts de fonds d'investissement	65	218	203	229	290	287	308	377
Parts de fonds d'investissement monétaires	9	1	3	5	2	1	1	1
Parts de fonds d'investissement non monétaires	56	217	199	224	289	286	307	376
Systèmes d'assurance, de pensions et garanties standard	25	16	15	15	16	16	16	18
Produits financiers dérivés et options sur titres des salariés	2	1	0	0	0	0	0	0
Autres comptes à recevoir	155	95	98	101	101	96	105	119
Passifs financiers	1 060	995	844	1 035	1 121	1 107	1 339	1 504
Titres de dette	0	0	0	0	0	0	0	0
Titres de dette à court terme	0	0	0	0	0	0	0	0
Titres de dette à long terme	0	0	0	0	0	0	0	0
Crédits	5	5	15	7	9	14	62	83
Crédits à court terme	0	0	12	0	0	0	0	13
Crédits à long terme	4	4	3	7	9	14	62	70
Actions et parts de fonds d'investissement	222	216	185	184	192	175	209	197
Systèmes d'assurance, de pensions et garanties standard	729	705	564	787	862	859	1 000	1 145
Produits financiers dérivés et options sur titres des salariés	3	0	0	1	0	0	1	1
Autres comptes à payer	102	69	81	57	56	60	67	78
Actifs non financiers	..	..	..	..	..	..	..	..
Fonds de pension								
Valeur nette financière	0	0	0	0	0	0	0	0
Actifs financiers	670	969	1 155	1 210	1 424	1 617	1 918	2 186
Numéraire et dépôts	99	115	64	79	55	51	118	204
Titres de dette	314	446	424	453	552	641	730	879
Crédits	0	0	0	0	0	0	0	0
Actions et parts de fonds d'investissement	254	407	667	677	816	923	1 066	1 101
Actions	12	12	21	13	12	17	15	14
Parts de fonds d'investissement	242	396	646	664	804	906	1 051	1 087
Parts de fonds d'investissement monétaires	0	0	0	0	0	0	4	0
Parts de fonds d'investissement non monétaires	242	396	646	664	804	906	1 047	1 087
Systèmes d'assurance, de pensions et garanties standard	0	0	0	0	0	0	0	0
Produits financiers dérivés et options sur titres des salariés	2	0	0	0	0	0	0	0
Autres comptes à recevoir	1	0	0	0	1	2	4	2
Passifs financiers	670	969	1 155	1 210	1 424	1 617	1 918	2 186
Titres de dette	0	0	0	0	0	0	0	0
Titres de dette à court terme	0	0	0	0	0	0	0	0
Titres de dette à long terme	0	0	0	0	0	0	0	0
Crédits	0	0	0	0	0	0	0	0
Crédits à court terme	0	0	0	0	0	0	0	0
Crédits à long terme	0	0	0	0	0	0	0	0
Actions et parts de fonds d'investissement	0	0	0	0	0	0	0	0
Systèmes d'assurance, de pensions et garanties standard	665	967	1 145	1 207	1 422	1 609	1 914	2 179
Produits financiers dérivés et options sur titres des salariés	0	0	0	0	0	0	1	0
Autres comptes à payer	5	2	10	2	2	8	3	6
Actifs non financiers	..	..	..	..	..	..	..	..

Note : Voir les métadonnées détaillées sur : http://metalinks.oecd.org/instinv/20170516/42d2

Tableau 4. Composition du portefeuille par type d'investisseur

En pourcentage des actifs financiers et des passifs financiers

Pour cent

	2008	2009	2010	2011	2012	2013	2014	2015
Fonds d'investissement								
Actifs financiers	100.0	100.0	100.0	100.0	100.0	100.0	100.0	100.0
Numéraire et dépôts	14.8	15.0	7.1	6.7	6.1	11.1	12.2	12.5
Titres de dettes	19.3	15.4	19.7	22.7	23.3	33.5	33.8	32.0
Crédits	0.0	0.2	0.1	0.2	0.7	1.7	3.7	3.2
Actions et parts de fonds d'investissement	64.9	69.2	72.9	70.2	69.4	53.5	48.9	50.3
Systèmes d'assurance de pensions et garanties standard	0.0	0.0	0.0	0.0	0.0	0.0	0.0	0.0
Produits financiers dérivés et options sur titres des salariés	1.0	0.0	0.1	0.1	0.1	0.1	0.0	0.3
Autres comptes à recevoir	0.0	0.2	0.0	0.1	0.3	0.1	1.5	1.7
Passifs financiers	100.0	100.0	100.0	100.0	100.0	100.0	100.0	100.0
Numéraire et dépôts	0.0	0.0	0.0	0.0	0.0	0.0	0.0	0.0
Titres de dettes	0.0	0.0	0.0	0.0	0.0	0.0	0.0	0.0
Crédits	1.6	0.1	1.7	1.2	0.3	2.0	5.4	1.3
Actions et parts de fonds d'investissement	97.2	99.6	97.6	98.2	98.6	97.1	92.3	97.3
Systèmes d'assurance de pensions et garanties standard	0.0	0.0	0.0	0.0	0.0	0.0	0.0	0.0
Produits financiers dérivés et options sur titres des salariés	0.8	0.1	0.0	0.3	0.0	0.0	0.1	0.1
Autres comptes à recevoir	0.4	0.2	0.6	0.3	1.1	0.9	2.2	1.2
Sociétés d'assurance								
Actifs financiers	100.0	100.0	100.0	100.0	100.0	100.0	100.0	100.0
Numéraire et dépôts	5.1	6.3	8.8	5.0	8.0	5.9	8.8	6.7
Titres de dettes	66.9	59.4	53.1	54.8	52.6	51.2	46.2	43.3
Crédits	0.4	0.4	0.3	0.2	0.2	0.3	0.4	0.1
Actions et parts de fonds d'investissement	8.6	22.7	24.6	26.9	28.1	30.9	32.4	37.2
Systèmes d'assurance de pensions et garanties standard	2.6	1.6	1.8	1.7	1.5	1.7	1.6	1.7
Produits financiers dérivés et options sur titres des salariés	0.2	0.1	0.0	0.0	0.0	0.0	0.0	0.0
Autres comptes à recevoir	16.2	9.6	11.4	11.4	9.6	10.0	10.6	11.1
Passifs financiers	100.0	100.0	100.0	100.0	100.0	100.0	100.0	100.0
Numéraire et dépôts	0.0	0.0	0.0	0.0	0.0	0.0	0.0	0.0
Titres de dettes	0.0	0.0	0.0	0.0	0.0	0.0	0.0	0.0
Crédits	0.4	0.5	1.8	0.7	0.8	1.2	4.6	5.5
Actions et parts de fonds d'investissement	20.9	21.7	21.9	17.7	17.2	15.8	15.6	13.1
Systèmes d'assurance de pensions et garanties standard	68.7	70.8	66.8	76.0	77.0	77.6	74.7	76.1
Produits financiers dérivés et options sur titres des salariés	0.3	0.0	0.0	0.1	0.0	0.0	0.0	0.0
Autres comptes à recevoir	9.6	7.0	9.5	5.5	5.0	5.4	5.0	5.2
Fonds de pension								
Actifs financiers	100.0	100.0	100.0	100.0	100.0	100.0	100.0	100.0
Numéraire et dépôts	14.8	11.9	5.5	6.5	3.8	3.2	6.2	9.3
Titres de dettes	46.8	46.0	36.7	37.5	38.8	39.6	38.0	40.2
Crédits	0.0	0.0	0.0	0.0	0.0	0.0	0.0	0.0
Actions et parts de fonds d'investissement	37.9	42.1	57.8	56.0	57.3	57.1	55.6	50.4
Systèmes d'assurance de pensions et garanties standard	0.0	0.0	0.0	0.0	0.0	0.0	0.0	0.0
Produits financiers dérivés et options sur titres des salariés	0.3	0.0	0.0	0.0	0.0	0.0	0.0	0.0
Autres comptes à recevoir	0.1	0.0	0.0	0.0	0.1	0.1	0.2	0.1
Passifs financiers	100.0	100.0	100.0	100.0	100.0	100.0	100.0	100.0
Numéraire et dépôts	0.0	0.0	0.0	0.0	0.0	0.0	0.0	0.0
Titres de dettes	0.0	0.0	0.0	0.0	0.0	0.0	0.0	0.0
Crédits	0.0	0.0	0.0	0.0	0.0	0.0	0.0	0.0
Actions et parts de fonds d'investissement	0.0	0.0	0.0	0.0	0.0	0.0	0.0	0.0
Systèmes d'assurance de pensions et garanties standard	99.3	99.8	99.1	99.8	99.8	99.5	99.8	99.7
Produits financiers dérivés et options sur titres des salariés	0.0	0.0	0.0	0.0	0.0	0.0	0.0	0.0
Autres comptes à recevoir	0.7	0.2	0.9	0.2	0.2	0.5	0.2	0.3

Note : Voir les métadonnées détaillées sur : http://metalinks.oecd.org/instinv/20170516/e12c

Tableau 1. Actifs et passifs financiers des investisseurs institutionnels, 2015

Millions RUB

	Total	Fonds d'investissement			
		Fonds d'investissement non-monétaire			Fonds d'investissement monétaires
		Total	Fonds d'investissement à capital variable, non monétaire	Fonds d'investissement à capital fixe, non monétaire	Total
Actifs financiers	1 547 779	1 547 779	137 979	1 409 800	..
Numéraire et dépôts	234 968	234 968	9 497	225 472	..
Titres de dette	163 010	163 010	57 923	105 087	..
Titres de dette à court terme	..	..	..	..	..
Titres de dette à long terme	..	..	..	..	..
Titres de dette émis par les résidents	128 069	128 069	38 302	89 768	..
Titres de dette émis par les non-résidents	34 941	34 941	19 621	15 319	..
Crédits	6 302	6 302	0	6 302	..
Crédits à court terme	..	..	..	..	..
Crédits à long terme	..	..	..	..	..
Crédits accordés aux résidents	..	..	..	..	..
Crédits accordés aux non-résidents	..	..	..	..	..
Actions et parts de fonds d'investissement	743 265	743 265	65 307	677 958	..
Actions et parts de fonds d'investissements émises par les résidents	680 191	680 191	30 475	649 716	..
Actions et part de fonds d'investissements émises par les non-résidents	63 073	63 073	34 832	28 242	..
Autres comptes à recevoir	400 234	400 234	5 252	394 982	..

	Total	Fonds d'investissement			
		Fonds d'investissement non-monétaire			Fonds d'investissement monétaires
		Total	Fonds d'investissement à capital variable, non monétaire	Fonds d'investissement à capital fixe, non monétaire	Total
Pasifs financiers	2 680 939	2 680 939	140 898	2 540 041	..
Numéraire et dépôts	..	..	..	..	..
Titres de dette	..	..	..	..	..
Titres de dette à court terme	..	..	..	..	..
Titres de dette à long terme	..	..	..	..	..
Crédits	..	..	..	..	..
Crédits à court terme	..	..	..	..	..
Crédits à long terme	..	..	..	..	..
Actions et parts de fonds d'investissement	2 387 732	2 387 732	139 000	2 248 733	..
Systèmes d'assurance, de pensions et garanties standard	..	..	..	..	..
Produits financiers dérivés et options sur titres des salariés	..	..	..	..	..
Autres comptes à payer	293 207	293 207	1 899	291 308	..

	Total	Sociétés d'assurance et fonds de pension autonomes			
		Sociétés d'assurance			Fonds de pension autonomes
		Total	Sociétés d'assurance vie	Sociétés d'assurance non-vie	Total
Actifs financiers	4 383 131	1 507 129	..	..	2 876 002
Numéraire et dépôts	1 124 722	521 204	..	..	603 518
Titres de dette	1 815 796	368 514	..	..	1 447 282
Titres de dette à court terme	..	..	..	..	..
Titres de dette à long terme	..	..	..	..	..
Titres de dette émis par les résidents	1 682 725	268 663	..	..	1 414 062
Titres de dette émis par les non-résidents	133 071	99 851	..	..	33 220
Crédits	12 441	12 334	..	..	107
Crédits à court terme	..	..	..	..	..
Crédits à long terme	..	..	..	..	..
Crédits accordés aux résidents	7 562	7 455	..	..	107
Crédits accordés aux non-résidents	4 878	4 878	..	..	0
Actions et parts de fonds d'investissement	909 213	147 278	..	..	761 935
Actions et parts de fonds d'investissement émises par les résidents	895 301	141 497	..	..	753 804
Actions et parts de fonds d'investissement émises par les non-résidents	13 912	5 781	..	..	8 131
Autrescomptes à recevoir	390 799	327 638	..	..	63 161

	Total	Sociétés d'assurance et fonds de pension autonomes			
		Sociétés d'assurance			Fonds de pension autonomes
		Total	Sociétés d'assurance vie	Sociétés d'assurance non-vie	Total
Pasifs financiers	4 573 047	1 689 717	..	..	2 883 330
Numéraire et dépôts	..	..	..	..	..
Titres de dette	10 662	10 662	..	..	0
Titres de dette à court terme	..	..	..	..	..
Titres de dette à long terme	..	..	..	..	..
Crédits	11 657	11 488	..	..	169
Crédits à court terme	..	..	..	..	..
Crédits à long terme	..	..	..	..	..
Actions et parts de fonds d'investissement	765 520	600 911	..	..	164 609
Systèmes d'assurance, de pensions et garanties standard	3 622 879	928 531	..	..	2 694 348
Produits financiers dérivés et options sur titres des salariés	0	0	..	..	0
Autres comptes à payer	162 329	138 125	..	..	24 204

Note : Voir les métadonnées détaillées sur : http://metalinks.oecd.org/instinv/20170516/5358

Tableau 2. Actifs et passifs financiers des fonds d'investissement

Millions RUB

	2008	2009	2010	2011	2012	2013	2014	2015
Fonds d'investissement								
Valeur nette financière	-266 084	-321 423	-453 212	-555 940	-599 116	-927 518	-1 067 975	-1 133 161
Actifs financiers	472 061	717 293	764 464	845 167	1 011 243	1 187 664	1 359 209	1 547 779
Numéraire et dépôts	56 656	90 793	96 173	105 313	153 160	233 794	194 966	234 968
Titres de dette	40 535	44 528	44 118	61 175	84 965	106 406	144 442	163 010
Crédits	0	1 743	6 297	6 518	4 485	5 573	5 048	6 302
Actions et parts de fonds d'investissement	289 652	493 938	488 490	507 649	582 323	568 263	676 092	743 265
Actions	288 206	484 892	482 268	499 573	571 058	553 341	651 281	709 459
Parts de fonds d'investissement	1 446	9 047	6 223	8 076	11 264	14 922	24 810	33 806
Parts de fonds d'investissement monétaires	..	..	..	..	..	..	..	..
Parts de fonds d'investissement non monétaires	1 446	9 047	6 223	8 076	11 264	14 922	24 810	33 806
Systèmes d'assurance, de pensions et garanties standard	..	..	..	..	..	..	..	..
Produits financiers dérivés et options sur titres des salariés	..	..	..	..	..	..	..	..
Autres comptes à recevoir	85 218	86 291	129 386	164 511	186 310	273 629	338 662	400 234
Passifs financiers	738 145	1 038 715	1 217 676	1 401 107	1 610 359	2 115 182	2 427 184	2 680 939
Titres de dette	..	..	..	..	..	..	..	..
Titres de dette à court terme	..	..	..	..	..	..	..	..
Titres de dette à long terme	..	..	..	..	..	..	..	..
Crédits	..	..	..	..	..	..	..	..
Crédits à court terme	..	..	..	..	..	..	..	..
Crédits à long terme	..	..	..	..	..	..	..	..
Actions et parts de fonds d'investissement	653 106	946 495	1 130 038	1 294 249	1 456 131	1 870 555	2 141 000	2 387 732
Systèmes d'assurance, de pensions et garanties standard	..	..	..	..	..	..	..	..
Produits financiers dérivés et options sur titres des salariés	..	..	..	..	..	..	..	..
Autres comptes à payer	85 039	92 220	87 638	106 857	154 229	244 627	286 184	293 207
Actifs non financiers	266 084	321 423	453 212	562 096	747 099	928 734	1 057 455	1 133 161
Fonds d'investissement monéaires								
Valeur nette financière	..	..	..	..	..	..	..	..
Actifs financiers	..	..	..	..	..	..	..	..
Numéraire et dépôts	..	..	..	..	..	..	..	..
Titres de dette	..	..	..	..	..	..	..	..
Crédits	..	..	..	..	..	..	..	..
Actions et parts de fonds d'investissement	..	..	..	..	..	..	..	..
Actions	..	..	..	..	..	..	..	..
Parts de fonds d'investissement	..	..	..	..	..	..	..	..
Parts de fonds d'investissement monétaires	..	..	..	..	..	..	..	..
Parts de fonds d'investissement non monétaires	..	..	..	..	..	..	..	..
Systèmes d'assurance, de pensions et garanties standard	..	..	..	..	..	..	..	..
Produits financiers dérivés et options sur titres des salariés	..	..	..	..	..	..	..	..
Autres comptes à recevoir	..	..	..	..	..	..	..	..
Passifs financiers	..	..	..	..	..	..	..	..
Titres de dette	..	..	..	..	..	..	..	..
Titres de dette à court terme	..	..	..	..	..	..	..	..
Titres de dette à long terme	..	..	..	..	..	..	..	..
Crédits	..	..	..	..	..	..	..	..
Crédits à court terme	..	..	..	..	..	..	..	..
Crédits à long terme	..	..	..	..	..	..	..	..
Actions et parts de fonds d'investissement	..	..	..	..	..	..	..	..
Systèmes d'assurance, de pensions et garanties standard	..	..	..	..	..	..	..	..
Produits financiers dérivés et options sur titres des salariés	..	..	..	..	..	..	..	..
Autres comptes à payer	..	..	..	..	..	..	..	..
Actifs non financiers	..	..	..	..	..	..	..	..
Fonds d'investissement non monéaires								
Valeur nette financière	-266 084	-321 423	-453 212	-555 940	-599 116	-927 518	-1 067 975	-1 133 161
Actifs financiers	472 061	717 293	764 464	845 167	1 011 243	1 187 664	1 359 209	1 547 779
Numéraire et dépôts	56 656	90 793	96 173	105 313	153 160	233 794	194 966	234 968
Titres de dette	40 535	44 528	44 118	61 175	84 965	106 406	144 442	163 010
Crédits	0	1 743	6 297	6 518	4 485	5 573	5 048	6 302
Actions et parts de fonds d'investissement	289 652	493 938	488 490	507 649	582 323	568 263	676 092	743 265
Actions	288 206	484 892	482 268	499 573	571 058	553 341	651 281	709 459
Parts de fonds d'investissement	1 446	9 047	6 223	8 076	11 264	14 922	24 810	33 806
Parts de fonds d'investissement monétaires	..	..	..	..	..	..	..	..
Parts de fonds d'investissement non monétaires	1 446	9 047	6 223	8 076	11 264	14 922	24 810	33 806
Systèmes d'assurance, de pensions et garanties standard	..	..	..	..	..	..	..	..
Produits financiers dérivés et options sur titres des salariés	..	..	..	..	..	..	..	..
Autres comptes à recevoir	85 218	86 291	129 386	164 511	186 310	273 629	338 662	400 234
Passifs financiers	738 145	1 038 715	1 217 676	1 401 107	1 610 359	2 115 182	2 427 184	2 680 939
Titres de dette	..	..	..	..	..	..	..	..
Titres de dette à court terme	..	..	..	..	..	..	..	..
Titres de dette à long terme	..	..	..	..	..	..	..	..
Crédits	..	..	..	..	..	..	..	..
Crédits à court terme	..	..	..	..	..	..	..	..
Crédits à long terme	..	..	..	..	..	..	..	..
Actions et parts de fonds d'investissement	653 106	946 495	1 130 038	1 294 249	1 456 131	1 870 555	2 141 000	2 387 732
Systèmes d'assurance, de pensions et garanties standard	..	..	..	..	..	..	..	..
Produits financiers dérivés et options sur titres des salariés	..	..	..	..	..	..	..	..
Autres comptes à payer	85 039	92 220	87 638	106 857	154 229	244 627	286 184	293 207
Actifs non financiers	266 084	321 423	453 212	562 096	747 099	928 734	1 057 455	1 133 161
Fonds d'investissement non monéaires à capital variable								
Valeur nette financière	-2 031	-2 084	-2 238	-2 388	-2 528	-2 526	-2 400	-2 920
Actifs financiers	63 921	101 912	128 527	107 837	112 154	137 703	111 968	137 979

Tableau 2. Actifs et passifs financiers des fonds d'investissement *(suite)*

Millions RUB

	2008	2009	2010	2011	2012	2013	2014	2015
Numéraire et dépôts	5 930	4 259	4 599	3 991	7 149	15 862	10 863	9 497
Titres de dette	15 400	18 361	23 081	28 488	40 247	64 521	38 613	57 923
Crédits	0	0	0	0	0	0	0	0
Actions et parts de fonds d'investissement	35 802	72 406	92 371	66 530	57 055	47 940	55 217	65 307
Actions	35 296	71 633	89 715	62 069	49 831	38 593	36 877	39 934
Parts de fonds d'investissement	506	774	2 656	4 461	7 224	9 347	18 340	25 373
Parts de fonds d'investissement monétaires	..	..	..	..	..	..	..	..
Parts de fonds d'investissement non monétaires	506	774	2 656	4 461	7 224	9 347	18 340	25 373
Systèmes d'assurance, de pensions et garanties standard	..	..	..	..	..	..	..	..
Produits financiers dérivés et options sur titres des salariés	..	..	..	..	..	..	..	..
Autres comptes à recevoir	6 789	6 886	8 477	8 828	7 703	9 381	7 275	5 252
Passifs financiers	65 952	103 997	130 766	110 224	114 682	140 229	114 368	140 898
Titres de dette	..	..	..	..	..	..	..	..
Titres de dette à court terme	..	..	..	..	..	..	..	..
Titres de dette à long terme	..	..	..	..	..	..	..	..
Crédits	..	..	..	..	..	..	..	..
Crédits à court terme	..	..	..	..	..	..	..	..
Crédits à long terme	..	..	..	..	..	..	..	..
Actions et parts de fonds d'investissement	64 188	102 409	128 626	108 600	113 360	138 551	111 901	139 000
Systèmes d'assurance, de pensions et garanties standard	..	..	..	..	..	..	..	..
Produits financiers dérivés et options sur titres des salariés	..	..	..	..	..	..	..	..
Autres comptes à payer	1 764	1 587	2 140	1 625	1 323	1 678	2 466	1 899
Actifs non financiers	2 031	2 084	2 238	2 388	2 528	2 526	2 400	2 920
Fonds d'investissement à capital variable								
Valeur nette financière	-2 031	-2 084	-2 238	-2 388	-2 528	-2 526	-2 400	-2 920
Actifs financiers	63 921	101 912	128 527	107 837	112 154	137 703	111 968	137 979
Numéraire et dépôts	5 930	4 259	4 599	3 991	7 149	15 862	10 863	9 497
Titres de dette	15 400	18 361	23 081	28 488	40 247	64 521	38 613	57 923
Crédits	0	0	0	0	0	0	0	0
Actions et parts de fonds d'investissement	35 802	72 406	92 371	66 530	57 055	47 940	55 217	65 307
Actions	35 296	71 633	89 715	62 069	49 831	38 593	36 877	39 934
Parts de fonds d'investissement	506	774	2 656	4 461	7 224	9 347	18 340	25 373
Parts de fonds d'investissement monétaires	..	..	..	..	..	..	..	..
Parts de fonds d'investissement non monétaires	506	774	2 656	4 461	7 224	9 347	18 340	25 373
Systèmes d'assurance, de pensions et garanties standard	..	..	..	..	..	..	..	..
Produits financiers dérivés et options sur titres des salariés	..	..	..	..	..	..	..	..
Autres comptes à recevoir	6 789	6 886	8 477	8 828	7 703	9 381	7 275	5 252
Passifs financiers	65 952	103 997	130 766	110 224	114 682	140 229	114 368	140 898
Titres de dette	..	..	..	..	..	..	..	..
Titres de dette à court terme	..	..	..	..	..	..	..	..
Titres de dette à long terme	..	..	..	..	..	..	..	..
Crédits	..	..	..	..	..	..	..	..
Crédits à court terme	..	..	..	..	..	..	..	..
Crédits à long terme	..	..	..	..	..	..	..	..
Actions et parts de fonds d'investissement	64 188	102 409	128 626	108 600	113 360	138 551	111 901	139 000
Systèmes d'assurance, de pensions et garanties standard	..	..	..	..	..	..	..	..
Produits financiers dérivés et options sur titres des salariés	..	..	..	..	..	..	..	..
Autres comptes à payer	1 764	1 587	2 140	1 625	1 323	1 678	2 466	1 899
Actifs non financiers	2 031	2 084	2 238	2 388	2 528	2 526	2 400	2 920

Note : Voir les métadonnées détaillées sur : http://metalinks.oecd.org/instinv/20170516/5358

Tableau 3. Actifs et passifs financiers des sociétés d'assurance et fonds de pension

Millions RUB

	2008	2009	2010	2011	2012	2013	2014	2015
Sociétés d'assurance et fonds de pension								
Valeur nette financière	-48 837	-53 422	-77 451	-59 743	-36 437	-174 679	-195 800	-189 916
Actifs financiers	1 365 737	1 569 827	1 754 805	2 138 367	2 623 687	3 285 681	3 621 747	4 383 131
Numéraire et dépôts	329 951	426 888	459 955	575 393	782 878	884 194	1 009 962	1 124 722
Titres de dette	410 033	446 486	456 295	634 828	766 267	1 118 204	1 246 384	1 815 796
Crédits	18 565	15 060	9 145	15 342	10 643	14 830	21 854	12 441
Actions et parts de fonds d'investissement	331 457	406 619	541 295	571 913	637 540	707 154	740 973	909 213
Actions	212 214	269 389	379 740	408 386	409 928	471 794	512 665	638 755
Parts de fonds d'investissement	119 243	137 229	161 555	163 527	227 612	235 360	228 308	270 458
Parts de fonds d'investissement monétaires	..	..	..	..	..	..	..	..
Parts de fonds d'investissement non monétaires	119 243	137 229	161 555	163 527	227 612	235 360	228 308	270 458
Systèmes d'assurance, de pensions et garanties standard	67 223	65 297	70 267	71 588	90 002	108 240	158 480	130 128
Produits financiers dérivés et options sur titres des salariés	..	..	..	..	..	..	..	31
Autres comptes à recevoir	208 508	209 478	217 847	269 302	336 293	453 059	444 094	390 799
Passifs financiers	1 414 575	1 623 249	1 832 256	2 198 110	2 660 124	3 460 360	3 817 547	4 573 047
Titres de dette	5 875	4 458	18 331	9 823	13 764	16 456	11 227	10 662
Titres de dette à court terme	..	..	..	..	..	..	..	..
Titres de dette à long terme	..	..	..	..	..	..	..	..
Crédits	13 656	24 960	26 388	27 716	22 965	22 629	18 545	11 657
Crédits à court terme	..	..	..	..	..	..	..	..
Crédits à long terme	..	..	..	..	..	..	..	..
Actions et parts de fonds d'investissement	301 912	349 563	360 561	391 464	470 831	642 559	710 356	765 520
Systèmes d'assurance, de pensions et garanties standard	926 200	1 068 896	1 257 975	1 640 176	2 006 075	2 602 244	2 874 440	3 622 879
Produits financiers dérivés et options sur titres des salariés	..	..	..	..	..	..	..	0
Autres comptes à payer	166 932	175 372	169 001	128 931	146 489	176 472	202 979	162 329
Actifs non financiers	48 837	53 422	77 451	90 315	95 194	91 047	97 464	95 451
Sociétés d'assurance								
Valeur nette financière	-42 443	-45 558	-69 469	-54 416	-34 113	-164 872	-188 535	-182 588
Actifs financiers	793 259	836 355	857 179	944 406	1 076 411	1 233 629	1 443 045	1 507 129
Numéraire et dépôts	222 127	253 326	258 372	325 448	353 259	375 724	439 713	521 204
Titres de dette	227 435	205 332	200 130	231 397	255 781	307 279	330 003	368 514
Crédits	17 451	13 482	8 162	13 191	9 163	14 648	21 710	12 334
Actions et parts de fonds d'investissement	73 036	110 866	116 887	100 438	126 166	138 441	157 677	147 278
Actions	65 100	103 319	106 278	91 407	117 211	129 721	149 017	133 406
Parts de fonds d'investissement	7 936	7 546	10 609	9 032	8 955	8 720	8 660	13 872
Parts de fonds d'investissement monétaires	..	..	..	..	..	..	..	..
Parts de fonds d'investissement non monétaires	7 936	7 546	10 609	9 032	8 955	8 720	8 660	13 872
Systèmes d'assurance, de pensions et garanties standard	67 223	65 297	70 267	71 588	90 002	108 240	158 480	130 128
Produits financiers dérivés et options sur titres des salariés	..	..	..	..	..	..	..	31
Autres comptes à recevoir	185 987	188 052	203 361	202 343	241 975	289 297	335 462	327 638
Passifs financiers	835 702	881 913	926 648	998 822	1 110 524	1 398 501	1 631 580	1 689 717
Titres de dette	5 875	4 458	18 331	9 823	13 764	16 456	11 227	10 662
Titres de dette à court terme	..	..	..	..	..	..	..	..
Titres de dette à long terme	..	..	..	..	..	..	..	..
Crédits	13 549	24 669	26 232	26 319	20 669	21 452	17 086	11 488
Crédits à court terme	..	..	..	..	..	..	..	..
Crédits à long terme	..	..	..	..	..	..	..	..
Actions et parts de fonds d'investissement	223 533	254 710	259 219	293 839	362 679	517 612	567 245	600 911
Systèmes d'assurance, de pensions et garanties standard	427 809	429 818	462 226	545 931	579 072	684 034	845 958	928 531
Produits financiers dérivés et options sur titres des salariés	..	..	..	..	..	..	..	0
Autres comptes à payer	164 937	168 258	160 640	122 910	134 340	158 947	190 064	138 125
Actifs non financiers	42 443	45 558	69 469	82 419	89 494	85 687	92 936	91 487
Fonds de pension								
Valeur nette financière	-6 394	-7 864	-7 982	-5 327	-2 324	-9 806	-7 265	-7 328
Actifs financiers	572 478	733 472	897 626	1 193 961	1 547 276	2 052 053	2 178 702	2 876 002
Numéraire et dépôts	107 824	173 562	201 583	249 945	429 619	508 470	570 249	603 518
Titres de dette	182 598	241 154	256 165	403 431	510 486	810 925	916 381	1 447 282
Crédits	1 114	1 577	983	2 151	1 480	182	144	107
Actions et parts de fonds d'investissement	258 421	295 753	424 409	471 475	511 374	568 714	583 296	761 935
Actions	147 114	166 070	273 463	316 979	292 717	342 074	363 648	505 349
Parts de fonds d'investissement	111 307	129 683	150 946	154 496	218 657	226 640	219 648	256 586
Parts de fonds d'investissement monétaires	..	..	..	..	..	..	..	..
Parts de fonds d'investissement non monétaires	111 307	129 683	150 946	154 496	218 657	226 640	219 648	256 586
Systèmes d'assurance, de pensions et garanties standard	..	..	..	..	..	..	..	..
Produits financiers dérivés et options sur titres des salariés	..	..	..	..	..	..	..	0
Autres comptes à recevoir	22 521	21 426	14 486	66 959	94 318	163 762	108 632	63 161
Passifs financiers	578 873	741 336	905 608	1 199 288	1 549 600	2 061 859	2 185 967	2 883 330
Titres de dette	0	0	0	0	0	0	0	0
Titres de dette à court terme	..	..	..	..	..	..	..	..
Titres de dette à long terme	..	..	..	..	..	..	..	..
Crédits	107	291	155	1 397	2 296	1 177	1 459	169
Crédits à court terme	..	..	..	..	..	..	..	..
Crédits à long terme	..	..	..	..	..	..	..	..
Actions et parts de fonds d'investissement	78 379	94 853	101 342	97 625	108 152	124 947	143 111	164 609
Systèmes d'assurance, de pensions et garanties standard	498 391	639 078	795 749	1 094 245	1 427 003	1 918 210	2 028 482	2 694 348
Produits financiers dérivés et options sur titres des salariés	..	..	..	..	..	..	..	0
Autres comptes à payer	1 995	7 114	8 361	6 021	12 149	17 525	12 915	24 204
Actifs non financiers	6 394	7 864	7 982	7 896	5 700	5 360	4 528	3 963

Note : Voir les métadonnées détaillées sur : http://metalinks.oecd.org/instinv/20170516/5358

Tableau 4. Composition du portefeuille par type d'investisseur

En pourcentage des actifs financiers et des passifs financiers

Pour cent

	2008	2009	2010	2011	2012	2013	2014	2015
Fonds d'investissement								
Actifs financiers	100.0	100.0	100.0	100.0	100.0	100.0	100.0	100.0
Numéraire et dépôts	12.0	12.7	12.6	12.5	15.1	19.7	14.3	15.2
Titres de dettes	8.6	6.2	5.8	7.2	8.4	9.0	10.6	10.5
Crédits	0.0	0.2	0.8	0.8	0.4	0.5	0.4	0.4
Actions et parts de fonds d'investissement	61.4	68.9	63.9	60.1	57.6	47.8	49.7	48.0
Systèmes d'assurance de pensions et garanties standard	0.0	0.0	0.0	0.0	0.0	0.0	0.0	0.0
Produits financiers dérivés et options sur titres des salariés	0.0	0.0	0.0	0.0	0.0	0.0	0.0	0.0
Autres comptes à recevoir	18.1	12.0	16.9	19.5	18.4	23.0	24.9	25.9
Passifs financiers	100.0	100.0	100.0	100.0	100.0	100.0	100.0	100.0
Numéraire et dépôts	0.0	0.0	0.0	0.0	0.0	0.0	0.0	0.0
Titres de dettes	0.0	0.0	0.0	0.0	0.0	0.0	0.0	0.0
Crédits	0.0	0.0	0.0	0.0	0.0	0.0	0.0	0.0
Actions et parts de fonds d'investissement	88.5	91.1	92.8	92.4	90.4	88.4	88.2	89.1
Systèmes d'assurance de pensions et garanties standard	0.0	0.0	0.0	0.0	0.0	0.0	0.0	0.0
Produits financiers dérivés et options sur titres des salariés	0.0	0.0	0.0	0.0	0.0	0.0	0.0	0.0
Autres comptes à recevoir	11.5	8.9	7.2	7.6	9.6	11.6	11.8	10.9
Sociétés d'assurance								
Actifs financiers	100.0	100.0	100.0	100.0	100.0	100.0	100.0	100.0
Numéraire et dépôts	28.0	30.3	30.1	34.5	32.8	30.5	30.5	34.6
Titres de dettes	28.7	24.6	23.3	24.5	23.8	24.9	22.9	24.5
Crédits	2.2	1.6	1.0	1.4	0.9	1.2	1.5	0.8
Actions et parts de fonds d'investissement	9.2	13.3	13.6	10.6	11.7	11.2	10.9	9.8
Systèmes d'assurance de pensions et garanties standard	8.5	7.8	8.2	7.6	8.4	8.8	11.0	8.6
Produits financiers dérivés et options sur titres des salariés	0.0	0.0	0.0	0.0	0.0	0.0	0.0	0.0
Autres comptes à recevoir	23.4	22.5	23.7	21.4	22.5	23.5	23.2	21.7
Passifs financiers	100.0	100.0	100.0	100.0	100.0	100.0	100.0	100.0
Numéraire et dépôts	0.0	0.0	0.0	0.0	0.0	0.0	0.0	0.0
Titres de dettes	0.7	0.5	2.0	1.0	1.2	1.2	0.7	0.6
Crédits	1.6	2.8	2.8	2.6	1.9	1.5	1.0	0.7
Actions et parts de fonds d'investissement	26.7	28.9	28.0	29.4	32.7	37.0	34.8	35.6
Systèmes d'assurance de pensions et garanties standard	51.2	48.7	49.9	54.7	52.1	48.9	51.8	55.0
Produits financiers dérivés et options sur titres des salariés	0.0	0.0	0.0	0.0	0.0	0.0	0.0	0.0
Autres comptes à recevoir	19.7	19.1	17.3	12.3	12.1	11.4	11.6	8.2
Fonds de pension								
Actifs financiers	100.0	100.0	100.0	100.0	100.0	100.0	100.0	100.0
Numéraire et dépôts	18.8	23.7	22.5	20.9	27.8	24.8	26.2	21.0
Titres de dettes	31.9	32.9	28.5	33.8	33.0	39.5	42.1	50.3
Crédits	0.2	0.2	0.1	0.2	0.1	0.0	0.0	0.0
Actions et parts de fonds d'investissement	45.1	40.3	47.3	39.5	33.0	27.7	26.8	26.5
Systèmes d'assurance de pensions et garanties standard	0.0	0.0	0.0	0.0	0.0	0.0	0.0	0.0
Produits financiers dérivés et options sur titres des salariés	0.0	0.0	0.0	0.0	0.0	0.0	0.0	0.0
Autres comptes à recevoir	3.9	2.9	1.6	5.6	6.1	8.0	5.0	2.2
Passifs financiers	100.0	100.0	100.0	100.0	100.0	100.0	100.0	100.0
Numéraire et dépôts	0.0	0.0	0.0	0.0	0.0	0.0	0.0	0.0
Titres de dettes	0.0	0.0	0.0	0.0	0.0	0.0	0.0	0.0
Crédits	0.0	0.0	0.0	0.1	0.1	0.1	0.1	0.0
Actions et parts de fonds d'investissement	13.5	12.8	11.2	8.1	7.0	6.1	6.5	5.7
Systèmes d'assurance de pensions et garanties standard	86.1	86.2	87.9	91.2	92.1	93.0	92.8	93.4
Produits financiers dérivés et options sur titres des salariés	0.0	0.0	0.0	0.0	0.0	0.0	0.0	0.0
Autres comptes à recevoir	0.3	1.0	0.9	0.5	0.8	0.8	0.6	0.8

Note : Voir les métadonnées détaillées sur : http://metalinks.oecd.org/instinv/20170516/e12c

ORGANISATION DE COOPÉRATION ET DE DÉVELOPPEMENT ÉCONOMIQUES

L'OCDE est un forum unique en son genre où les gouvernements œuvrent ensemble pour relever les défis économiques, sociaux et environnementaux liés à la mondialisation. À l'avant-garde des efforts engagés pour comprendre les évolutions du monde actuel et les préoccupations qu'elles suscitent, l'OCDE aide les gouvernements à y faire face en menant une réflexion sur des thèmes tels que le gouvernement d'entreprise, l'économie de l'information et la problématique du vieillissement démographique. L'Organisation offre aux gouvernements un cadre leur permettant de confronter leurs expériences en matière d'action publique, de chercher des réponses à des problèmes communs, de recenser les bonnes pratiques et de travailler à la coordination des politiques nationales et internationales.

Les pays membres de l'OCDE sont : l'Allemagne, l'Australie, l'Autriche, la Belgique, le Canada, le Chili, la Corée, le Danemark, l'Espagne, l'Estonie, les États-Unis, la Finlande, la France, la Grèce, la Hongrie, l'Irlande, l'Islande, Israël, l'Italie, le Japon, la Lettonie, le Luxembourg, le Mexique, la Norvège, la Nouvelle-Zélande, les Pays-Bas, la Pologne, le Portugal, la République slovaque, la République tchèque, le Royaume-Uni, la Slovénie, la Suède, la Suisse et la Turquie. L'Union européenne participe aux travaux de l'OCDE.

Les Éditions OCDE assurent une large diffusion aux travaux de l'Organisation. Ces derniers comprennent les résultats de l'activité de collecte de statistiques, les travaux de recherche menés sur des questions économiques, sociales et environnementales, ainsi que les conventions, les principes directeurs et les modèles développés par les pays membres.

ÉDITIONS OCDE, 2, rue André-Pascal, 75775 PARIS CEDEX 16
(01 2016 19 2 P) ISBN 978-92-64-27536-2 – 2017

www.ingramcontent.com/pod-product-compliance
Lightning Source LLC
LaVergne TN
LVHW080654011026
849160LV00014B/1427